央行数字货币

理论、实践与影响

白津夫　葛红玲　著

中信出版集团 | 北京

图书在版编目（CIP）数据

央行数字货币：理论、实践与影响 / 白津夫，葛红玲著. -- 北京 : 中信出版社 , 2021.8
ISBN 978-7-5217-3206-1

I. ① 央… II. ① 白… ② 葛… Ⅲ . ①数字货币—研究 Ⅳ . ① F713.361.3

中国版本图书馆 CIP 数据核字（2021）第 113617 号

央行数字货币——理论、实践与影响

著　　者：白津夫　葛红玲
出版发行：中信出版集团股份有限公司
（北京市朝阳区惠新东街甲4号富盛大厦2座　邮编　100029）
承 印 者：宝蕾元仁浩（天津）印刷有限公司
开　　本：787mm×1092mm　1/16　印　　张：32　字　　数：405千字
版　　次：2021年8月第1版　印　　次：2021年8月第1次印刷
书　　号：ISBN 978-7-5217-3206-1
定　　价：98.00元

课题组成员

顾　　问：

郑新立　中央政策研究室原副主任

主　　持：

白津夫　北京工商大学数字经济研究院院长

联合主持：

葛红玲　北京工商大学数字经济研究院执行院长

　　　　北京工商大学国际经管学院金融科技系教授

执　　笔：

马若微　李　波　谢雪燕　方盈赢　程　悦

吴　优　张　琳　李惠璇　白　兮　王林曦

崔艳新　焦　芳　李家骐

第二部分　央行数字货币的国际实践

第三部分　我国央行数字货币发展的实践

第四部分　央行数字货币的影响分析

第五部分　启示与建议

绪　论

一、研究背景

随着信息技术的不断发展，大数据、人工智能、区块链等数字技术不断深化，经济社会发展正加速向数字化方向转型，并引发了金融的数字化变革。2019 年 10 月，习近平总书记在中央政治局第十八次集体学习中指出，区块链技术应用已延伸到数字金融、物联网、智能制造、供应链管理、数字资产交易等多个领域。其中，货币的数字化是推进数字金融和数字资产交易的关键环节。以比特币为代表的数字货币以去中心化、透明度高、成本低、安全和匿名等特点快速发展，coinmarketcap. com 网站上公布的数据显示，各种形式的数字货币每天都在发行，已经超过 5 500 种。私人数字货币的泛滥给各国金融稳定和监管带来巨大压力，也使法定货币面临巨大的挑战。各国央行和国际金融组织对此高度关注并积极研究应对，其中，研发设计和决策是否发行法定数字货币成为各国央行目前最为关切和紧迫的工作，央行数字货币成为未来世界货币竞争的焦点。

2017 年 BIS（国际清算银行）提出 CBDC（央行数字货币）的概念，受到各国广泛关注。但是，各国央行在推进央行数字货币的研发与应用实践方面进展和态度不一，目前已有多国在央行数字货币研发上取得实质性进展，发行在即。我国央行数字货币研究起步较早，2014 年中国人民银行就成立了法定数字货币专门研究小组，至2019年底，我国央行法定数字货币DC/EP（数字货币/电子支付）已基本完成顶层设计、标准制定、功能研发、联调测试等工作。2020年4月17日，中国人民银行数字货币研究所对外宣布，我国央行数字货币现阶段将先行在深圳、苏州、雄安、成都及未来的冬奥会场景进行内部封闭试点测试，此后，不断加大内部测试和试点力度。加拿大央行开展了Jasper央行数字货币实验，英国央行牵头学术界研发出中央银行加密货币RSCoin系统，荷兰央行推出DNB Coin，法国央行对央行数字货币进行测试，欧洲央行在2019年12月设立了央行数字货币专门委员会，启动EUROchain项目，并于2020年10月发布报告公布零售型数字欧元布局。特别是美国，在得知中国央行数字货币进行测试信息后，全方位加快了数字美元、数字钱包计划的推行。与此同时，为实现经济发展和达到外部均衡等目标，若干小型经济体也发行了基于主权信用或锚定商品的数字货币，如委内瑞拉2018年2月推出“石油币”；乌克兰央行完成了国家数字货币E-Hryvnia的试点计划；瑞典、土耳其也进入一定的测试阶段；巴哈马经过一定时间的测试，已于2020年10月将其央行数字货币Sand Dollar推广至全境。BIS、IMF（国际货币基金组织）等国际金融组织相继发布法定数字货币报告，与此同时，以Libra为代表的锚定一篮子主权货币的全球稳定币也都做好多方面的发行准备工作。

梳理全球央行数字货币发展动态，可以明显感受到各国央行都在提速，在国际层面数字金融的竞争愈演愈烈，全球央行数字货币竞赛已然开启。然而，货币作为现代社会最重要的金融基础设施和核心变量，其运行包含一系列复杂问题，在人工智能、区块链等现代数字技术的糅合下，其复杂程度进一步增加，关于央行数字货币的一系列理论和实践问题尚待深入研究、凝聚共识。推出央行数字货币有什么现实意义？央行数字货币与当前的电子化货币有何不同？如何构筑央行数字货币的底层技术框架？如何设计央行数字货币的运行机制？世界多国央行数字货币的研发、试点将给世界货币体系带来哪些影响？各国央行研究和测试数字货币的实践有哪些特点和经验值得总结和借鉴？厘清这些问题对完善我国央行数字货币设计、支持我国央行数字货币尽早推出具有十分重要的意义。

近期，各国推动央行数字货币的举措更加积极、频繁，全球央行数字货币每天都有新动态、新举措，2020 年 7 月 23 日，位于欧洲东北部的立陶宛央行宣称发行了全球首套以区块链为基础的数字货币 LBCOIN，吸引了全球的高度关注，将全球央行数字货币发展推向新阶段。全球央行数字货币发展的提速，再次让我们意识到，对央行数字货币研究的重要性和紧迫性。一是央行数字货币是数字时代与数字经济相伴而生的必然趋势，是数字技术推动下金融变革、货币变革的必然选择。数字化趋势大潮不可逆，不是要不要研究、要不要推行的问题，而是需要加紧研究、加紧研发、加紧布局。二是央行数字货币的产生不是简单的货币形态变化和支付工具替代，而是一场新货币革命（战争）。货币革命百年一变，必将对社会经济金融体系产生一系列深刻、深远的影响。迫切需要系统深入的理论研究和实践观察与总结。三是央行数字货币开启了一场开放经济下的大国博弈，事关国家战略布局、国际经济秩序的变化和世界新格局的演化，迫切需要学术界加紧研究，为国家决策提供理论和学术支撑。

在此背景下，上海汇智经济学与管理学发展基金会支持设立“中央银行数字货币的国际实践及影响研究”课题项目，由北京工商大学数字经济研究院牵头成立课题组，整合国内业界专家、学者、科研力量、机构、媒体等，搭建专题研究平台，汇集各界智慧，立足国际视野，站在数字时代前沿，融合理论和实践前沿，深入系统研究央行数字货币问题，推动央行数字货币理论研究走向深入，为央行等国家政策部门提供决策参考和理论支持。

本文全面梳理了世界各国央行数字货币的研究、设计、发行情况，系统总结了各国央行数字货币方案的内容、特点以及可能存在的问题，深刻分析了各国央行数字货币产生的背景和动因，揭示央行数字货币产生的理论逻辑、历史逻辑和技术逻辑，从学理层面分析了央行数字货币对世界货币体系产生的影响，揭示了央行数字货币运行的基础和机理机制，吸收和借鉴了全球央行数字货币发展的前沿成果，针对我国央行数字货币的研究、设计和试点情况，提出了推动我国央行数字货币发展的战略思考和政策建议，以期为国家决策提供理论支持和政策参考。

二、研究思路与重点

（一）研究思路

本研究立足于数字经济迅猛发展、金融数字化大趋势以及全球金融新格局加速演变的时代背景，在厘清中央银行数字货币概念、内涵、外延与特征的基础上，全面梳理世界各国央行数字货币在理论研究、制度设计、发行模式等方面的情况与进展，总结和分析各国央行数字货币考量的因素、背景以及存在的问题和经验，把握全球央行数字货币发展的前沿、动态，揭示央行数字货币运行的基础和机理机制，揭示央行数字货币产生的动因，介绍和分析我国央行数字货币的实施进展及面临的复杂问题和挑战，为推动我国央行数字货币有序发行提供建议参考。

本书围绕“中央银行数字货币的国际实践及影响”这一主题，进行五个方面的研究：第一部分，央行数字货币的理论基础；第二部分，央行数字货币的国际实践；第三部分，我国央行数字货币发展的实践；第四部分，央行数字货币的影响分析；第五部分，启示与建议。

（二）研究重点

一是对央行数字货币的概念、内涵以及与其他电子货币、数字货币的区别进行详细介绍和澄清，对央行数字货币产生的背景和动因进行系统分析，揭示央行数字货币产生的理论逻辑、历史脉络和技术动因，构建央行数字货币研究的理论框架。

二是系统梳理总结各国对央行数字货币的战略考量、制度设计、模式选择、推行方案等，围绕数字美元、数字日元、数字欧元等国际主要货币数字化发展进程及趋势开展相关深入研究。

三是构建央行数字货币对货币金融体系及相关领域的影响分析框架，并展开多维度的系统研究。研究视角定位于国际国内两个视角，影响分析既包括短期影响和长期影响、微观影响和宏观影响，也包括现实影响与预期影响、确定性影响和不确定性影响，以及直接影响和关联影响等。

四是对我国央行数字货币发展的实践进行研究和分析，通过国际比较和借鉴，提出我国央行数字货币发展的相关政策建议。

三、主要内容及观点

（一）央行数字货币的理论基础

任何一种新型货币形态的产生、发展，都有其复杂的经济社会背景和深刻的理论逻辑支撑。本部分旨在对央行数字货币的概念、内涵、产生的背景动因以及理论渊源进行全面梳理、界定和分析，奠定有关央行数字货币问题研究的理论基础。

本部分从一般意义上探讨央行数字货币的概念、产生、发展、运行等问题，通过梳理货币发展演进的历史脉络、综述货币理论的丰富内涵，揭示货币交替、币制更迭的社会动因、理论基础、技术作用和发展逻辑，为解释、研究央行数字货币的产生、发展提供历史视角、经济逻辑、社会动因、技术支撑等分析视角和思路框架。

本部分的主要贡献，一是系统比较了央行数字货币和电子货币、虚拟货币、私人数字货币的区别和联系，界定了央行数字货币的概念和内涵。第二，深刻解析了央行数字货币的技术体系和运行机理，揭示了央行数字货币的制度框架和底层逻辑。第三，分析了央行数字货币产生的现实背景和实践动因，揭示了各国高度重视央行数字货币的深层原因。第四，对央行数字货币的产生进行了深入的理论分析、历史演进的梳理以及技术逻辑的分析，给出了关于央行数字货币产生和发展的理论解释和逻辑判断，对于把握央行数字货币的发展走向提供了理论支持。

本研究认为，数字货币是技术进步推动数字经济发展的大背景下的产物，央行数字货币产生的根本动因在于数字经济的发展，内在动因在于数字技术的深度应用，直接动因在于私人数字货币快速发展给主权货币带来的冲击，而国际环境的演变成为央行数字货币产生的外在压力。在多种力量的综合作用下，央行数字货币的产生成为历史的必然。

关于央行数字货币的理论渊源，本文认为，一切货币形态演变的逻辑都是货币本质的回归和货币职能的最大、最优化。探究央行数字货币产生的逻辑也是要从货币的本质入手。数字货币作为一种货币的新形态，它和历史上的货币形态和功能演进应该是一脉相承的。但是，比特币等私人数字货币强化了货币演进的技术因素，而淡化了货币的经济逻辑和社会逻辑，颠覆了货币演进的路径，不具备货币本质之实。尽管私人数字货币基于区块链技术给货币共识问题提供了一种无政府的解决方案，但是，难以摆脱私人发行的弊端，私人数字货币难以行使货币职能。

私人数字货币在技术上的一些优势可以弥补现在货币体系的缺陷，可以被法定货币体系吸收。央行数字货币吸收了区块链、密码学等先进的数字技术，融合到现有主权货币体系中，可以更好地弥补现有货币体系的不足。如果央行数字货币能够将数字技术有效运用并与主权信用货币体系相结合，从理论逻辑上讲，央行数字货币具有更好地发挥货币各项职能的良好基础和手段，具有更好地回归货币本质的可能。

（二）央行数字货币的国际实践

在数字技术和数字经济迅猛发展的时代背景下，基于私人数字货币快速发展的冲击，以及国际货币竞争的加剧，各国加快央行数字货币的研发和推进速度。尽管各国对央行数字货币的认识、研发以及实践推动进度不一，但从全球看，无论是主要经济体国家，还是中小经济体国家，都在广泛开展央行数字货币研发、布局等相关工作；从地域分布上看，遍及各大洲。各国对央行数字货币的态度及行动选择基于各种复杂的动因，自身的发展环境和区域经济贸易往来的影响是其中很重要的考量因素。本部分在考虑经济体因素的同时，纳入地缘因素，按照美洲国家、欧盟及英国、亚太地区三个板块来介绍全球央行数字货币发展的实践进程及特点，从地域角度呈现全球央行数字货币发展的现状。

国际实践部分是本书的重点内容，旨在全面呈现全球央行数字货币发展现状和研究进展。本部分包括五章内容：一是介绍全球央行数字货币发展的整体动态，从全球央行数字货币发展的动因、发展的实践进展以及各国央行数字货币的制度选择三个方面，整体呈现全球央行数字货币的概貌。二是美洲地区央行数字货币发展实践及相关问题探讨，重点介绍美国、加拿大、巴哈马央行数字货币发展实践以及委内瑞拉“石油币”的进展。三是欧盟及英国央行数字货币实践进展，重点介绍了欧洲央行、法国央行、瑞典央行以及英国央行数字货币发展的进展、模式、战略考量等。四是亚太地区的央行数字货币发展情况，主要介绍日本、新加坡、俄罗斯央行数字货币发展实践。五是对全球央行数字货币发展实践进行总结，揭示全球央行数字货币发展的特点、动因和趋势。

本部分通过翻译各国央行数字货币最新资料，梳理各洲、各国央行数字货币发展实践脉络，重点介绍各洲国家对待央行数字货币的整体情况、业务模式、制度设计，以及对待央行数字货币的认知、态度、动因和政策考量。

1. 美洲国家央行数字货币发展实践

美洲开展央行数字货币实践的国家主要有美国、加拿大和巴哈马。其中，美国官方对央行数字货币的发行仍处于研究阶段，但自中国发行央行数字货币后的整体态度更趋积极；加拿大相对较早开始央行数字货币的实践探索，但专注于批发型的央行数字货币，短期内大规模应用的可能性不大；巴哈马的央行数字货币项目试点则已在本国部分地区取得良好进展，并于2020年10月开始推广至全境。

具体地，在美国方面，美国在新冠肺炎疫情发生前后的态度转变较大：疫情发生前的态度不大积极；疫情发生后由于需要对中小微企业和普通民众进行精准投放而对数字货币的需求大幅提升，同时叠加来自中国央行发行人民币数字货币的刺激而推出了非官方的“数字美元”项目。该项目的问世向全球揭示美国企图继续巩固美元的霸权地位，维持美元在全球经济中的作用以及确保美元全球主要储备货币地位的保持等，势必会对全球金融体系和经济稳定带来不可预知的深度影响，并给人民币央行数字货币带来竞争和挑战。特别需要关注的是数字美元的公私合作模式，将会大大加强数字美元的竞争优势。

在加拿大方面，加拿大央行在2016年就与本土的一些金融机构合作展开Jasper项目研究，这也是在国际范围内首例中央银行与私人金融机构合作开展的分布式账本技术研究，目前该项目已经成功完成了三个阶段的探索。值得注意的是，加拿大央行几乎没有对于零售型的探讨，现有的结算系统也能满足目前日间流量需求，应用推广的激励性并不强，而且在银行间的系统内，分布式账本技术所能带来的私密性的优势也体现不足。总而言之，短期内推行央行数字货币的实践可能有一定困难。

在巴哈马方面，巴哈马央行推行的Sand Dollar项目试点已在部分岛屿取得良好进展，并已于2020年10月开始在全境推行。对巴哈马而言，CBDC的便利性和惠民性能够较好地契合巴哈马自身的地理条件，实现金融服务的全覆盖，并减少现金使用的负面影响，加强国家对洗钱和恐怖主义融资以及其他罪行的防范，能够帮助巴哈马转换“黑金保护港”的形象。但是该项目的推行是否能够对其他具有相似特点的国家带来示范效应，仍有待进一步关注。

此外，本地区的委内瑞拉于2018年2月成为全球第一个发行数字加密货币——“石油币”的主权国家。尽管“石油币”已在该国境内发行使用，但其遭到颇多争议，面临信任缺失、流通受限、价值不稳定等诸多困境，特别是支撑“石油币”的物资储备难以得到有效保障。因此，“石油币”的真实性有待商榷，其糟糕的发展历程值得各国借鉴和反思。

2. 欧盟及英国央行数字货币的实践进展

在经历欧洲主权债务危机、英国脱欧等重大事件后，欧洲各国货币的未来成为学术界和政策部门关注的热点问题。从欧盟的经济总量、对外贸易量和金融市场发达程度等方面看，欧元具备与美元一较高下的资格。然而，由于受到债务危机及地区经济复苏乏力等影响，欧元价值的稳定性受到了前所未有的挑战。再加上英国脱欧以后，欧洲地区政治经济前景充满了不确定性，欧洲各国的不同利益诉求对欧元国际地位的发挥构成牵制，导致欧元在国际货币体系中的地位受到一定程度的冲击。在多重因素叠加的情况下，利用数字货币的技术优势重塑公众对欧元的信心，成为提升欧洲各国在国际经济中地位的重要途径。此外，近年欧洲国家的现金使用量大幅度下降，以瑞典为代表的北欧国家已经基本步入无现金社会，现金使用量和供应量的锐减导致公众难以获得银行提供的相关金融服务，新冠疫情的暴发和蔓延进一步加剧了这一问题。而与此同时，私人数字货币的快速发展也引发了欧盟对数字货币市场“反竞争”及其潜在风险的担忧。法定数字货币为解决这些问题提供了可能性。

在新任欧洲央行行长拉加德的推动下，欧盟央行数字货币的研发试验进入加速阶段，而英国也已对发行央行数字货币进行了深入研究，形成了较为成熟的观点。后文对欧盟及英国央行数字货币的研究和实践进行探讨，结合各国主权货币的国际地位和国内支付体系现状，分析央行数字货币的研发试验动因，探讨其技术基础，并进一步对具有代表性的欧洲央行、法国、瑞典和英国的央行数字货币试验和研究方案的技术选择、业务模式和制度安排等进行深入分析。

从研发动因看，欧洲各国研发推出央行数字货币将有助于维护主权货币体系稳定，应对稳定币对法定货币体系的挑战。从制度安排看，欧盟多数国家和英国的央行数字货币研发和试验由中央银行主导，并与金融机构或金融服务提供商开展广泛合作。从技术选择看，现阶段，欧盟和英国央行数字货币的研发和试验主要基于区块链和分布式账本技术展开，这不仅体现出央行数字货币与现有货币体系中心化记账模式的本质差异，而且在一定程度上证明了基于区块链的、央行主导的新型支付系统的可行性以及区块链承载业务的可监管性。

3. 亚太地区央行数字货币发展实践

本文沿用狭义的亚太地区概念，主要包括中国、中国香港、日本、韩国、东盟、俄罗斯的远东地区、澳大利亚和新西兰等国家和地区。亚太地区人口众多，各国地理文化各异，经济发展差距较大，对于央行数字货币的态度和关注重点也各有不同，相关实验进展处于不同阶段。中国、日本和新加坡最早开始研究央行数字货币，属于第一梯队，目前已经取得丰硕的前期成果，中国在2020年已经开始了DC/EP的应用试点，迈出了央行数字货币发行应用的第一步，日本开始转向零售型央行数字货币的研究。韩国、泰国和中国香港不断推进相关研究，联系本国或地区实际积极探讨必要性和技术应用的可能性，属于第二梯队。澳大利亚、俄罗斯和柬埔寨等开始探求央行数字货币发展的可能性并开展相关研究，属于第三梯队。

亚太地区各国对央行数字货币研究的主要动因来自内部和外部的双重压力。数字化经济发展带来的国内金融市场和环境变革的需求在新冠疫情的刺激下进一步提升，各国对于改善数字支付和智能服务的要求更为迫切。随着2020年央行数字货币井喷式的发展，亚太地区各国（地区）对央行数字货币的整体态度愈加积极，开始央行数字货币发展的可能性研究，实践探索也纷纷加速，多国在2020年推出了新的研究计划安排，研究范围也从以批发型为主开始转向对零售型的探讨，实践进入了新的阶段。

（三）我国央行数字货币的实践探索

本部分介绍我国对央行数字货币的研究探索与实践进展，以及相关思考。包括我国央行数字货币的研发动因、方案设计及进展，我国发行央行数字货币的基础与优势、主要问题及风险，以及发展研判和趋势等，并对我国央行数字货币的战略推进提出思考。

1. 我国央行数字货币研发的背景和动因

我国加快研发央行数字货币主要基于以下背景和现实需要：一是为了满足数字经济对数字化支付的需要以及安全支付的需求，助力我国数字经济、数字金融的发展；二是为了反制私人数字货币，维护主权货币地位和金融稳定；三是为了利用区块链等前沿金融科技，提高货币政策和宏观审慎监管的有效性；四是为了降低跨境支付的风险和成本，拓展国际支付、结算新路径，助力人民币国际化；五是为了利用数字货币的诸多优势，改造传统金融基础设施等。

2. 我国央行数字货币的研发和试点进展

从2014年开始，我国央行开启了数字货币的研发工作，经过6年三个阶段的研发，目前已进入试点测试阶段，选择在深圳、苏州、雄安、成都及未来的冬奥会场景进行内部封闭测试。这些测试地区不仅有良好的金融科技基础，而且在“东西南北”四个地理方位上具有一定的区域代表性和辐射性。央行数字货币的研发和试点工作仍在加速推进。

后文详细介绍了央行数字货币的总体框架、运行机制、运行架构、原型系统存在的问题及优化方案。我们认为，我国央行数字货币的设计原型不仅吸收了数字货币领域最先进的技术经验，而且充分考虑了我国实际情况，具有 M0 替代、双层投放体系、中心化管理、账户松耦合等鲜明特征。同时，鉴于应用场景的复杂性，我国央行数字货币关键技术研发具有很大优化空间，未来尚需在更多的应用场景测试并进行持续的优化。

3. 我国央行数字货币的基础与优势

如何在错综复杂的局面中寻找中国推行央行数字货币的基础和优势？本书从“供给”和“需求”两端入手，供给端优势从技术、资源和软环境三个方面进行分析，其中金融科技水平和金融基础设施完善程度关系到我国央行数字货币能否成功落地，而政府强有力的支持和政策一致性是我国央行数字货币实现弯道超车的重要保证。需求端强调用户规模在数字货币成功推行中的重要性，使用的人越多，数字优势就越容易显现，运行成本也会越低，在这一点上，我国数字经济规模和包括跨国贸易在内的经济总量规模是推动央行数字货币的一大优势。

4. 我国央行数字货币的问题及挑战

央行数字货币是数字时代的全新货币形态，将对人们的经济生活产生重要影响，伴随我国央行数字货币试点、测试的推广，面临的问题与风险也浮出水面。本书主要从法律依据、运行体制、金融体系和宏观环境四个方面讨论了央行数字货币面临的问题和风险。

在法律依据层面，目前法律法规仍局限于传统的纸币、硬币等实物货币形态。在正式发行央行数字货币之前，需要完成法律法规的修订工作，将央行数字货币纳入法定货币的范畴，并将央行数字货币的底层运作规范、反假币、反洗钱机制以法律法规的形式确定下来。

在运行体制层面，存在三个问题：（1）一是区块链技术的并发处理能力和效率问题，二是系统安全性、稳定性问题，三是在双离线支付场景中，交易结果不能即时查验，伪造、重复花费数字货币等问题；（2）央行数字货币的硬件、软件基础设施建设还任重道远；（3）央行数字货币的个人隐私保护程度低于现金，高于银行账户交易和第三方支付交易，但用户仍可能对于央行掌控用户信息、个人隐私信息外泄等潜在问题心存疑虑。

在金融体系层面，央行数字货币可能对商业银行存款产生挤出效应，造成“脱媒”问题，导致商业银行资金成本下降、支付清算业务收入下降。央行数字货币也可能导致第三方支付用户流失、难以提供增值服务。

在宏观环境层面，一是可能对现有金融稳定与监管体系构成挑战，二是在中美摩擦不断的大背景下，我国央行数字货币的发行也可能遭到美国政府的狙击。央行数字货币能否被海外交易对手广泛接受，还有待实践的检验。

（四）全球央行数字货币的影响分析

货币可以说是一个国家最基本的神经元，不同的货币形态背后是不同的货币体系、金融体系以及不同的宏观经济管理体系和模式。作为法定货币的央行货币，一旦数字化，不仅意味着货币形态的变化，更重要的是，将改变既有的货币体系、金融体系以至国家的宏观管理模式。在当前世界各国对央行数字货币蓄势待发之际，通过理论推演、实验总结等系统、扎实地研究央行数字货币将对现有经济金融体系产生积极的影响，显得十分迫切和重要。

本部分从央行数字货币影响的理性分析切入，重点分析央行数字货币对货币发行与运行、支付体系、货币政策的影响，对商业银行、金融稳定、金融监管等现有金融体系的影响，对世界金融格局及人民币国际化的影响。由于全球主要经济体央行数字货币多处于落地前的准备之中，存在诸多不确定性因素，对央行数字货币可能带来的影响扑朔迷离、众说不一。有鉴于此，本部分通过理论分析和逻辑推演，探讨上述问题。

第一，央行数字货币对货币体系及货币政策的影响。央行数字货币利用密码学技术对现金加密和数字化以及双重架构设计，使得存款形式更为虚拟化，货币基金更为普及，货币流通更为高效。第三方支付体系也将会因为央行数字货币的介入，形成竞争与合作双重目标的新格局。在货币政策操作层面，货币政策执行的基础将发生动摇，但基础货币投放的精准性将获得实质性的提高，利率调节工具的灵活性和调控空间也将逐步上升。在货币政策传导效率层面，央行对准备金量及流通中的现金动向实现高效的追踪，并对信贷量进行监督，提高了货币政策的可控性，进一步疏通了货币政策的传导机制。

第二，央行数字货币对金融体系的影响。在金融中介机构层面，央行数字货币将重构银行业金融业务的模式。数字化基础设施的搭建将延伸商业银行业务范围、替换现金管理业务，双层运行体系将拓展商业银行经营管理模式，也导致商业银行负债端的业务收缩和表外业务扩张。在金融市场层面，央行推出法定数字货币在一定程度上压缩了第三方支付平台的业务空间，同时也给予其在市场竞争中更多的参与机会。在参与竞争的双重目的下，第三方支付平台业务格局的改变将重建数字化金融生态。在金融功能层面，央行数字货币模式下，金融体系的支付系统不仅能够通过兼容信息技术以更低的成本管理现金账户，而且能够增强支付系统弹性，降低支付系统的进入门槛，促进支付市场的竞争，从而有效提高数字经济交易效率。

第三，央行数字货币对金融体系稳定性的影响。一方面，央行数字货币会对金融稳定性产生冲击。央行数字货币的发行将造成商业银行存款转移，增加商业银行流动性风险，存款重要性的减弱或将降低银行特许权价值，导致银行部门的风险管理行为扭曲。同时托管数字钱包操作的复杂性可能存在的一些潜在问题和薄弱环节，形成中间业务风险。这些都将在不同程度上增加银行体系的脆弱性。另一方面，法定数字货币也为监管创造新的工具和手段。通过法定数字货币流对经济信息流的捕捉和分析，可以有效改进宏观经济统计信息质量、辅助逆周期宏观经济调控，也有利于有效防范金融系统性风险。此外，央行数字货币对金融监管效率具有优化效应，为反洗钱和反腐败提供更多的工具选择，也推进强化了监管模式的灵活性和开放性，优化监管方式、监管工具和相应的激励机制，升级监管体系，提高宏观审慎监管效率。当然，央行数字货币毕竟是新生事物，其运行规律、对商业银行和金融体系乃至金融稳定的影响可能存在较多不确定性，未来进行深入探索的空间依旧很大。

第四，从对世界金融格局的影响看，央行数字货币的出现，在国家综合实力、国家信用、货币稳定性作为国际货币竞争决定因素的态势不发生根本性改变的前提下，强化了科技实力和数字经济在世界货币竞争中的作用。中国在数字货币的研发落地方面走在全球前列，数字人民币的公开发声，有利于增强国际社会对未来中国金融市场的信心，优化人民币国际化大环境。人民币国际化过程中所积累的问题，如国际跨境支付、离岸人民币和在岸人民币价值波动引起的投机行为等，可能在数字人民币获得国际金融市场更高认可度时得到有效改善。

（五）启示与政策建议

通过对全球央行数字货币发展实践的研究梳理，得到以下启示：

第一，央行数字货币将对全球货币金融格局带来深远影响。央行数字货币的竞争成为国际货币竞争的主要领域，美国加速推出公私合作的“数字美元”计划，数字美元和 Libra 一旦结合，美国仍可维护数字时代美元的强势地位。对于其他国家而言，加快主权数字货币的研发和推进力度，也为改变美元霸权主导的现行货币体系提供了机会。第二，全球央行数字货币发展还需跨越诸多障碍。央行数字货币提升了一国金融监管的有效性，但也带来了新的监管难题，尤其是在跨境监管领域，由于各国的经济发展水平、金融监管体系、法律体系及央行数字货币的设计运行机理不尽相同，建立统一的国际立法及监管标准难度较大。第三，“数字货币 + 经济基础 + 制度信用”是决定未来国际货币体系胜负的关键。央行数字货币竞争引入新的因素，包括科技实力和数字经济的发达程度，但货币地位的决定因素不会发生根本性改变，新兴国家在提升本国货币国际竞争力的道路上还需多方面付出努力。

综观全球，研判我国央行数字货币发展，我们认为，央行数字货币为人民币国际化带来重大发展机遇，一是央行数字货币的数字化特性拓宽了人民币国际化的新路径，二是数字化时代对国际结算货币的需求更为多元化，三是央行数字货币的技术机理改变了跨境结算模式，四是为摆脱目前美国主导的跨境支付结算体系提供了机会。

为此，本部分提出我国央行数字货币发展政策建议。第一，着眼于国际竞争，积极有序开展央行数字货币的试点测试安排，依托海南自由贸易港，构建“数字货币区”。第二，协同推进人民币数字化与国际化，强化央行数字货币与数字贸易、数字经济的联动发展。与“一带一路”倡议相结合，在经贸合作中强化主权数字货币的应用；以大宗商品结算为切入点，打造大宗商品现货贸易数字货币应用生态圈。第三，积极借鉴国际经验，探索央行数字货币与其他支付方式联动互促、协同发展的模式与路径。联合商业银行、第三方支付机构共同参与数字货币技术研发和发行。第四，强化央行数字货币基础设施建设、跨境兑换与结算体系建设、监管体系与风险防范体系建设。第五，推动央行数字货币的国际监管协调、跨境数据与跨境资本流动协调等，共同推动全球数字治理与货币治理体系改革。

四、研究体会与展望

（一）研究体会

1. 理论方面。纷繁复杂的数字货币问题研究需要回归到古老的货币问题上来，央行数字货币也好，私人数字货币也好，未来发展的研判需要从货币的属性、货币的功能这些基础基本问题上寻找答案，从货币演变的历史逻辑、经济逻辑、社会逻辑、技术逻辑分析中研判央行数字货币的发展趋势和未来在经济社会中的地位作用及影响，既要看到货币万变不离其宗的本质，又要看到货币概念、范畴、形态、功能等在经济社会发展中的拓展。货币的功能早已超越了流通支付手段、价值储藏以及价值尺度和记账功能，不仅是国家管理金融调控经济的重要手段，更是国家发展的战略工具。关于私人数字货币能否替代主权货币，关于技术进步是否改变货币属性，关于区块链信任机制能否颠覆现有主权货币体系等问题，需要更宽阔的研究视角。

2. 实践方面。从全球央行数字货币发展实践看，各国的重视、投入以及研发的深度、实验的严谨程度，超出我们的一般判断。数字货币具有解决多种现实问题的可能，不同的国家基于自己的背景和诉求发展央行数字货币，数字货币给各类国家都带来可能的机遇。美国采取公司合作的强大优势依然很突出，但是，未来世界货币体系的演变在数字货币的冲击下，变数充满不确定性。

3. 影响方面。从对央行数字货币影响的研究看，央行数字货币不仅影响货币和金融领域，其对经济社会的影响将是全面的、深刻的、深远的。无论是零售型还是批发型，无论是现期的 M0 替代，还是更广的范畴使用，央行数字货币一旦登场，影响就不可避免。从支付体系到货币体系，从机构到市场，从发行到监管，从私人机构到政府管理部门，从微观主体到宏观调控，影响依然全面开始，利弊皆有，机遇与挑战并存，一切都将开始重构，颠覆是一个逐渐的过程。

4. 我国实践方面。我国央行数字和货币研发工作启动较早，国家高度重视此项工作，目前已经在多个城市开展多种场景的应用测试。但通过对各国央行数字货币研发情况的比较研究后发现，欧洲很多国家对央行数字货币的研发和实验做得也很扎实，抢占标准、争先落地，各国竞争十分激烈。我国央行数字货币研发和推进工作依然需要加大力度、加快速度，在关键技术上实现突破，在推行上要有创新和超常规举措。

（二）研究面临的问题

本项研究兼具理论性、政策性与前瞻性，具有较高的研究难度。一是可供借鉴参考的文献资料与前期研究较少，尽管国内外围绕数字货币这一话题已展开广泛研究，但聚焦于中央银行数字货币这一领域的专门性研究依然较为匮乏，需要对国内外理论研究文献与政策文件开展大量的梳理、翻译与提炼工作。二是各国对中央银行数字货币的实践尚处于起步探索阶段，对传统货币金融体系中的货币发行、流通、政策、监管等方面的影响无法开展实证性检验，且属于动态演变当中，因此构建一个开放经济条件下央行数字货币的系统性影响研究框架具有较高难度。三是我国央行数字货币的发展面临较为复杂的国际环境，国际社会对于我国央行数字货币测试反响不一，各国将围绕货币数字化、本币国际化展开激烈竞争，未来以央行数字货币为核心的主权货币竞争将成为大国博弈的重要战场，这要求研究者必须对我国央行数字货币的发展进程及未来走向进行深度思考。

基于上述研究困难以及研究团队水平和能力的局限，本课题研究还存在很多不足，一是研究的理论深度不足，有待继续深化。对央行数字货币各种问题的分析，描述性多，但经济学视角的理论深度分析欠缺。二是定性研究多，而量化研究不足。央行数字货币正在研发中，缺乏数据检验，而实证的一手材料由于各国保密的原因，也难以获得。所以研究的科学量化方面欠缺。三是由于量化研究和实证检验欠缺，研究结论和相关观点具有一定的主观判断和不确定性。所以留下很多值得进一步商榷和探讨的问题。

（三）研究展望

第一，央行数字货币结合了政府信用和信息技术两种属性。从货币流通和支付两个职能看，央行数字货币的边际贡献十分明显，确实能够提高货币价值，也是数字经济时代货币形态演化的必然过程。然而，当货币价值的决定因素从信用维度增加至“信用＋技术”维度以后，信息技术的安全隐患也可能会给予货币价值以相应的挑战。这使得信用货币向信用数字货币演化将是一个长期演化的过程。在这个过程中，不仅大数据、信息技术的发展速度和发达程度是重要的决定因素，而且需求端的公众接受态度也不容忽视，毕竟公众从技术层面普及、接受数字货币相对更为缓慢。因此，数字货币转型过程中，货币金融体系的运行逻辑及稳定性由于“技术”的加入，而变得更为复杂。

第二，尽管世界各主权国家均不同程度地关注央行数字货币，且有些国家或地区呈现加速态势，但能否以及何时实现央行数字货币真正落地都持有谨慎态度。尤其是，在对央行数字货币运行逻辑、潜在影响理论尚未成熟的情况下，是否真正将央行数字货币付诸实践仍然是个未知数。因此，于理论上对央行数字货币的演化逻辑及其可能造成的潜在影响研究进展缓慢。央行数字货币在国际货币竞争中发挥着怎样的作用，现阶段也很难给出明确的答案。

第三，在理论上，央行数字货币能够提高货币政策的精准性，疏通货币政策传导机制，但是否能够提升货币政策有效性则需要进一步研究。货币政策有效性是货币政策执行的意义所在，货币政策的有效性不仅取决于央行的执行效率，而且还受制于公众预期。央行数字货币模式下，央行可以通过大数据、信息手段追踪货币资金动向，对货币政策操作、传导等方面均能够产生实质性的效率提升，然而，公众对货币政策的预期、对政策不确定性的预判是否能够因数字化而得到改善尚无明显证据。因此，央行数字货币给货币有效性带来的潜在影响需要进一步挖掘。

第四，由于央行数字货币并不是对传统货币制度的变革，而是货币形态和功能的必然演化，在信用货币体系阶段的弊端仍然存在的情况下，央行数字货币的推出和发行是克服弊端，还是进一步促进这些弊端显性化，仍然是需要深入思考的问题。大萧条直接导致金本位制的瓦解，美元危机造成金汇兑本位制（布雷顿森林体系）崩溃，而信用货币体系下尽管经历了多次金融危机、技术革命，但仍然延续至今，法定数字货币的推出是在该体系基础上而非是对其摒弃，它是否带来国际货币体系效率的进一步提升仍然充满不确定性。不可否认的是，央行数字货币的推出和发行对支付体系、监管效率、国际货币地位等方面能够带来实质性的改善。然而，不容忽视的是，在传统信用货币体系演化延续的背景下，不能排除央行数字货币的出现使得货币价值、货币体系以及由此衍生出的对金融体系影响的复杂程度上升，从而造成金融体系更加不稳定。多次金融危机的经验表明，货币形态的不断演化以及由此产生的金融创新增加了国际货币体系、金融体系的不确定性，从而造成金融资产价值剧烈波动以及经济脆弱性不断加深。在央行数字货币模式下，货币价值由原先依赖于经济基础、政府信用等因素，延伸至信息技术层面，导致对货币价值的判断更为复杂，汇率决定也更为复杂。这将对世界贸易、投资产生潜在的不利影响，可能导致世界经济金融更加脆弱。

最后，不仅在国际货币体系中关注央行数字人民币的战略目标，而且需要考虑中国的特殊国情，从而全面评估央行数字货币的价值。随着中国金融体系的不断完善，信息技术等基础设施的不断优化，以央行数字货币作为一个关键的契机进一步推进人民币国际化，提升人民币的国际地位是对中国经济发展具有重要影响的策略选择。然而，随着中国逐渐步入老龄化社会，老龄人口占比持续提升，公众对加入信息技术的货币形态的可接受性以及潜在金融风险也需要重视，需求端可能成为央行数字人民币推进和发行的主要障碍。如何同时平衡国内、国外双重战略目标也是一个值得研究的关键问题。

第一部分

央行数字货币的理论基础

第1章　央行数字货币的概念、产生背景与动因

央行数字货币作为一种新生事物，受到世界各国的广泛关注。BIS、IMF等国际金融组织相继发布央行数字货币报告，越来越多的国家纷纷展开央行数字货币的研究和实践探索，如加拿大央行开展的Jasper试验、英国央行进行的RSCoin研究、荷兰央行的DNB Coin、欧洲央行和日本央行联合开展的Stella等，研发和试验央行数字货币已经成为多国政府及其中央银行最为重要和紧迫的工作。

数字货币的产生与发展同历史上任何一种货币的出现一样，正经历着漫长的演变过程，从最初DigiCash的两种货币系统E－Cash和cyberbucks到后来著名的比特币、以太币、USDT等，数字货币在数字技术的推动下不断衍生、演变，央行数字货币的出现正是数字货币蓬勃发展的产物。作为一种主权货币，央行数字货币的出现不仅增加了数字货币的新维度，也将货币竞争推向新阶段，使央行数字货币成为世界货币竞争的焦点，也成为普遍关注的热点。那么，什么是央行数字货币？为什么会产生央行数字货币？央行数字货币产生的背景和动因有哪些？央行数字货币有什么基本特征？

针对上述问题，本章首先对央行数字货币的概念进行解析，阐述央行数字货币的内涵和本质特征，分析不同类型央行数字货币的特点特征。其次，介绍央行数字货币的产生的背景，揭示央行数字货币产生的各种现实动因。

概念及特点

一、央行数字货币的概念

央行数字货币也被称作法定数字货币。全球央行数字货币基本都还处于研究和探索阶段，关于央行数字货币的概念、内涵尚未形成统一明确的定义，不同的研究组织、机构从不同角度对央行数字货币做出解释。国际组织对央行数字货币的研究始于对虚拟货币和私人数字货币的关注。欧洲央行在 2012 年发布的《虚拟货币项目》研究报告和 2015 年发布的一篇题为《虚拟货币项目——进一步研究》的报告中，将虚拟货币定义为不受监管的数字货币，由此与受监管的电子货币和商业银行存款进行区分。这是较早有关数字货币的定义。在此基础上，英国央行英格兰银行将数字货币定义为任何电子货币形式的支付方式或交换媒介，并以分布式记账技术为标准，对数字货币进行了进一步的区分，指出应用分布式记账技术的数字货币为加密数字货币。法国金融行动特别工作组（Wagner，2014）认为数字货币的内涵更为宽泛，包括为法定货币的电子货币以及为非法定货币的虚拟货币。随着研究的深入，针对加密数字货币与法定数字货币的研究开始增多。2015 年，英国央行提出数字英镑计划，开启了央行数字货币的历史。2016 年，罗德本特（Ben Broadbent）首次使用央行数字货币的概念，认为央行数字货币由央行直接发行会使得存款从商业银行转移到央行，造成“狭义银行”的出现，这也使得部分国家考虑采取双层运营体系来发行央行数字货币。BIS（2017）运用维恩图绘制货币花（见图 1. 1），用四个椭圆划分货币的四个关键属性：发行人（中央银行或非中央银行）、货币形态（数字或实物）、可获取性（广泛或受限制）、实现技术（基于账户或基于代币），展示了不同的货币类型之间的划分依据与逻辑关系，根据此定义，央行数字货币是由中央银行发行的用于一般性支付，并由央行提供信用背书且具备存储设备和广泛可得性的加密货币。基于货币花类比的用法，IMF（2019）提出根据支付方式的四个属性，即类型、价值、担保、技术可以将货币分类为银行货币、电子货币、投资货币、央行货币、加密数字货币。按此基准，货币分类呈现出"货币树"的形态，央行数字货币是基于对象支付方式，以国内计价单位计算，中心化的数字货币。

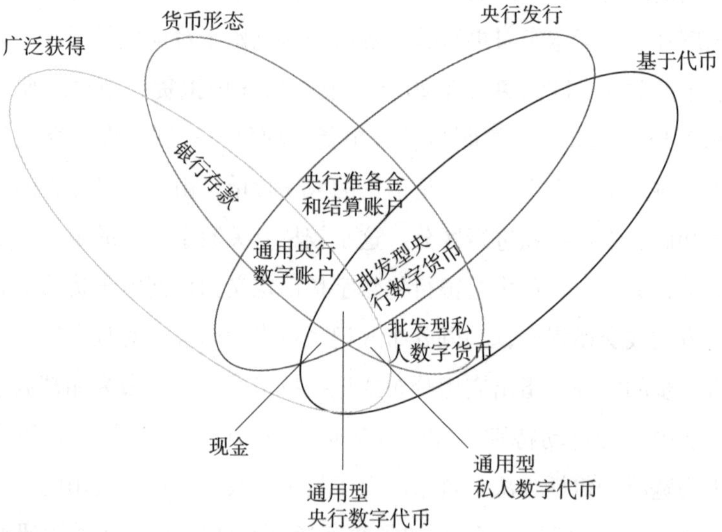

图 1.1　货币花

资料来源：Bech，M. and R. Garratt，"Central Bank Cryptocurrencies"，BIS Quarterly Review，2017，09.

现有研究对央行数字货币的定义大多参考了国际组织和相关国家中央银行提出的定义，并在此基础上进行拓展。国外学者对央行数字货币的研究除了对其概念进行界定，还包括对央行数字货币影响进行分析。罗德本特（2016）首次提出央行数字货币的概念，并提出"狭义银行"的疑虑，认为央行数字货币的出现可能会导致商业银行存款大规模转移回流至央行。有学者（Barrdear and Kumhof，2016）

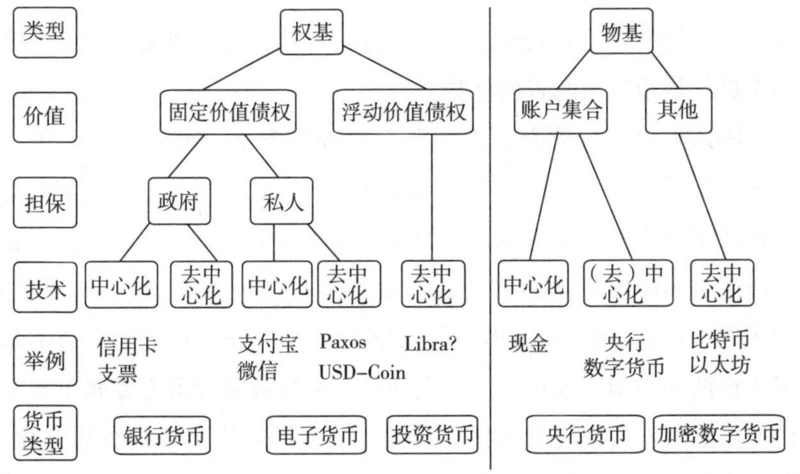

图 1.2　货币树

资料来源：Tobias Adrian，Tommaso Mancini - Griffoli. The Rise of Digital Money. *Financial Market Research*, 2019.

认为法定数字货币是一种通过分布式分类账的实施与银行存款进行竞争的带息中央银行负债。有学者（Fung and Halaburda，2016）认为法定数字货币发行能够有效提高零售支付系统的效率。有学者（Koning，2017）根据是否基于央行账户，将法定数字货币区分为央行数字账户（CBDA）和央行数字货币（CBDC）。有学者（Bordo and Levin，2017）将法定数字货币区分为 CBDC 账户和 CBDC代币，认为法定数字货币是一种无成本的交换媒介，具有安全储藏的价值，是稳定的计价单位，指出法定数字货币对货币体系的各个方面均有影响，进而提升货币政策的系统性和透明化。而有学者（Bech and Garratt，2017）则提出央行加密货币（CBCCs）的概念。有学者（Engert and Fung，2017）认为法定数字货币应该具有类似于现金的特征。有学者（Mancini - Griffoli 等人，2018）将其定义为“法定货币的数字化形式，即由中央银行以数字方式发行的、有法定支付能力的货币”。有学者（Meaning 等人，2018）发现法定数字货币通过价格和数量渠道的调整能够在政策工具某一特定变化下加强货币政策的传导渠道。有学者（Davoodalhosseini，2018）发现使用法定数字货币既表现出成本较低的特点，又体现出比现金更有利于最佳货币政策配置的优势。

国内有关央行数字货币的研究也较为丰富。2014 年，中国人民银行正式启动对法定数字货币的探索。此后，相关专家、学者对央行数字货币的原型构想、框架设计以及政策效果等方面展开了积极讨论。2016 年，国内针对央行数字货币的研究开始陡增。我国学者周小川在 2016 年提出央行数字货币可以分为基于账户和不基于账户两种类型。同年，范一飞指出，央行数字货币主要属于现金（M0）范畴。从物理形态角度出发，狭义的数字货币指纯数字化、不具有物理载体的货币，广义的数字货币泛指一切以电子形态存在的货币（刘向民，2016）。盛松成和蒋一乐（2016）认为法定数字货币发行将有利于货币政策有效传导和运行。姚前为避免“狭义银行”影响，在账户范式、代币范式的基础上，提出了银行账户和数字钱包分层并用的架构设计，以完善我国央行数字货币双层运营体系。同时，姚前（2017）从价值内涵、技术方式、实现手段、应用场景等四个维度，建立了央行数字货币的系统性框架，认为央行数字货币从价值维度看是信用货币，从技术上看应该是加密货币，从实现方式看则是算法货币，从应用场景看是智能货币，这一定义较为系统、全面地概括了央行数字货币的本质。戴金平（2019）认为央行数字货币是中央银行发行的、以数字形态存在的、实现支付双方点对点交易、分散结算的货币。赵鹞和马伟（2019）将央行数字货币定义为“具有价值特征的数字支付工具”，所谓具有价值特征是指不需要账户就能够实现价值转移。方显仓和黄思宇（2020）认为央行发行的数字货币又称法定数字货币，是央行利用区块链技术、分布式记账技术和加密技术等金融创新手段发行的货币，本质上与目前广泛使用的纸币没有区别，只是没有物理载体，央行数字货币在支付、转账过程中同基于账户的电子货币一样方便快捷，又能保证如现金一般的匿名性和价值特征，同时具有国家信用作为价值支撑，由此看来，央行数字货币可能成为社会成本最低、安全性最高、最具竞争力的数字货币。

综上所述，目前全球对于央行数字货币尚未形成统一定义，但基本形成了以下共识：

第一，央行数字货币是一种有国家信用背书的数字货币。目前法定货币是基于法定共识条件下的信用货币，并且有国家信用作为支撑，所以央行数字货币既具备法定货币的属性，又具备数字货币的基本特征。第二，央行数字货币使用区块链、人工智能、加密技术等金融创新手段设计、发行。法定数字货币的安全运行必须依靠强大的技术支持，主要包括数字货币整体架构，以及由协议、数据格式、数字签名机制、数字钱包等要素共同构建的数字账本技术。作为一种数字支付工具，央行数字货币金融基础设施广泛，其特殊的运行机制极大地降低了发行和交易成本，提高了 M0 流通效率和央行货币地位。加密技术发挥了央行数字货币的独特优势。第三，央行数字货币的发行会对货币政策、金融体系等方面带来不同程度的影响。众多学者基于货币政策传导机制分析央行数字货币可能带来的影响，无论是长期还是短期、积极或者消极的影响，都必然带来巨大的变革。

基于以上分析，本文认为，央行数字货币是央行基于区块链、人工智能等数字技术发行的、具有现代信用货币本质属性的数字货币。央行数字货币以国家信用为支撑，具有法偿性；由央行发行，不依托于银行账户也能完成支付、转账行为；央行数字货币凭借其技术特征可有效治理经济犯罪、贪污腐败等问题；央行数字货币可以通过编程实现货币的精准投放、逆周期调控，增强货币政策传导，提高货币供给有效性，增强金融稳定。

二、央行数字货币的本质特征

从形态上看，央行数字货币是加密的字符串，但从本质上看，央行数字货币依然是国家信用下的主权货币。具体来说：

（1）央行数字货币作为法币的本质没有改变，具有无限法偿能力。央行数字货币虽然形态上发生巨大变化，由原来有形的纸币、硬币或电子货币，变成摸不到、没有物理形态的一串加密字符存在系统的账本中，但是，这并不影响央行数字货币在使用中具有的法律效力。因为，央行数字货币也是一国央行依法（法律需要做适度修订）发行的货币，是对原有货币形态的替代和补充，因此，央行数字货币依然是法币，其法律地位和法律效力与原有形态的货币相同，具有无限法偿能力。

（2）央行数字货币作为主权货币的地位没有变，以主权信用维持其价值稳定。虽然央行数字货币的发行运用了区块链、分布式账本、人工智能等技术，但央行数字货币的信用机制和价值支撑并没有因为数字技术的使用而发生改变，央行数字货币依然是以国家信用为支撑的主权货币。一个国家的基本货币制度也不会因为央行发行数字货币而发生根本性改变。比如，一个国家的货币单位、货币名称、计价标准、发行制度等，都不会因为数字货币的发行而发生根本性改变，只需要在发行技术上做调整。比如，发行主体依然是央行，货币名称依然是人民币，或者是美元、英镑、欧元等。虽然央行数字货币可以有一个新的名称，如中国的 DC/EP，但中国的主权货币依然是人民币，DC/EP 只是人民币的一种形态。央行数字货币没有独立的计价单位，沿用既有法定货币的计价单位，央行数字货币依然是央行对公众的负债，具有官方赋予的价值特征。

（3）央行数字货币依然是中心化的发行机制，货币发行的根本性制度没有变。虽然央行数字货币发行技术架构和流程发生改变，无论是我国的“一币、两库、三中心”，还是“中央银行－商业银行”的两层架构，这些并不改变一个国家以央行为中心的主权货币发行的主体架构，本质上依然是中央银行集中发行模式，这与比特币等去中心化的私人数字货币存在根本性差异。

（4）央行数字货币发挥货币五大职能的基本条件没有变。央行数字货币的使用需要借助一定的终端设备，在手机、各种移动电子设备普及的时代，央行数字货币无疑大大提高了货币使用的便利性、安全性及普惠性等。但是，央行数字货币是否能够充当价值尺度、流通手段和支付手段，发挥货币的基本职能，能否充当价值储藏工具和世界货币，与数字化货币形态有关联，更主要的还是取决于一国货币的综合因素。比如，一国央行数字货币是否发挥价值尺度的职能取决于该国主权货币的价值是否稳定、是否能成为世界货币，取决于被更多的国家使用和接受。货币的便利性、安全性、交易结算的快捷性依然是非常重要的因素，但更重要的因素是一国的经济实力和在全球货币治理体系中的地位。不能否认，央行数字货币为货币的使用、支付提供了更好的便利，具有传统纸币无法比拟的优势，有利于货币的推广和打破时空限制被广泛地接受和使用，在提高支付效率、结算便利特别是跨国结算便利方面具有更大的优势，为推动一国货币走出国界、走向世界创造了前提条件，这也是各国竞相抢先发行自己主权数字货币的重要原因之一。

（5）央行数字货币具有“点对点＋电子支付＋央行信用”的新综合特征。“点对点”指的是货币在交易流转过程中，不用通过中间机构，交易双方信息在对外匿名的情况下实现货币直接收付。“电子支付”是指使用电子手段把交易双方的收支信息通过信息网络传送到银行或相应的结算处理机构，实现货币的交易流转。“央行信用”指货币由国家信用作为支撑。央行数字货币作为实物现金的替代品，同样具有高于银行存款和第三方支付平台账户余额的央行信用，在日常支付使用时无须绑定银行账户就能实现价值转移，这与我们通常使用的必须要绑定银行账户才能进行转账付款的微信、支付宝等第三方支付有着本质的区别。

三、央行数字货币的类别特征

目前央行数字货币主要分为零售型和批发型。零售型主要供社会大众和公司使用，目的或将替代现有的法定货币 M0；批发型则用于银行间结算服务，提高支付效率，并降低与现有支付系统相关的成本和复杂性。此外，一种“公私合营”性质的综合性央行数字货币的方案也被提出。据国际商业机器公司（IBM）和国际货币金融机构官方论坛（OMFIF）联合发布的调查报告显示，多国央行考虑开发和发行央行数字货币，未来五年内可能会有面向消费者的 CBDC 推出，而面向消费者的 CBDC 可能需要某种形式的公司合作。

（一）零售型央行数字货币

零售型央行数字货币是现金的数字化，由央行直接发行，主要用于替代现金，可表现为数字现金和数字账户。数字账户模式下，普通居民要在央行开设账户，直接影响央行的资产负债表，央行会涉及大量的现金管理和宏观金融问题。零售型央行数字货币由央行独家发行，并与原有现金货币保持 1∶1 等价关系，价格稳定。零售型央行数字货币最初由 Koning 在 2014 年提出，目前尚没有零售型央行数字货币落地。美联储的 Fedcoin 项目是一种零售型央行数字货币的设计，美联储可能会创造一个新的区块链 Fedcoin，普通居民被允许直接在中央银行开户，而不用将资金存入商业银行，和美元 1∶1 兑换。按照这一设计，Fedcoin 能够直接将银行体系缩小到二级，而无须商业银行穿插其中。

零售型央行数字货币投入使用可能会带来两方面影响，一方面造成“狭义银行”、央行工作效率降低等问题，数字货币由央行发行不可避免会挤兑商业银行，就会和商业银行竞争存款，同时，央行数字账户的建立将会大大增加中央银行的负担，带来工作效率低等问题。但另一方面，零售型央行数字货币的发行更有利于中央银行进行货币政策管理，加强货币政策传导渠道，带来更大的货币政策空间。例如，零售型央行数字货币取代现金能够降低利率的有效下限，挑战凯恩斯提出的流动性陷阱概念。

目前关于零售型央行数字货币的争议在于其匿名性问题，以比特币为代表的私人数字货币能够实现交易匿名和交易对第三方匿名，目前争议主要在于零售型央行数字货币是否应该实现交易对第三方匿名，零售型央行数字货币对第三方匿名不利于打击经济犯罪和政策传导，因此，零售型央行数字货币虽说是法币的数字化形式，却不能像现金一般实现完全匿名。

（二）批发型央行数字货币

批发型央行数字货币主要指央行对金融机构账户的数字化革新，这类数字货币实际上并不是在全国范围内发行一种新型数字货币，仅仅是利用数字技术提高大额支付系统的支付清算效率、提高批发类金融系统速度，应用范围仅限于金融机构，不面向公众，对现实冲击有限。目前，加拿大央行和新加坡金管局就试图在分布式账簿平台上搭建实时大额支付系统（RTGS）。

关于批发型央行数字货币的疑问在于其能否支持实时全额结算，大额支付系统的实时清算问题一直以来都是无解之谜，即使是我国支付清算体系运作效率较高，也无法全然解决实时清算问题。投身于批发型央行数字货币的国家主要有加拿大的 Jasper 项目、新加坡的 Ubin 项目以及日本央行与欧洲央行共同参与研发的 Stella 项目，而目前 Ubin 项目试验表明，批发型央行数字货币能够实现实时全额结算，在第二阶段实现中，他们利用 R3 Corda、Hyperledger Fabric 和 Quorum 三个平台实现了这一关键功能。由此可见，批发型央行数字货币不仅是一种货币，更是一种效率高效的支付系统，这为我们解决传统支付系统技术问题提供思路参考。

（三）综合型央行数字货币

综合型央行数字货币的概念始于 IMF 两位研究人员（Tobias Adrian 和 Tommaso Mancini-Griffoli）在 2019 年 7 月发表的一篇报告《数字货币的兴起》中提出的一个新的概念"综合型 CBDC"。立陶宛央行报告提出综合型央行数字货币是除零售型央行数字货币和批发型央行数字货币之外的第三概念，这类数字货币的发行机构实际上是私人银行或第三方支付机构，而央行提供充足无限的银行准备金，这类数字货币能够有效结合央行的信任、效率优势和私人机构在创新、客户互动的优势。

但关于综合型央行数字货币是否为第三类数字货币，其实存在争议，综合型央行数字货币是基于零售型央行数字货币发行的模式，只是在其发行过程中，有私人机构参与其中，但本质上，它仍是中央银行作为其背后主导人，面向全体普通用户发行的一种零售型央行数字货币，它更像是零售型央行数字货币在发行主体方面的一种改进。目前，世界上大部分国家都采取与私人机构或商业银行合作的方式发行央行数字货币，这种双层运营模式也是一种公私合作的形式。

四、央行数字货币的优势与风险

2017 年以来，各国加快对央行数字货币的研发和测试节奏，特别是 2020 年在新冠肺炎疫情的影响下，央行数字货币更是炙手可热。但主要经济体至今尚未明确推出央行数字货币。这足以说明，一方面，央行数字货币一定有其独到优势，促使各国政府和银行以及国际主要经济、金融组织高度重视；另一方面，央行数字货币也是一项极其复杂的系统工程，必将给经济社会带来巨大的影响，对于这种影响，目前各国政府、央行、国际金融组织尚无确定性的把握，需要进一步的测试、评估。同时也表明，关于央行数字货币理论准备也还在研究、探讨之中，央行数字货币完整的理论支撑体系还需要研究与构建。

由于央行数字货币仍处于研发和测试阶段，除了委内瑞拉、立陶宛等小型经济体象征性推出以外，世界主要经济体都未正式落地。本文也仅从一般意义上总结央行数字货币的优势和风险，以此观察各国重视央行数字货币的一般动因。

（一）央行数字货币具有明显优势

央行数字货币是满足数字经济需要的法定数字货币形态，其功能属性与纸币完全一样，其货币的本质和属性没有改变。但是，央行数字货币作为一种新型的货币形态，融合了区块链、人工智能等先进的数字技术，通过独特的发行架构安排和一系列的技术支持，不仅节约了货币的发行成本、提高了货币使用效率，而且拓展了货币的功能，为央行创新了货币发行、调控以及监管的手段。央行数字货币具有的独特优势，也正是央行发行数字货币的基本动机。

（1）降低货币发行和交易成本。作为中央银行发行的新支付手段，央行数字货币是“央行版”的电子货币，其主要目的是替代现金用于支付结算。央行发行数字货币的目的之一就是要实现现金的数字化改造。目前纸币、硬币的印制、发行、回笼、储藏各个环节成本都非常高，还要投入大量资金做防伪技术，流通体系层级多，携带不便易失窃，等等。据有关资料显示，按照1%的发行成本测算，2018 年中国现金 M0 是 6.96 万亿，发行成本需要 7 000 亿。如果采用央行数字货币，边际成本几乎为零。央行数字货币实施点对点支付，货币的支付和流通速度大大提升，交易成本下降。

（2）提高货币精准投放，匹配货币供求，抑制货币超发，增强货币政策有效性和央行监管能力。央行数字货币通过对货币编码和对货币流转、交易的全程记录，可以在系统中留存资金流向、追踪资金去向，通过对货币流转信息查询权限的法律设定来保护货币使用者的隐私和安全。央行数字货币的这一特殊属性，既有利于把握货币流通的需要，提高货币投放的精准度，也有利于调节货币投放结构，增强货币政策有效性。任何电子支付工具都会将交易数据留痕到交易系统中，移动支付、银行支付、第三方支付都是如此。央行数字货币的出现，相当于把资金交易记录及查询使用的权利上交到国家层面，通过制度设计约束和权限设定管理，既实现国家管控资金的需要，又提高货币权属的安全和隐私保护。近年来，移动支付、第三方支付、虚拟货币等快速发展，影子银行、地下金融、洗钱、恐怖融资等非法活动十分活跃。如果流动性创设机制掌握在私人机构手中，央行监管有效性将面临越来越大的挑战，央行数字货币为央行提供了数字金融范式下管理和监管金融系统的基础设施。

（3）进一步巩固主权货币地位，推动数字货币与数字经济深度融合。数字时代数字经济成为主流发展趋势，数字货币是适应数字经济需要的必然结果。随着金融科技、金融创新和数字经济的快速发展，全球正走向无现金的数字化社会。在这个过程中，第三方支付等私人机构占据了大量的支付市场份额，主权货币面临越来越大的挑战。央行数字货币利用与商业银行、私人部门合作等广泛的介质和渠道，发行和使用数字货币，扩大央行数字货币的普适性和泛在性，不仅提高货币支付功能的效率和便利程度，更重要的是维护主权货币地位，增强管控金融经济的能力，推动数字货币与数字经济的深度融合，使央行数字货币成为真正意义上的数字时代的数字货币。

（二）央行数字货币的潜在风险

央行数字货币还停留在理论研究和内部测试阶段，对货币经济产生的影响具有很大的不确定性，因此，各国政府和央行高度重视央行数字货币的潜在风险。

央行数字货币的发行对货币体系和货币政策产生不确定性影响。央行发行数字货币需要搭建一套独立的、不同于原有货币发行的发行系统。货币发行、货币政策调控工具、方式都将面临调整。在数字货币与传统货币并存的过渡期，可能对既有货币政策工具和传导机制带来不确定性影响，需要多种预案应对。

央行数字货币的发行使用也面临一定的不确定性。从零售使用者角度，央行数字货币毕竟是新事物，由于需要下载安装数字钱包及学习使用操作，所以，在开始阶段一定会有很多人不适应，加之现有的电子支付、移动支付也很方便，尽管是法定货币，但在受众方面仍面临不确定性，与已经存在和大众熟知的各种电子化支付存在一定程度的竞争。如何赢得更多的使用者，提高央行数字货币的泛在性，对央行也是一个挑战。

对商业银行的影响面临巨大的不确定性。如果央行数字货币被广泛接受，可能会引起存款搬家，即把钱从商业银行转移到数字钱包，因为数字钱包是央行的负债，信用级别高于商业银行，即使在不付息的情况下，出于安全考虑，有可能引发商业银行挤兑，出现“狭义银行”问题，甚至会导致系统性风险。

央行数字货币被大规模、多场景运用后，会出现诸多与原有价值转换、传递系统、设备接口的衔接问题，也面临着与私人支付工具的竞争问题，给私人数字货币提供法币入金接口问题，以及为跨境资本流动提供便利的同时带来法外流动等问题。当然，这些风险可以通过设计相应措施予以控制，不会成为阻碍央行数字货币推出的决定性因素。

总之，央行数字货币面临的不确定性还非常多，既有自身设计、技术支持方面的，也有来自市场方面的，还有对第三方、对金融系统和社会经济方面的影响，都存在不确定性。后文将做针对性的深入分析，这里不做赘述。

产生背景与动因

央行数字货币的产生有其深刻复杂的社会背景。数字货币的概念最初由大卫·乔姆（David Chaum，1983）提出，他在论文中构建了一个具有匿名性、不可追踪特性的，以密码学技术为原理和方法的货币系统，即 e－cash，但是自此之后，数字货币并没有得到持续的发展。直到 2008 年，一个化名为“中本聪”的人在互联网发表了一篇名为“比特币：一种点对点的电子现金系统”的论文，设计了一种新型的数字货币——比特币，让概念化的数字货币理念得以实现。随着区块链、大数据、云计算和人工智能等数字技术日渐成熟，比特币、以太坊、Libra 等私人数字货币相继出现，数字产业化、“互联网＋”等数字经济产业规模不断扩大，全球经济发展以及国际金融体系和金融秩序加速演变，在这样的新时代大背景下，促使世界各国央行开始启动央行数字货币研发工作，并呈现加速推动落地的趋势。

一、根本动因：数字经济催生央行数字货币

货币是经济发展的产物，为满足经济发展需要而存在和演变。21 世纪，技术进步和科技革命将人类社会带入数字经济时代，信息技术革命以及数字技术的发展，使经济社会发展发生深刻变化，人类社会进入“数化万物”时代。中国信息通信研究院的研究报告显示，全球数字经济蓬勃发展，2018 年，测算的 47 个国家数字经济总规模超过 30.2 万亿美元，占全球 GDP 比重高达 40.3%，美国数字经济规模蝉联全球第一，达到 12.34 万亿美元，中国保持全球第二大数字经济体地位，规模达到 4.73 万亿美元，德国、日本、

英国、法国数字经济规模分别达到2.40万亿美元、2.29万亿美元、1.73万亿美元和1.15万亿美元，位列第三至六位。数字经济在世界经济中占有越来越重要的地位，数字经济的发展必然呼唤数字货币！数字经济必然对货币形态和功能产生新的需求，央行数字货币被视为与数字经济发展相适应的货币工具。数字社会，人们的消费和购买行为发生变化，对货币的流通手段和支付手段职能产生数字化需要。大量的网上购物、消费产生的线上支付以及大量的线下支付场景，都需要数字化、更安全、更便捷的支付工具，非现金支付已经成为全球在数字经济下不可避免的重要现实和必然趋势，传统的纸币现金正在加速走向消亡。目前大量的第三方支付填补了法定数字支付的空缺，但是，困于私人第三方支付的法偿效力问题，以及安全性、信用度等方面存在隐患。消费产生的大量数据、个人信息等，私人机构对用户隐私保护以及数据的商业利用上都存在安全隐患。由此，对法定的央行数字货币的需求就成为社会发展的必然。对流通手段和支付工具数字化、安全化、便捷化的需要成为推动央行数字货币产生的基本社会动因。

当然，央行数字货币的推出也一定会加速数字经济的发展，为数字社会提供更便捷、更安全、更稳定、更高效的价值尺度和价值转移、支付方式，推动经济社会的良性循环和高效运转。

二、内在动因：数字技术飞速发展和深度应用助推央行数字货币

从货币发展演变的历史不难看出，每一次货币形态的重大变革，都是始于科技创新和技术进步的直接推动。以区块链、大数据、云计算和人工智能等技术为核心的数字技术是支持数字货币产生的直接动因，也是推动法定货币数字化变革的基础因素。区块链技术因比特币的出现而被人所熟知，自基于哈希算法的“块链”技术首次提出（Stuart Haber and W. Scott Stornetta，1991）到现在，

区块链技术与其他技术深入融合，构成私人数字货币的技术基础，也为世界各国央行的研发提供了内在的技术支持和发展动力。区块链技术构造了一种“去中心化”的货币共识机制，改变了传统货币的信任机制和价值基础，使货币的价值基础和信用保障不依赖发行主体或发行储备资产，并可以绕开中心中介实现价值的点对点转移，不仅可以节约货币发行、交易成本，而且能大大提高货币的支付效率。可以说，区块链技术在货币领域的应用，在一定程度上推动货币精准发行、改善通胀环境、提高支付效率，为推动货币形态演进和数字化改革提供了技术支持和思路借鉴。目前来说，大多数国家的央行数字货币的实验都是基于区块链技术展开的，而且区块链作为一种可能成为未来金融基础设施的新兴技术，对于中央银行和商业银行二元模式而言，有助于实现分布式运营，同时并不会影响集中管理（姚前，2020）。

大数据是主要的数字技术之一，也是数字货币发行的核心技术支撑。在全球互联互通的网络背景下，每时每刻的贸易支付活动都会产生海量的数据。大数据技术为央行管控货币发行、货币流通等提供了巨大便利。央行可以运用大数据对央行数字货币的发行、流通、储藏等进行深入的分析，了解央行数字货币的运行规律（姚前，2016），为央行数字货币的发行、流通、监控等方面保驾护航。庞大的全球交易数据量为人工智能技术的应用提供了场景，通过运用一些人工智能工具比如机器学习等，使得央行数字货币的数据可视化，而且帮助央行更好更高效地做出决策。

总之，以区块链、大数据、云计算和人工智能等为核心的数字技术形成一个完整的技术链条，共同为央行数字货币提供技术支持，也是推动央行数字货币研发和落地实施的技术基础。

三、直接动因：私人数字货币快速发展倒逼央行数字货币

金融与科技的结合，使比特币和 Libra 等私人数字货币在全球

广受关注。私人数字货币的全球扩张，在相当程度上对各国的货币体系造成了不同程度的冲击。各国央行高度重视私人数字货币的发展动态，特别是脸书 Libra 白皮书的发表，成为央行数字货币的助推剂。根据 BIS 对全球 66 个国家和地区开展央行数字货币研发情况的调查显示，80% 的央行正在进行（或即将进行）央行数字货币的研发及相关工作，约有 40% 正在进行央行数字货币试验或概念验证，约有 10% 正在进行数字货币的试点。

私人数字货币是由私人发行和控制、没有国家信用支撑、不具备法律效力的数字货币，包括比特币、以太币、莱特币、瑞波币等多种数字货币。2009 年 1 月 3 日比特币正式诞生，2010 年 5 月 22 日，一位名叫拉斯罗·汗耶茨（Laszlo Hanyecz）的人花了 10 000 枚比特币买了 2 个披萨，比特币正式开始了它的“货币”之路。2013 年 8 月，德国首先承认比特币的合法地位。2013 年 12 月，世界上首个比特币 ATM 机在温哥华投入使用。2013 年以太币（Ether）诞生，它是目前市值仅次于比特币的第二高的私人数字货币。自 2010 年以来，随着私人数字货币的发展迅猛和技术的不断革新，私人数字货币体系也正在不断完善，持有私人数字货币的人数也在持续增加，而且新的数字货币创新也是层出不穷。据得得智库数据统计，截至 2020 年 5 月 31 日 12 点，全球数字货币市场共有币种 5 530种，总市值约2 709亿美元。私人数字货币的发展势头迅猛，对各国法定支付工具和现金使用都产生巨大影响。

与此同时，大量的私人数字货币创新、庞大的交易规模、价格的剧烈波动已经对现有的金融秩序产生了巨大的冲击力，对现行的货币与金融体系构成威胁和挑战。众多学者（Woo et al., 2013; Bouoiyour et al., 2014; Alstyne, 2014; Hanley, 2015）研究了比特币的内在价值，他们一致认为比特币内在价值为 0，其价值仅为纯粹的市场价值，是一种投机性商品。目前，大部分学者对以比特币为代表的私人数字货币的货币属性不予认同，只认为其属于数字商品或资产，是投机的工具。目前对私人数字货币的属性存在争议，但其对金融体系的影响已经构成对各国金融管理当局的冲击。Libra 方案的推出，更是加剧了私人数字货币对法定货币的冲击。

2019 年 6 月 18 日，脸书发布了 Libra 白皮书 1.0，Libra 对标特别提款权（SDR）一篮子货币，可视为超主权货币，主要设计在底层区块链，更多的考虑是技术发展，很少考虑其合规性。从货币的三大功能角度看，Libra 具有作为一种全球货币的潜力，在起步阶段，支付手段可能是突破口，当发展到一定规模后，储值工具功能更重要，是推动 Libra 真正成为全球货币的主要力量。世界各国将 Libra 视为对货币主权的挑战，纷纷发起抵制。2020 年 4 月 16 日，脸书发布了 Libra 白皮书 2.0，Libra2.0 弱化了货币的职能，强调 Libra2.0 是支付系统，并非法定货币的替代，除了锚定一篮子货币之外，还将引入锚定单一货币的稳定币。同时 Libra2.0 增强了合规性，表达了 Libra 与各国金融机构的合作关系，Libra2.0 将自己定位在“全球支付系统”而“非无国界的货币”。

从 Libra 的种种行为可以看出，私人数字货币在全球范围的扩张正在蓄势待发，其对现有货币体系的冲击不可小觑。由此，也刺激各国提速央行数字货币的研发和落地。

四、外在动因：世界货币竞争新格局的加速演变促推央行数字货币

数字时代，各种数字货币应运而生，货币竞争也从更深层次、更宽领域、更广维度呈现加剧演化态势，推动传统货币竞争进入数字货币竞争时代。与此同时，国际货币竞争也将进入主权数字货币竞争的新格局。未来的国际货币竞争，既是美元、欧元、人民币等传统货币之间的竞争，也是数字美元、数字欧元、数字人民币等数字货币之间的竞争（刘东民、宋爽，2019）。

众所周知，在全球货币体系中，美元一直占据霸主地位，在全球主要结算货币中，美元历来占比在40%以上。在新一轮数字货币竞争中，各国加速研发和布局，其中，打破美元霸权地位成为多国的主要目的。特别是数字人民币、数字欧元等央行数字货币都想在支付清算和跨境流通上打破美元固有的霸权地位，绕开美国SWIFT系统的制裁或结算交易。在此背景下，美国也正加紧布局数字美元计划，以图在新一轮数字货币竞争中继续巩固美元的全球货币霸权地位。各种迹象表明，美国已经进入数字美元计划的全面布局和深度研发阶段。2020年5月29日，数字美元项目白皮书（*The Digital Dollar Project Exploring a US CBDC*）发布，提出了美国创建央行数字货币的框架，明确了数字美元的推进计划，也向世界昭示了美国继续维护数字美元世界霸主地位的决心和意图。

与此同时，无论是发达经济体，还是中小经济体，也都在积极筹划研发和布局自己国家的主权央行数字货币，多国央行数字货币已经蓄势待发，新一轮国际货币竞争异常激烈，央行数字货币给世界货币竞争格局带来一定的不确定性和变数。

央行数字货币作为主权货币数字化，需要强大的经济体系来支撑。同样，依托强大经济体系的央行数字货币一旦推出落地，也会对整个经济体系带来牵动性影响，甚至会重构全球金融体系和经济格局。在新一轮央行数字货币的国际竞争中，除了依托国家经济规模、金融市场发展、货币可兑换性等传统因素外，各国的技术创新、市场主体拥抱数字经济的能力等，也将极大影响国际货币竞争的结果。因此，各国大型科技公司在数字货币竞争中具有重要地位，特别是对于助力主权数字货币取得国际竞争优势方面具有独特作用。美国脸书依托业已形成的庞大客户资源，加上美元国际化优势以及数字美元的超前布局，大有先声夺人、不战而胜之势。我国在金融科技、数字贸易以及数字经济发展方面走在世界前列，早在2014年就开始布局研发央行数字货币，目前央行拟推出的 DC/EP 已经进入内部测试阶段。数字货币的思想领袖大卫·伯奇（David Brich）在《货币冷战》中指出，现阶段全球政治、经济和技术的变化，推动了货币间的一种新竞争——而这个竞争主要来自私人的数字美元 Libra 和公共数字人民币 DC/EP 之间（白津夫，2020）。

央行数字货币竞争的实质是货币主权之争，是国际化地位之争。在国际贸易摩擦大背景下，世界格局加速演变，央行数字货币竞争可能成为其中一个重要方面。这也就不难理解，为什么各国加紧提速央行数字货币的研发和落地布局，特别是 2020 年以来，新冠肺炎疫情的暴发，无论是从阻断货币疫情传播的需要，还是实施精准救助政策，抑或因为疫情带来的消费行为、支付方式的急转之变，都进一步助推了央行数字货币竞争加速进入白热化阶段。

第 2 章 央行数字货币与其他数字货币的区别

在电子信息和数字技术的推动下，支付领域向电子化、数字化发展，出现了电子货币、虚拟货币、加密数字货币、微信支付、支付宝支付等多种“类货币”的支付工具，央行数字货币出现以后，人们亟待了解央行数字货币与各种电子货币、虚拟货币以及各类私人数字货币之间的联系及差别。这是理解和认识央行数字货币的基础，也是研究央行数字货币的关键。

本章首先介绍实践中出现的各种“类货币”的基本含义，然后从发展阶段、法律属性、价值稳定性等多个维度对比央行数字货币与其他数字货币，从设计、使用以及优劣势等方面对比特币、Libra 这两种具有代表性的私人数字货币，探讨央行数字货币与比特币、Libra 的区别与联系。

虚拟货币、电子货币、加密数字货币的区别

数字货币是一种不具备实体形式的，仅以数字形式存在的货币。在英语语境中与电子货币同义，而在中文语境下，一般将电子货币理解为电子化的法定货币，即“电子化的人民币”，并与数字货币区别开来。数字货币具备与实体货币相似的性质，但允许在互

联网上即时的、无地理限制的转让。广义上的数字货币，包含虚拟货币、加密货币、电子货币等概念。电子货币是法定货币的数字化表现形式，虚拟货币则仅为私人发行的在特定网络范围内使用的支付手段，加密数字货币则是采用分布式记账技术发行的去中心化数字货币。这些“货币”是数字时代货币向虚拟化、电子化、数字化方向发展过程中，在实践中从私人部门开始衍生出的具有一定货币功能的创新产品，央行数字货币的概念出现后，在形态特征、局部功能上与之具有相似的地方，容易混淆，但本质上存在巨大差异，因此，需要予以澄清。

一、虚拟货币

国内外关于虚拟货币的定义十分混乱，欧洲中央银行（2012）将虚拟货币定义为不受监管的数字货币；瓦格纳（Wagner，2014）认为非法定货币的数字货币都是虚拟货币；欧洲银行业管理局（2014）提出虚拟货币就是数字货币；英格兰银行（2012）认为私人发行的数字货币是没有国家信用作为支撑、不受监管的数字货币，不具有价值，因而将其定义为虚拟货币，如比特币。李翀（2003）认为虚拟货币是没有实物形态而以电子形式存在的货币，也就是电子货币，标志着货币无形化的开端。李建军、朱烨辰（2017）认为虚拟货币是私人发行的在特定网络范围内使用的支付手段。

基于此，本文将虚拟货币分为广义的虚拟货币和狭义的虚拟货币。广义的虚拟货币指一切不具有物理实体，以数字形态存在的货币；狭义的虚拟货币是由私人（虚拟社群经营主体）发行的，仅能在特定虚拟环境中、不受监管使用的代币。狭义的虚拟货币并不是实质意义上的货币，它可由法定货币进行购买和兑换，但无法反向实现兑换，狭义的虚拟货币实质上是一种商品，并不具有通用性，也不满足货币传统的五大职能。

二、电子货币

电子货币是应用于零售支付场景中，能够通过销售终端、电子设备以及在公开网络上执行支付的“储值”和预付支出机制（巴塞尔银行监管委员会，1998）。早些年我国学者提出电子货币具有以下特点：一是构建账户代表货币价值；二是储存于客户的卡、晶片和电子发行机构的服务器中；三是电子货币具有通用目的（谢平、刘海二，2013）。而随着互联网技术与支付领域的广泛结合，卡基电子货币逐渐走向无卡基电子货币，数字密码认证走向生物认证、二维码认证，发行主体由商业银行及其附属机构逐渐走向第三方支付机构，如今的电子货币形式多样、种类丰富，本文将其分类为三种：一是基于银行卡的电子货币，货币仍然储存于银行卡内，可通过网络支付，也就是大家熟知的网银支付。二是基于银行卡但储存于第三方支付机构的第三方支付电子货币，如支付宝支付、微信支付。第三类电子货币不基于银行卡，如肯尼亚的 M－Pesa，在移动运营商网点进行存款，通过短信进行支付。

但不论发行主体与支付方式有何不同，电子支付本质上都是基于法定货币诞生的，于是我们通常将电子货币理解为法定货币的数字化表现形式。

三、加密数字货币

加密数字货币由私人发行，不受中央银行管控，运用密码学算法实现安全验证。有关加密数字货币的定义，国内外也意见不一，关于货币说，美国税务局和美国金融犯罪执法网络局（2013）将加密数字货币定义为可与法定货币兑换的虚拟货币，在美国的“丝绸之路”（买卖毒品和枪支）交易中，只接受比特币进行支付；但有学者（Yermack，2013）认为比特币等加密数字货币并不能履行货币传统的三个职能（交易媒介、价值尺度、储藏手段），因此不能作为货币；我国学者谢平（2014）提出一种比较中立的看法，他认为数字加密货币是互联网条件下货币变异的结果，目前还不是一种成熟的货币，但也为我们设计新的货币方案提供了思路参考。关于商品说，目前获得较大的共识，因为比特币这类加密数字货币用于支付时速度较慢、价格波动太大；我国认为加密数字货币是一种虚拟商品，不具有和货币相同的法律地位；从税收角度看，美国将比特币等加密数字货币归类为特殊商品；美国商品期货交易委员会（2015）将加密数字货币归类为“大宗商品”进行监管。关于证券说，最为推崇的支持者是美国证监会和瑞士金融管理者，将加密数字货币归类为证券并不要求其具有使用价值。但无论将加密数字货币归类为哪一种都逃避不了其面临的理论困境，强行赋予加密数字货币以上属性，不仅会破坏货币、商品、证券的传统概念，也不利于数字货币概念创新，带来逻辑冲突和理论缺陷（杨延超，2020）。

表 2.1 对比电子货币、虚拟货币、加密货币与央行数字货币

特性	电子货币	虚拟货币	加密数字货币	央行数字货币
发行主体	金融机构	网络运营商	无	中央银行
使用范围	一般不限	网络企业内部	不限	一般不限
发行数量	法币决定	发行主体决定	数量一定	研究中
储存形式	刷卡或账号	账号	数字	数字
流通方式	双向流通	单向流通	双向流通	双向流通
货币价值	与法币对等	与法币不对等	与法币不对等	与法币对等
使用保障	政府信用	企业信用	网民信念	政府信用
交易安全性	较高	较低	较高	高
交易成本	较高	较低	较高	较低
运行环境	内联网、外联网、读写设备	企业服务器与互联网	开源软件以及P2P 网络	一币两库三中心
典型代表	银行卡、公交卡、支付宝等	Q 币、各论坛积分	比特币、以太坊等	研发中

而基于现有银行货币体系的法定数字货币，是现在法定电子货币的升级形态，引入计算机代码运行等新技术，又保持对货币运行的适度掌控力。其核心特点在于货币发行和运行的可编程性，能够有效追踪货币在交易过程中的流通轨迹。央行数字货币也算是一种加密数字货币，但是加密数字货币的概念包含范围更广，既包括了加密的私人数字货币，也包括加密的法定数字货币。换而言之，央行数字货币作为虚拟货币、电子货币、加密数字货币之后又一发展的新阶段，其定义要求更加严格和具有争议性（见表2.1）。

央行数字货币与私人数字货币的区别

从发行主体的性质划分，加密数字货币可以分为私人数字货币和央行数字货币。在央行数字货币出现之前，实践中出现大量私人数字货币，即私人机构以区块链技术为支持构建共识机制发行的具有去中心化、匿名性、可透明等特征的新型数字化“货币”，也被称为非法定数字货币、民间数字货币，典型代表有比特币、莱特币、门罗币、达世币等。私人数字货币的发行和流通早于法定数字货币，其发行和运行模式为央行数字货币的开发提供了有益探索。

央行数字货币与私人数字货币在货币形态上都是以一定的数字符号来表示，但二者存在本质区别，央行数字货币是法币，私人数字货币是私人机构研发的具有一定货币表征和职能的产品。

一、发行主体不同

由央行发行还是由私人部门发行数字货币，决定了两种数字货币不同的法定地位和法律效力，也构成央行数字货币和私人数字货币不同的价值基础。央行发行的数字货币是合法的货币，全面行使货币职能。而私人部门发行的虽然也被称为“数字货币”，但一般仅在特定场景充当支付工具或有限的价值转移功能，并以法定货币为计价单位。所以，私人数字货币不具有价值尺度职能。以国家信用背书的央行数字货币更能有效维持货币价值稳定性，缺乏价值支撑的私人数字货币往往价值波动较大。本质上说，私人数字货币不属于货币，其属性更近于“数字资产”，监管部门一般将其定义为“虚拟商品”“大宗商品”等。在印度尼西亚等国家，使用比特币进行支付甚至被定性为违法行为。

二、发行架构与核心技术不同

私人数字货币诞生于“货币非国家化”的思潮之中，以“去中心化”为核心发行架构，采用区块链技术作为底层技术。因为中央银行需要通过调节货币发行量、货币价格、货币流向来调控经济，因此，央行数字货币需要采取“中心化”发行架构，中央银行垄断货币发行权。央行数字货币一般不预设技术路线，随时跟踪最新的技术变革。由于区块链技术的固有缺陷，央行数字货币是否适宜采用区块链技术作为底层技术，目前尚有争议。当然，央行数字货币的底层技术中也不排除借鉴区块链技术中的某些思想，如分布式、共识算法、智能合约等。

三、公共服务能力不同

央行数字货币具备公共产品服务功能，是国家管理货币、金融的核心工具。私人发行的数字货币不具有这一功能属性。私人数字货币无法提供法定货币所具有的免费清偿服务和核算单位价值稳定化服务，且存在着交易成本高、安全隐患大、交易处理能力有限等一系列问题，这些缺陷进一步限制了私人数字货币的公共服务功能。法定数字货币既能提供基础的货币公共产品服务，又能保障公共产品服务的质量和效率，解决信息不对称等问题，能够大大地提升社会福利水平。

四、货币职能不同

央行数字货币是信用货币的创新与扩展，能够更加有效地发挥货币服务和调节功能，增加货币政策调控手段，释放货币政策调控空间，变革传统货币政策的调控模式，增强央行货币政策调控能力。与之相反，私人数字货币为挑战现有货币体系而生，因此，不具有货币管控的职能，而是央行管控的对象。

央行数字货币与比特币的区别

2008 年金融危机之后，为了应对当前信用货币体系下货币超发问题，2009 年去中心化的比特币横空出世。比特币最初源于其设计者中本聪的一篇名为“比特币：一种点对点的电子现金系统”的论文，在论文中针对第三方平台不透明、不可控、花费高的缺点，中本聪提出了比特币的构想，即一种基于 P2P 技术的无记名资产，允许支付款项通过网络直接转让到目标账户，而不必经由第三方金融机构操作。如果将数字货币进行阶段性划分，那么第一阶段是比特币；第二阶段是稳定币，以 Libra 为代表；第三阶段则是法定数字货币。比特币是全球数字货币的开端，为各类数字货币的诞生提供了借鉴的样本。本节在介绍比特币相关概念的基础上，对比其优缺点，阐述比特币与央行数字货币之间的联系与不同。

一、比特币的概念与技术原理

2008 年中本聪在《比特币：一种点对点的电子现金系统》一文中，首次提出“比特币”这种电子货币及其运行模式。文章从交易、时间戳[①]服务器、工作量证明[②]（POW）、网络、激励、回收磁盘空间、简化支付验证、组合和分割价值、隐私9个方面详细论述了比特币的建立基础、获取机制、支付机制等机制，把比特币定义为建立在基于点对点支付的分布式的时间戳服务器和工作量证明系统，运用区块链技术并与激励机制相结合的一条数字签名链。

1. **比特币的基础设施**

比特币建立在一种分布式记账的时间戳服务器和工作量证明系统上，并结合区块链技术达到电子货币的流通。时间戳服务器是一种基于公钥密码基础设施技术的系统，它以高度精确的时间源代码为基础，结合高标准高质量的安全机制，对用户端发起的时间戳进行及时有效的响应，已确认该系统处理比特币交易在某一时点的存在信息和相关交易的相对时间顺序，时间戳服务器的实现需要一个工作量证明系统，工作量证明一般采用技术为散列函数，散列函数本身的复杂性和不可倒推性要求用户需要进行必要适当的复杂计算，并且运算结果能够被工作量证明系统快速验算，以确保服务与货币获取能满足真实所需。

用户可以在任意时间点加入或者退出比特币系统，成为点对点网络中的一个节点。一旦有新交易，该交易将给所有节点广播，每个节点将新交易放到一个区块，并开始为这个区块寻找相应难度的工作量证明，一旦某个节点找到了这个工作量证明，就把这个区块

① 2006年中华人民共和国国家质量监督检验检疫总局及中国国家标准化管理委员会发布《信息安全技术公钥基础设施时间戳规范》文件，文件中表明时间戳是使用数字签名技术产生的数据，签名的对象包含了原始文件信息、签名参数、签名时间等信息。时间戳系统用来产生和管理时间戳，对签名对象进行数字签名产生时间戳，以证明原始文件在签名时间之前已经存在。

② 工作量证明这一概念最早由 Cynthia Dwork 和 Moni Naor 于1993年的学术论文提出，而工作量证明一词则是在1999年由 Markus Jakobsson 与 Ari Juels 所发表。简单理解就是一份证明，用来确认你做过一定量的工作。

广播给所有节点，如果该区块里所有的交易是有效的并且是没有被花费的，节点就会接受这个区块，并把这个区块的数据链加盖时间戳，新的时间戳与上一个时间戳相连形成链条，这就是所谓的区块链技术。

2. **比特币的获取机制**

比特币的获取主要有两种方式，一种是开采，即“挖矿”，系统在点对点网络引入了激励机制，这为初始发行货币提供了一个流通途径，因为没有一个中央机构去发行它们。不断增加新货币的过程类似于黄金矿工消耗资源增加黄金的流通，在这里，消耗的是CPU 的时间和电费；另一种是直接购买。

用户如果选择以“挖矿”的方式获取比特币，需要在比特币系统中进行大量耗时适当的运算来寻找满足节点要求的工作量证明，这些运算就是获取比特币的成本。挖掘比特币需要下载专门的比特币运算工具并注册账户，通过账户信息在散列函数方程中进行运算求解。一般在比特币系统中输入 64 位的数字代码，一旦这 64 位数字满足所需工作量证明，就会获得 25 个比特币。比特币系统采用分散化编程，以防止货币大量溢出，设定每 10 分钟只能溢出 25 个比特币，到 2140 年，达到流通比特币上限 2 100 万。用户如果采用直接购买的方式，则无须进行复杂耗时的“挖矿”操作，但也需要在比特币系统进行注册，单纯交易比特币。

3. **比特币的交易机制**

比特币在进行交易时，首先要在比特币系统中注册验证，然后比特币客户端会分配给用户相应的比特币地址，该地址就相当于现实生活中的钱包或者银行账户，用户可以拥有多个账户，比特币持有人通过账户跟踪比特币余额以及接收和发送比特币。每个账户都有一个公钥和一个私钥，在比特币交易过程中，付币方发送相应比特币地址给收币方，比特币交易双方对公钥进行电子签名，记录追加在比特币后面。对公钥进行数字签名是用来确定链的所有者，同时用户应该备份私钥的钱包数据，防止因系统问题丢失数据从而丢失比特币。比特币这种独特的交易方式决定了比特币支付的不可逆性。

二、比特币的发展演进

1. **初始阶段（2008—2010 年）：崭露头角，表现为不具备购买力的新技术。**

2008 年，美国次贷危机、欧洲债券危机爆发，全球经济开始衰退。部分公众对政府发行货币展开思考，2008 年中本聪首次提出比特币概念，2009 年，比特币首次公开亮相进行交易，但在该阶段，比特币还没有获得市场的一致性认可，只有部分矿工“挖矿”，2010 年 5 月，比特币首次与实体经济进行交易，初始价值仅为 0.003 美元。该阶段比特币虽然价值微小，但“有利可图”引起部分投资者注意，挖矿浪潮持续走高。

2. **成长阶段（2011—2015 年）：开始流行并引发监管，它具有限定购买力。**

随着比特币挖矿浪潮走高，比特币交易越来越频繁，2011 年 2 月，比特币价格首次与美元平齐，逐步引起各方媒体、投资者关注。区块链技术和加密货币的概念逐渐流行起来，比特币交易平台在各国争相建立，市场上陆续多家实体店铺接受比特币支付。

在该阶段比特币走势逐步引起各国监管平台关注，德国是世界上首个承认比特币合法地位的国家，2013 年 8 月德国就宣布承认比特币的合法地位，并将比特币纳入监管。英国对于比特币的态度较为积极；美国将比特币归类为“商品”，2014 年 12 月，美国将虚拟货币管理和比特币牌照相关法规编入《纽约金融服务法律法规》，开始对比特币实施监管；日本将比特币定义为资产，2017 年允许居民在超市商场使用比特币进行支付；加拿大承认比特币的合法地位，2013 年 12 月，世界上首个比特币 ATM 机在温哥华投入使用。

2013 年 12 月 5 日，中国人民银行等五部委发布《关于防范比特币风险的通知》，明确了比特币的性质，认为比特币不是由货币当局发行，不具有法偿性与强制性等货币属性，并不是真正意义上的货币，不能且不应作为货币在市场上流通使用。

3. **发展阶段（2016—至今）：加密货币创造历史，比特币被封为数字黄金，逐渐发展为一种投资工具，各国争相研发数字货币**。

2016 年，英国进行脱欧公投，导致英镑跳水，美国特朗普上台伴随政策的不确定性，部分国家政府公信力严重缺失导致废钞等种种因素，使得比特币脱颖而出，成为各国投资者争相购买的“避险资产”，逐渐被称为“数字黄金”。各国监管层面对比特币和区块链技术表现出不同态度（积极、中立、悲观），争相进行政府引导的加密数字货币的研究。

三、比特币的货币属性分析

货币职能是货币属性的具体表现。货币有五大职能，分别为价值尺度、流通手段、支付手段、储藏手段和世界货币。

从价值尺度方面看，货币必须能够表现商品的价值并且衡量商品价值的大小。对于执行价值尺度的货币，它可以是观念上的货币，但必须具有十足的价值。比特币本身就是由一串虚幻的数字代码构成，在现实中并没有实体存在，但是比特币本身是由矿工耗时费力挖掘而来，凝结着程序员的劳动力，从这一方面讲，比特币本身是具有价值的。另外，货币履行价值尺度职能，必须具有完全的排他性、独特性。排他性对于一国国内来说，如果一国政府支持，且货币本身的安全性、便捷性、普遍性符合该国经济发展需要，该货币将具有较大的排他性。国际上说排他性很大程度由各国政府地位决定，如果一国经济、政治、军事等实力雄厚，其政府发行货币将很大可能发展为强力货币，被世界上其他国家所认可。而比特币是由私人发起，没有强大的背景和储备支持，排他性较弱。

从流通手段方面看，货币充当商品交易的媒介。作为商品交易的媒介，应当具有轻便安全、标准化、普遍接受性等特点。比特币作为私人数字货币，设计之初便本着便捷性、标准化、安全化的原则，因而能够迅速发展并挑战法币地位。但是比特币的保管有一定的脆弱性，如果客户没有对私钥进行备份，一旦程序格式化，比特币将无处可寻。在普遍接受性上说，2012 年 10 月比特币官方发布报告称，全球超过 1 000 家商户接受使用比特币进行付款，但由于比特币私人发行的特点，虽然借助互联网的优势在各处传播，同时期初也通过赠送形式扩大其影响力，但是受众人群仍然很小，目前看，更像是一种稀缺的投资品。

从支付手段方面看，货币作为价值的独立形态进行单方面转移。发展的近些年，比特币已经被部分地方认可，并且用比特币进行债务清偿，支付税务、工资等。比如 2012 年 3 月 15 日，荷兰 HTML5 软件开发公司 SC5 尝试支付员工比特币作为工资的一部分；2013 年 10 月 15 日，百度旗下“支付乐”支持比特币支付结算等。

从储藏手段方面看，货币作为购买力的暂歇。目前比特币在市场上用于货物交易的比例非常小，大部分都被当作投资品对待，由投资者购买收藏并处于静止状态，从这一方面看，比特币满足储藏手段的职能。

从世界货币方面看，货币应该超越国界来充当一般等价物。世界各国对于比特币的态度有积极有谨慎，但是随着比特币的应用场景不断增大、24 小时全天交易等特点，比特币的认知度不断扩大，影响力不断提高，在全球能够发挥部分世界货币职能，这也是推动各国研究央行数字货币、推动货币数字化的重要因素。

比特币具有如下特点：（1）去中心化。比特币的出现打破了原有由央行等中心管理机构决定货币流通数量的格局，挑战央行等机构垄断货币发行权的地位。比特币的发行和回收不再借助官方机构进行，同时也不需要第三方机构介入，整个区块网络由用户节点构成，完全由用户需求决定货币发行和流通数量。（2）社区信用。比特币的发行和流通机制是以社区信用为背书的，整个比特币网络作为比特币交易的担保。（3）数量限制。比特币独特的程序和算法决定比特币每10分钟仅溢出25个比特币，且比特币总溢出上限为2 100万。（4）不可逆性。比特币交易的设计形成不可逆转的交易，一条规定的路径随着时间的推移创造货币的历史，以及公开交易的历史记录。比特币交易不可逆性决定了付款人无法撤销意外或者不必要的购买。另外，如果因为系统格式化、黑客盗取等原因造成用户私钥钱包数据丢失，比特币的寻回也是不可逆的。（5）高度匿名。任何人都可以免费创建一个比特币账户，不需要任何集中的审核程序，甚至不要求提供真实姓名。在比特币交易中，仅对比特币交易额和交易时间进行跟踪，而不对比特币交易人信息、所有者信息跟踪。

四、比特币与央行数字货币的区别

（1）从信用背书方面看。央行数字货币以国家信用为背书，国家以法律形式赋予数字货币在任何情况下都具备无限法偿性，任何人不得拒绝接收央行数字货币。一旦遇到某些不可抗力因素，比如黑客攻击等，由国家承担违约风险。比特币以社区信用为背书。与央行数字货币相比，比特币不存在无限法偿性或者有限法偿性，完全靠用户自愿决定是否接受。一旦遇到黑客攻击等不可抗力因素，违约风险完全由用户承担。

（2）从发行机制看。央行数字货币的发行权由央行等官方机构决定，央行等中间管理机构独揽货币发行权，央行有权根据国民经济运行状况等因素调整货币发行数量，同时央行数字货币作为国家宏微观调控的工具没有变，在国家调控时成为一种重要的中介指标。比特币的发行完全取决于用户开采数量和系统吞吐量，因为严格的数量限制，决定了比特币弹性较小，总数上的限制决定了比特币的稀缺性，使得比特币在目前的交易市场中成为一种稀有资产，比特币有限的弹性和数量决定了一国不能够有效利用比特币调控国家经济。

（3）从获取途经看。央行数字货币由官方发行，赋予了数字货币高度普遍性，用户在获取央行数字货币时就犹如用户提取现金一样，获取成本非常低廉。比特币的获取需要挖矿或者直接购买的方式，由于挖矿需要进行大量复杂耗时的运算，这种开采过程本身要求那些高素质的精英进行。如果以直接购买的方式进行，比特币的稀缺性使得比特币价格不断飙升，2021 年 1 月 31 日，比特币价格保持在 33 756. 90 美元，普通劳动者根本无法承担高额的购买费用。两种获取方式的局限性使比特币迅速集中于少数资本家手中，形成一种私人垄断趋势。相比于货币，比特币更类似于一种稀缺投资品，不具备普遍性，获取成本高昂。

（4）价值波动性方面看。央行数字货币发行是对部分现金的替代，央行数字货币本身没有价值，只代表一种价值符号，用于对所需商品和服务的交换。在各国货币兑换中，由于国家公信力的存在，央行数字货币也会维持在一个稳定的汇率区间。比特币从初始设计的电子货币发展为目前的“数字黄金”，本身包含相当大的投机成分，价值完全取决于比特币投资者对比特币的需求，容易出现泡沫，价值波动较大。

（5）从匿名性方面看。央行数字货币的设计为可控匿名，即只向中央银行的第三方披露交易数据，有效防止高度匿名所造成的逃税、转移资产等违规活动。比特币采用高度匿名性，交易过程从注册到交易都是匿名进行，高度匿名一方面有利于保护客户隐私，但另一方面，因为难以追踪交易，比特币会被大量用于非法交易、洗钱等活动中，妨害网络支付安全。

（6）从行为经济学的角度看，人的行为是有限理性、有限控制力、有限自律的。央行数字货币的发行，流通、退回过程受到金融监管机构、行业自律性组织等第三方机构严格审慎监管，机构化的设置大大降低了贪婪等负面情绪所造成的损失。而比特币的发行，流通完全取决于人的实际需求，交易行为绝大部分取决于交易双方自律，过于人性化的设计反而使得系统运行效率低下，滋生违法犯罪活动，为某些违法犯罪分子提供了法外之地。

央行数字货币与 Libra 的区别

由于比特币的币值不稳定，难以成为真正的货币。随着数字技术的发展，私人机构陆续推出与某种认可度高的法币或黄金相锚定的数字货币，以增强数字货币价值的稳定性，这就是稳定币，其典型的代表就是 Libra。

2019 年 6 月 18 日，脸书发布 Libra 白皮书。在白皮书中，Libra 被定义为一种稳定的数字货币，拥有包括一篮子银行存款和短期政府债券在内的真实资产作为储备。与比特币的货币定义不同，Libra 本质上更像是一个以区块链技术为噱头的联邦数据库。本节对Libra 的概念进行详述，分析其发展演进，总结其优点与不足，进而探索 Libra 与央行数字货币的不同。

一、Libra 的概念

Libra 是一种以去中心化的区块链技术为依托的加密数字货币，其价值与一篮子法定货币挂钩，并由储备资产做支撑，不易发生通胀且具有较高的流动性。根据白皮书显示，Libra 将定位于国际货币、全球性支付工具，用于跨境转账、日常支付等金融服务。Libra 是脸书构建其金融服务体系的基础。Libra 的兑换与法定货币挂钩。

根据白皮书显示，每创造 1 个 Libra，就要通过法定货币按照1:1进行购买，并将所得法定货币转入其储备资产。Libra 的储备资产不是单一物，而是由一篮子货币（50% 美元、18% 欧元、14% 日元、11% 英镑及 7% 新加坡元）和高流动性的短期政府证券按照一定的比例构成。因此，各国的货币与 Libra 之间可以确定一个相对稳定的兑换比例，进行自由兑换（见表 2.2）。

Libra 由储备资产的规模决定其实际价值，但未来有望成为完全的商品货币，其价值将由全球市场决定。目前，Libra 发行所基于的资产是法币和短期国债，故其发行和流通体系与真实的法币密切相关，而且其价值必然将会受到法币潜在劣势的影响。现阶段而言，任何对法币、短期国债价值产生影响的因素，如发行政府的政策等，同样会间接影响 Libra 的价值。这样看，Libra 本质上只是法币的代理凭证。但是，一旦 Libra 未来顺利发行推广并被广泛认可接受后，便可以调整为可被接受的抵押资产，甚至可以不用抵押资产，届时有望成为完全的商品货币，如同黄金白银一样，其价值便可由全球市场来决定。Libra 将依托于脸书及其合作伙伴组成的 Libra 协会实现支付功能。首批协会成员包括 MasterCard、USV 等老牌传统金融机构，Andreessen Horowitz 基金等知名投资机构，Coin - base、Xapo 等区块链公司，Vodafone、Iliad 等移动通讯运营商，Uber 等互联网公司，Mercado Pago 等知名电商平台以及 Visa、Stripe、PayPal 等支付公司。协会成员涵盖投资机构、区块链、通讯公司、共享出行、电商、音乐、支付等众多领域。这些成员将会分别从资金、技术以及应用上予以支持，帮助 Libra 能够更快、更好地应用至各类场景支付。Libra 协会也鼓励 Libra 在合规交易所交易。但需要注意的是，截至 2019 年 10 月 15 日，已有 7 家成员（PayPal、Visa、Mastercard、Stripe、Mercado Pago、eBay、Booking Holdings）在监管压力下宣布退出 Libra 协会。

表 2.2　Libra 核心机制

目标特征	稳定、低通胀、全球可接收、可分割
货币生成	用户将法定货币转移给验证节点，Libra 协会根据验证节点提出的货币发行要求生成 Libra，用户获得 Libra
价值支撑	低波动的资产集合，例如银行存款和短期政府证券采用类似于国际货币基金组织推出的特别提款权（SDR）锚定一篮子货币
价值锚定	Libra 的价值将随着支撑资产的价格波动而波动，而这些资产价格稳定，持有者可以信赖 Libra 的价值是稳定的
收益分配	Libra 底层资产的收益（利息）将会用于承担系统运行的成本来保证低手续费和支付给建立 Libra 生态的早期投资者，Libra 的用户不会获得收益

与传统货币相比，作为数字货币代表的 Libra 在价值尺度、流通手段、支付手段、储藏手段和世界货币等传统货币的五大职能上呈现出一定的优势。

从价值尺度看，Libra 币值稳定，能发挥价值尺度职能。Libra 的价值与法币挂钩，并由价值相当的一篮子稳定储备资产做支撑，保证了 Libra 的币值在一段时间内相对稳定、不易发生通胀。这使得 Libra 能够发挥价值尺度职能，进而能有效发挥流通手段、支付手段等职能。Libra 的设计实际上借鉴了 IMF 的特别提款权的设计理念，与在一篮子货币挂钩的模式下，把多种传统货币按照一定比例组合，传统货币之间的相对价格变动将得到抵消，这样就可以把汇率波动降低到最小。

从流通手段和支付手段看，Libra 在区块链和网络技术的基础上提供支付和结算服务，可大幅降低传统金融业务尤其是跨境业务的交易成本，提高交易效率。首先，相对于跨境汇兑动辄 3 ~ 5 个交易日的交易时差，Libra 基于区块链和网络，可以瞬间完成国际间支付。其次，相对于动辄 5% 以上的换汇价差及高昂手续费，Libra 完成跨境支付和外汇汇兑业务的成本很低。最后，相对于需要高昂手续费现金支付的非银行账户，以及需要支付许可证和依赖银行账户的第三方支付平台，Libra 执行流通手段和支付手段职能并不需借助银行账户。

从储藏手段看，Libra 可以免受货币滥发造成贬值的威胁。具体而言，各国政府为了刺激本国经济，常常会倾向于推行扩张性货币政策，滥发货币，引发通胀，导致法定货币购买力下降，进而造成货币信用危机。受到维护自身经济发展的需要，世界各国可能会出现竞争性滥发货币的局面，使得各国法定货币执行储藏手段的能力不断下降。相比之下，Libra 由于采用了完全储备制，可以脱离中央银行而形成闭环独立运行，使 Libra 的使用者免受当地政府滥用货币铸造权造成的货币贬值威胁。因此，只要 Libra 能够成功取得公众信任，未来储备资产便可能会变更，不再需要与存在贬值威胁的法币挂钩，甚至可能不需要第三方资产支撑，相对于多数法币而言，Libra 或许是更好的财富储存形式。

从世界货币看，只要 Libra 的用户和技术基础牢固，足以支撑其成为全球性支付工具。Libra 的发起方脸书拥有 27 亿基础用户，经进一步推广，可以扩展到数十亿。这一数字远远超过任何一个国家的人口数目。此外，Libra 以区块链为基础，不像传统货币一样受到政策和区域的影响，只要区块链能够连接，就可以通过区块链进行转账，使得 Libra 具有全球货币的特性。因此，只要以支持 Libra的应用为纽带，无须中间银行便可进行跨国支付。同时，Libra 负责人称已实现对现有加密数字货币技术的全面升级，其区块链技术未来可容纳数十亿用户同时进行交易，具有大规模交易基础。假以时日，当 Libra 被全球用户广泛接受之后，结合其币值稳定和低通胀等特性，很可能将成为世界货币、全球性支付工具。

综上所述，Libra 目前在价值尺度和储藏手段两个方面发挥作用时仍然以锚定的法定货币和高流动资产为基础，与传统货币的差别较小。但是，Libra 在流通手段、支付手段和世界货币三个方面具有更加明显的优势。这也就意味着，Libra 为未来数字货币或者超主权货币的发行提供了一个非常具有价值的方向。Libra 项目无论成功与否，均对数字货币的发展做出了突出的贡献。

二、Libra1. 0到 Libra 2. 0的变化演进

2019 年脸书在 Libra 白皮书中对 Libra 的定义是“Libra 区块链是一个使用 Libra 协议进行维护的加密认证数据库。该数据库存储着一个可编程资源（比如 Libra）的账本。资源遵循其声明模块指定的自定义规则，该模块也存储在该数据库中”。针对数字货币出现隐私安全、交易速度等劣势，Libra 使用了一种全新的智能合同语言 Move，基于脸书强大的技术支撑，Move 语言可以有效解决早期系统面临隐私安全相关方面的问题。但是不可否认的是第一种智能合约实现语言 Rust 也是一种非常好的机制，因为其强调代码安全性的特性，使得其在安全方面有更大的优势。依靠其“安全的代码”，Rust 将全方面、全阶段的管理其对象。

2020 年 4 月 16 日晚，脸书发布了第二版 Libra 白皮书（Libra2. 0）。与第一版 Libra（Libra1. 0）相比，它修改了违背世界主要金融监管机构意愿的内容，并大大增强了合规性框架的设计。Libra 稳定币发行机制也从锚定一篮子货币变为锚定单一法定货币（主要见美元、欧元、英镑等）。技术选择采用联盟链系统，放弃非授权系统方案。这份白皮书的修正案将有可能允许脸书与全球主要金融监管机构达成协议，Libra 将全面接受监管，朝着合规方向发展。在新的框架下，Libra 在许多国家被用作法定货币的数字形式，并且以 100% 的国家等值法定货币资产为抵押，不影响主权机构货币政策的实施。它还可以基于区块链分布式账本为中央银行货币政策提供一种透明、高效的辅助工具。从 Libra1. 0 到 Libra2. 0 经历了多方面的变化与演进。

1. 转变发行机制

Libra2. 0 一个突出的变化是发行机制，具体来说，即锚定资产

与锚定方式的改变。按照 Libra2.0 版本，Libra 的发行被分为两类，第一类 Libra 锚定 Libra USD、Libra EUR 和 Libra SGD 等单一法定货币，以单一货币的资产抵押模式为基础，也称单货币 Libra。这类 Libra 主要用于国内交易，以各国本币计价，这一方式的出现旨在减少与主权货币机构的冲突，提高进入各国支付体系、市场的可能性。第二类 Libra 的发行方式则由锚定一篮子货币储备的发行方案修改而来，即通过智能合约按固定权重以多种单货币 Libra（即 Libra1.0）为抵押而生成，也称为多货币 Libra。多货币 Libra 主要用于满足跨境结算的需要，它的出现有助于消除各国中央银行对于锚定一篮子货币的稳定币可能会挑战乃至剥夺各国主权货币的地位、进一步干扰各国货币政策传导机制的担忧。

发行机制的变化服从于 Libra 全球支付系统的定位。由于发行机制的变化，与 Libra1.0 相比，Libra2.0 弱化了其自身的价值尺度与价值储藏功能，更多地强调自身结算币的特点，以避免与各国中央政府的货币主权产生冲突。单货币 Libra 不具有计价功能，在其使用场景下，商品仍然使用国家主权货币计价，Libra 相当于主权货币的“影子货币”。而多货币 Libra 也仅仅作为跨境结算工具，不影响货币主权的实施。综合来说，Libra 并没有剥夺一国中央银行的铸币权，也并不会取代银行机构来创造一种新的货币，稀释原主权货币的价值。Libra1.0 提出将储备资产收益用于支付系统成本、分红给生态系统启动初期投资者，这一收益并不支付给用户。在 Libra2.0，不只用户得不到 Libra 的持有回报，初期投资者也难以获得回报。此外值得一提的是，多货币 Libra 通过智能合约抵押形成，与通过将一篮子货币作为抵押品进行 Libra 相比，当面对汇率市场波动和黑天鹅事件时，可以避免多种货币资产面临流动性风险。

2. **解决合规问题**

Libra1.0 的一个重要不足就是没有对合规性问题进行充分的考

量，导致 Libra 的推广遇到了极大的阻碍。2019 年 9 月，法国和德国相继表示要抵制 Libra，随后 2019 年 10 月，PayPal 则更是宣布退出该项目，欧盟五国也正式联手抵制 Libra，Libra 的生存遭到了极大的威胁。而危机远不止于此，事实上，自从 Libra1. 0 发布以后，就引起了国际监管机构、各国监管机构的高度重视，不少学者更是从理论角度对 Libra 的合规性问题大发诘难，更多的政府、机构已经举起了监管大旗，在这种环境下，Libra2. 0 诞生。Libra2. 0 从多个途径开始解决合规性问题，开始积极拥抱监管。

第一，转变定位，申请牌照。Libra2. 0 将 Libra 的定位由全球货币转变为全球性支付工具，2019 年 9 月，Libra 协会宣布向瑞士金融市场监管局（FINMA）申请支付系统许可证。如果获得许可，Libra 将持续受到 FINMA 的审慎监管。这一举措，将 Libra 拉回到了“传统上以牌照管理为关键、以金融机构为抓手、以开立在金融机构的账户为核心的监管范式”。

第二，在保留自身主要经济特性的基础上，放弃 Libra1. 0 所说的向无许可公有链的转变计划。

第三，构建合规性框架。一是客户尽职调查（KYC）、反洗钱（AML）、打击恐怖主义融资（CFT）的合规框架，用于防止非法活动的发生。二是将钱包分为托管钱包和非托管钱包，将 VASP 分为受监管的 VASP 和经认证的 VASP，受监管的 VASP 需要受官方许可，而经认证的 VASP 虽然不满足受监管的 VASP 标准，但是依然需要 Libra 协会认证。“受监管的 VASP 的交易规模和地址余额不受限制。经认证的 VASP 受到与其风险状况相称的限额管理。非托管钱包用户的交易规模和地址余额受到比较严格的限制，若希望超出限额，则必须使用受监管或经认证的 VASP”。三是将建立一个新的监管节点，即金融情报职能部门（FIU），该部门负责对整个 Libra 的参与者进行合规性审查，以保证其满足单一货币所属国家或地区的监管要求，FIU 也将在监视 Libra 网络的活动方面与全球主要政府机构和服务提供商合作。

第四，在跨国资本的流动管理上，Libra2.0 通过划分单货币 Libra和多货币 Libra，明确其分别用于国内交易和跨境支付，理清了“离岸”与“在岸”的区别。

3. 管理储备资产

在 Libra1.0 的情况下，Libra 的资产储备模式导致其有一定的风险暴露，存在一定的挤兑风险：一旦有 Libra 网络的节点成员或资产托管机构出现负面新闻，或者有网络重要节点成员破产，都将造成 Libra 持有者的恐慌心理，引发挤兑。另外，在极端情况下，如汇率大幅波动、金融危机或某些黑天鹅事件，Libra 资产的稳定性将遭受极大的挑战。为应对这些情况，Libra2.0 设计了完善的预防及保护措施以应对资产储备中可能会产生的极端情况。

一是建立流动性风险敞口较小的资产储备池，该资产储备池由 100% 法币资产支持，要求至少 80% 的储备资产为主权信用风险较低的、短期的政府债券，其余 20% 主要是现金及其等价物，隔夜资金则投资于货币市场资金，新的储备池资产具有期限短、流动性强、信用风险低的特点。二是参照货币基金管理进行准备金的设计，以降低利率波动。三是设置资本缓冲以增加风险吸收能力。虽然在新的框架下，储备池为高质量资产，但是仍存在风险，比如市场风险、操作风险、利率风险，为应对这些风险，Libra2.0 提出建立监管资本框架。主要方式是设置资本缓冲，其来源是资产储备池收益。四是加强信息披露，定期进行审计，对储备池资产价值、风险等进行公布与披露，提升 Libra 价值的透明度，以应对信息不对称造成的持有者恐慌，降低挤兑风险。五是设置延迟赎回以应对突发性资产价值波动造成的挤兑现象。Libra2.0 设定了赎回延迟时间，以留出更多的时间清算储备资产，避免造成较大价差损失，同时对提前赎回收取一定的费用，以减缓 Libra 挤兑。为了保障资产清算的有序进行，避免出现风险持续扩大，Libra2.0 还提出了制定恢复及处置计划。

三、从 Libra 到 Diem

2020 年 12 月，Libra 突然宣布更名为 Diem 并确认将在 2021 年初上线，同时原 Libra 协会也更名为 Diem 协会。沉寂了半年之久，再次回归视野的 Libra 已经转变为新的身份——Diem。从 Libra1.0 到 Libra2.0，为了迎合监管寻求突破，Libra 为了合规性做出了巨大的让步与妥协，但目前看来，这种妥协似乎依然以失败而告终。2019 年底，Libra 协会的多位成员离开了该项目，包括 Visa、MasterCard、PayPal、eBay 和 Stripe，以及 Mercado Pago 和 Booking Holdings。让 Libra 雪上加霜的是，由于美国参议院和几个欧洲监管机构的推诿，Libra 2020 年启动日期不停变动，整个 2020 年该项目大多保持沉默。

由于协会成员的变动，以及为了强调该项目的独立性从而获得监管部门的批准，Diem 及新的数字钱包 Novi 应运而生。“而如今的 Diem 项目，早已没有了当年 Libra 的雄心，仅仅是按 1∶1 的汇率锚定美元，这类稳定币已经不是超主权货币，已经沦为美元的附庸，以数字形式作为美元的价值载体，支撑美元在全球的流通，这类项目当然更容易通过美国政府的监管审批。”①

根据目前的信息，Diem 将完全由美元支持并与美元挂钩，在这种模式下，Diem 的价值与流通量将难以确定。而关于 Diem 的持有量，将取决于有多少交易所将接受并使用 Diem。另外，新的 Diem虽然仍强调其全球包容性，但在更严格遵守相关监管法规的前提下，Diem 协会将会对有关违法地址加入黑名单并禁止交易，这将意味着 Diem 具有一定的中心化特征。

Diem 自出现之日起就饱受诟病，尽管看起来功能依然齐全、运行依然高效，但是 Diem 的道路注定与区块链的追求不再一致，

① 胡金华、赵奕，《Facebook 的妥协：没有了当年 Libra 雄心的“Diem”，还能对标美元吗》，华夏时报。

其前路如何，依然需要时间的检验。

四、Libra 的优点与不足

1. Libra 的优点

相较于电子货币、虚拟货币、加密货币，Libra 有如下特性：

在发行主体上，Libra 网络是通过中心化协会（Libra 协会）来运作的。电子货币和虚拟货币只有一个发行主体，这可能导致权利滥用的问题，而加密货币根本没有发行主体。

在使用范围上，Libra = 加密货币 > 电子货币 > 虚拟货币，与加密货币范畴相似。Libra 是一种无边界的数字货币，基于脸书上数十亿的用户，它的影响力覆盖全球。电子货币的使用仅限于一个国家，虚拟货币仅限于企业系统。

在发行数量上，Libra 锚定相关储备池资产，发行数量没有上限，电子货币和虚拟货币发行数量由发行人决定，一般不受限制。加密货币通常有一定数量的限制，比如 2 100 万比特币的上限。

在信用保护上，电子货币 > Libra > 虚拟货币 > 加密货币（不包括稳定货币）。Libra 信用保护类似于稳定货币 USDT，它提供了强大的信贷支持，100% 连接银行存款、短期政府债券和其他资产篮子。相比之下，电子货币基于国家信用，虚拟货币基于企业信用，加密货币完全不存在信用背书一说。

在交易安全上，Libra > 加密货币 > 电子货币 > 加密货币。由于中心化系统的存在，电子货币和虚拟货币存在数据泄露的风险。Libra基于加密货币进行了技术改进，以确保更有效的交易安全。

Libra 作为一种私人数字货币，有其独特的优势。一是潜在用户体量庞大，用户类型、数量遍及全世界；二是适合做跨境支付/汇款（虽然可以降低成本，但无法避免基本的监管成本）；三是生命力顽强，难以完全禁止，有可能成为强势货币、数国法币甚至超主权货币（但过程中破坏力可能很大），也可能未来改为信用货币

（不需要资产背书）。

2. Libra **的不足**

第一，Libra 是否能落地的最大难点在于是否能应对各国的监管，达到合规要求。从目前各国的态度看，大部分国家对 Libra 持谨慎态度。自 Libra 问世以来，美国参议院举行了多场有关 Libra 的听证会，部分议员要求美联储禁止 Libra 项目；在俄罗斯 Libra 被禁止作为支付手段；欧洲监管机构对 Libra 也表现出怀疑态度；德国和法国的财政部部长在公开讨论中明确表示不能授权在欧洲土地上开发 Libra 项目；日本和韩国的监管机构也警告 Libra 可能威胁到金融系统的稳定性。中国人民银行研究局局长王信在公开演讲中表示 Libra 会带来不仅限于经济金融的问题，还会带来国际政治等一系列复杂的问题。Libra 若要落地，需要面对各国不同的监管要求，需要取得相关的支付牌照以及准备金要求，反洗钱方面的跨境监管要求也较严格。世界各国由于主体因素不同，对 Libra 性质界定也不同，导致了各国在 Libra 的监管上存在一定的分歧和不确定性，这对 Libra 来说将是一个极大的挑战。

各国监管部门对 Libra 性质的认定取决于很多主观因素，且可能立场不一，导致监管政策上存在较大不确定性，为 Libra 带来很大的挑战。

第二，自身陷隐私风波的脸书要如何应对 Libra 可能带来的隐私泄露风险。此前脸书多次因隐私泄露和数据滥用问题遭到媒体的批评和监管部门的处罚。之前曝出 Cambridge Analytica 公司“窃取”8 400 万脸书用户信息，在 2016 年美国总统大选期间利用这些数据向选民定制宣传，影响选举结果，最终也收到了来自美国联邦贸易委员会的 50 亿美元史上最大罚单 。此外还有脸书未能确保其软件小组职能中敏感数据的安全，遭遇黑客攻击使得约 5 000 万客户信息可能面临泄露等负面新闻，使得脸书失去了部分用户的信任。未来 Libra 如果能按照脸书的规划在全球流通并达到一定规模，

Libra协会将管理全球数十亿个账户，并且覆盖了用户的跨境支付、消费、社交等多维度数据。虽然Libra白皮书中称协会本身不参与交易处理也不会存储用户的任何个人数据，交易由验证者节点处理和存储，但是仍然不能确保是否会遭到网络袭击，加之Libra协会有可能存在自律性问题，因此隐私泄露问题仍不可忽视。

第三，Libra能否真正应对流动性风险，避免挤兑。根据Libra白皮书，Libra将不参与制定相关货币政策，而是将按照授权经销商的需求流通Libra币。这就给投机者带来了套利的空间，造成汇率市场更大的波动，难以达到币值稳定的目的。对比同样采取“盯住”策略的香港金管局的实践，香港基础货币的发行需要足额的美元支持，还有更加充足的外汇储备来临时创造流动性。此外，香港金管局还发展出多种工具，包括强方兑换保证、弱方兑换保证和通过回购为银行提供紧急流动性等技术手段，主动积极维持汇率稳定。若未来Libra追求投资收益，实施激进的投资策略，当Libra面临大量赎回时，可能缺乏足够的高流动性资产来应对，就会迫使Libra协会折价出售储备资产，造成流动性和清偿能力进一步恶化，进而形成恶性循环。传统央行“最后贷款人”机制在目前的Libra体系中并不存在，这也使得人们对于Libra能否应对挤兑风险、维持币值稳定尚存疑虑。

第四，Libra会不可避免地陷入“区块链不可能三角”（去中心化、安全性、可拓展性），要如何实现去中心化、安全和效率的兼顾。Libra目前由中心化的Libra协会管理货币的发行等事宜，目标是在五年左右的时间实现去中心化的“非许可型网络”，但在技术上颇有难度。此外，目前区块链架构的支付承载能力有限，比特币是每秒7笔，Libra每秒只能支持1 000笔交易。Libra的目标是跨境支付，有27亿潜在用户，而这些潜在用户的交易大部分都是小额高频的，2018年网络平台共处理业务1 284.77亿笔，平均每天3.5亿笔，而在“双十一”，网联的交易峰值达到了92 771笔/秒，Libra显然无法实现零售所要求的高并发性能。

第五，Libra 协会能否保持自身的独立性和稳定性，不受外界操控，管理好 Libra 的发行。Libra 协会目前包括了涵盖支付业、技术和交易平台、电信业、区块链业、风险投资业、非营利组织等28家创始机构，未来会拓展到100家，负责 Libra 发行和储备资产管理等事务。虽然不管初始投资多少，各成员都具有一人至多一票的投票权，但加入 Libra 协会有较高的门槛，需要在网络中投资至少1 000万美元，而成为协会创始人的参与者则更是有着极为严苛的要求（如企业需要市值超过10亿美元，为超过2 000万人提供服务，被第三方行业协会评估为行业百强等）。这也意味着只有行业巨头和垄断者才能进入协会，而这些巨头在进行 Libra 决策时可以进行共谋以获得自身利益最大化，因此很难保证 Libra 协会的独立性。

五、Libra 与央行数字货币的联系与不同

从研发进度看，Libra 无疑加速了世界各国对央行数字货币的探索研究。行业普遍认为全球央行数字货币发展的加速与脸书数字货币 Libra 的推出密不可分。根据脸书的说法，Libra 被定位为超级主权数字货币。若实施成功，Libra 协会可能会在一定程度上承担起“中央银行”的责任，但这无疑是对任意国家主权货币权威的挑战。还有一个更深层次的原因，Libra 背后是一个强大的商业合作系统，脸书背后的大公司拥有强大的覆盖范围和潜在的动员能力，覆盖了全球近27亿用户和168个国家，这将给各国未来数字货币的推广带来巨大阻力。

从稳定币分类看，Libra 与央行数字货币都是稳定币。根据资产基本情况，稳定货币可分为三类。第一类稳定货币与美元和其他法定货币直接挂钩，作为全面发行的保证。币值波动与这些货币的汇率波动直接关联。2015年，Tether 公司发行了稳定货币 USDT。每次发行 USDT 时，必须在账户中存入相同金额的美元，以实现

USDT兑美元1∶1的兑换，确保资产安全。Libra的登场，引起了全世界的关注。2019年6月18日，脸书发布白皮书，提出构建一种简单、无国界的货币，并建立一个支持数10亿人的金融基础设施。在反复与监管机构沟通协调后，脸书于2020年4月16日发布了第二版白皮书，旨在建立一个简单的全球支付系统和为数十亿人设计的金融基础。10个月后，脸书对Libra关注度有所下降，但仍然雄心勃勃。第二类稳定货币使用数字资产和其他实物资产作为发行担保，币值波动取决于抵押品的价值。以太坊自动抵押平台提供的以太币是一种典型的稳定货币，它使用数字资产作为发行担保。Maker DAO通过智能合约质押用户的数字资产，并向用户提供同等金额的稳定币Dai供用户免费使用。问题是作为抵押品的数字资产的价值是不稳定的。委内瑞拉发行的石油币是以实物资产作为发行保证的典型稳定货币。第三类稳定货币是由中央银行发行的法定货币或数字货币，其货币价值是最稳定和最安全的。

作为一种私人数字货币，Libra与央行数字货币之间存在较大的差别（见表2.3）。初始出现的比特币并没有引起各国家的重视。直到Libra正式推出，促使各国警惕数字货币的威胁和对货币主权的挑战，它促使各国政府和中央银行客观地考虑和评估法定数字货币的设计和发行。由于设计和发行目的不同，法定数字货币如数字人民币和Libra在发行目的、技术执行、发行及操纵机制、货币信用和稳定性以及金融监督管理等方面存在显著差异。

在发行目的方面，Libra从当前部分金融服务低效、价格高昂、不易访问、不够全球化连通等原因出发，意在构建一种全球性的支付工具，以满足跨境支付的需要，构建起为全球数十亿人服务的金融基础设施。而央行数字货币是各国为了适应新形势需要，为了维护金融主权和为民众提供更方便安全的支付方式的目的而出现的。

表 2.3 央行数字货币、Libra、比特币的区别

	央行数字货币	Libra	比特币
技术	不预设技术路线	区块链为底层技术，设计 Move 编程语言	区块链
匿名性	可控匿名性	匿名	匿名
信用背书	国家信用	Libra 储备资产	无
信用风险	主权信用风险	发行主体风险	风险大
发行机制	中心化	中心化	去中心化
币值稳定性	稳定	相对稳定	不稳定
国家货币主权	维护	挑战	挑战
发行量	无限	无限	2 100 万
监管配合与协调	支持	支持，"联盟链 + 中央集权"	不支持
智能合约	审慎	支持	不支持

在技术实现方面，Libra 使用区块链技术作为底层逻辑构建其系统架构，即采用许可方式的联盟链形式，后过渡到无许可形式的公有链（Libra2. 0 取消了这一过渡计划）。另外，"Libra 采用了基于拜占庭容错（BFT）的共识协议，在处理高并发事务时比比特币工作量证明（POW）共识机制更有效，但安全稳定性不如 POW"。当前，数字人民币等央行数字货币尚未正式落地，各国政府和监管机构对技术解决方案和路径的认识尚未统一。但是从现有信息可以明确的是：首先，数字人民币等央行数字货币仍然具有中心化的特征；其次，就数字人民币而言，中国人民银行和商业银行将密切配合数字人民币的设计和发行，充分调动市场力量，不是预先设定技术路线，而是通过竞争实现制度优化，实现协同开发和运营。

在货币信贷与货币稳定方面，数字人民币等法定数字货币有国家信用背书、央行信用担保，具有无限法偿性，其安全性较高，价值也具有天然的稳定性。Libra 则以资产储备池为基础发行，作为增加货币信贷和维持货币稳定的保证。发行的 Libra 和数字人民币数量没有限制。但是像数字人民币这样的法定数字货币有国家信用的支持，政府和央行根据经济发展水平和总体经济态势来控制发行，以国家信用确保公众对法定数字货币的信心。而 Libra 是由储备资产担保的，Libra2.0 还规范了储备资产管理，但是仍可能会面临发行人自身缺陷造成的问题和短缺，比如超发货币、隐私泄露和流动性风险。

在发行、运行机制方面，以数字人民币为例，它和 Libra 采用集中发行方式，但是具体运营主体、运行方式有所不同，Libra 的运营网络主要参与者包括 Libra 协会及子机构、Libra 经销商、虚拟资产服务提供商（VASP）、非托管钱包用户，所有的运作基于 Libra 协会指导，同时还要满足所在国要求。这会产生新的金融机构形式，对现存商业银行等金融机构产生冲击。数字人民币运营模式采用双层运营结构，主要涉及的参与者有中国人民银行、商业银行及金融机构、用户，该结构现有金融设施和 IT 系统大体兼容，不存在冲击。

在金融监管和协调方面，我国央行发行的数字人民币采取双层运营模式和集中发行方式，以此来确保中国人民银行在数字人民币发行过程中的中心地位，从而实现对货币的跟踪和监管。同时，这种模式还将加强央行的宏观审慎和货币政策监管。对于用户和商业机构而言，数字人民币类似纸钞，但由于电子钱包和手机以及个人身份信息绑定，监管部门可以通过大数据，及时发现异常行为。匿名可控措施既满足了公众对隐私和安全的需求，又有效地防止了洗钱、恐怖融资等非法犯罪活动。而 Libra 是基于市场的加密货币，不受政府和中央银行的控制。理论和实践表明，私人数字货币在监管和协调方面对当前全球金融体系产生了重大影响。尤其是 Libra，因为其许多设计和概念与法定数字货币的要求相似，对一些信贷疲软、货币稳定性差的主权货币造成了一定程度的挑战，受到某些政府和中央银行的警惕和抵制。

第3章　央行数字货币产生的理论渊源

任何一种新形态货币的产生、发展，都有其复杂的经济社会背景和深刻的理论逻辑。私人数字货币和央行数字货币从实践角度看，都是基于区块链、大数据等数字技术的推动而产生，但从货币理论和历史演进的角度看，央行数字货币的产生有其深刻的理论逻辑和复杂的社会动因。

央行数字货币的出现，让人们对古老的货币问题产生诸多新的疑问：央行数字货币是什么？为什么要发行央行数字货币？会不会取代传统货币？和现有货币及现有货币体系是什么关系？特别是，近年私人数字货币发展火爆，在区块链等技术的支持下，法定货币面临着私人数字货币的强劲竞争，国家信用主权下的集中发行机制能否持续？数字经济条件下，世界各国币制面临着数字货币的挑战，央行数字货币何去何从？解释这些问题需要从理论和实践、历史和技术等方面全面研究、梳理，从货币的经典理论中寻找央行数字货币的研究起点，从货币的历史演进中探究央行数字货币产生的逻辑和发展的脉络，从技术进步中分析数字货币带来的币制优化。

为全面揭示全球央行数字货币炙手可热、如火如荼的发展动因，本章从货币产生发展的理论逻辑、货币发行权的历史演变以及技术进步的角度，梳理货币发展演进的历史脉络，综述货币理论的丰富内涵，分析央行数字货币产生发展的理论逻辑、历史逻辑和技术逻辑，揭示央行数字货币产生、发展、更迭变换的深层次原因，深入把握央行数字货币的发展逻辑与脉络。

本文认为，一切货币形态演变的逻辑都是货币本质的回归和货币职能的最大化、最优化。探究央行数字货币产生的逻辑也是要从货币的本质入手。马克思曾说，货币的产生将商品世界一分为二，一是作为特定使用价值的商品世界，另一个就是货币。货币成为一切商品价值和物质财富的表现形式（载体），而货币的本质就是为商品世界服务，充当商品世界的价值形式和价值手段，满足商品世界价值衡量、价值记录、价值交换、价值转移、价值储藏等需要。当商品世界随着技术进步、社会经济不断发展、扩大，货币自身也必将不断发展变化，这是货币形态变化的内在要求，也是货币形态演进的基本逻辑。

遵循货币形态演进的这一基本逻辑，本文从理论逻辑、历史逻辑和技术逻辑三个方面研究揭示央行数字货币的产生依据和发展逻辑。时代背景揭示央行数字货币产生的经济社会发展的现实需要；理论逻辑揭示一种货币产生和存在的本质根源，从回归货币的本质上探寻央行数字货币产生的目的和起始的动因；历史逻辑揭示货币选择的现实依据，从货币演进的历史脉络中揭示数字时代数字货币发行权的归属逻辑；技术逻辑揭示货币形态实现的可能性，从技术发展逻辑中探寻技术在货币形态演进中的作用，以及新技术支撑的数字货币给新一轮货币竞争和货币体系优化带来的影响；从而全面揭示央行数字货币产生的背景、动因、发展逻辑，对央行数字货币发展过程中面临的主要问题予以理论解释，为央行数字货币发行发展建立较为全面的理论分析框架。

理论逻辑

央行数字货币的出现将数字货币竞争推向更高维度、更深层次，也将各界关注的焦点带回到古老而又复杂的货币问题上。为什么要发行央行数字货币？央行数字货币的属性和职能与传统货币有什么不同？什么因素推动货币演变？货币形态演变的基本逻辑是什么？央行数字货币的出现是否符合货币演变规律和逻辑？多国都在紧锣密鼓地研发央行数字货币，而央行数字货币真正落地还需要从理论上系统地回答这些问题，为央行数字货币的发行提供理论支撑。

这些问题关系到央行数字货币的产生和存在是否有理论依据，是否符合货币发展演变的理论逻辑。研究央行数字货币产生的逻辑，需要回归到货币的本质上来。本节围绕货币的本质和职能等核心问题，从经典的货币理论出发，分析货币形态变化的内在原因和理论逻辑，揭示央行数字货币产生的理论动因。

一、货币形态演进的理论综述

1. 货币商品论：交易推动货币形态演化

关于货币的本质和形态演变的逻辑，主流的货币商品论给出了自洽的理论解释。货币商品论认为，货币是在商品交易中产生的，为了克服物物交换的不便而确立的固定充当一般等价物的特殊商品。根据货币商品论，交易推动了货币形态的演化，货币形态演化是以市场为导向的自发过程。最初对这一观点做出推论的是亚里士多德，他在其著作《政治学》中写道："由于各种生活必需品无法随身携带，因此人们约定在相互交易中使用某种具有内在用途并且容易满足生活需求的东西，比如铁、银等。最初仅仅以尺寸和重量衡量其价值，但是后来人们在上面盖上印记，以此标定价值，从而避免每次都要称重"。亚里士多德的观点影响深远，亚当·斯密在《国富论》中表示了对亚里士多德观点的支持，他认为一个谨慎的人，一定会囤积一些所有人都愿意接受的用于交换的商品，理想的材料还是金银，最初金银以金条、银条的形式出现，需要不断称重和测量，最终政府介入发行了标准铸币。对这一派观点最早做出系统阐述的是奥地利经济学派的开山鼻祖卡尔·门格尔（Carl Menger），因此，货币商品论也被称为门格尔主义。门格尔认为，货币本身是人类社会自然演化发展出的“每个人的意念的社会秩序”，如同道德标准、风俗、爱好、语言一样，是一种社会习惯、社会共识。杰文斯进一步指出，物物交换要建立在一种“需求的双重巧合”之上，即每个人想要的东西必须是他人所拥有的，如果不满足这种“双重巧合”，物物交换就无法完成。因此，随着经济的发展，人们发现金银具有便携性、分割性、价值稳定等特征，从而在一定时期内将其作为最重要的商品货币。

马克思利用劳动价值论系统阐述了货币起源及其形态演化的过程。马克思认为，货币是从商品交换中分离出来的一般等价物。根据交换的发展，货币经历了简单的或偶然的价值形式、总和的或扩大的价值形式、一般价值形式和货币形式四个阶段。其中，马克思描述的第一个阶段实际上就是物物交换时期，他将这一阶段表示为一个公式：1 只羊 =2 把斧头，即等式两端价值相等。但这种价值的相等是偶然的，即拥有羊的社会个体恰好需要两把斧头，而对方也恰好需要一只羊，也即杰文斯所说的“双重巧合”。随着交易的进行，1 只羊可以与一系列商品进行交换，此时 1 只羊就成了总和的或扩大的价值形式。随着交易的进一步扩大，所有商品的价值都可以用 1 只羊来标价，羊就成了一般价值形式。进一步的，有一些具有良好属性的商品，如金银等固定地充当了这种一般价值形式，就形成了货币。马克思货币理论认为货币是一种特殊的商品，其自身必须存在价值。

货币商品论因其逻辑自洽，长期以来在学术界占据主流地位。然而该理论没有解释信用货币的产生。根据货币商品论，货币是一种特殊的商品，其自身具有价值，同时因为具有一定的其他特性而被固定地当作一般等价物。然而，自身不具有价值的信用货币为何能够广泛的存在和流通？货币商品论无法对其进行准确的解释。

尽管由于时代的局限，货币商品论没能解释信用货币为什么存在，但是，货币商品论已经向我们揭示了货币形态演化的基本逻辑，即货币从交易中产生，为克服交易困难不断演进，而货币演进的逻辑起点是提高交易效率、节约货币成本、改进交换媒介手段，所以，货币演进的实践起点是从币材的更迭开始。

2. 货币国定论：国家意志推动货币形态的演化

与货币商品论不同，货币国定论强调货币作为价值尺度的职能。货币国定论认为，货币起源于债务债权关系，本质上是一种记账符号，货币本身是否具有价值无关紧要。为了使这种符号得到公众的认可，需要国家公权力作为认证。这种理论也获得了丰富的历史事例作为支撑。苏美尔文明始于公元前40世纪，到公元前20世纪终止，是迄今为止发现的最早的人类文明。在苏美尔文明中，没有出现关于物物交换的记载，也没有广泛流通的铸币（尽管宫廷中确实有白银储备，但并不用于交易），其日常的交易大多是依赖于信用的形式进行，而由此产生的债务的价值是以一种名为谢克尔（shekel）的记账单位来记录。由于当时苏美尔人采取的是受管制的经济，国家同时也规定了以谢克尔标价的各种商品的价格，同样的，工资、税收和租金等也均用谢克尔支付，但是谢克尔与白银之间没有规定兑换比例。也就是说，苏美尔人的货币体系是以庞大的债务网络为基础，以谢克尔为表现形式的系统。谢克尔本身只是一种记账单位，自身不具备任何价值，然而，其受到官方承认，从而起到了货币的作用。苏美尔文明作为目前发现最早的人类文明，没有广泛地采取物物交换的方式。与苏美尔人相似，英尼斯（1913）描述的欧洲“符木”棒记账、弗里德曼（2006）描述的太平洋加罗林群岛西端雅浦岛的大石轮货币和段颖龙（2015）描述的中国古代“傅别”“质剂”都是类似的以债务为基础的货币形式。

3. 货币商品论与货币国定论的逻辑统一：普遍接受的共识保障

总的来说，货币商品论可以解释具有一定价值的实物形式的货币，如羊、布匹、金、银，却难以解释不具有任何价值的符号形式的货币存在的原因。货币国定论可以解释不具有任何价值的符号形式的货币，如石轮标记、结绳、电子货币、数字货币，这体现了货币持有人拥有的索取权，但难以解释“格雷欣法则”，而且不能否认的是，在人类历史上，实物货币在很长时间内都在发挥交换媒介的作用。

货币商品论与货币国定论不是完全对立的。当货币与国家利益结合在一起时，货币形态的演变和决定就取决于交易需要的推动和国家需要的结合。事实上，让某种东西成为货币，就是要达成一种普遍接受的共识，而前提是，既要方便交易使用，又要价值稳定。从某种意义上讲，任何一种货币的产生，都需要构建一种共识机制。持货币商品论的门格尔也认为货币的本质是社会共识，但是关于共识如何形成，门格尔没有给出答案，而马克思给出了清晰的解释，即货币成为一般等价物取决于货币自身拥有的价值和使用价值。而货币国定论给出的共识依据是，国家信用保证货币单位被社会公众所接受。实物货币（如贝壳）、金属货币作为国家指定的货币，体现了货币商品论和国家货币论的统一。换个角度说，两种货币论反映了货币形态由市场动因向国家动因演化，价值稳定性保障由货币实体价值向发行主体信用演变。

这里进一步的问题是，国家为什么在不同的时期会指定不同形态的货币？金银又为何在很长一段时间内都充当着货币的角色？首先，金银的物理属性不容忽略，易分割、易保存和易标准化等因素使金银具备了成为货币得天独厚的条件，而冶金技术的发展进一步推动了金银成为货币，但这不是问题的全部。姚前（2018）从铸币税的角度给出了一个启发性的想法。他指出，发行货币是能够产生经济收益的，即所谓的铸币税。一种货币被公众所接受的前提条件是每个个体获得的铸币税必须是均等的。如果一个沿海国家指定贝壳作为货币，则其与内陆山区进行交易时，内陆山区的民众不会倾向于接受贝壳作为货币，因为内陆山区不存在贝壳，这相当于发行货币的收益完全被沿海国家所得。而金银等贵金属因其稀缺性，使得所有个体获得的铸币税都接近于0，可以满足铸币税均等的条件。但金银数量的优先性以及供给的无序性限制了其作为货币使用，而信用货币克服了贵金属货币的缺陷，中央银行可以根据经济状况调整货币供给量，更有利于发挥货币的功能。信用货币令铸币税全部由政府获得，而政府通过公共财政支出的方式将铸币税反馈给社会公众（尽管并不一定完全均等）。

综上，可以说货币的本质是共识机制。按照货币商品论，货币共识的前提源于货币作为流通手段的便利性、安全性等，货币共识的保障是货币自身有价值。而货币国定论认为，货币共识的前提是铸币税的均等化，货币共识的基础以国家的权力和财税为保障。两种货币理论对于货币共识的保障认识不同，但对货币形态演变的基础动因趋向一致，即一定是以便于接受使用的东西作为货币。

二、货币形态演进的逻辑遵循：回归货币本质、提升货币效率

1. 货币形态演变不改变货币的本质及其基本职能

各种经典货币理论对货币的本质和形态演变有着不同的解释和表述，但归结起来不能否认的共识是：货币是商品世界的一般等价物，是一切商品和劳务的价值表现形式，货币存在的基本价值和目的是为实体经济服务，而实体经济对货币最基本的需要是为其提供价值尺度和流通手段，即满足商品世界价值衡量、计算的需要，以及充当商品交换的手段和价值转移的工具。这就是货币的基本职能，也是货币本质的规定性，是判断一种东西能否成为货币的基本标准。

经济不断发展的需要推动货币职能不断延展。传统货币理论将货币职能概括为五大职能，实际中支付手段与流通手段融合，是货

币最为基础的应用和体现。价值储藏职能实现财富价值的跨期配置，世界货币职能实现货币使用的空间扩展。随着经济世界发展的日益复杂，货币与经济社会的融合更加紧密，货币的职能远远不止于五大职能，不只为商品世界提供价值方式和服务的功能，而且已成为现代经济社会最核心的基础和变量，对金融体系、社会经济以及政治格局都起着举足轻重的作用。

但是，无论货币职能如何延伸，货币形态如何演变，货币的本质不变，成为货币需要具备的两个基本职能，即价值尺度、流通手段是不会变的。这为现实世界中纷繁变换的各种"货币"类创新工具提供了判断标准。如果认同货币是价值尺度和流通手段的统一，那么，当前出现的私人数字货币就不是货币，其既不是价值尺度，也不是流通手段。

2. 货币形态演进一般从支付开始，基本动因是更好地发挥流通手段职能

基于货币的本质规定性，货币必然随着经济社会的发展而不断演变。货币形态演变的动因首先以货币更好地发挥基本职能、更好地服务不断变迁的经济需要为目的。也就是说，推动货币形态演变的根本动因在于两个方面，一是更好地发挥流通手段职能，二是更好地充当价值尺度。

生活中货币首先要满足各种交易的需要，历史上历次货币演变都是从提高货币使用便利性、安全性的支付端开始。因此，更好地发挥货币的流通手段（包括支付手段）职能，是从本质上影响货币形态演变的根源。人类社会的交换、交易以及一切经济贸易往来活动，都离不开货币作为交换媒介和支付工具，因此，货币作为交换媒介，其便利性、安全性、快捷性等物理特征，决定着经济贸易往来的种类、规模、地域范围等。社会经济发展的不断进步，以及人们对货币媒介物便捷性、安全性的不懈追求，推动了货币形态的不断演变，伴随着人类社会的进步，成就了一部纷繁多彩的货币演进史，从远古的贝壳、牛羊等实物货币，到各种金属货币，再到纸币以及当今社会的电子货币，货币演变的基本动因是提高货币使用的便捷性、安全性，提高交易效率。纵观历史，每一次货币形态的演变都是为了弥补原有货币在便捷性、安全性方面的缺陷而出现。从商品货币到金属货币，再到纸币、电子货币，以及现今的数字货币，形态的变化显现着货币使用"三性"的递进改善。

3. 货币形态演进是价值尺度和交换媒介的统一

币值稳定是货币发挥价值尺度职能的前提，也是决定一种新型支付工具（或称新兴货币）最终能否成为货币的关键。成为货币意味着被普遍接受和使用，而货币能被普遍接受和使用的前提，除了货币物理形态的便捷、安全，更为重要的是内在价值要稳定。从货币发展演进的历史看，为支持币值稳定，货币史上形成了三种币值稳定支持机制，也是最重要的三次货币形态变革。

第一种是实物货币或称商品货币阶段，币值的稳定性由货币商品自身的价值保障和支撑。当货币由某种实物来充当，其自身的价值充当了其作为货币价值的担保。根据马克思货币理论，货币是从商品世界中分离出来的，一种商品之所以能够充当一般等价物，是因为这种商品自身有价值，同时，这种商品又是大家都需要的东西，具有普遍可接受性。这种情况下，商品自身的价值对其充当货币的价值发挥了担保和保障作用，最为典型的是金属货币时期的金本位和银本位，尤其是金本位实现了币值的高度稳定。由于黄金自身价值较高，既可以使用，又可以储藏，所以成为全世界普遍可以接受的硬通货。而正是黄金自身有价值，其储藏职能对内成为货币供求的调节器，有效避免通货膨胀，对外在国际贸易中通过黄金输出和输入的调节功能形成汇率的稳定机制。至今，很多学者依然认为，金本位是人类货币史上最理想的货币制度，因为黄金既满足了货币更好发挥流通手段职能的作用，又满足了币值稳定的价值尺度职能。但是，由于黄金自然分布的局限以及供给量难以满足世界经济不断发展的需要，最终退出人类社会货币的舞台。

第二种是实施准备制和部分准备制的纸币阶段，即将货币的价值和储备的资产价值挂钩。实践中，为了更好地执行货币流通手段的职能，货币的形态逐步向更加轻便、安全、快捷的方式演变，出现了实物货币的替代物，比如票据、纸币。票据、纸币自身没有什么价值，而其作为货币代表的价值远远大于其自身价值。这种情况下，为了支持币值稳定性，发行纸币就需要建立发行储备制。最初，储备资产的价值与所发行的纸币面值相等，即建立足额准备制，承担与纸币兑换的功能，纸币可以按照面值兑换，以保障货币价值的稳定。一般情况下，纸币持有人不会同时要求兑换，所以，储备的资产不断减少，形成了部分准备制，直到取消货币发行准备，实施信用货币制度。

第三种是以发行主体信用为担保和支撑的纸币阶段。货币由自身没有价值的东西充当，而货币的价值由发行人的信用支撑，货币的发行与资产储备完全脱钩。最初是由私人银行创造发行的，由于经营不善、银行破产等，不能兑付，最终各国将货币发行权收归国家，由中央银行代表国家发行国家主体信用货币。这也是当今各国普遍使用的货币制度。其弊端和问题也就在于，脱离了资产储备，货币超发、币值波动成为常态。尽管纸币、电子货币等形态上具有更好执行流通手段和支付手段职能的优点，但其价值的稳定性受到挑战。即使拥有国家主体信用和法定偿付地位，实践中也难以摆脱被放弃使用的可能。理论上，如果一种货币超发过多，货币贬值，无论是法定货币还是私人货币，都会有被放弃使用的可能。

也就是说，作为流通手段和支付工具的货币形态无论多么便捷、安全，如果其不具备良好的价值稳定机制，就不能发挥货币价值尺度的职能，也就不能成为货币。对比当今广泛存在的各种电子支付工具以及数字货币，可以说，它们在形态上很好地满足了货币的流通手段和支付手段，也在一定的条件和范围内发挥着便捷支付的功能。但是，币值稳定机制的缺陷决定其不能成为真正意义上的货币。

三、数字货币产生的理论逻辑分析

随着电子信息技术、数字技术的发展，经济生活中出现各种各样的虚拟化货币、电子化货币、数字化货币，如前文提到的银行卡、银行电子支付、Q 币、微信、支付宝以及比特币、以太币等。这些“货币”执行了一定的货币功能，如支付手段、储藏手段等，实际中也通常被称为货币。但是对这些货币工具的性质争议很大，他们到底是不是货币？能不能替代传统货币？特别是央行数字货币概念提出后，该如何认识数字货币的性质，如何定位数字货币和央行数字货币？数字货币产生的逻辑和动因是什么？

数字货币具备先进的货币形态，但能否成为具有普遍可接受性的真正的货币，需要回归货币的本质和基本职能的逻辑上来考察。

数字货币的思想产生与现代密码学的发展有着紧密的联系，早在 20 世纪 70 年代末 80 年代初就有人研究数字货币。最早的数字货币是大卫·查姆（1982）基于不可追踪的电子现金系统研发出的电子现金 E – Cash。中本聪在 2008 年发表了论文《比特币：一种点对点的电子现金系统》，扩展了查姆的思想，他在文中描述了一种以分布式记账为基础的去中心化的加密货币系统，货币的总量是确定的，没有中心化机构进行监管，因此不存在传统体系中货币超发的问题，参与者通过“工作量证明”的方式（俗称的“挖矿”）获得比特币。比特币之后，基于各层区块链技术创新的各种私人加密货币不断出现，如莱特币、以太币、零币等，数字货币的思想被越来越多的人接受并应用。

为什么会出现数字货币演进思潮？姚前（2017）将其归因于技术的进步。事实上，这并非仅是一种技术问题，而是一个逻辑问题。数字货币是货币形态的一种演变，在历史上，货币也经历过多次的形态变迁，数字货币的产生与以往货币形态演化的历史规律之间是怎样的逻辑关系，换句话说，漫长的货币历史为我们提供了货币演进的规律，也为我们判断一种新货币形态的出现是否符合货币演进规律、是否能够成功实现货币更迭提供了标准。

从中本聪对数字货币的起始设计看，其动因并不是源于流通中改进支付工具、提高交易效率，而是拟通过点对点的去中心化的结构设计，改善信任机制，或者可以说，比特币的设计动因首先是从颠覆主权信用支持的信任机制开始的。这也决定了数字货币作为“货币”形态演进的起点、路径不同于以往任何货币的演进逻辑。

1. 比特币颠覆了传统的货币演进逻辑，不具备货币本质之实

此处所指的数字货币，是指以比特币为开端发展起来的数字货币。在此分析以比特币为代表的私人数字货币、以 Libra 为典型的稳定币，以及央行数字货币。

（1）私人数字货币的价值支撑机制远离了真实世界。比特币不同于以往任何货币。一是从其诞生就脱离了与真实世界的交易联系；二是其价值保障和共识机制构建于区块链等技术之上，也与真实世界割断联系。也就是说，数字货币是一种以技术为保障的纯粹的货币外生供给。这种纯粹的私人部门脱离真实世界的外生货币供给，以期被普遍接受、使用，替代原有货币，来作为商品世界的价值代表，逻辑上成功的可能性很小。从古至今，只有国家作为公权力的代表，以外生的方式变革货币形态，并以真实世界的经济发展、财税收入为保障机制，才有使法定货币得以存续的可能。

（2）私人数字货币创设的动因始于抑制信用货币的超发、颠覆传统货币机制。比特币的诞生是想要弥补当前信用货币体系的缺陷，其创设并非始于交易媒介的改善以推动货币形态的演进，而是旨在针对传统货币体系弊端的一次货币体系重构。这种重构意味着，以比特币为代表的数字货币从内在价值机制到外在信用支撑，从货币形态到货币供给机制，从发行主体到发行机制，向现有货币体系发起一次全面的冲击和挑战。事实上，货币体系重构关系到整个货币生态的重构，这远非私人创设力量能够触达。

（3）从货币形态角度看，数字货币形态具有先进性和历史必然性，有利于提高货币职能的效率。但是，从货币的本质规定性和货币形态演进的基本路径和逻辑看，比特币类私人数字货币的设计逻辑更多属于技术外生性供给，违背了货币演进的内生性规律和货币的本质要求，加之比特币设计架构和技术固有的缺陷，决定了比特币难以实现价值稳定，难以成为普遍可被接受的一般等价物，即使在局部领域可以充当交换和价值转移的工具，但其自身的局限限制了其成为货币的可能。

2. Libra 是私人数字货币的一次飞跃，逻辑上具有成为独立货币的可能

首先，Libra 是基于脸书强大社交平台衍生出的庞大的交易支付为支撑的实践需要，也就是说，Libra 的初始逻辑契合货币基本职能的需要，满足成为货币的本质要求和基础动因。Libra 白皮书显示，Libra 将定位于国际货币、全球性支付工具，用于跨境转账、日常支付等金融服务。

其次，Libra 构建了真实资产储备体系，将 Libra 的价值与储备资产挂钩，建立了数字货币与真实商品世界的联系，由此使 Libra 成为一种具有价值稳定性的数字货币，也使 Libra 作为真实商品世界的价值表现形式成为可能，Libra 具有发挥价值尺度职能的基础。这使 Libra 与比特币产生了基础和本质上的差异。

再者，Libra 依托脸书自身拥有的 2.7 亿人口以上的受众用户，加之其设计初始就遵循了货币本质的逻辑，Libra 具有广泛的作为货币的普遍可接受性基础。另外，从形态上，Libra 是数字化的交易工具，满足便捷、高效的需要。同时，Libra 又是一个以区块链技术为底层支撑的联邦数据库，这为货币发行管理、有效监管经济金融活动都提供了基础。

总之，Libra 以去中心化的区块链技术为依托构造加密数字货币，其价值与一篮子法定货币挂钩，并由储备资产做支撑，不易发生通胀，且具有较高的流动性。Libra 在价值尺度、流通手段、支付手段、储藏手段和世界货币等传统货币的五大职能上呈现出一定的优势。

3. 央行数字货币更好地回归了货币本质，有利于提高货币职能的效率

尽管世界主要经济体都尚未正式推出央行数字货币，但从各国公布的相关方案可以看出，央行数字货币具有的一般特征和共性特点。央行数字货币无疑是建立在现有国家主权信用货币基本体系框架之内的货币形态的变革创新。这一前提决定了央行数字货币与私人数字货币去中心化的发行架构有本质区别，以央行为主体的中心化发行架构不会改变。国家主体和中心化发行架构实际上决定了央行数字货币只是现有货币形态及其技术支持体系的局部变革，并不意味着现有币制的颠覆。这也意味着，第一，央行数字货币只是一种新的货币形态，并非国家本位币的改变。比如，数字人民币依然是人民币的一种形态，我国本位币依然是人民币，货币单位依然是元，这些不会改变。第二，央行数字货币的价值稳定机制没有改变，依然是以国家信用为支撑的信用货币，数字货币的价值取决于本位币的价值，其价值稳定与否依然取决于国家的经济基础、货币发行以及国际贸易等综合因素，并不会因为数字货币形态的改变而实质性影响到该国货币的币值稳定性。

对央行数字货币的共性和特征进行分析，可以发现，尽管各国拟发行央行数字货币的具体目的差异很大，但有两点共同目的。其一，降低发行成本、减少流通中的现金、提高交易支付便利和效率，这是各国央行研发数字货币考虑的主要动因之一，也是各国货币流通实践中面临的现实问题。在数字经济影响下，支付手段数字化成为趋势，各种电子支付以及私人数字货币在一定程度上影响了传统主权货币的发行、流通，并产生一系列社会问题。数字技术为主权货币的改进和完善创造了条件，推动主权货币主动向数字化方向迈进。

其二，通过数字化手段推动货币精准发行，降低通货膨胀率，提高反洗钱、反恐怖融资、反偷税漏税等金融管理能力。主体信用货币最大的问题就是存在超发动机，常常伴随着通货膨胀，困扰各国。比特币最初的动机就是针对2008年的金融危机带来的货币贬值，拟设计不会超发的货币机制。此外，现金纸币的大量发行，以及第三方支付和私人数字货币的发展，为洗钱、恐怖融资、非法交易等提供了便利。近年来，这些活动日益猖獗，给国家金融安全以及国际金融环境带来严重干扰。国际组织和各国金融管理机关迫切需要创新管理手段。央行数字货币正是针对上述货币存在的弊端、提高货币效率和完善币制稳定机制而设计。

综上，不难看出，央行数字货币吸收了区块链、密码学等先进的数字技术，融合到现有主权货币体系之中，以更好弥补现有货币体系的不足。如果央行数字货币能够将数字技术有效运用并与主权信用货币体系相结合，从理论逻辑上讲，央行数字货币具有更好地发挥货币各项职能的良好基础和手段，具有更好地回归货币本质的可能。

历史逻辑

在央行数字货币出现之前，私人数字货币从比特币开始已经有十几年的发展，并且发行、交易规模越来越大，数量、品种也不断增多，对全球金融市场和金融投资活动产生的影响也越来越大。因此，央行数字货币的出现，一个自然的问题是，央行数字货币与私人数字货币会展开竞争。这个问题的实质要回归到货币发行权的问题，一个社会经济体，到底应该由谁来发行供给货币？私人部门应不应该、可不可以发行货币？既有的国家垄断的主权信用货币集中发行供给体制，是不可动摇的最优发行机制吗？抛开国家权力因素，从理论上、实践上哪些因素决定一国货币发行权？数字货币的出现，向既有的货币发行机制提出挑战，该如何分析数字货币时代，央行数字货币和私人数字货币的发行权之争？

上述问题既涉及古老的货币起源问题，也涉及从历史到现代货币发行权的演变。因此，需要对货币起源理论和货币发行演变的历史脉络进行梳理。

一、货币发行权的理论之争

货币从哪来，由谁发行，是个古老而又现代的复杂问题，是自古以来一直争论不休的“货币之谜”。这个问题的实质是探讨货币是客观形成的还是主观决定的，是市场自然演进的还是国家权力决定的。而研究这个问题的真实价值在于，现实世界中的货币供给，应该由市场推动的私人部门产生，还是由官方的权力部门发行供给。也就是说，这个问题的本质是要揭示现实世界中的货币应该由谁来发行和供给，在私人货币和官定货币都存在的情况下，私人货币有无存在空间，货币到底应该集中发行还是分散发行？目前，私人数字货币大量存在，这为私人发行货币提供了可能，也引发了关于货币发行权归属问题的新一轮讨论。

关于货币发行权问题，学术界早就展开过广泛的争论，形成鲜明的两派观点。一是源起于货币商品论的市场派，该派观点认为，货币是人类活动自然演进的结果，是从商品交换中分离出来的充当所有商品一般等价物的商品。也就是说，货币源于市场，是客观产生的，强调货币是市场的产物，更看重私人在货币发行和供给中的作用。其中的代表性人物是奥地利学派的学者哈耶克，1976 年，哈耶克在其著作《货币的非国家化》中，阐述了其反对国家垄断货币发行的观点。他指出，国家为了财政需要，总是存在超发货币的动机，这种货币发行权的滥用最终会导致通货膨胀、经济混乱和危机爆发。因此，应当允许私人部门发行货币，从而通过自由竞争形成更好的货币绩效。怀特（1984）对于前苏格兰自由银行时期的研究以及罗克夫（1974，1985）对于美国南北战争时期银行竞争性货币发行行为的研究都表明，私人部门发行货币使得价格更稳定。这在一定程度上支持了哈耶克的观点。但是，哈耶克的观点似乎从未被广泛地接受。

二是源起于货币国定论，这类观点认为，货币从远古就是一种记账符号，用一定的符号标记劳动产品的价值，并作为交换衡量的依据。认为货币是一种人为的主观界定，由代表一定权力的主体确定，强调国家在货币供给中的作用和地位，所以也称为货币国定论。法定货币的支持者认为，货币秩序是按照社会性的生产方式构建的，而不是从市场中自发产生。货币是国家的特殊产物，国家理论和货币理论不可分离。信用货币通常不具有与其面值相匹配的内在价值，之所以能被广泛接受，真实原因是社会对货币发行主体权威地位的普遍认同。发行主体权威越高，则拥有越大的货币发行权。显然，政府具有最高的权威，它能强制要求本国居民以自己发行的通货支付赋税。弗里德曼（2006）就鲜明地指出，货币对于一国的宏观经济至关重要，因此货币发行必须交给中央银行，并且中央银行应当按照一个确定的规律发行货币。

两种货币发行论都有其逻辑自洽性和存在的合理性，而历史实践中市场化的私人发行和国家统一发行经常是交错并行。由此可见，理论并没有全面揭示货币发行权归属的理论依据，对货币发行权问题并没有统一的答案。探寻货币发行权的归属问题更需要从历史演进的实践中寻找规律和答案。

二、货币发行权的历史视角

人类社会在地球上已有百万余年的历史，但货币只有几千年的历史。而自从人类社会出现了国家，货币也就与国家联系在一起。根据史料记载，人类最早的苏美尔文明时期，国家就以权力的形式定义了货币谢克尔，用于交换记账和价值衡量。我国历史上大家耳熟能详的是，秦始皇统一六国后实施的币制统一，使用“秦半两”作为统一货币，促进了全国各地区的经济联系，避免货币兑换上的麻烦，有效地促进了经济发展和社会稳定。直至如今，各国普遍存在国家垄断货币发行权的信用货币制度，对于国家集中货币发行制度，已然经历了历朝历代的博弈变迁，成为一种历史的必然选择。而探讨货币发行权归属国家的缘由更需要从私人发行货币的利弊谈起。

货币产生于交换，服务于交换及整个商品世界和实体经济，在人类社会的发展演进中，不同的历史阶段，总会有直接诞生于分散的市场交易的私人货币伴随着币制的历史演进。我国西汉时期“使民放铸”的金属货币的私人铸造，以及18—19世纪西方国家的自由银行制下私人信用货币的发行，可以说是货币发行权归属私人部门的典型案例，为我们很好地揭示了私人发行货币的利弊。

1. 金属货币时期我国西汉的“使民放铸”私人发行制

在我国西汉年间，汉文帝和汉景帝时期曾经允许民间私铸货币（“使民放铸”），政府只规定一个铸币的形式和质量标准，并且负责监督查核，但是铸造货币的权力则下放到民间。在交易时，所用的铸币都需在称钱衡（类似天平的仪器）上进行称量，如果某人在铸造货币时偷工减料，则会立即被发现，对方会要求增加货币数量或采用斤两足够的货币。长此以往，不足值的劣币可以被交易双方鉴别，并逐渐被足值的良币驱逐出去，最终市场中流通的大都是良币。管汉晖和陈博凯（2015）通过实证研究证明了这一点，他们发现，在放任私铸的汉文帝和汉景帝时期，货币的质量远远高于由国家垄断发行铸币的汉武帝时期。而这种“使民放铸”的政策，也使得经济出现了快速发展，对文景之治的出现起到了重要作用（萧清，1984）。这一点甚至出乎了哈耶克本人的意料，他认为在金属货币时期，货币发行权应该归属于政府，因为金属货币的真假只有借助复杂的化验过程才能搞清楚，当普通人既没有这样的技能也没有这样的设备时，盖上某种获得普遍认可的权威印鉴以担保铸币的成色，具有充分的理由，而这样的权威可能唯有政府。但是文景时期巧妙地提供了称钱衡这种设备，使得私人发行货币在金属铸币条件下也可以实现。

但是这些观点并不全面，私人发行货币依然存在很多弊端。管汉晖和陈博凯的研究仅仅说明了汉文帝时期自由铸币使得“劣币”的数量下降，铸钱整体质量提高。但是其导致的另一个问题是，私人纷纷发行货币，使得财富向少数人快速聚集。汉文帝时期，吴王刘濞的封地豫章郡富产铜矿，因而大肆铸造铜钱，使得天下财富大量向刘濞聚集，为后来刘濞反叛提供了坚实的经济基础。刘濞在反叛时曾经言道：“寡人金钱在天下者往往而有，非必取于吴，诸王日夜用之弗能尽。有当赐者告寡人，寡人且往遗之。”其财富之巨，可见一斑。另一位在汉文帝自由铸币时期获得巨大收益的是汉文帝的宠臣邓通，因汉文帝宠信邓通，曾赐其铜山令其铸钱从而成为巨富。

可见，在私人铸币的情况下，铸币税分配不均使得社会财富出现巨大分化，长期必然导致社会的不稳定。这实际上给姚前（2018）提出的观点提供了充分的历史证据，私人发行数字货币，虽然从共识的角度讲是一种可能的解决方案，但是随着发行数字货币的主体增多，财富越来越向少数人集中。因为发行数字货币具有一定的技术门槛和硬件条件，这些条件就类似于汉文帝时期的铜山，致使穷者难以发行，而富者大肆发行，最终穷者愈穷，富者愈富，容易激发更严重的社会矛盾。

另一方面，私人发行货币容易导致经济进一步脱实向虚。汉文帝时，贾谊是自由铸币制度的坚定反对者。他反对自由铸币的一个重要理由就是“奸钱日多，五谷不为多”，也就是说，人们沉迷于铸钱，而损害了农业生产。晁错也提出明君应当“贵五谷而贱金玉”。在私人数字货币时代，大量的资本和技术投入到货币的发行以及货币的获得（比如“挖矿”），这是对实体生产领域资源的一种巨大掠夺，这比当前经济中脱实向虚的问题更为严重。

另一个问题是关于货币供应量。萧清（1984）虽然看到了私铸货币对文景之治的重要贡献，但是这种积极作用的发挥需要很多条件。汉文帝初期经济衰退，名声凋敝，允许民间私铸货币在短时期内增大了货币供应量，促进了工商业的发展，可以说这是一次强刺激的货币政策。但是随着私人铸币的壮大，私人部门为了追求利益而尽可能多铸造货币，铸币数量远远超出流通中所需的数量，从而导致通胀。只是因为金属货币时期，金属矿藏的数量是客观有限的，其工艺相对繁复，这种消极影响才没有很快显现。在信用货币制度下，国家可以控制货币量从而对经济进行调控，然而这在私人发行货币的情况下难以实现。

汉文帝时期的案例非常有代表性，虽然是金属铸币时代，但是当时的人们对于货币的认识已经和信用货币并无二致。贾山就曾经指出，“钱者，亡用器也，而可以易富贵”。也就是说，货币本身没有价值，但是却可以用于交换有价值的东西。晁错的表达则更加深刻：“夫珠玉金银，饥不可食，寒不可衣，然而众贵之者，以上用之故也。其为物轻微易藏，在于把握，可以周海内而无饥寒之患。”意思是金银珠宝饿了不能吃，冷了不能穿，但是政府规定可以用它来交易，它便于携带、体积小，可以在任何地方流通换取需要的东西，避免了饥饿和寒冷的问题。可以看出，即使在金属货币时期，金属本身的价值亦无关紧要，而是国家对它的承认才使其得以流通。这进一步印证了前文关于货币起源和演进的阐述，也就是说，货币自古以来都与国家密不可分。

综上，汉文帝时期自由铸币的经验告诉我们，私人发行货币弊大于利，汉文帝虽然依靠私铸货币使经济得到了一定恢复，但是却因此导致了国家政局的动荡。因此，货币发行权必须掌握在国家手中，国家以自己的公权力对经济进行调节，平衡社会各方收益，保持社会稳定。也许正像弗里德曼说的："货币不是闹着玩儿的，必须交给国家"。

2. 信用货币时期西方国家的私人银行发行制

在中央银行出现之前的18—19世纪时期，西方各国实施的是私人银行发行制，即私人银行都可以自行发行银行券进行流通。最著名的英格兰银行、苏格兰银行、瑞典银行，其前身都是私人银行。银行券的流通使用取决于消费者的选择和自由的市场竞争。英国直到1844年《皮尔法案》颁布时，尚有279家银行发行银行券。在实施过程中，私人银行竞争激烈，并没有像亚当·斯密和劳伦斯·怀特等学者所希望的那样，自由银行制度在促进贸易和工业发展时，银行业本身也保持更好的周期稳定性。事实上的结果是，私人银行经常出现经营不善、清算不及时、储备不足等情况，不能及时向银行券持有人进行兑付。在经济危机时，私人银行出现明显的顺周期，在经济高涨时，信贷扩张；在危机和衰退时，信贷急剧收缩。自由银行体制并未给经济波动带来任何稳定作用。在18世纪60年代到19世纪中叶近一百年时间里，苏格兰大约经历了13次危机。大量银行倒闭，甚至有的银行家为了逃债而逃躲。最终，各国政府逐步收回货币发行权，成立中央银行逐步垄断货币发行权，建立起延续至今的中央银行体制。

私人信用构造的货币私人发行制已被历史淘汰。当然，现代中央银行垄断的信用货币发行制，也存在超发、使用便利性不够等弊端。私人数字货币的出现能否淘汰既有的国家银行信用货币正是目前各界关注的主题。

3. 货币发行权归属的规律性总结

梳理人类货币发展史不难发现，货币发行权一直在国家发行和私人发行之间长期博弈，无论是在金属货币时期，还是信用货币时期，无论远古还是近代，无论国内还是国外，这种博弈一直都存在，而且两种货币发行经常交错并行。即使是在国家高度垄断货币发行权的时期，也会以各种创新的形式出现法定货币的替代工具。纵观古今中外货币更迭变化的历史脉络，总结其规律不难发现：

第一，货币发行权向国家集中是市场选择的结果，也是历史的必然趋势。第二，即使是国家垄断货币发行权，法定货币也必须遵循货币的本质要求和规律发行，当违背货币的属性和本质需要而强加货币时也会被市场抛弃，古有王莽复辟币制而失败的例子，近有各种金融危机导致货币被废弃的警示。第三，有利于回归货币本质及职能的发挥，是支配货币发行权归属的基本动因。抛开国家的权力因素，货币发行权的归属归根结底还是市场选择的结果，而市场选择依从的只能是货币本质的回归，哪种货币发行制度、由谁来发行货币，更有利于货币稳定地充当价值尺度、更好地发挥交换媒介。私人货币发行存在诸多弊端，如分散的多种货币供应不利于货币统一和价值尺度的统一，还会提高交易中的兑换、转换、结算成本，导致私人利益驱使的货币滥发等，这些都是私人货币不能长存的原因，也是国家控制货币发行权的基本动因。第四，随着经济社会的发展，一是货币供应需要信用弹性，二是货币成为国家经济社会最重要的核心变量和调控手段，与国家经济调控和金融管理紧密结合，这也决定了现代货币必然由国家发行。任何私人货币都不可能成为国家的核心调控手段。

三、数字货币发行权的理论辨析

1. 私人数字货币不具备向社会发行的基因和前提

自国家产生以来，货币发行就跟国家权力联系在一起。所以，讨论数字货币出现后，私人应不应拥有货币发行权问题，或者说，数字货币会不会使人类的货币体制回归到私人发行的轨道上来，应先抛开国家权力约束的前提，只从理论和实践可能性方面去考察，数字货币由私人发行还是央行发行，哪个效率更高，能为社会提供更好更稳定的价值锚定工具和机制。

在此前提下，本文认为，数字货币作为一种新的货币形态，包含了以区块链分布式记账技术为基础构造的共识信任机制，在形态和价值基础、发行架构上都不同于以往任何货币，是货币从形态到结构的一次变革。但是，从货币的社会需要和货币发行的本质上看，私人部门依然不具备向社会发行数字货币的可能。私人数字货币依然不能成为社会的本位币而广泛流通和使用。

首先，历史的发行经验已经证明，分散货币发行权，由私人部门提供多种货币，不利于价值尺度的统一，货币兑换的频繁不利于经济交往，不利于"货通天下"。历史的趋势和实践反复验证，在这一点上，数字货币也并不能改变多主体分散发行带来的弊端。近年数字货币发展的实践已经证明，目前各种私人数字货币已经达到几千种，价格混乱，波动性非常大，不可能成为价值统一的标准，这从根本上否定了比特币等数字货币的"货币"属性。

其次，私人数字货币的纯技术基因，切断了私人数字货币与经济社会的内在联系，使其不具备向社会发行的基本前提。目前多数观点认为，私人数字货币缺乏内在价值支撑，价格波动大，难以履行货币的职能。其实，这仅是表现出来的现象，其根本原因在于数字货币纯技术的价值设计不符合货币是经济社会的内生产物这一基本逻辑。数字货币背后是基于算法的共识信任机制，这种信任被看作是比特币的价值基础。但是，基于算法的共识机制具有的天然缺陷是，只是基于技术逻辑的构造，而脱离了货币本该遵循的经济逻辑和社会逻辑的本质需要。从货币的起源到货币的历史演进过程都可以清晰地看到，从实物货币到信用货币，尽管货币演变成为自身没有价值的纸币，但是，无论是私人发行的银行券，还是国家发行的信用纸币，要么建立在实物兑换保障机制上，要么建立在以国家财税保障为支撑的主权信用上。而这些货币取得共识的基础在于与经济社会保持和存在内生的联系。货币的基因从交换中来，用到交换中去，即使国家权力强加赋予的货币，也不能脱离这个基础。从这个意义上看，以比特币为代表的数字货币，完全脱离了货币的本质逻辑，而成为纯粹外生的技术工具，而且通过"挖矿"获取货币的高成本货币供应机制，违背了货币产生的逻辑和初始目的，应该说与货币的本质背道而驰，决定了私人数字货币即使在没有国家权力干预的情况下，也不可能成为真正的货币。

而对于建立了与储备资产挂钩的稳定币，比如 USDT，虽然建立了与实体经济的关联通道，具有价格稳定机制和币值调节机制，具有成为货币的基础，但是，又存在分散发行、多币流通以及私人利益驱动的操控等问题，按照历史的经验和规律，即使国家不限制其发行，也会引起市场的混乱，最终与史上其他私人货币一样被市场竞争所淘汰。但对于 Libra，其内在价值和共识机制的设计思路和架构与比特币类数字货币有本质的区别，源于交易平台，与法定资产、货币建立了直接的联系等，这些特性使其具有成为货币的可能。但是，在私人利益驱动和国家利益需要之间如何建立平衡机制，是其面临的能否成为货币的最大问题，也是各国政府、金融监管当局对其保持谨慎态度的原因之一。

2. 央行发行数字货币是满足数字经济社会需要的必然之选

从货币演进的历史实践看，货币发行权向国家统一发行集中是一种历史的必然，也是市场在历史长河中选优的结果。只是在不同的历史阶段，在不同的经济社会发展时期，国家集中发行体制下的货币供给，无论是货币形态，还是货币发行机制、管理机制，也要伴随着技术的进步等作相应的调整改进。

数字技术和数字经济的发展，要求货币也必须进行数字化改革。央行发行数字货币是适应数字经济和数字社会需要的必然之举。基于前面的历史分析和货币发行的规律总结，央行数字货币既要保持国家主权集中保障发行的前提框架，又要满足数字经济发展对货币产生新的需要。因此，虽然各国央行数字货币的方案都尚未正式公布实施，但可以断定的是，央行数字货币是国家统一货币发行下的法定货币的革新，是数字技术在货币集中发行体系框架内的应用和结合。这种结合不但增强了法定货币的传统功能，也使央行数字货币成为数字经济社会国家有利的管理工具。

首先，央行数字货币引入数字技术，转变货币物理形态，使货币成为加密的数字符号，大大提升了货币在社会流通使用中的便捷性、安全性、高效性，大大改善了消费者的体验感受，提高了货币服务社会的效率，使货币的职能和本质得到更好的体现和诠释。

其次，央行数字货币有助于弥补原有货币发行缺陷，提高货币发行的精准性和管理的高效性，增强币值稳定机制，为数字经济发展创造更好的货币和金融环境。央行数字货币在不改变作为国家法定货币信用等级的前提下，通过引入系列的数字技术及机制设计，提升法定货币的安全性、隐私保护层级以及价值稳定机制，有利于弥补原有货币体系的缺陷，推动主权货币与时俱进和优化完善。

总之，央行数字货币在物理形态上更加方便使用，有利于节约交易成本，提高交易效率，集中统一发行有利于增强市场的货币信心，易于普遍接受，遵循了货币发行权归属演进的基本逻辑，有利于提高货币职能的发挥。同时，在提高货币精准发行的同时，保持了供给机制上的弹性，更有利于货币的弹性调节，维持币值稳定和系统稳定。从管理职能上，央行数字货币为金融管理当局提供了更有效的管理工具。

技术逻辑

经济社会发展的需要是推动货币形态演变的内在动力，而技术进步是实现货币形态演变的手段。技术与社会需要的结合，推动了货币的创新和币制的改革。对于央行数字货币的诞生，当前通常的认识将其归因于科技发展的结果。事实上，数字货币的产生以及央行数字货币的出现，不仅仅是科学技术发展的原因，科学技术只是可以令央行数字货币的概念得以实现，而央行数字货币的产生需要技术创新与货币理论逻辑的深度融合。

从字面意义上看，央行数字货币就是中央银行发行的，以数字形态存在的法定货币，或者简而言之就是当前法定货币的数字化。这一表述虽然难以涵盖央行数字货币的全部特征，但是揭示了央行数字货币的本质属性：央行数字货币是国家垄断发行的信用货币制度与数字技术的结合。央行数字货币是数字技术的发展成果被当前货币体系所吸收而自然形成的产物，就如同其他新技术在各个领域的应用一样。但事实上，这种结合绝非如此顺理成章。恰恰相反，数字货币诞生的初衷正是为了颠覆当前的货币制度，其底层技术——区块链技术的去中心化思想，与当前中心化发行的货币制度格格不入。因此，央行数字货币能够产生，其背后的逻辑可能更加复杂和深刻。

区块链技术应用于货币领域，特别是创造出比特币等数字货币后，自由货币主义的声音再次得到很多人的响应，认为数字货币的出现，不仅让货币的私人自由发行成为可能，而且成为取代法定集中发行货币的理想机制。甚至，很多人开始乐观地预期法定货币的消亡。实践中，大量以电子化、数字化形态出现的第三方支付工具的广泛应用，让很多人认为，法定货币无论现金或是法定数字货币都可有可无，货币的五大职能都可以由私人发行的数字货币而得到解决。技术果真能让国家主体信用为支持的集中货币发行体系走向终点吗？显然，这需要对数字货币的技术逻辑及其发展做出评估和判断。

一、纯算法构造的数字货币：价格波动与生俱来

数字货币始于比特币，比特币的初始动因是为了构造一种新的货币机制解决现有货币体系的超发问题，而比特币实施这一目的的路径是基于技术支持构建一种共识体系，方法是通过一系列技术手段实现货币供给，即基于区块链、分布式记账、算法、加密等一系列技术方法通过计算机网络生成货币供给，替代流通中的货币。可以说，比特币代表的数字货币，不同于以往史上的历次货币变更，强化了技术在货币创造和演化中的作用，这样的货币构造和供给，通过十几年发展的实践检验，其价格波动伴随供给的有限而不可避免，比特币更多被当成一种虚拟资产，离货币的职能越来越远。

比特币是一种以分布式记账为基础的去中心化的加密货币系统，货币的总量是确定的，没有中心化机构进行监管，因此不存在传统体系中货币超发的问题，参与者通过“工作量证明”的方式获得比特币。在分布式记账模式中，货币被认为不会出现超发问题。正常运行的比特币也符合铸币税均等的条件，其作用原理类似于贵金属，通过数量稀缺和获取困难保证每个成员获取的铸币税数量很低，从而使得共识可以达成。有学者（Baur et al., 2016）就指出比特币的非中心性与黄金十分类似，但其没有内在价值，这一点又和法定货币类似。而实际在金融市场中，比特币确实表现出了与黄金类似的“避险”属性，即面对宏观经济和金融市场的不确定性上升

的情况，资金也会选择比特币作为避险资产。同时，比特币也和黄金一样，价格波动巨大。2010 年 11 月，全球最大比特币交易平台 Mt. Gox 上单枚比特币价格突破 0.5 美元，比初始价格上涨约 170 倍。2011 年 6 月，比特币单价达到 31.9 美元，比初始价格上涨约 10 600 倍。其后，Mt. Gox 爆发"黑客事件"，数字货币的安全性受到了投资者们的质疑，比特币价格持续走低。2013 年下半年，以德国为代表的欧洲多数国家竞相出台比特币相关政策，比特币价格再次开启快速上升模式，2013 年 12 月单价突破 1 147 美元，超越同期黄金国际价格。2016 年 12 月单价突破 1 000 美元。2017 年比特币全年涨幅高达 1 700% ，其增幅在现代金融史上较为罕见，最高价位达到 18 674 美元。

综上，比特币的创设初衷是利用技术手段构造一种能够避免超发和摆脱通胀的货币和货币机制，但从比特币残酷的市场表现看，自身的稳定是其成为"货币"的最大障碍。比特币价格波动的现实足以证明了，脱离社会现实和经济逻辑的纯技术设计，难以构造出新的货币形态。

二、锚定其他资产的稳定币：技术逻辑向经济逻辑回归

比特币、以太币等私人数字资产价格的波动性限制了其在日常交易和支付中的应用，如何基于区块链实现资产价格稳定、增强数字货币的货币属性，成为数字货币业界探索的重要命题。2015 年 3 月，Tether 发行了锚定美元的稳定币 USDT。随着区块链、数字资产影响力的逐步扩大，基于区块链实现资产价格稳定的实践日益增多。2019 年 6 月，脸书发布了全球稳定币 Libra 的白皮书，引起金融稳定委员会（FSB）、IMF、G7、G20 等国际经济金融组织以及各国金融监管部门的高度重视，开始关注全球稳定币对跨境资本流动、跨境支付、金融稳定性、货币政策有效性带来的广泛影响。稳定币果真能够实现数字货币的币值稳定吗？稳定币的构造和发展中

又存在哪些问题？通过梳理目前主要稳定币的技术构造逻辑和市场表现情况发现，全球稳定币的设计呈现出从货币构造的技术逻辑向经济逻辑回归的趋势。

稳定币实现价格稳定基于抵押经济体系和“央行算法”两种模式。其中“央行算法”模式容易形成资金盘和庞氏骗局，即使是在监管较为宽松的美国也予以禁止。而基于抵押经济体系的价格稳定模式根据抵押资产是否上链又可分为链上抵押模式和链外抵押模式。链外抵押模式的资产并不上链，被存托于区块链下的商业机构中，以美元、欧元资产为主，其中美元资产的市场份额占了95%以上。全球稳定币Libra在其最初的白皮书中宣布锚定的是一篮子货币，但随着监管压力增大，锚定单一美元资产的可能性越来越大。目前以美元、欧元、英镑、人民币等为代表的传统法币资产还无法大规模上链，而比特币又具有不可拓展性，链上抵押的资产需要满足在区块链上执行的必要条件，主要以以太币为主。链上抵押模式全程人工参与较少，基本基于代码与算法完成，事实上构成了开放式金融范式下的商业银行。

稳定币的价格稳定情况如何，本文选取交易量和市值居于全球前六的稳定币USDT、TUSD、USDC、GUSD、PAX、Dai相同时间区间（2018年10月8日—2020年2月15日）的日收盘价进行研究，描述性统计结果如表3.1所示。

表3.1 USDT、TUSD、USDC、GUSD、PAX、Dai日收盘价统计性描述

	USDT	TUSD	USDC	GUSD	PAX	Dai
均值	1.002 7	1.006 1	1.006 5	1.003 6	1.004 9	1.002 2
中位数	1	1	1	1	1	1
标准差	0.008 3	0.008 6	0.007 8	0.010 9	0.006 5	0.012 6
相对美元波动率（偏离平方和）	0.054 3	0.040 4	0.048 2	0.065 6	0.032 9	0.081 4

整体来看，USDT、TUSD、USDC、GUSD、PAX、Dai 六大稳定币基本能实现价格相对美元稳定，这反映了在抵押资产价格波动情况下实现价格稳定的难度较大。有学者（J. Griffin et al., 2019）认为 Tether 通过超发和回购 USDT 影响比特币交易市场的流动性，进而影响比特币价格。

综合来看，稳定币作为交易比特币等主流数字资产的媒介，当比特币价格上升时，交易者急需购入稳定币以交易比特币，导致供不应求，因此稳定币价格也会上升。这意味着数字范式下的货币或类货币产品价值尺度职能弱化，但流通手段和支付手段职能增强，其锚定完全是被动的。

总而言之，不管是链外抵押模式，还是链上抵押模式，基于区块链的稳定币基本能实现价格对美元的稳定。一方面，链外抵押模式更容易被传统金融机构接受，由于抵押资产不上链，现阶段也比较容易操作，是比较主流的稳定币发行模式。链上抵押模式构成开放式金融的借贷市场，需要设置合理的经济模型和治理机制，具有一定的技术壁垒，同时受到抵押资产品种和市值的限制，现阶段规模和交易量较小，但发展非常迅速，为智能金融的实现打下坚实的基础。另一方面，链外抵押模式无法做到实时审计，无法确保稳定币项目方在任何时间都不超发稳定币，因此当某个稳定币交易量和市值足够大时，稳定币项目方有进行“公开市场操作”操纵市场价格、谋求私利的动机，这在 USDT 上已得到体现。而基于链上抵押模式的稳定币，即使市值增长到一定规模，也基本不可能操纵市场，但必须严格遵循代码创设的资产抵押先于货币发行的规则，这不太容易实现。广受关注的全球稳定币 Libra 采取的也是链下抵押模式，Libra 协会成员皆为全球范围内的数字科技大型企业，已收到超过 1 800 个机构的经销商申请，其稳定币发行能力远超 USDT，如何避免其在发挥较强的流通手段和支付手段职能后成为导致全球金融不稳定的系统性重要组织，是 Libra 稳定币给全球货币体系带来的新挑战，这也是各国政府和央行对 Libra 持谨慎态度的重要原因。

三、央行数字货币：技术创新与国家信用相结合

稳定币在一定程度上解决了私人数字货币价格波动太大的问题，但稳定币是由私人部门发行的，宣称以某种资产（如美元）做抵押，在这种情况下，发行货币的铸币税依然被某个私人部门所占有。根据前文分析，在这种情况下无法达成稳定的共识，稳定币就无法成为真正的货币。因此，一个很自然的想法是，由中央银行直接发行数字货币，在这种情况下，铸币税依然由国家占有，性质也依然是中央银行的负债，但是采取数字化的形式，也就是所谓的央行数字货币（BIS，2017）。

私人数字货币因其固有的局限无法成为真正的货币。但是其背后的底层技术却可以为当前的货币体系所吸收，从而实现法定货币的数字化，这对于当前的货币体系是一个较大的优化。

首先，发行央行数字货币可极大地降低发行和交易成本，提高 M0 流通效率和央行货币地位。以我国为例，央行可以通过 DC/EP 实现 M0 全周期的数据记录和追踪，提高货币投放的精准度。在 2008 年国际金融危机之后，依托于商业银行影子银行体系的迅速发展，银行资产在 2012 年达到了 22.4 万亿元，资金通过委托贷款、信托贷款、未贴现银行承兑汇票等形式绕过监管，大量流向“两高一剩”等政策限制性行业，影响了货币政策的有效性，也增大了金融系统性风险。以移动支付、第三方支付为代表的电子货币创新部分取代了现金，但没有法定准备金等指标约束，提高了货币乘数，降低了商业银行对央行流动性的需求，削弱了央行调控短期利率的能力。此外，随着金融风险压力的上升、合规成本的提高以及国际标准趋严，我国反洗钱和反恐怖主义融资的形势依然严峻。

基于交易记账的 UTXO（未使用的交易输出）模式为资金转移交易提供了全流程的链条，每笔资金流动都有唯一编码，编码把此

笔交易的输入和上笔交易的输出进行链接，层层清晰地记录资金流向。这有利于提高货币投放的精准度，增强货币政策有效性，充分发挥结构性的货币政策，促进产业结构升级，抑制影子银行等非正规经济活动。当流动性创设机制掌握在以金融机构和科技公司为代表的市场机构手中时，央行监管的有效性面临挑战，央行数字货币为央行提供了数字金融范式下管理和监管金融系统的基础设施。

对于隐私保护方面，央行数字货币也有较大优势。当前基于账户的支付体系，容易造成用户信息的泄露。而央行数字货币将提高隐私保护的程度，虽然利用央行数字货币进行交易，隐私程度弱于实物现金，但是央行数字货币不基于账户的特点，使得央行成为用户交易信息的唯一掌握者，降低了信息外泄的可能。

央行数字货币有利于提高货币政策的有效性。由于央行可以追踪数字货币的流向，可以解决货币政策传导不畅、逆周期调控困难、货币“脱实向虚”和预期管理不足等问题（姚前，2018）。同时，如果对央行数字货币付息，则相当于中央银行多了一种利率工具，而由于货币的数字化，可以对其收取保管费，也就相当于一种负利率，从而突破零利率下限的约束。

综上，数字货币是货币演进过程中的一种新形态，其利用区块链技术的分布式记账思想解决了货币的共识问题。但是由于私人发币存在着使贫富差距加大、货币供应量失控、经济脱实向虚的问题，因此，必须坚持国家垄断货币发行，保持对经济的调控能力。与此同时，私人数字货币底层的技术对当前的货币体系进行完善和补充，例如降低发行和交易成本、提高隐私保护水平和提高货币政策有效性等。因此，最终数字技术与央行货币相结合，央行数字货币就此诞生。

四、从数字货币的技术应用看货币的演化方向

数字货币诞生的初衷正是为了颠覆当前的货币制度，其底层技

术——区块链技术的去中心化思想，也与当前中心化发行的货币制度格格不入。数字技术特别是区块链技术的发展，使得私人发行货币在技术上存在可能，那么，私人数字货币能否颠覆现有的货币体系？

数字技术在数字货币设计中的应用，不仅改变了货币的形态，实现从物理货币、电子货币向数字货币的转换，同时，也颠覆了货币的共识机制和价值基础，构造了远离实体世界的独立的信任机制和货币供给体系，这是区块链等数字技术给货币领域带来的颠覆性发展思路，这也对货币未来的发展演化提供了另一种完全不同于历史以往任何货币发行的机制和路径，不依托于任何传统的货币创造、发行理论，可以说，以新技术方法开辟了货币供给发行的新路径。这种技术创新带来的货币变革，最主要的不是货币形态的冲击问题，而是给社会货币供给机制和创造机制带来的理论冲突。数字货币在构造理论上是否科学合理是至关重要的，这关系到实践中货币在数字技术的冲击下向哪个方向发展的问题。

理论上，数字货币为解决货币的共识问题提供了新的解决方案，但仔细分析会发现，这种共识方案存在无法成为货币的天然缺陷。

如果把货币理解为社会交易的一种共识载体，那么，其行使货币职能的逻辑是，每一笔交易达成后，全部的社会个体都对交易进行确认和记录，货币的所有权从买方转移到了卖方，而全部的社会个体对这一结果达成了共识。此时，卖方可以利用得到的货币继续购买自己需要的商品，由于每个个体都记录下了这笔交易，交易的结果很难被篡改。随着交易的继续进行，全部的社会个体继续更新自己的共识。当然，在区块链技术得到发展和应用之前，这种共识成本是非常高的。每个个体都需要在交易中随时搜集交易信息并进行记账，在小范围的熟人社会，这是有可能的，一旦交易范围扩大，这种方式就显得不切实际。但是，区块链技术的发展给了这种共识机制实现的可能。分布式记账的技术，利用算法代替了人们烦琐的反复记账工作，并且，以算法规则运行货币体系，使得共识规则获得稳定性。在这种方式下，无须中心化的政府参与，社会个体通过不断地交易、记账保持货币体系的运转。从技术结构上看，这种方式可能比国家垄断货币发行的结构更加稳定。

事实果真能实现这种货币的社会共识机制吗？数字货币确实提供了解决货币共识问题的另一种新思路，但这种共识机制缺乏经济逻辑和社会逻辑，仅是特定圈层停留在技术层面达成的共识，这种共识的载体要真正成为社会广泛接受的货币，一是需要将其局部共识转化为社会共识，将技术共识转化为经济共识。二是需要极其强大的技术支持瞬时海量社会交易达到共识检验的要求，以提高交易效率。而事实是，技术的局限天然存在，难以保证技术的提升快于不断增加的海量交易的需要。而经济逻辑和社会逻辑的缺失和转化，也意味着现有数字货币技术架构的崩塌。所以，可以发现，Libra 以及各国央行数字货币的设计方案已经在回归数字货币的经济逻辑和社会逻辑，也就意味着，货币不会成为纯粹技术的产物，技术只能在经济、社会框架下改造货币形态、优化货币机制。同时也可以由此洞悉，数字货币的发展方向不可能完全脱离现有货币发行体系，必将是在宏观集中发行和微观去中心化的协调中寻求平衡方案。

第4章　央行数字货币的底层技术及运行机制

央行数字货币产生于数字经济发展的大背景下，依赖于新兴的数字信息技术作为其运行的基本保障。不同于私人数字货币，央行数字货币本质上仍然是对中央银行的债权，其发行和应用不仅不能伤害目前已有的货币形态和货币运行体系，还应该在此基础上提升效率、激励创新。根据国际清算银行2020年10月发布的报告，央行数字货币（特指通用的央行数字货币，即不仅限于批发型的研究）应该具备可转换性、便利性、可得性、可接受性以及低成本的特点。从其系统设计和运行的角度看，则应该满足八个特性：第一，系统是安全的，整个央行数字货币的系统以及参与者都应该能够很好地对抗网络攻击，还应该有极强的防止伪造的能力；第二，系统结算是即时的，对于终端使用者而言，在结算上至少应该接近即时实现；第三，系统恢复性强，即在操作失败或被中断时（比如因为自然灾害、供电中断或其他原因）具有极强的恢复能力，这就要求系统在无法联网时能够实现离线支付的功能；第四，具有可得性，即全年365天、每周7天、每天24小时（24/7/365）都能够进行支付；第五，系统提供的吞吐量足够，可以同时推进大批量的交易进程；第六，系统具有可扩展性，在需要时可以扩展容纳未来潜在的更大的交易容量；第七，系统具有互通性，即系统可以为私人数字支付系统提供足够的交互机制，并在不同系统间简便地实现资金流动；第八，系统具有灵活性和较强适应性，即系统可以适应条件变化或有政策需求时做出调整。此外，央行数字货币系统也需要有强有力的法律架构和适当的监管标准作为制度保障。但在同一个系统中，这八方面的性能并不能同时实现最优，因此各国不得不面临权衡，比如隐私保护与打击非法活动、安全性与可得性、恢复力和互通性、通用存取与成本以及可编程性与系统表现等。

因此，各国央行对于发行数字货币大多非常谨慎，前期围绕技术选择、运行机制设计和业务模式执行方面开展了各种形式的研究与合作探讨，但本土国情和优先的政策考量的差异会影响最终央行数字货币系统的设计，并没有一个适合所有国家的通用方案。从进展看，目前各国的实验或是试点实践也都各有各的侧重点，一些国家也通过不同技术平台的对比和合作研究探讨不同技术的优缺点，以及相互之间的兼容性。因此，本章主要从前期各国披露的进展报告出发，概括性地介绍全球央行数字货币研究和实验中涉及的主要底层技术，并以此为基础，讨论央行数字货币的运行机制和业务模式。

底层技术

虽然世界范围内央行数字货币的研究和实验如火如荼，近年不断有国家宣布开展央行数字货币的相关实验，应用试点相继推出，但截至目前，还没有正式发行并得到广泛应用的央行数字货币。然而，从已经披露的研究结果和实验报告看，各国虽然在社会现实、政策考量和货币定位等方面有所差异，但普遍关注的底层技术都主要集中于分布式账本技术。

分布式账本本质上是一种通过网络进行复制、共享和同步的数据库，可以在不同站点、不同地理区域或不同机构之间进行分享。

这一技术不需要中心管理员或集中进行数据存储，只需要点对点的网络和共识算法的存在以保障不同节点之间的复制和共享可以顺利进行。与现行系统中典型的中心化模式不同，分布式账本技术打造的是共享型的网络，因比特币被大众熟知的区块链技术就是分布式账本技术的一个典型代表，除此以外，分布式账本技术也能以有向无环图（DAG）技术等形式存在，还可以通过在系统中叠加新的要素适应不同的需求。

目前依托于分布式账本技术设立的平台已有不少，姚前（2018）指出这些分布式账本系统各自采用了密码学、共识机制（分布式一致性）、博弈论（经济安全）、分布式数据库（大规模数据存储与处理）、高性能计算与通信（P2P 网络）、智能合约等技术中的多种或全部，可视为多种已有技术的融合创新。其中不少平台是开源的，因此现有一些国家的测试系统也基于这些平台构建，如基于区块链技术的以太坊平台和 Hyperledge Fabric 平台，以及基于公证人机制的 Corda 平台等。

根据英格兰银行的总结，分布式账本技术应用应具备四个基本要素：去中心化、数据共享、密码学的应用和可编程性。虽然这些要素在分布式账本技术下共同存在，但这四项要素之间其实是相互独立的，任何一项或多项也可能与传统技术或传统的设计架构相结合，形成新的技术组合，从而实现对现有系统的功能提升。

虽然现有各国的央行数字货币研究大多围绕着分布式账本技术展开，并积极讨论其可行性和效率，但各国央行也对分布式账本技术应用中可能存在的一些问题有所顾虑。事实上，现有条件下，央行数字货币发行潜在的可选技术组合很多，分布式账本技术并不是唯一的选择，即便同样在分布式账本技术环境下进行，不同国家在测试时选用的基本平台也有所差异。然而身处数字技术不断革新、数字经济蓬勃发展的大背景下，为更好地适应现阶段的金融和经济需求，央行数字货币必然也需要以一定的数字技术作为支撑。为更好地理解央行数字货币的技术选择可能性及其背后的逻辑，我们从分布式账本技术的四个基本要素出发，介绍其基本的技术特点及其在央行数字货币应用中的优势与问题。

一、去中心化

去中心化是分布式账本技术的首要特点之一，以比特币为代表的私人数字货币也正是依靠这样的设计实现其宣传的安全与自由。所谓的去中心化，指的是在由众多节点组成的系统中没有既定的中心节点，每个节点高度自治，节点之间可以彼此自由连接形成新的单元；任何节点都有可能成为阶段性的中心但不可能长久保持，并且不具备强制性的中心控制功能；节点与节点之间的影响会通过网络形成非线性的因果关系。在这样的组织方式下形成的系统是开放式的、扁平化的和平等性的，比特币利用的区块链技术最吸引人之处也在于此。网络中的任何一台计算机都可以加入系统成为一个节点，每个节点的权利和义务相同，所有的节点共同维护系统中的数据，而不需要中心处理节点就可以实现数据的分布式存储、记录与更新。因为这样的系统没有中心权威，因此需要一定的共识机制作为系统节点间互信的前提，比如在比特币的区块链网络中就以“工作量证明”作为其共识机制，并给予新参与的节点和效率高的节点以相应的奖励，而在金融系统中应用较为广泛的 Corda 平台的设计则是引入公证人机制。

去中心化的系统设计显然有明显的优势：首先，容错力大大提升，系统中的单个甚至多个节点出现问题，都不会引发数据的丢失与系统的崩溃；其次，系统被攻击的可能性降低，正因为去中心化的系统有极强的容错力，攻击个别节点并不能达到引发系统崩溃的效果，因此攻击成本提高了，也就降低了被攻击的概率；最后，可以防止串谋，在去中心化的系统中，各个节点的地位平等且对其他节点没有强制控制力，网络也是开放的，因此参与者难以通过串谋牺牲其他参与者的利益来为自己牟利。

但去中心化的系统设计也存在致命的问题。首先就是系统的表现，在完全去中心化的系统中没有权威的认证，因此需要共识机制发挥作用，共识的过程需要海量的数据传输，因此，分布式账本技术平台往往在吞吐量和速度上远远落后于中心化设计的系统。其次是数据的私密性，引入第三方作为交易验证者就需要向其共享数据，虽然私密性可以通过一些更复杂的设计来最大限度地维护，但复杂的设计本身又可能带来系统计算量上的更大压力，从而进一步影响系统表现。最后是系统的数据安全性，虽然去中心化的系统能够较大限度地维护系统的稳定性并保障数据不流失，但是参与节点的增加又会导致系统数据的安全性下降，即成功攻击某个节点就可能获取海量的数据。

综上所述，从央行数字货币的基本需求出发，去中心化的系统设计应用可以帮助提高货币体系的安全性和恢复能力，但会一定程度上牺牲交易和结算的效率以及参与者的隐私。尤其是对于零售型的央行数字货币而言，如何在保障参与交易者的个人隐私的同时实现基本的监管要求，是各国研究时反复斟酌的重要问题之一。事实上，不仅仅是在央行数字货币的应用上，在其他诸多金融或商业的应用场景下，完全去中心化的分布式账本设计存在的效率和监管困难等问题也一样带来了多方面的隐忧，这时往往会通过许可制来限制网络去中心化的程度，以扩大其应用范围。图 4.1 展示了不同中心化程度下的分布式账本网络差异，许可制的网络是在传统中心化模式和以比特币为代表的完全去中心化模式间的折中选择，而将网络私有化能进一步限制其中心化程度。在一些小规模的网络中，就可以通过只许可互信程度较高的节点参与，从而降低系统运行的成本并提高效率。瑞典的电子克朗试点中就选取了许可制的网络设计，参与的银行节点需要获得瑞典央行的许可才能进入网络。

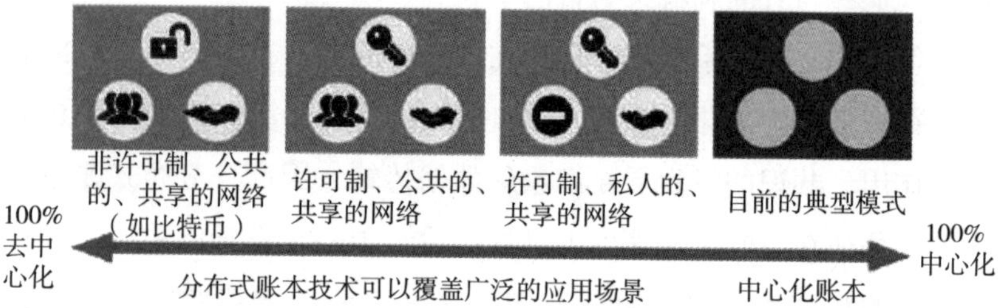

图 4.1　根据中心化程度区分的不同账本技术

资料来源：Government Office for Science（UK），*Distributed Ledger Technology*：*Beyond Block Chain*，January 2016，Retrieved 29 August 2016.

二、数据共享

所谓的数据共享，即账本的可见性，包括为参与者提供权限以“阅读”或更新账本中的数据。为实现分布式的存储、记录和更新，账本数据需要对第三方节点可见，在一些系统中还需要开放权限，让第三方节点参与数据的记录与更新。当然，通过不同的隐私保护技术，可以对账本数据的可见性进行限制，但至少需要让部分数据可见。这样的数据共享可能出现两个问题：其一是交易双方的隐私全部或部分暴露于网络中；其二是记有数据的节点一旦被攻击，就有可能发生相关数据隐私的泄露。

数据共享带来的隐私问题对于零售型央行数字货币应用而言显得尤为重要，零售型央行数字货币对标的是 M0，即流通中的现金，如果不对数据共享加以限制，则央行数字货币流通就完全失去了原本现金交易的匿名性，这也是对公民权利的损害。当然，目前已有一些可能的方案改善数据共享的隐私问题，比如设计让第三方节点只能阅读全网交易数据的一个子集，保护部分隐私（隔离式的隐私强化技术），或是通过加密技术避免第三方破译数据所代表的交易详情（隐藏式的隐私强化技术），抑或是将实际的交易细节与交易的买（卖）方拆分，从而使第三方难以将交易双方的信息和实际的交易情况组合起来（拆解式的隐私强化技术）。但作为央行，在保障公民隐私的同时，也有宏观监管的职能，各国现在普遍关注的反洗钱和反恐融资问题又需要央行能够对金融交易进行监管，保障金融安全。因此，央行数字货币的应用不可避免地需要在隐私保护的基础上叠加相应的监管设计，即提供系统内必要数据的可审查性。

因此，分布式账本技术的数据共享特点对于央行数字货币的应用而言是数据隐私保护和可审查性之间的平衡，比如在日本央行和欧洲央行合作的 Stella 项目的第四阶段研究中，就测试了不同隐私强化技术在不同平台上的表现及针对系统可审查性的便捷性、可靠性和效率。

三、密码学的应用

密码早在公元前的战争中就已经被使用，数学的发展和电子计算机的出现则为加密技术提供了新的概念和工具，密码学逐渐演变成一门科学，而 1967 年公钥密码的提出又大大降低了密钥配送的安全性问题，现代密码学进入了新的发展阶段。在分布式账本系统中，由于其去中心化和开放式的特点，往往需要采用加密技术对账本数据进行处理，这可以一定程度上解决数据共享中可能出现的隐私泄露问题，比如在隐藏式的隐私强化技术中，就可以通过如佩德森承诺（Pedersen Commitment）或零知识证明（ZKP）等加密技术来避免未授权的第三方解读交易的详细信息。

除此以外，由于双方交易是通过点对点的网络进行，且没有中心节点对交易双方的身份和交易行为进行验证，因此也常常通过加密技术来保障交易的顺利进行，比如验证账本信息是否被篡改、验证资金的真实所有者或者保障一定时间内在条件触发前锁定资金等。例如，在比特币交易中使用的“数字签名”，其实就是利用“公钥+私钥”的非对称密码技术进行交易信息的记录，以达到不被冒名和无法被篡改的目的。非对称密码技术中的公钥和私钥是一一对应的，私钥由本人妥善保管，一方给另一方发送消息时，不仅需要用对方的公钥为信息内容加密，还需要用自己的私钥加密签名，对方则可以通过个人的私钥解密内容，并用发送方的公钥解密签名以验证身份。在这样的设定下，即使在这一过程中加密的信息被系统中的第三方甚至是来自外部的入侵者所窃取，也无法解读具体的交易信息或冒用他人身份篡改信息。

从央行数字货币的应用上看，加密技术的使用能够很大程度上提升隐私保护水平，甚至引入公证人节点后，也仍然可能保证部分信息不被公开，这减少了对于央行数字货币非匿名性的担忧。但现代加密技术依赖于数学和电子计算机，复杂的算法则对应了庞大的计算量，尤其非对称密码技术的处理速度远远慢于对称密码技术，这就对系统的效率问题提出了新的挑战。

四、可编程性

去中心化的网络架构与系统可编程性的结合也是分布式账本技术的一大突破，比如在以太坊平台中，通过智能合约可以实现交易的自动完成，各国的央行数字货币研究也对智能合约的应用相当关注。所谓智能合约，就是一些事先写好的代码，其中明确描述了交易发生的前提要求，一旦达到条件，系统将会自动履行协议条款并开始相关交易，不需要人为干涉。

智能合约在执行上并不需要特定的服务器支撑，而是在散落的用户间自动执行在进入之前设定的协议条款，这样的方式很好地支撑了分布式账本技术去中心化的特点。同时，由于智能合约是自动履行的，不仅能够降低交易成本，也增加了交易双方的互信，能够帮助交易在没有受信任的第三方存在的前提下实现。

但是，智能合约也存在着非常明显的问题：第一，智能合约显然比一般的催付款程序更复杂，需要牺牲系统的结算效率和可扩展性；第二，也是更重要的，智能合约一旦签发就无法变更，交易可追溯但不可逆，这一特性导致一旦智能合约被发现漏洞，那么签发者只能面对损失。具有代表性的是2016年发生的DAO攻击事件，黑客通过智能合约的漏洞从以太坊平台上窃取了价值超过5 000万美元的以太币，给用户和平台都带来了极大的损失，最终不得不通过硬分叉的方式挽回损失，引发了极大的争论，以太坊因此在后期又增加了针对分布式拒绝服务攻击（DDoS）的防御系统。

总体来说，智能合约兼容性强，在降低交易成本和增强互信方面具有广泛的应用前景，无论是在去中心化的分布式账本平台上，还是在中心化的系统中，都可以发挥相应的功能，引入智能合约并不会限制央行数字货币的应用技术选择。但是，智能合约可能影响系统的结算效率和交易容量的升级，并且小的漏洞可能会带来较为严重的后果，因此在实际应用中需要慎重考量，使用时也需要提升防御系统的部署并预先做好漏洞的应对预案。

从已经开展技术试验或是试点的各国情况看，除了中国目前的应用试点选择了中心化的技术架构外，其他国家（地区）的前期工作都是在既有的开源分布式账本技术平台上进行的，试验阶段主要通过叠加适应本国需要的架构和设计，建立起概念验证模型，通过模拟运行来测试模型的性能。虽然从测试结果看，分布式账本技术条件下实现央行数字货币系统的基础要求基本可行，但各国也都承认目前的模型存在着或多或少的问题，尤其是在系统效率、稳定性以及隐私保护等方面。因此，正如国际清算银行在报告中所提及的，分布式账本技术显然并不是发行央行数字货币的唯一选择，虽然去中心化的设计理论上能够在系统安全性、恢复力、可扩展性等方面有所助益，但在中心化的账本下通过叠加密码技术、智能合约等要素也是可以实现的，甚至能够更好地实现。同时，分布式账本技术只是底层技术选择，正式运行的央行数字货币系统应该包含更多的技术细节，包括账本本身的设计、功能、接口设计、验证要求和管理方法等，都会影响其最终的效果。比如同样是分布式账本，许可制的分布式账本（如瑞典试点计划中的模型设计）就会比依靠其他共识机制推动的公共的分布式账本（如比特币应用的区块链）具有更快的交易速度和更强的可扩展性。

运行机制选择

除了底层技术的讨论之外，各国的央行数字货币研究也对可能采用的架构设计和运行机制进行了设想和构建。央行数字货币系统的构建和运行，一方面需要保障央行在货币发行中的专属权和对金融宏观调控的能力，维持甚至提升现有货币体系的运行效率，鼓励竞争与创新；另一方面也要考虑央行数字货币应用可能对商业银行等金融中介带来的冲击，保障整个金融系统的稳定。

根据国际清算银行的分类，央行数字货币可以定位为批发型和零售型两类。批发型的央行数字货币主要应用于银行间的结算服务，替代银行的存款准备金，参与者只有央行和以商业银行为代表的金融机构，节点相对较少，结构也比较简单。加拿大、新加坡、中国香港和泰国、日本和欧洲中央银行的合作研究都主要聚焦于批发型央行数字货币的测试，测试的主要动因在于目前的中心化的实时全额结算系统存在一定的时滞，在现有技术下效率的提升空间也不大，而如果基于分布式账本的设计，则可能实现真正的实时交易，对批发型央行数字货币研究的重点往往集中于系统的稳定性、容量、效率和银行不同资产交换实现的可行性乃至跨境跨币种跨系统支付的问题。目前测试中批发型央行数字货币的运行架构都是单层投放，一般采用的是通证形式，而根据不同国家或地区的设计，通证的发行和销毁时效有所差异。

但从国际清算银行的统计中我们可以看到，只有15%的国家表示仅仅研究批发型央行数字货币，更多的国家还是希望探讨零售型央行数字货币发行的可能性。而当视角转向零售型的央行数字货币时，则需要考虑更多的问题。参与者数量大大增加，使用的场景也更为复杂，为了实现便利性要求，系统需要提供更强大的设备兼容性，需要考虑更多用户的使用感受（尤其是对一些特殊用户，比如认知、运动或知觉障碍的用户），还需要提供更多的结算可能性（比如离线支付）；虽然单笔交易规模变小，但是零售交易次数和频率增加，对系统的吞吐量提出了更高的要求；零售型央行数字货币对于现有的金融系统冲击更大，其发行后对于银行存款货币可能的替代作用带来了金融“脱媒”的隐忧。央行数字货币首先应该要满足“货币”这一基本定义，既要在法律上合规，又要在实际应用上满足货币的职能要求，并为新的经济和金融环境下央行更好地发挥维护货币和金融稳定的职能提供保障，这时运行机制的设计就显得尤为重要。

现有各国的金融体系都是典型的“中央银行—商业银行”双层体系，公众持有的除了央行背书的现金之外，还有由商业银行信用背书的存款货币。在央行数字货币发行动因的讨论中，内在动力的一部分就来自现金使用日趋减少产生的私人货币挤占国家货币的问题，因此，在架构设计中是否应该让央行直接面向用户，也是需要考虑的重要问题之一。

根据国际清算银行2020年3月发布的报告，央行数字货币的发行架构可以分为三种：间接型、直接型和混合型（见图4.2）。无论在哪一个框架中，中央银行都是唯一的央行数字货币发行者。直接型央行数字货币是单层架构，央行直接面对个人和商户，其运行机制与批发型央行数字货币的处理方式较为类似。无论是个人用户还是企业用户，都需要在中央银行拥有账户，并通过账户实现央行数字货币的实时支付，商业银行和其他金融机构在体系中主要负责完成对客户的尽职调查。而间接型央行数字货币和混合型央行数字货币都是双层架构，央行发行的数字货币需要通过商业银行或者其他的支付服务提供商与用户对接，央行不负责处理零售型的支付，对于债权余额的统计则由央行来延时完成。间接型和混合型的差别主要有两点：第一是中介机构的差别，间接型依靠的主要是商业银行，混合型则主要通过支付服务提供商。一般情况下，商业银行在基础设施和服务能力上具有比较优势，能够更好完成中介的职能。第二是用户手中持有的货币债权的差别，在间接型的系统中，用户手中持有的只是央行数字货币的替代，其背后是商业银行的信用背书，而混合型的系统中，用户直接持有中央银行信用背书的央行数字货币。因此，混合型的系统对于用户而言，货币的安全性更高。

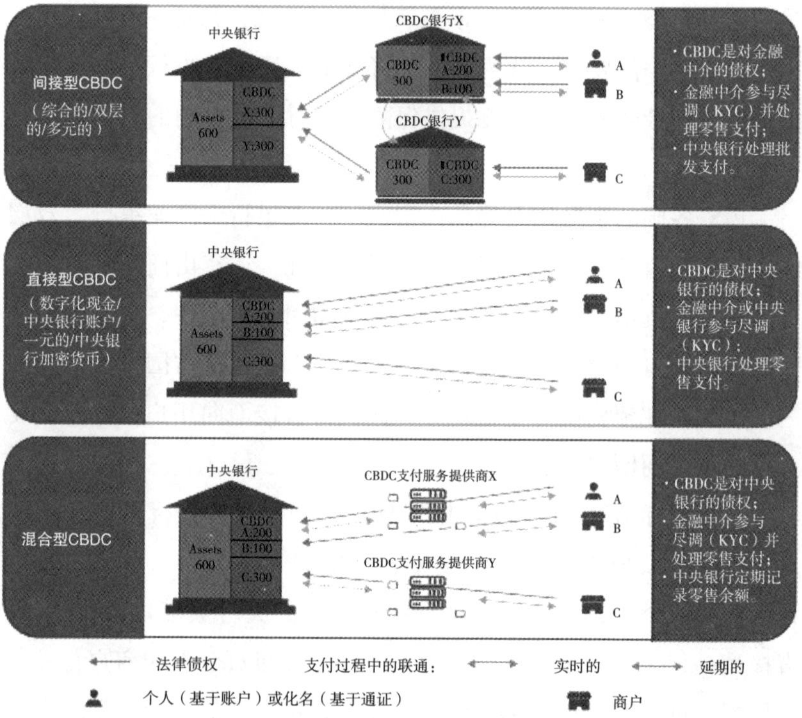

图 4.2　央行数字货币的不同运行框架

资料来源：*BIS Quarterly Review*：*International Banking and Financial Market Developments*, March 2020.

从现有已公布的方案看，各国目前主要采用的是双层架构，设计更偏向间接型和混合型的综合，一方面选择商业银行而不是普通的支付服务提供商作为中介连接央行和用户；另一方面也明确表示央行数字货币代表中央银行债权。早在 2015 年，英国研究者就提出了 RSCoin 的系统构想，设计出了“中央银行—商业银行”的双层架构，提出以适度的中心化来提高系统的效率和安全性，这一设计也被随后的零售型央行数字货币相关研究广泛借鉴。我国的DC/EP目前虽然没有公布过多的测试细节，但从披露的信息看，发行和流通遵循的也是现有的“中央银行—商业银行”二元模式，具体采用“一币、两库、三中心”的模式——央行发行数字货币至央行数字货币银行库，再由银行库向公众提供兑换。瑞典央行的电子克朗试点采用的测试系统也是双层架构，首先由瑞典央行向商业银行发行电子克朗，再由各银行将电子克朗兑换至个人用户终端，既保障了瑞典央行的专属货币发行权，也将商业银行作为分布式的参与者节点纳入网络中来。巴哈马的央行数字货币试点项目中的设计架构也基本相同，首先央行把数字货币兑换给银行或其他金融中介机构，然后社会公众再通过金融中介机构完成钱包的注册并进行交易，只不过巴哈马的尝试中采用的是账户模式，社会公众需要在中介机构开设账户，再由金融中介将央行数字货币账户与存款账户相关联。

“中央银行—商业银行”的双层体系之所以被广泛采用有其在应用上的优势。一方面，商业银行本身已经有了比较完备的基础设施、较强的技术实力和丰富的服务经验，让商业银行直接对接用户既有利于利用商业银行的既有优势，也能够减轻中央银行直接面对用户可能带来的系统运行压力；另一方面，央行数字货币的发行可能带来金融“脱媒”的隐忧，从而冲击银行业的稳定和发展，将商业银行作为中间环节进行货币投放时，能够更好地调动商业银行的积极性，也能够真实地缓解商业银行可能受到的冲击。

业务模式

对于批发型的央行数字货币，其投放和运行的基本过程与现有的结算体系类似，相关的研究主要是在已有的分布式账本技术平台上构建概念、验证模型，测试其速度、容量以及其他方面的性质能否实现显著提升，但不同国家在测试时对于业务模式有一些不同的设计。比如，在使用时限上，加拿大的 CAD – coin 是日间投放并销毁，而新加坡的 SGD 通证可以由银行持有并存放过夜；在结算方式上，加拿大的 Jasper 项目和日本的 Stella 项目都考察了加入流动性节约机制（LSM）与否对结算效率的影响。

对于零售型央行数字货币，双层架构的运行机制选择能够较大程度地保障央行数字货币的安全性和便捷性，各国在这方面也基本达成了共识。但在实际的业务推进方面，各国根据自身状况，披露的方案中存在一定的差异。我们将从发行模式、流通设置和监管安排三个方面介绍现有的央行数字货币业务模式。

一、发行模式

从央行数字货币的发行模式看，一般有两种选择：一种是基于价值，即通证发行，这种方式相当于现金的数字化，终端用户用相应的设备就可以实现数字货币的交易；另一种则是基于账户，相当于账户余额，与现在的存款货币有一定的相似，只不过央行数字货币的信用支撑主要来自央行而不是商业银行。

在零售型央行数字货币的讨论中，大多数国家都选择先从基于价值的发行方式开始，比如我国和瑞典现阶段的应用测试中都是采用这种模式，因为这与传统的现金最为相似，能够较大程度保障公众隐私，也更容易被公众所接受。但从央行进行数据统计分析和金融监管的角度看，基于账户的模式有更多的应用潜能，在未来也可能依靠账户提供更多的相关服务。比如，虽然现行的试验都表示央行数字货币暂不计息，但也都保留了在未来生息的内在设置，那么付息服务在基于账户的央行数字货币模式下是更容易实现的。同时，基于账户的模式需要中介机构对相关账户持有人进行尽职调查，而账户交易的数据可以在一定条件下被央行读取或审查，这能够很好地支持反洗钱和反恐融资等监管的需求。当然，在用户私密性和可审查性之间做一个权衡的话，一方面可以通过系统设计最大限度地保障客户的交易隐私只在必要时被获取，另一方面也可以将基于价值的模式和基于账户的模式相结合，分层并用。比如，瑞典央行的电子克朗计划的报告中就提出，未来可能将基于价值的模式和基于账户的模式相结合，而我国央行数字货币前期研究中也透露出在未来进行两种模式融合并用的想法。

从发行准备上看，在目前双层的投放机制下，央行并不是直接向用户发放数字货币，而是首先发放至中介机构，再向用户进行兑换，这会导致在中介机构的兑换过程中存在安全性的隐忧。因此，目前基于价值的发行模式中一般要求商业银行提供100%的准备金，一方面保障安全性，另一方面也可以防止央行的货币超发。以我国为例，央行向数字货币银行库投放货币的同时，商业银行需要将等额的准备金作为数字货币的发行基金存入央行的数字货币发行库中。

二、流通设置

通货的铸造、发行和流通过程是一国货币制度的重要组成部分，在央行数字货币的应用探讨中，流通过程也是重点之一。但由于目前各国的零售型央行数字货币仍然处于试点测试阶段，没有大范围流通，我们只能从现有的测试方案中探讨其对于流通过程中的核心设置。

首先，央行数字货币是对 M0 的替代，暂不付息。不同于现金，数字货币给央行提供了付息与否的选择权，即便是基于价值的通证模式，理论上也可以实现付息的设置，而不同的利息水平设置可以帮助央行刺激用户偏向持有央行数字货币或者现金，对于央行宏观调控而言具有积极的意义。但在现阶段的测试中，各国都暂未使用付息设置，可能也考虑到了叠加付息功能的央行数字货币会对银行存款产生较为明显的挤出效应，对银行业造成冲击，因此，现阶段各国的共识是保留了付息的内在设计，但是暂不付息。

其次，央行数字货币无限法偿，但在未来基于价值和基于账户的发行模式并存时，可能对基于价值的通证化货币设置一定的交易限额。在现阶段的测试方案中，无论是我国的 DE/CP、瑞典的电子克朗还是巴哈马基于账户设置的 Sand Dollar，都可以无限法偿，并不设置交易限额。但在瑞典央行此前关于央行数字货币不同模式的讨论中，曾经提及考虑到反洗钱和反恐融资的需求将保留可匿名性的基于价值的央行数字货币存储限额定为 250 欧元，在实际应用中也可能按照国际标准降至 150 欧元。这样的设置有利于在保持有限匿名性的同时满足央行监管的基本需求，在两种模式分层并用时，以基于价值的模式支持小额支付，大额支付则需要通过非匿名的基于账户的模式实现，也是一种较为合理的设置。

最后，央行数字货币在流通中提供更强的兼容性和更便捷的服务，有利于推进金融普惠。现有的数字支付存在着私人垄断和“数字鸿沟”的问题，平台之间不兼容，对一些无法掌握数字支付手段群体的服务改善的意愿也不强烈。央行数字货币则可以提供一个全方位的兼容性平台，同时提供更丰富的终端选择和更多的便民服务搭载，改善数字弱势群体的使用感受，拓宽金融服务的广度并提升质量。比如在瑞典央行的测试方案中，移动终端选择多样，除了一般的智能设备之外，还包括存储预付价值的卡片，这对于一些非智能手机用户相当友好；而我国的 DC/EP 设计也明确考虑到了偏远地区用户，利用 UTXO 模式支持离线交易。

三、监管安排

以比特币为代表的私人数字货币鼓吹自由化，强调去中心化的设计，这显然不利于监管。央行数字货币的本质依然是法币，只是形态发生了变化，央行在货币体系和金融体系中的地位要求其无论在什么样的货币形态下都需要履行监管的职能。在央行数字货币的研究和测试中，如何在现有技术条件下实现可审查性一直是各国关注的重点，从目前看，无论系统的底层技术选择如何，在监管方面普遍采用的仍然是中心化的方式。

央行数字货币应用中的中心化监管有其逻辑必然性：首先，法定数字货币本质依然是央行的负债，这种负债关系要求央行必须处于中心化的地位；其次，各国央行数字货币的研究动因之一是其对于货币政策和监管效率的助益，但如果采用去中心化的模式，非但不能实现预期，反而可能由于个别机构的行为导致货币超发；最后，尤其在基于价值的发行模式下，交易仍然具有可匿名性，央行数字货币有可能被用于恐怖融资或者洗钱等非法途径，这也要求需要一个中心化的机构对货币的发行和流通进行监管。

当然，中心化的监管可以通过进一步的细节设计来限制监管机构的权力。比如，在我国 DC/EP 的发行框架中，设立了登记中心、认证中心和大数据分析中心，为了信息安全，登记中心和认证中心相互隔离，大数据分析中心虽然需要综合前两个中心的信息，但信息是只读的，不能被修改。这三个中心的信息隔离设计能够既保障中心化的监管，又削弱了系统中心的强制力，能够更好地配合央行数字货币发行的各方面需求。

综上所述，从已有的研究和测试看，各国在央行数字货币应用的底层技术、运行机制和业务模式选择上已经达成了一些共识，比如分布式账本技术及其相关要素的搭配使用、系统稳定性和效率的谨慎测试、针对零售型央行数字货币的双层设计架构以及保留央行的中心化位置以更好地实施金融监管，但在关注的央行数字货币类别、具体的平台选择、模型功能设定、发行方式选择和中心化监管的设计等方面也存在不少差异。2020 年，世界迎来了央行数字货币井喷式的加速发展，随着越来越多的国家加入央行数字货币的研究和实际应用测试，底层技术应用、运行机制运转和业务模式设计上的丰富尝试和成熟经验都将更好地推动央行数字货币从构想走向最终的实践。

第二部分

央行数字货币的国际实践

第 5 章　全球央行数字货币发展概述

世界各国对于央行数字货币的探索和发展可谓日新月异，虽然研究的目的和目标不尽相同。但是从各国实践的结果看，可以从中找出央行数字货币持续发展的深层次原因。本章将从全球央行数字货币发展动因、全球央行数字货币的实践进程以及全球央行数字货币的制度设计三方面进行梳理，以全面揭示全球央行数字货币的发展动因与脉络。

发展背景

世界各国发展都面临着国内外的双重压力。一方面，在国际交往中，各国都在不同程度上受到美元的限制，所以各国都在考虑如何降低美元对本国经济带来的不利影响；另一方面，各国面对的国内问题依然严峻。例如，货币支付体系潜在缺陷日益凸显，货币政策实施效果逐渐减弱等。在各国亟待寻找突破方法之际，区块链、大数据、云计算和人工智能等数字技术日渐成熟，比特币、以太币、Libra 等私人数字货币相继出现，数字产业化、“互联网 +”等数字经济产业规模不断扩大，全球经济发展和国际金融秩序治理深入融合。因此，央行数字货币恰逢其时，成为世界各国走出现有困境的一条转型之路。

一、“去美元化”呼声日益高涨

长期以来，美元一直充当世界货币的角色。首先，在全球主要结算货币中，根据SWIFT（环球银行金融电讯协会）的最新数据，2020年3月，美元在国际结算体系中占比44.10%，欧元为30.84%（人民币为1.85%，居于全球结算货币中的第五位）。原油、黄金、农产品等主要大宗商品的交易也主要采用美元来结算。其次，美国控制着SWIFT贸易结算机制，影响着全球200多家会员国，其结算货币完全采用美元。再次，美元一直都是许多国家重要的外汇储备，根据IMF 2020年第一季度报告显示，全球官方外汇储备中的美元占比62%，同时根据国际清算银行的最新数据，美元外汇交易占比88%。总而言之，美元作为唯一全球货币的事实却并未发生改变，美元在国际结算、资产储备、外汇交易等方面仍然维持着高度的稳定性和强势地位。

2008年金融危机之后，以美元为主导的国际货币体系显示出其内在的不稳定性和国际货币供给机制的缺陷，一旦出现全球经济危机和金融动荡时，美国习惯利用美元的国际货币地位将其经济损失转移到别国，引起其他国家诸多不满，因此其世界货币地位正受到严峻挑战。而且，美国同样正在面对残酷的现实：其在全球经济总量中的占比持续下滑，国内消费经济能力低迷，联邦债务屡创新高，提供全球公共产品的能力下降，这些因素正不断侵蚀着美元的霸权地位。因此，各国从未停止摆脱美元钳制以及挑战美元国际清算货币的地位。例如，欧元一直承受着与它经济地位不符的流通和结算待遇，欧洲每年进口价值3 000亿欧元的石油和天然气，其中只有2%来源于美国，但却用美元支付80%的能源进口账单。新兴经济体国家的处境同样不容乐观，新兴经济体目前占全球经济活动的60%，但它们在全球金融资产中的占比不到三成，而且只有通过美元融资才算有效，融资成本自身还无法控制。因此，越来越多的国家正在寻求摆脱对美元的依赖，“去美元化”应运而生。

然而，二战以来，美元积累了雄厚的信用基础并且在全球范围具有非常高的接受度，而国际上并没有一种信用货币能够代替美元的霸权地位，“去美元化”进程缓慢。但是在数字经济的背景下，原有的硬边界已经打通，世界成为互联互通的共同体，阻碍新的主权货币成为全球货币的因素在数字经济的时代正日益弱化，新经济时代使“去美元化”再次被提上日程。数字经济是一种以数字产业化为动力主体、以产业数字化为融合实体的经济体系。中国信息通信研究院发布的《全球数字经济新图景（2019 年）——加速腾飞重塑增长》研究报告显示，2018 年美国数字经济规模蝉联全球第一，达到 12.34 万亿美元，中国依然保持全球第二大数字经济体地位，规模达到 4.73 万亿美元，德国、日本、英国、法国数字经济规模分别达到 2.40 万亿美元、2.29 万亿美元、1.73 万亿美元和 1.15 万亿美元，位列第三至第六位。数字经济在全球重要经济体中占据了重要地位，新经济催生新货币，央行数字货币被视为与数字经济发展相适应的支付工具。

央行数字货币可能成为“去美元化”的新战场，其主要作用在于：打破对 SWIFT 和纽约清算所银行同业支付系统（CHIPS）的高度依赖，使“去美元化”成为可能。近些年来，美国利用 SWIFT 系统对别国进行制裁已成为常态，这导致美国国际声誉不断下降，严重影响了国际贸易的正常秩序，“去美元化”的呼声自然水涨船高。央行数字货币为颠覆 SWIFT 提供了一种可能，一方面，全球正处于数字化的变革当中，SWIFT 系统的技术更新速度缓慢，已经愈发难以满足数字经济时代的需求；另一方面，SWIFT 系统的安全性在现阶段也难以保证。而央行数字货币恰好能够弥补 SWIFT 系统的缺陷。首先，央行数字货币通常采用以区块链为代表的分布式账本技术，该技术具有不可追溯性以及不易篡改性，较 SWIFT 系统更加安全。然后，分布式账本技术具有去中心化的特点，可以使跨境交易的效率得到极大提升，交易的费用大幅下降，世界银行的数据显示，该技术可以使交易费用从传统系统的7.21%降至1%以下。由此可见，数字人民币、数字欧元等央行数字货币都想在支付清算和跨境流通上打破美元固有的霸权，绕开美国SWIFT系统的制裁或结算交易，从而达到“去美元化”的目的。无论数字美元形式如何，其目的当然是巩固美元的全球货币霸权地位。在百家争鸣的环境下，某一央行数字货币能否真正突破美元的限制，不仅要看其自身竞争力的发展，还要提升该国的金融话语权才行。

二、 传统支付体系亟待改革

事实上，传统的支付方式在发行和流通环节上都难以满足蓬勃发展的数字经济的需求。首先，在支付结算的效率上，从登记、交易、支付和结算等过程涉及私人部门、商业银行、清算银行等多个部门，整个流程既耗时又复杂，特别是对于跨境支付结算领域来说，跨区域结算并非是实时交易，而且交易时间并非全天候运转，因此支付体系的效率低下。其次，在支付成本上，交易环节需要商业银行和清算银行等第三方机构介入，因此在交易和结算时第三方机构收取一定的费用，从而提高了支付的交易成本。再次，在支付安全上，一方面，伪造假币和票据的现象屡禁不止；另一方面，“互联网+”的电子支付平台存在的用户的个人信息被盗用以及数据被篡改等问题也是屡见不鲜。最后，在交易监管上，当前支付体系下，监管机构难以完全掌握有些交易的资金流向，现金的转移和流通经常无法监控，交易的透明性和真实性难以保证，在反洗钱、反恐怖、反假冒、反偷税漏税、反商业贿赂等方面存在诸多漏洞和隐患，其打击力度也不足，因此增加了金融监管的难度。

因此，当前支付体系需要进一步完善，数字技术为支付体系的改革提供了技术基础。所谓的数字技术是多种数字化技术的集称，包括区块链、大数据、云计算和人工智能等。从1991年斯图尔特·哈伯（Stuart Haber）和斯科特·斯托内塔（W. Scott Stornetta）首次提出基于哈希算法的“块链”技术发展到现在，区块链技术与其他技术深入融合，不再仅仅是私人数字货币的技术基础，世界各国央行对于区块链的认知和研究都在不断加深。与此同时，央行可以运用大数据对央行数字货币的发行、流通、储藏等进行深入的分析，了解央行数字货币的运行规律（姚前，2016），为央行数字货币的发行、流通、监控等方面保驾护航。庞大的全球数据量为人工智能技术的发展提供了强有力的保障，通过运用一些人工智能工具，比如机器学习等，使得央行数字货币的数据可视化。总之，以区块链、大数据、云计算和人工智能等为核心的数字技术之间相辅相成，可形成一个完整的技术整体来弥补当前支付体系的短板。

除此之外，央行数字货币也丰富了支付工具体系，为社会提供了多种支付选择。央行数字货币分为批发型 CBDC 和零售型 CBDC。小额快速支付系统比较成熟的国家更倾向于有利于提高大额支付结算效率的批发型 CBDC，对零售型不感兴趣。对零售型较为青睐的国家一般经济体量较小，国内现金管理成本高，需要利用零售型 CBDC 来提高金融包容度、扩大普惠金融受众面。其中，瑞典是此类国家的典型代表，瑞典现金使用率十年来持续下降，当现金交易占总交易量的比例减少到 7% 以下时，现金管理的成本就会超过现金销售的边际收益，商家从自身成本考虑会拒绝接受现金。无现金社会导致私人部门垄断零售支付市场，因此零售型 CBDC 的发行有利于打破对第三方支付的高度依赖，保持支付结算体系稳定发展，让金融服务普惠社会各类群体。

三、货币精准调控的需求

当前，现代信用货币体系存在发展困境，货币当局施行的货币调控措施的有效性正在逐渐降低。首先，在货币发行上，出于财政赤字和国家推动经济发展需求，各国争相采取量化宽松的货币政策，以至于货币超发现象泛滥，并且容易引发恶性通胀以及资产泡沫化等问题。其次，在货币流通上，一方面，第三方支付的兴起以及虚拟经济的深入发展在长期并没有显著提高货币的流通速度，反而具有显著的负向影响（陶士贵、刘晓欣，2017、2018）；另一方面，大量的货币现金在灰色或违法的经济地带中流通，货币当局难以完全掌握这些货币流通的全过程。再次，在货币监管上，对传统金融的功能性监管而言，从搜集信息到监督履约的交易过程耗时较长，监管的人力成本和时间成本较高；对互联网金融的技术性监管而言，虽然技术的突破在一定程度上弥补了功能性监管的缺陷，但是技术性的监管高度依赖互联网技术和设施，同时监管部门还要面对网络安全问题。

面对愈发艰难的货币调控情况，央行数字货币可以成为各国走出困境的一种可选方案。首先，央行数字货币可以有效解决货币超发问题。数字货币的产生发行是基于确定的交易或各参与者认可的特定需要，是全社会商品物资服务价值的直接体现和交易映射，真实反映经济发展状况，体现了货币是经济簿记符号的本质属性，理论上数字货币不存在超发，不会导致通货膨胀（中国人民银行宜宾市中心支行课题组，2016）。其次，央行数字货币可以实现货币的精准流通。分布式账本技术具有可追踪性，这种特点可以使每笔交易的来源和资金流向都明确可追溯，因此在资金配置方面具有较大优势，使用央行数字货币可以真正做到货币供给和经济社会需求相匹配，货币可以准确、及时地流入货币需求方，特别是对政府部门专款专用的追踪，既提高了财政资金的有效利用率，也能有力打击挪用公款的现象。最后，发行央行数字货币可以使货币监管更加有的放矢。如果央行数字货币在全社会流通，那么货币当局对货币的监管将是透明、高效和全覆盖的，这在一定程度上降低了货币当局的监管难度。由于国家监管机构掌握着整个系统的全部账本信息和货币流向，因此，一方面可以更好地对商业银行实施宏观审慎监管；另一方面，在打击地下钱庄、偷税逃税、洗黑钱、恐怖融资等方面更加得心应手。更重要的是，分布式账本技术的运用，有效改善了当前货币政策传导机制不畅、逆周期调控困难、货币“脱实向虚”、货币政策沟通不足等困境（姚前，2018）。而且，监管当局可以及时了解政策执行情况，面对问题能第一时间调整和优化政策。

总之，央行数字货币可以为货币政策和宏观审慎政策提供巨大的数据基础。央行能够根据需要采集部分或全部完整真实的货币信息数据，使对货币供应量及其结构、流通速度、货币乘数、时空分布等方面的测算更为精准，通过对节点数字信息的追踪和分析，可以迅速了解国家财政、货币、产业政策执行情况和经济的即时运行态势，及时评估现行政策执行效果，从而提高货币调控的预见性、精准性和有效性，使央行更及时、更准确、更灵活地运用政策工具成为可能。

实践进程

世界各国对央行数字货币的实践研究进程不尽相同，一部分国家已经在央行数字货币的实践上先人一步，开始了央行数字货币的发行工作，为世界各国的央行数字货币相关工作积累了宝贵经验。目前大部分国家央行的工作进度还处于测试和论证阶段，为未来是否能发行央行数字货币小心求证，反复试验。自 2020 年初，特别是新冠疫情暴发以来，面对暴露的金融问题和社会需要，各国已经开始加快研究央行数字货币的步伐，无论是从态度上的转变还是行动上的加速，都体现出各国央行对央行数字货币的逐步重视，与此同时，相应的研究进展也是突飞猛进。

一、世界各国对央行数字货币所持的态度

一些国家和组织对央行数字货币一直持肯定态度，还有一些国家的态度是由之前的消极转变为积极应对。国际清算银行在2021年1月发布了全球央行数字货币的调研报告《准备好了吗，出发?》(*Ready*，*Steady*，*Go*?)，这是国际清算银行自2017年启动调查之后第三次公布调查结果，此次调查开展于2020年第四季度，共有65家央行参与其中，包括21个发达经济体以及44个新兴市场和发展中经济体，约占全世界72%的人口和91%的GDP。调查显示，86%的央行正积极地进行央行数字货币的相关工作，约60%的央行正在进行试验或概念验证，14%的央行正在推进发展和试点安排。由此可见，国际社会对于央行数字货币的总体态度是积极且乐观的。

1. **积极发行央行数字货币的国家**

一些小经济体国家非常认同央行数字货币，比如厄瓜多尔、委内瑞拉和立陶宛等，都已经正式发售了法定数字货币。2018年2月，委内瑞拉正式推出全球首个法定数字货币——石油币。自发行石油币之后，委内瑞拉政府持续扩展石油币的支付渠道以及应用场景。公民购房、救济金发放、资源出售以及水电费支付等都可以通过石油币支付。厄瓜多尔也是采用法定数字货币的先驱国家之一，在2014年12月，厄瓜多尔央行就宣布了自己的去中心化电子货币(DE)。立陶宛央行宣布在2020年7月23日正式发售数字货币LB-Coin，该数字货币基于区块链技术生产，也是立陶宛试点具有国家支持背景的数字货币和区块链技术项目的一部分。2017年11月，乌拉圭中央银行提出了一项为期6个月的零售型CBDC的试点计划——“e-Peso”，用于发行和使用数字版本的乌拉圭比索。

虽然厄瓜多尔和委内瑞拉的央行数字货币已经折戟沉沙，但是可以从中看出他们对央行数字货币的肯定态度，以及亟待利用央行数字货币改善国家治理格局的决心。立陶宛是在2020年率先发售

央行数字货币的国家，其后续的进展情况将为其他国家提供一定的经验教训。

2. 积极论证稳步推进的国家

大部分国家的态度可以用“部分肯定”来界定，“部分肯定”表示这些国家虽然没有正式发行央行数字货币，但是一直在积极做出行动并且已经开始试验或者在立项研究中，其中包括主要经济体国家和国际组织。

就欧洲发达地区而言，其主要国家已经在研究央行数字货币的道路上了，瑞典央行于2017年3月启动了“e－krona”项目，以此探索法定数字货币在零售支付方面的可行性，研究电子克朗的未来，拟将电子克朗作为一种通用的电子支付手段和现金的补充。2016年英格兰银行联手伦敦大学学院研究发行由央行主导的数字货币“RSCoin”项目，目标是站在中央银行的视角，实现一种受中央银行控制的、可扩展的数字货币，为中央银行发行数字货币提供一套发行流通的参考框架和系列准则。2019年12月17日，欧洲央行发布了PoC项目“EUROchain”，该项目由四个部分组成，包括两个中介机构、一个中央银行和一个反洗钱（AML）机构，并且“EUROchain”项目建立在R3搭建的分布式账本平台Corda之上，致力于通过联盟链技术来平衡监管需求和客户隐私的问题，同时通过DLT技术来降低交易成本。法国央行于2020年3月27日发布《央行数字货币试验招募书》，正式启动央行数字货币试验。2020年4月，荷兰央行表示看好央行数字货币，希望成为欧洲央行数字货币研发中心。奥地利中央合作银行正在与金融科技公司Billon合作研究央行数字货币。2019年12月以来，巴哈马央行“Sand Dollar”项目的首批试点工作已经取得了很好的进展。处于北美地区的加拿大中央银行于2016年6月启动了基于分布式账本技术的名为“Jasper”的法定数字货币项目试验。该项目分为三个阶段，目的是测试系统是否可以达到重要支付基础设施的国际标准，以及与私营部门合作，打造准确的分布式账本技术应用。

亚太地区的主要经济体国家也对央行数字货币产生浓厚的兴趣，并且积极参与到央行数字货币的研究当中。该地区中除澳大利亚和日本外的大多数国家都处于发展中状态，国际清算银行的报告表明，新兴国家经济体对数字货币的热情更加高涨、态度更加积极、行动更加迅速。2016 年 11 月，新加坡金融监管局（MAS）联合新加坡交易所、10 家商业银行、8 家技术公司和 6 家学术机构，共同发起“Ubin”项目，目的是寻求在分布式账本上推出新加坡法定数字货币“SGD – on – Ledger”，该项目在架构、代码等方面借鉴了加拿大“Jasper”项目。2016 年韩国成立数字货币研究小组，其主要工作是界定国际加密货币的使用及合规性问题。泰国于 2018 年 8 月宣布了基于该国央行与八大商业银行合作发起的分布式账本——Inthanon 项目，该项目包括实施可行性研究以及开发一个整合 CBDC 与企业创新平台流程。2020 年 1 月，澳大利亚央行透露，已决定模拟在批发支付系统中使用 CBDC。他们的计划是查看银行之间结算客户付款的系统是否能够在许可的基于以太坊的网络上运行。中国人民银行在 2014 年成立专门的央行数字货币研究团队，对数字货币发行和业务运行框架、数字货币的关键技术、发行流通环境、面临的法律问题等进行了深入研究。

由此可以看出，自数字货币诞生以来，大多数国家一直持有积极的态度。不同于已发行央行数字货币的国家，这些国家经济体量较为庞大，经济结构复杂，虽然在发行 CBDC 的进程中较为谨慎，但是也已经纷纷出台了各自的研发项目，并且研究速度已经加快。

3. **向积极态度转变的国家**

另外，还有部分国家的态度正在开始从消极向积极的方向转变。德国央行之前对央行数字货币的态度并不积极，虽然现阶段德国央行依然没有关于央行数字货币的项目，但是 2020 年 1 月时德国央行行长表示：不急于推出央行数字货币，但在做关于央行和商业银行之间的支付交易的区块链技术测试。在当今国际货币体系中占据霸权地位的国家——美国，面对央行数字货币的态度之暧昧，行动之缓慢，让人难以想象。2019 年 10 月，美联储主席鲍威尔就曾表示出对数字美元的担忧，他认为当前基于账户的商业银行还是美国金融体系的重要组成部分，数字美元的出现会给商业银行带来冲击，也可能抑制经济活动。但是在 2020 年 5 月 29 日，数字美元基金会与全球咨询公司埃森哲共同打造的数字美元项目（Digital Dollar Project）发布了第一份“白皮书”，旨在促进美国对央行数字货币的探索，呼吁央行和私营部门合作发行数字美元。日本可以说是这些国家中态度转变最大、行动最快的国家。2019 年 12 月之前，日本央行多次表示没有发行央行数字货币的必要，但是到了 2020 年 1 月，日本央行与国际清算银行以及英国、加拿大、瑞典等国央行组成工作小组，合力探索数字货币。其实早在 2016 年 12 月，日本就与欧洲央行开展了关于央行数字货币的区块链合作项目——Stella 项目。

美国、德国和日本在世界经济体系中占据了非常重要的地位，但是针对数字货币的认识上反而是滞后的，在其他国家稳步推进央行数字货币的研究进程时，美国、德国和日本对数字货币一直持否定态度。但是自 2020 年以来，美国、德国和日本却转变态度，纷纷宣布要开展央行数字货币的相关工作。

二、区域内的各国实践及跨区域合作

2020 年将是央行数字货币大爆发的元年。世界各国在 2020 年开始加速筹备央行数字货币的相关工作。随着经济全球化和信息化的不断发展，区域内外的深度合作和激烈竞争也在不断上演，地理上的邻近性是许多区域一体化组织形成的优势条件，能够促进区域贸易合作和经济发展（孟庆民，2001）。因此，可以基于地理位置上的先发优势，以洲际作为整体边界，从较高的视野上把握央行数字货币的实践情况。本部分将对欧洲、亚太、北美和南美四个区域的发展现状进行梳理，从而可以比较出区域内和区域间的发展差距。

1. **北美地区**

北美地区的加拿大已经完成了“Jasper”三个阶段的测试，尽管加拿大央行数字货币的准备工作比较充分，但是对于后续的相关工作，加拿大央行的行动开始放缓，从加拿大央行副行长蒂莫西·莱恩（Timothy Lane）2020年初的讲话看，是否发行央行数字货币主要还是取决于外部环境的变化。与加拿大同地区的美国，关于央行数字货币的工作进度相对缓慢，美联储主席鲍威尔（Jerome Powell）在2020年2月的一次国会作证时表示，美联储正就数字货币的问题展开广泛的工作。并对Libra的发展前景持积极支持的态度。这说明美联储并不急于推行主权数字货币（章玉贵，2020）。虽然美联储没有具体动作，但是2020年5月29日，数字美元基金会与全球咨询公司埃森哲共同打造的数字美元项目发布了第一份“白皮书”，旨在促进美国对央行数字货币的探索，呼吁央行和私营部门合作发行数字美元。2020年6月17日，在众议院金融服务委员会举行的听证会上，美联储主席鲍威尔认为私营部门不参与创造货币供应量，这是央行所做的事情。鲍威尔同时表示数字美元的想法非常复杂，美联储对此非常重视，但在创建和实施这一想法之前，还需要进一步研究。巴哈马中央银行2020年7月12日表示，“Sand Dollar”项目正在朝着全面推出基于手机的央行数字货币迈进。

2. **欧洲地区**

欧洲地区各个国家的研究进度还是有一定差异的。法国、瑞典、奥地利已经开始测试。2020年5月20日，法国央行宣布已成功完成了有关数字欧元的首次测试。在测试中，法兰西银行使用内部开发的区块链技术创建代表欧元的数字证券。2020年2月，瑞典央行的e-krona闭环测试正式开始，该项测试将持续到2021年2月。其他一些国家的相关工作还处于准备和探讨阶段。2020年3月，英格兰银行发布了题为《央行数字货币：机遇、挑战和设计》的研究报告，报告提出，设计重点在国内零售支付，以中央银行和私营部门共同参与为运营模式，并在报告中评估了央行数字货币的利益与风险。2020年6月22日，由七百多家银行组成的意大利银行协会（ABI）表示，希望通过参与相关项目及测试帮助加快实施由欧洲央行支持的数字货币项目——数字欧元。作为欧盟核心国家之一的德国依然表示暂不考虑发行央行数字货币，现阶段测试还未达到更好的效果。

3. **亚太地区**

相比于欧洲地区的研究进展，亚太地区的国家对央行数字货币的研发速度整体上要更迅速。一些国家已经取得了阶段性成果。新加坡的"Ubin"项目分为六个阶段，目前已发布了前四个阶段的总结报告。2020年7月，泰国的"Inthanon"项目研究已经进入第三阶段，泰国央行已经准备将央行数字货币投入应用，并使用央行数字货币与一些大公司进行金融交易。同年9月，泰国央行还计划与中国香港金融管理局的数字货币交易进行测试。日本的"Stella"项目目前已经完成了第四阶段的研究。7月2日，日本央行公布了数字货币技术课题总结报告。日本央行将数字货币定位为"任何人都能随时安全可靠地在任何地方使用的结算手段"，7月20日在结算机构局设立"数字货币小组"，将重点研究中央银行发行的数字货币，探寻如何构建数字社会的最佳结算系统。中国于2020年先行在深圳、苏州、雄安、成都进行内部封闭试点测试，并表示央行数字货币也会应用于未来的冬奥会场景。中国央行已开展数字货币商业应用场景测试，支付宝、美团、滴滴、哔哩哔哩、字节跳动等公司均已与中国央行数字货币项目展开合作。相比而言，韩国关于央行数字货币的研发速度较慢，2020年6月9日，韩国央行公布中长期发展战略《BOK 2030》。该战略提到，韩国央行计划在2020年下半年建立专门的数字创新部门，负责人工智能和大数据研究，并设立"首席数字策略官"领导数字创新部门。2020年7月13日，韩国央行宣布成立央行数字货币法律咨询小组，研究可能阻碍数字韩元发行的法律障碍。

4. **南美地区**

虽然南美地区可以说是实践央行数字货币的先驱，但是委内瑞拉和厄瓜多尔的央行数字货币都相继折戟沉沙。由于受到玻利瓦尔汇率的影响，委内瑞拉公民已经几乎没有办法将手中的石油币转化为购买力，推行两年的石油币未在委内瑞拉的经济市场真正打开局面。无独有偶，由于厄瓜多尔币的流通量占整个经济体货币量的比例不到万分之零点三，得不到广泛使用的厄瓜多尔币在运行了一年后，于2018年4月被宣布停止运行。

5. **国际合作实践**

在独立发展央行数字货币的同时，各国之间的国际合作也在迅速加强。2020年1月，加拿大、英国、日本、欧盟、瑞典和瑞士的中央银行与国际清算银行组成工作组，共同研究数字加密货币的相关问题，分享相关经验，讨论在本国发行CBDC的可行性。同年7月20日，由美国、英国、德国、法国、日本、意大利和加拿大组成的七国集团达成共识，将针对央行数字货币的发行展开合作。此外，新加坡也积极寻求与他国的合作。2019年，新加坡金融监管局与加拿大央行共同合作了试点项目——通过使用区块链技术和央行数字货币来完成跨境支付的试验。2020年新加坡继续与中国在数字货币方面开展紧密的合作，两国之间探讨央行数字货币发行的多种方案。可以想象，未来央行数字货币的竞争会愈发激烈，国际合作会更加密切，各国将来会走出符合本国国情的一条道路。

模式设计

从目前各国实践研究的结果看，在设计央行数字货币的制度时涉及的内容较多，根据不同内容制定的可选择方案也各有异同。例如，在发行模式上，可以从各国央行数字货币的发展动因角度出发选择批发型 CBDC 和零售型 CBDC；在技术选择上，各国可以根据对技术的掌握程度或者技术偏好选择分布式账本技术和其他技术；在路径选择上，各国可以利用自身经济结构优势，选择以央行主导或者公私合营的发展路线；在运营体系上，大多数国家选择"央行—商业银行"的二元模式，将商业银行纳入整个制度架构中的目的在于充分利用商业银行的金融优势；关于是否计息的问题，主要取决于各国对央行数字货币的货币层次划分。

一、发行模式

各国货币当局及研究机构对 CBDC 的发行模式提出了"批发型"（wholesale）和"通用型"（general - purpose）或称"零售型"（retail）两种方式。批发型是一种有限制的、主要在金融机构间用于支付结算的数字货币，它的实现方式是基于令牌（token - based）的系统，即一种受限访问的数字令牌。通用型直接面向公众，是普通大众都可持有的，它的实现方式有两种，除了基于令牌的系统之外，还可以通过基于账户（account - based）的系统实现。如果通用型 CBDC 的发行目的主要是为了取代现金，作为一种电子现金的形式存在，那么可以通过基于令牌的系统实现，如果其目的是为了零售交易，则可以通过基于账户的系统实现。

这两种发行方式各有优缺点，与各国或者经济体发行央行数字货币的动因紧密相关。批发型 CBDC 主要是通过数字化技术手段提高银行间大额结算效率、降低风险等，多是出于国际贸易结算、货币国际地位角度考量而发行 CBDC 的经济体，如欧洲央行、法国等，其研发试验定位于批发型 CBDC。通用型 CBDC 的关注点主要集中在提高线上及点对点支付的效率和安全性，多是从国内支付体系、现金使用角度考量的经济体，如瑞典、英国等，皆定位于零售型 CBDC，旨在降低现金管理成本，向公众提供更具弹性的支付方式，解决现实中现金使用量不断降低带来的一系列问题，增加金融普惠性等。从成本收益及风险评估的角度考虑，一些保守国家的央行更偏向于从批发型的发行开始研发。美国和巴哈马等少数国家的数字货币设计可用于零售与批发两个领域。

二、技术路线

从技术选择看，现有的试验方案大多数都基于区块链和分布式账本技术，这也充分体现出央行数字货币与现行货币体系中心化记账模式的核心本质性差异。在批发端场景下，现有试验主要测试基于区块链的大额支付系统，评估现有支付体系的功能能否在 DLT 环境下高效运转。现有试验已经在一定程度上证明了基于区块链的中央银行主导的新型支付系统是完全可行的，且在高效运转的同时能够确保监管部门对区块链承载业务及其风险的管控。而在零售端场景下，英国央行认为分布式账本技术是可行但非唯一的选择，瑞典央行则经历了对分布式账本技术态度的转变。在 2017 年 e-krona 项目启动之初，瑞典央行在报告中将分布式账本技术形容为薄弱、麻烦且未经尝试的技术，不愿在电子克朗中使用该技术，但是在 2020 年 2 月新发布的方案中，瑞典央行决定基于 R3 Corda 的分布式账本技术对电子克朗进行测试，认为 Corda 平台解决了他们此前对分布式账本技术的担忧，因为该平台消耗能量更少，可扩展性更高，同时还可以防止用户进行双重支出。

但也有部分国家采取不预设技术路线的方案，如法国央行开展的 CBDC 试验计划并未要求申请者必须使用任何特定技术，声称创新性是其选择的标准。数字美元项目表示由功能需求驱动技术决策和设计原则。DC/EP 也采取技术中性方案，引入赛马机制，通过市场竞争优胜劣汰。

三、路径选择

从路径选择看，多数国家的央行数字货币研发和试验由中央银行主导，并与金融机构或金融服务提供商开展广泛合作，将公共部门资源和信用上的优势与私营部门强劲的创新动力和能力相结合，法国、英国、瑞典等均为此种模式。中国在 DC/EP 研发过程中也非常注重国家主导下的政府与私人技术相结合，中国央行允许商业机构，包括商业银行、互联网公司和电信运营商共同加入分布式研发，试点数字货币系统，以此保证在同一时点上不同体系的技术可以并向发展、相互竞争、优胜劣汰；在不同时点上，整体设计具有形势转化的前瞻性，必要时能够及时以新技术替代旧技术。

"国家主导型"之外的另外一种重要形式是由国家与其他支付机构合作推出央行数字货币，我们称之为"公私合营型"。种种迹象表明，美国极有可能采取这一形式。新版 Libra 白皮书在适应金融监管、合规等方面做了很多调整，预留了央行数字货币的接口，"旗帜鲜明"地表达出对公私合营的兴趣，加上数字美元计划对于公私合营的开放态度，让两者的结合成为可能。姚前在《Libra2.0 与数字美元 1.0 有可能结合》一文中指出，在各国央行仍在探索央行数字货币的热潮下，脸书居然朝着央行数字货币服务提供商的角色转变。而只要美国政府愿意，借助 Libra2.0 的 BaaS 服务，数字美元或将指日可待。

除此之外，也有国家的试验由私人银行或行业协会主导推动，如奥地利和意大利。其中，奥地利的 RBI Coin 项目是由奥地利规模最大的私人银行集团——奥地利中央合作银行与金融科技公司 Billon 合作开展；意大利的数字欧元测试则是由意大利银行业协会开展。

四、运营体系

国际清算银行为央行法定数字货币的发行提供了两种可行模式：一种是"中央银行—公众"的一元结构，即直接发行模式，由中央银行直接向公众发行数字货币；另一种是"中央银行—商业银行—公众"的二元结构，即央行不直接向公众发行数字货币，而是先将数字货币兑换给金融机构（主要是指商业银行，也包括金融科技公司和金融服务公司），再通过金融机构将数字货币兑换给公众。目前大多数国家和地区都采取这种双层运营体系，这种运营体系的好处是可以充分利用商业机构现有的资源、人才、技术等优势，避免金融“脱媒”，同时，充分调动商业机构的积极性，有利于分散化解风险。

五、是否生息

按是否生息为划分标准，可将央行数字货币分为 B－CBDC 和 I－CBDC。其中，前者的特征与现金类似，不向持有人支付利息；后者的特征与银行存款类似，银行会向持有人支付利息。现阶段，主要国家设计的央行数字货币着眼于替代 M0，而不是替代 M1、M2。这是因为当前现钞的发行、印刷、回笼、储藏等环节成本较高，流通体系层级多，且携带不便、易被伪造、匿名不可控，存在被用于洗钱等违法犯罪活动的风险，实现数字化的必要性与日俱增；而 M1、M2 已实现电子化或数字化，当前没有用数字货币再次数字化的必要。所以大多数国家都表示央行数字货币不生息，从而避免出现与银行存款雷同、引起大规模存款搬家的可能性。但是也有部分国家预留了调整空间，如美国 CBDC 可以设定通证本身是否拥有计息的功能，瑞典的电子克朗虽然目前不生息，但内在设置支持其在未来生息。

表 5.1　主要国家央行数字货币制度设计

国家/组织	项目	发行模式	技术路线	主导机构	运营体系	是否计息
美国	数字美元	批发型/零售型	不预设路线	数字美元基金会和埃森哲	双层体系	不确定
中国	DC/EP	零售型	技术中立	中央银行		不计息
加拿大	Jasper	批发型	DLT	中央银行		
英国	数字英镑	零售型	多选项考虑	中央银行	双层体系	

续表

国家/组织	项目	发行模式	技术路线	主导机构	运营体系	是否计息
欧洲央行	EUROchain	批发型	DLT	中央银行		不计息
法国	数字欧元	批发型	无特定要求	中央银行	双层体系	
瑞典	e-krona	零售型	非 DLT/DLT	中央银行		内在设置支持未来生息
奥地利	RBI Coin	批发型	DLT	私人银行		
立陶宛	LBCoin	零售型	DLT	中央银行		
意大利	数字欧元	批发型	DLT	银行业协会	双层体系	
巴哈马	Sand Dollar	批发型/零售型	区块链	中央银行		不计息
日本	Stella	批发型	DLT	中央银行	双层体系	
新加坡	Ubin	批发型	DLT	金管局		不确定

综上，本章对各国央行的研究报告和众多国内外学者的研究进行了梳理之后，对全球央行数字货币的发展动因、实践进程和制度设计进行了较为详尽的阐述。首先，较为详细地介绍了央行数字货币的发展动因。其次，综合阐述了各国央行的实践历程，最后，简要介绍了目前主要国家对于央行数字货币在制度设计上考量的诸多因素。总结如下：

在动因方面，世界经济正处于一场由“数字”引领的大变革时代背景当中。首先，美元的国际霸权地位正受到世界各国的挑战，“去美元化”的呼声此起彼伏，在新一轮的竞争格局下，央行数字货币成为“去美元化”的重要武器。其次，央行数字货币将推动支付体系产生重大的变革。分布式记账技术的内生优势和技术特点将是支付市场选择央行数字货币的重要原因。最后，央行数字货币可以有效实施货币精准发行、精准流通和精准监管，并且有效解决当前信用货币体系下面临的困境。

在实践方面，从态度和行动的角度看，大部分国家是认同央行数字货币的，在态度上积极且做出了实际行动。厄瓜多尔、委内瑞拉和立陶宛都已经发行过央行数字货币。其他一些主要经济体国家和国际组织都在积极准备当中，瑞典、欧洲央行、法国、加拿大、巴哈马、新加坡、泰国、澳大利亚、日本和中国等国家已经成立央行数字货币项目。其他国家虽然没有立项，但是研究探讨的工作也一直持续不断。例如，英国央行已经对央行数字货币形成了较为成熟的观点，美国非官方的“数字美元”项目也在推进当中。从不同区域的角度看，亚太地区的研究热情普遍高涨，研发进度在整体上更迅速一些，其次是欧洲地区和北美地区。同时包括 G7、G20 等跨区域的国际组织也为央行数字货币的国际合作提供了便利。

在制度设计方面，各国研究探讨的焦点主要聚集在央行数字货币的发行模式、技术路线、路径选择、运营体系以及是否生息等方面。具体来说，目前的发行模式有批发型 CBDC 和零售型 CBDC 两种模式。其中，批发型 CBDC 有利于提高大额交易和结算的效率，适用于经济发达且大额贸易往来频繁的国家，而零售型 CBDC 有利于解决现金带来的成本和监管等问题，适用于现金管理出现困境的国家。其次，大多数国家在研究央行数字货币时选择了区块链和分布式账本作为底层技术，也有一些国家在设计时不预设使用某种特定技术。再次，央行数字货币发行的路径上一直都存在金融机构的身影。大部分国家的路径选择有两种，一种是央行作为主导进行研究和试验，金融机构从旁协助；另一种是央行与金融机构共同研发和设计。同时，还有小部分国家的私人银行或银行业协会成了央行数字货币研发设计的中坚力量。然后，全球主流的运营体系大致分为“央行—商业银行—公众”的二元模式和“央行—公众”的一元模式。目前大部分国家的央行数字货币研究以二元模式为主。最后，大部分国家将央行数字货币看作对 M0 的替代，而 M1 和 M2 再次数字化的动机不足，所以央行数字货币不生息是大多数国家的首选。当然，也有国家表示未来是否生息还不确定，因此在进行研究和试验时留有调整空间。

第6章　美洲地区央行数字货币的实践做法及问题探讨

美洲地区开展央行数字货币实践的国家主要有美国、加拿大、巴哈马和委内瑞拉。其中，美国官方对央行数字货币的发行仍处于研究阶段，但自中国发行央行数字货币后的整体态度更趋积极；加拿大相对较早开始央行数字货币的实践探索，但专注于批发型的央行数字货币，短期内大规模应用的可能性不大；巴哈马的央行数字货币项目试点则已在本国部分地区取得良好进展，但推广至全境的预期效果仍有待进一步评估；委内瑞拉的数字加密货币已在该国正式流通使用，但前景堪忧。正是在此背景下，本章计划对美洲地区发行央行数字货币的实践做法及其问题探讨进行全面阐述，以便给人民币央行数字货币的发展带来一定的借鉴和启示。

美国对发行央行数字货币的态度变迁

美国官方对发行央行数字货币的态度大致可以分为三个阶段：从反对发行央行数字货币到开始讨论发行央行数字货币的可能性，再到讨论发行央行数字货币的具体实施细则。之所以美国官方态度发生显著变化，一方面可能受到中国央行发行人民币数字货币的刺激，而试图在央行数字货币领域继续实现数字美元霸权地位；另一方面则是由于新冠疫情期间的政府紧急救助资金无法全面有效达到政策覆盖范围，特别是无法实现对中小微企业和底层群众的精准投放，进而引发美国官方的思考。虽然美国官方还处在对央行数字货币发行的讨论中，但是从中可以看到美国对央行数字货币态度的趋势转变，相信在不远的将来会正式发行建立在美元基础上的央行数字货币，并可能给全球政治经济带来巨大冲击和影响。

一、反对发行阶段

在反对发行阶段，美国官方一直认为基于账户的商业银行系统始终是美国金融体系的重要组成部分，在维持金融系统健康运行方面发挥着重要作用，而数字美元的出现将会给商业银行带来冲击，也可能抑制经济活动，甚至会对金融稳定产生不利影响。这方面的代表性观点如下：

第一，发行央行数字货币需要克服一些技术和业务方面的困难。例如，发行央行数字货币可能会提供现成的洗钱手段或为网络攻击提供全球目标。针对发行数字货币改善洗钱状况这一观点，美联储委员会理事莱尔·布雷纳德（Lael Brainard）于2018年表示：对于洗钱风险，除非具备有效身份认证的技术能力，否则央行数字货币不会比实物货币有所改善，甚至可能比目前的非现金资金转移系统更糟糕，特别是对那些可能在全球广泛流通的数字货币而言。此外，以数字形式发行央行货币会使其成为网络攻击的一个极具吸引力的目标，给攻击者提供突出的平台，以积聚他们的攻击，从而导致中央银行的任何操作都需要充分应对各种网络威胁，这一点对美元这样的储备货币会更加严重。

第二，央行数字货币的发行可能对零售银行产生超出支付范围的影响。如果一个成功的央行数字货币被广泛使用，它可能成为零售银行存款的替代品。这可能限制银行为生产性经济活动提供贷款的能力，并在宏观经济层面产生更广泛的后果。此外，央行数字货币与零售银行存款共存可能增加银行系统运行的风险，从而对金融稳定产生不利影响。

第三，没有令人信服的证据表明需要美联储发行央行数字货币。美国的大多数消费者和企业已经使用借记卡、信用卡以及支付应用程序、自动结算网络等方式进行零售支付。此外，人们正在寻找更简便的方法，比如通过各种移动应用程序直接向他人进行数字支付。针对私营部门的新的实时支付解决方案也开始被接受。“更快支付工作组”已经制定了一个路线图，由各利益关联方支持，以便未来几年在美国建立一个快速、普遍和安全的支付系统。总之，美国消费者可以利用多种机制进行实时电子支付。因此，美联储发行央行数字货币似乎并不能提供超越这些选择以外的额外价值。

不过需要注意的是，尽管美国官方对央行数字货币的态度不积极，甚至持完全反对的态度，但这并不意味着，美国放弃对央行数字货币的研究。相反，美国一直没有忽视对央行数字货币进展的关注和研究。例如，美国国会货币政策和贸易小组委员会在 2018 年 7 月 18 日的听证会上讨论了有关数字货币的主要问题。具体地，小组委员会讨论了中央银行部署加密货币及其底层技术区块链的问题，以及中央银行是否应该引入央行数字货币。

二、讨论发行可能性阶段

进入 2019 年底，美国官方对央行数字货币的态度有所缓和，公众人物频频公开表示要加大对美元央行数字货币的研究，并且不排斥在未来某时刻发行数字美元。有理由相信，这种态度的转变在很大程度上是因为全球其他主要国家（地区）加大对央行数字货币的研究所带来的竞争压力。在全球政治经济不确定的大环境下，各国（地区）都在努力尝试摆脱美元霸权的支配地位，而央行数字货币提供了一个恰逢其时的弯道超车机会。但美国自身显然不想在面向未来的数字经济与金融时代放弃美元霸权地位，于是才出现了态度的转变。这方面的代表性言论具体如下：

2019 年 12 月 18 日，莱尔·布雷纳德在欧洲中央银行召开的座谈会上表示："发行央行数字货币存在一个更重要的问题，即在不需要对金融系统进行重大改革的前提下，一些中间解决方案是否能为基于主权货币的实时数字支付提供安全性和好处。"她认为，"美国存在很重要的优势。由于强劲的需求，美元作为全球储备货币发挥着重要作用。此外，我们有一个强大和多样化的银行系统提供重要服务，并在现有体制框架及其重要保障的基础上，广泛提供和扩大各种数字支付选项。但是，中央银行向消费者账户直接发行数字货币作为一般用途，这一做法存在潜在的法律、政策和运营问题。也就是说，学习如何提供更安全、更便宜、更快捷或更有效的支付十分重要。根据其支付和货币体系的特殊属性，一些司法管辖区似乎愿意在此方向上进一步发展。在美联储，我们期待与其他司法管辖区合作，继续分析潜在的央行数字货币的成本和利益问题。"

2020 年 2 月 5 日，莱尔·布雷纳德在未来支付专题讨论会上的发言表示，美国正在研究发行央行数字货币的可行性。"发挥美元的重要作用仍然是央行数字货币研究和政策发展前沿的核心。像其他中央银行一样，我们正在对使用分布式分类账技术的数字货币潜在案例进行研究和试验，其中包括发行央行数字货币的可能性。我们正在与其他国家（地区）的央行合作，以提高对央行数字货币的理解。在评估美国背景下的央行数字货币时，政策和设计问题将作为法律因素进行探讨。此外，更为重要的是，要考虑一种新形式的数字中央银行负债是否可以改善支付系统，同时兼顾私营部门能提供的活动创新。

"我们需要考虑增加一种新形式的中央银行负债是否会从安全和弹性的角度减少业务脆弱性。另一个考虑因素是央行数字货币是否会降低付款的复杂性，改进端到端处理，或简化记录保存。关于跨境支付，应考虑在跨境合作方面需要什么，以便央行数字货币解决当前的摩擦和成本降低等问题。同样重要的是，要考虑发行央行数字货币对更广泛的金融体系的影响。鉴于隐私和防范非法活动的考虑，发行央行数字货币将激起何种中介机构可为消费者提供央行数字货币交易账户的重要问题。虽然有些建议以商业银行中介机构为中心，但另一些建议提出新的中介机构类型，这些中介机构可能会发展起来，但仅侧重于支付。新类型的中介机构反过来可能需要新类型的账户和新形式的监管。与此相关，任何央行数字货币的设计都需要解决围绕金融稳定的重要问题，现在已经提出各种方法解决将商业银行存款转换为央行数字货币的潜在运行风险。"

法律方面的考虑也很重要。一方面，要了解联邦储备法关于货币发行的现有规定如何适用于央行数字货币；另一方面，还须考虑央行数字货币是否具有法定货币地位，而这取决于设计框架。虽然在现行制度中，与联邦储备票据权利和保护有关的法律框架已经确立，但对于新的工具，如央行数字货币和更普遍的其他数字货币，它还没有得到检验。后续可能需要采取不同的方法来确保央行数字货币的持有者得到适当的保护，包括隐私权、欺诈保护、数字身份保障和数据保护等。

这些都是在决定美国发行央行数字货币之前需要解决的一些问题。美国不认同其他司法管辖区提出的建立央行数字货币的一些动机，如现金使用迅速下降、金融机构薄弱和支付系统不发达。与其他主要经济体一样，美国的公共部门需要与私营部门以及学术界积极接触，以考虑是否需要重新划定现有的监管范围，以及央行数字货币是否将带来重要利益。

2020 年 2 月 11 日，杰罗姆·鲍威尔被问及在央行数字货币问题上取得的进展时表示"我们正在努力"。他同时表示，"脸书的 Libra 在数字美元问题上点燃了一把火。"

2020 年 4 月 22 日，圣路易斯联邦储备银行高级副行长大卫·安德罗法特（David Andolfatto）研究了央行数字货币对于私人银行的影响，他认为：相对于在更具竞争力的环境下会出现的情况而言，银行（和其他货币服务企业）利用其市场力量保持存款利率偏低（或服务费偏高）时，央行数字货币会使辖区存款积累。该模型表明央行数字货币可能增加金融包容性以及减少现金使用，尽管这种影响的大小可能取决于程序参数和现有的金融发展程度。这还表明，如果中央银行遵循利率政策规则，央行数字货币不会对银行贷款业务产生负面影响。最后，一个精心设计的央行数字货币不太可能威胁金融稳定。

三、讨论发行具体细则阶段

2020 年新冠疫情暴发之后，美国官方对数字美元的态度有了很大转变。为应对疫情，美国出台了历史上最大的经济刺激法案。2020 年 3 月底，美国参议院和众议院分别公布了三项旨在刺激经济的提案，其中就包含了发行数字美元或美元数字钱包的计划。4 月 16 日，又一项来自众议院的新提案表达了通过数字美元发行救助款的诉求，尽管提案的最终版本里并不包含数字货币的信息，但这至少反映出美国官方的态度有所转变（白津夫和白兮，2020）。这是数字美元首次被提及，其目的在于向相关家庭直接发放现金补助（姚前，2020）。明显不同于金融危机的是，新冠疫情下的救助对象不再是金融机构，而是中小微企业和底层民众。在此过程中，美联储面临两大难题：一是精准投放问题。以往的货币政策主要依赖商业银行体系，尽管该体系对于保障美国金融稳定和安全有着明显作用，但是在极端情形下，救助弱势群体的定向资金很可能从银行体系流向优质企业，这可能引发适得其反的作用。二是效率问题。当前美国对居民的救助资金主要依赖美元支票完成，在提高救助效率和实现精准投放方面，数字美元可谓恰逢其时，完全可以成为美联储“直升机撒钱”的新工具（尤苗，2020）。

尽管有关数字美元的最终提案未能浮现，但仍然有些值得关注的设计思考：（1）将数字美元划分为基于价值和基于账户机制两类；（2）初步明确数字美元钱包的概念，即美联储负责运营管理、个人持有的一种可用来存储数字美元的电子设备或服务；（3）不排除考虑使用区块链/分布式账本技术；（4）以美联储直接参与运营服务方式为主，同时结合美国的邮政服务实现境内全覆盖，并且仍然考虑商业银行代理运营方式的数字美元钱包服务；（5）强调建立隐私保护机制，以及对数字美元进行计息；（6）强调建立合理有效的安全防护机制，以保障数字美元服务的安全与稳定等。

2020 年 5 月，一个更加具体的“数字美元”项目正式问世，由非营利组织数字美元基金会和国际知名咨询机构埃森哲共同提出。该项目详细介绍了通证化美元的需求以及构建数字美元系统的一些潜在途径，并确定数字美元可以帮助美国维持美元作为世界储备货币的地位。此外，该项目还详细分析了美国目前的金融体系，并倡导使用基于“双层分配架构”的数字美元。数字美元项目认为，在一系列案例中试行数字美元是美国从现在开始的一项关键和谨慎的举措。该项目认为支撑美元的基础设施是一项至关重要的公共利益，而更新这一基础设施将为未来提供更大的灵活性、可选择性、稳定性和繁荣性。该项目首次详细地论证了美国发行央行数字货币的体系框架，给全球央行数字货币的研究与发行带来足够的思考与挑战。

美国央行数字货币创新：“数字美元”项目

一、项目简介

2020 年 5 月，数字美元基金会和埃森哲联合发布了“数字美元”项目。该项目的目的是推动对央行数字货币或数字美元的探索，通过召集和鼓励私营部门的思想领袖和行动者来创新研究和公开探讨通证化美元的潜在优势，以提出供公共部门在考虑开发、测试和采用 CBDC 时使用的可能模式。

当前，全球范围内的各国政府和私人部门都在尝试将商品、合同、法定所有权以及最重要的商业和央行数字货币进行标记。这种以可标记化、可编程化和去中心化的有价物数字化特征为代表的新技术时代正在如火如荼地开展。考虑到美国一直是未来创新和体系建设的领导者，因此，美国理应在这一轮创新中继续发挥领导作用。而通证化数字美元的推出正是迎合这种创新合乎逻辑的关键一步，它既能提供面向未来的美元，也能将美国的民主价值铭刻其中。

二、主要目标

第一，为国内乃至全球经济的消费者和机构提供面向未来的美元，进而提升公共利益。鉴于美元拥有世界主要储备货币的地位，以及其他国家政府和利益相关组织对 CBDC 的探索，在一系列实际案例中试行数字美元将会是美国从现在开始的一项关键和谨慎举措。第二，考虑到支撑美元的基础设施是一项至关重要的公共产品，因此，更新升级这些基础设施将增强未来的灵活性、可选择性、稳定性和繁荣性。具体地，该项目的目标如图 6.1 总结所示。

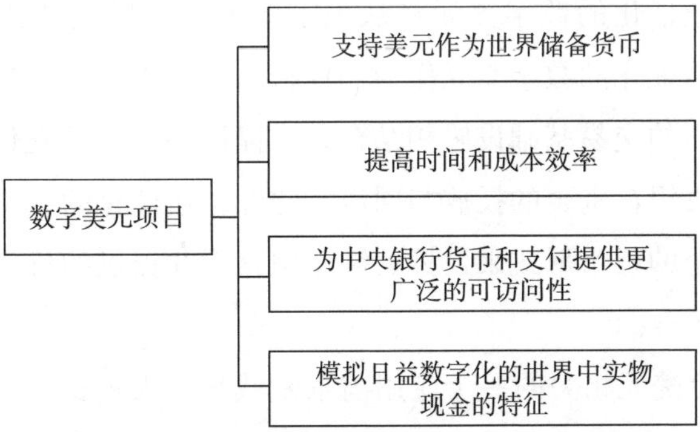

图 6.1 “数字美元”项目的主要目标

三、业务模式的选择及其思考

“数字美元”项目提出了数字美元运行的“冠军模式”，主要有：（1）与现有货币协同运作；（2）主要通过现有的商业银行和受监管的货币转移机构（中介机构）的双层结构体系分发；（3）在新的交易基础设施上进行记录，并可能通过分布式账本技术获取信息。不同于现有的电子支付机制主要建立在基于账户模式的基础上，数字美元是将类似现金的属性和基于账户支付机制的诸多优点结合起来。数字美元不仅能继续维持当今美元（世界）的经济稳定，而且还为新的市场机会、更广泛的可获得性、降低成本和提高效率提供潜力。有关“数字美元”项目“冠军模式”的更详细特征如下：

1. 通证化

数字美元将是美元的通证化形式。通证化是将资产、商品、权利或货币转化为具有足以证明和转让所有权属性表示的行为。通证化可以提供一个新的可移植性、效率、可编程性和可访问性水平，从而确保通证化的数字美元能够补充现有的货币格式，同时促使支付和金融基础设施现代化。这种数字无记名工具，在本质上类似于美联储直接负债的数字钞票。此处，“数字美元”项目的愿景是将通证化的数字美元作为一种新的、更动态的中央银行货币形式。

引入通证化的数字美元将从根本上推动更广泛的金融体系创新。一个通证化的数字美元作为一种新的金融媒介，再与分布式账本技术等新的交易基础设施相结合，将提供一种新的支付轨道，进而便利中央银行资金的投放与回流。此外，通证化的数字美元可以作为最安全的货币形式来发挥关键作用，因此提供的价值将超过现有的货币媒介。

与数字美元相关的一个应用前景领域是扩大银行服务无法触及的人群的金融准入和包容性。这在当前新冠疫情大流行的背景下尤为重要。当政府努力向该人群分配紧急救助资金时，较低的系统成本以及与通证化数字美元托管挂钩的数字钱包可能比传统银行账户在扩大服务不足人群的访问方面更有优势。若私营部门的服务提供商因为成本问题无法做到覆盖范围的扩展，可以由政府公共部门加以填补。

通证化美元的好处还在于：基于通证的系统允许不同程度的去中心化，因为交易可在通证的双向转移时发生，而不是依赖潜在的中心化账户账本。尽管基于账户的系统主导着美国的支付体系，它解决了物理通证的局限性，使得货币传输非常有效，但实物现金将被继续使用，特别是在引入数字通证的数字美元基础上。这主要是因为基于通证的机制具有基于账户的机制无法比拟的好处，包括一定程度的去中心化、隐私、弹性和安全性，这些都是类似承载对象唯一提供的。通证化数字美元的固有可移植性允许通证（即数字钞票）几乎实时可交换，而无须考虑物理位置。显然，这一新功能允许通证化的数字美元补充现有的货币媒介，并进一步为支付和金融基础设施领域的创新提供无与伦比的机会。

此外，通证化的数字美元还可以增强零售、批发和国际支付用例中使用美元支付的信心、效率和功能。“数字美元”项目提供了对应的价值案例，具体如下：

（1）零售支付：在美国的众多高效支付选项中（例如现金、信用卡、借记卡等），数字美元将为数字交易、即时点对点支付以及现场交易提供新的选择。它的推出可能降低成本，并进一步促使支付方式多样化。数字美元可以通过商业银行和可信的支付中介机构分发给终端用户，同时通过数字钱包等其他机制扩大获得服务的机会，进而促进金融普惠。特别地，数字美元可以扩大目前没有获得银行服务或银行服务不足的人群获得数字金融服务，以及在不交易现金的电子商务平台上交易的能力。尽管与其他支付方式相比，实际现金的平均使用量有所下降，但在现实世界中，纸币可经常用于小额支付。这一动态趋势很可能在新冠肺炎疫情之后的全球范围内继续发展，因此更广泛地拓展数字金融选择将变得越来越重要。

（2）批发支付：如今，批发支付依赖于国家支付系统，它们通常是通过银行间清算进行的，使用中央银行资金在类似于 Fedwire 的实时总结算系统（RTGS）中结算证券和其他大额支付。目前的大额批发交易是基于账户的机制，主要由在美联储设有账户的银行和支付提供商执行。由于现行以账户为基础的系统性质，使得只有拥有账户的组织才能使用中央银行货币进行交易。类似于实物美元，通证化的数字美元将提供另一种在账户之外获取中央银行货币的替代途径。因此，它可以促进机构获得更广泛、更多样化的大额支付，并支持数字金融市场基础设施的出现。此外，从结算的角度看，通证化的数字美元可以提供原子交付，包含券款对付（DvP）和交易同步交收（PvP）。这些潜在的方法可以作为减少欺诈和降低交易对手风险的一种方法，尽管结算时间的长短将是决定交易最佳结算窗口的业务和政策设计选择。

（3）国际支付：目前，国际支付不能用美国央行货币进行数字支付。数字美元可以建立更直接的货币关系，降低风险，解决目前代理银行模式造成的时间延迟，从而增强国际支付的竞争，并促进金融市场一体化。在跨境和离岸交易中使用数字美元，将允许以中央银行货币开展汇款和大额支付的数字支付，包括进行离岸证券结算的可能性。

已有的央行数字货币或侧重于零售型，或侧重于批发型，或两者兼而有之，但较少存在同时涉及零售、批发和跨境支付的，而数字美元考虑了三种形式，显然能在一定程度上凸显美国在央行数字货币领域的战略意图。

2. 第三种货币形式

数字美元将与现有的法定货币和商业银行货币一起运行，并且同美联储票据（银行票据或现金）和储备完全可互换。它将反映实物货币的许多特性，包括其与现有的基于账户机制的系统一起协同工作的能力。此外，按照该项目的设想，通证化的数字美元将在零售、批发和跨境支付中提供一种新的支付基础设施，其将与当前和未来的国内外金融基础设施系统共存，从而提供可选择性，并降低风险、提高效率，以便在需要时可以更广泛地获取中央银行资金。

表 6.1 总结了美国的六种主要支付机制（现金除外），这些付款处理系统相互配合、协同工作，并且充分结合单个系统的优点。只是这些系统都是建立在基于账户的系统上。CBDC 作为现有货币的一种新形式，有别于这些支付方式。它允许建立新的支付渠道，以便支持创新和更有弹性的支付格局。CBDC 既可以与 Fedwire 同时存在，还可以补充（而不是阻碍）像 FedNow 这样的新计划协议。尽管与现有的和拟议的支付计划略有重叠，但美国 CBDC 由于其新的支付架构可获得新的利益。

表 6.1　美国的六种主要支付机制（现金除外）

类别	名称	所有权结构	覆盖范围	参与者	可访问性	区别
批发支付系统	Fedwire	公共的；由美联储拥有	国内	10 000 家金融机构	有限	实时总额结算系统（RTGS），允许参与者发送和接收中央银行货币的最终付款
	纽约清算所银行间支付系统（CHIPS）	私有的	国内和国际	50 家金融机构	很有限	在处理前对付款进行批量处理和过滤的美国网络；可能依赖 Fedwire 进行结算
	国家结算服务(NSS)	公共的；由美联储拥有	国内	1 097 名活跃的结算机构（例如清算所、金融交易所和其他清算组织）	部分有限	为参与者提供跨多方汇总和结算交易的服务，而非单独结算交易；可能依赖 Fedwire 进行结算

续表

类别	名称	所有权结构	覆盖范围	参与者	可访问性	区别
零售支付系统	检查清算系统	公私兼有	国内和国际	消费者、企业和联邦、州和地方政府	可广泛访问	涉及会计分录结算或银行间结算的系统
	自动化清算所（ACH）	公共（美联储）或私有（清算所的电子支付网络，EPN）	国内和国际	消费者、企业和联邦、州和地方政府	可广泛访问	全国性的电子文件转移机制，处理存款机构发起的贷方和借方转移，最终可以在金融机构的联邦储备账户上结算
	支付卡网络	私有的	国内和国际	消费者、企业和联邦、州和地方政府	可广泛访问	信用卡和借记卡网络，通过专有网络对从收单行到发卡行的交易数据进行分类和路由

资料来源："数字美元"项目。

3. 维护双层银行系统

数字美元将会通过现有的商业银行和受监管的中介机构的双层结构体系来进行分发。在美国的双层银行系统中，美联储为公众发行银行票据，为银行系统发行准备金。数字美元同样保持双层分配架构：商业银行（包括其他受监管中介）将使用准备金交换数字美元，以分配给最终用户，就像他们目前通过 ATM 向客户发放实物现金一样，而用户则可使用数字美元进行零售交易。

类似于商业银行代表美联储分配现金，美联储将向受监管的中介机构发行数字美元以换取准备金，而中介机构将根据需求向客户分发数字美元。用户可以选择将数字美元存入数字钱包或存入银行账户，银行可以以此为抵押进行贷款。除非数字美元被放入一个类似于存款的安全存储或托管解决方案中，否则一旦兑换成银行账户中的余额，它就可以与银行资产负债表上的其他款项互换。在多种原因的支持下，这一点非常重要，但最重要的是确保消费者和企业将存款留在商业银行。这些存款使银行能够将资金贷给借款人，用于购买房屋、建造新工厂以及两者之间的一切活动，进而支撑整个美国经济。

该项目认为，美国 CBDC 必须维护和支持当前的双层银行系统作为总体架构。双层银行系统保留了目前的分销结构及其相关的经济和法律优势，同时鼓励创新和可访问性。该项目进一步认为，美国 CBDC 将有助于提升货币基础设施（最后的公共物品），并成为私营部门和市场创新的催化剂。因此，数字美元并不会与私营部门支付的发展和稳定的货币计划背道而驰，并且其中许多计划还试图将商业银行货币通证化。与当下类似，私营部门创新将建立在支撑美元的公共基础设施之上。

4. 隐私

数字美元将支持个人隐私权利与必要的合规和监管程序间的平衡，这是由决策者所决定，并最终反映宪法《第四修正案》的判例。具体来说，承认个人隐私保护的权利，特别是来自联邦政府的承认，是美国宪政形式发展的核心原则，在宪法《第四修正案》中最为突出。

“数字美元”项目从理论上解读了如何有效解决隐私问题。一方面，可能存在一个完全匿名、无法追踪的系统。尽管这一制度具有吸引力，但它将促进非法和不正当行为。从执法的角度看，这不仅是不可取的，而且还会逐渐损害货币本身的价值。另一方面，为全面监视和追踪而设计的系统可能实现执法和维护国家安全的广泛目标。然而，这种透明度会降低其吸引力，甚至是最守法的用户也不会采用它，从而减少国内外对该货币的需求。因此，在开发数字美元时，应切实划清界限，以便在尊重个人隐私权的同时，还可适当启用必要的合规和监管程序（例如 AML/KYC)。此外，还应探讨可能允许同时追求适当监管和隐私利益的技术解决方案。比如，应通过深思熟虑的宏观、微观和行为经济分析来设定交易限制，以便找到消费者活动最大化和非法活动最小化的平衡阈值。具体可通过时间范围、参与者、金额等参数来调整实现。

数字美元的设计应支持现有和未来可能存在的各种信息政策，从无信息现金交易到为税收、执法和国家安全目的而记录、报告或限制的支付。随着适当的法律和法理学发展，数字美元很可能比许多竞争的数字货币享有更高的宪法隐私权。在制定和执行基于政策限制和要求方面保持透明，将有助于确保按照民主和法治规范解决价值观之间的紧张关系。

5. 货币政策中立

数字美元不会影响美联储推行货币政策和调控通货膨胀的能力。数字美元可以作为一种新的政策工具。

美联储长期奉行的公共政策目标是，促进支付系统的安全和效率，并确保公平地向金融市场提供支付服务。有效分配联邦储备货币对于支持金融市场和支付的有序运作至关重要，它将取决于分配、透明度、效率、弹性和支付创新。

数字美元的便携性将提高其覆盖面和有效性，并补充美联储的现有运作。数字美元将促进中央银行资金在境外的分配。虽然美联储的美元互换额只覆盖外国中央银行，不能负担外国金融机构用中央银行货币进行结算，但美联储可以允许数字美元通过国内银行系统直接发送到有需要的外国机构。

数字美元可用于以央行货币结算的美国政府证券，以提供与国内交易相同的信心和结算质量。它可以减少国外的融资压力，保护国内市场免受国外的不利冲击。

数字美元还将提高支付透明度，从而支持美联储促进安全高效支付的目标。根据设计选择，数字交易可以提供一定程度的可追溯性，并可实时分析总支付数据，以提供对经济健康和活动的关键洞察力。当然，这种透明度和实时分析的提升需要在适当的法律框架内加以考虑和实施。

数字美元还可促进支付系统的多元化，从而提高支付基础设施的安全性和效率。在采用替代支付方式的基础上，还提高了支付基础设施的弹性。进一步地，还可能吸引新的参与者，提供与数字美元相关的服务，从而刺激金融创新，促进金融一体化。

6. 通过灵活性架构进行未来验证

数字美元不会明确预设技术路线，而是由功能需求驱动技术决策和设计选择。所选择的技术体系结构将提供灵活性，以适应基于政策和经济考虑的可配置性。

在通证化的 CBDC 中，一个令人兴奋的创新是“可编程”货币的概念。这一概念意味着，作为设计和构建阶段的一部分，可以对该技术进行配置，并可能对其进行重新配置，以实现关键的功能需求并实现预期的好处。更具体地说，通证化可以允许每个通证和交易的单独编程，而不是整个分类账或基础设施的统一编程。

该项目认识到，围绕通证化的美国 CBDC 的政策和实施将由美国决策者制定，但该项目试图在以下方面为公众提供专业的见解和指导，并在可能的情况下提供深思熟虑的建议。考虑到这一点，通证化数字美元的关键可配置功能提供了创新的货币优势，如受控的匿名性、计息能力、账户限制和更广泛的可访问性。尽管有无数的设计配置，但下面几个是要点，需要进一步讨论，因为它们将是数字美元成功与否的关键要素。

国家安全：特别是 2001 年 9 月 11 日以后，为维护美国的国家安全已投入了大量资源。因此，应该配置一个通证化的 CBDC，以提供有效的基础设施来支持交易安全标准，如 KYC、AML、CFT、反欺诈以及反伪造措施。该项目打算召集利益相关方开发制定这些设计特征和建议。

计息：美国 CBDC 可以设定通证本身是否拥有计息的功能。如果选择不包括该功能，该系统的工作方式将与今天的现金相同，即现金在账户之外不计息，但在存款时可以计息。在当今世界，消费者可以选择将他们的钱存放在一个安全的保险柜中，或者存放在自家的安全处，但他们不会获得利息或联邦存款保险公司（FDIC）的保险保护。如果将资金存入商业银行账户，则该资金可供银行使用和贷款，作为回报，储户可获得利息。如果决定 CBDC 将包括计息功能，那么应用正或负利率的能力可能会增加实施和传导货币政策的机会。风险在于，作为一种计息工具，CBDC 更像一个银行账户，并可能使 CBDC 对银行的影响复杂化。银行账户与 CBDC 之间的可替代性仍然是银行系统中介作用的一个决定性因素。

交易安全：必须考虑跨多个维度的交易安全，如 KYC、AML、反伪造和反欺诈。美国双层银行系统的维护允许现有金融机构在分配和使用美国CBDC时维护和部署其 KYC/AML 政策。此外，美国 CBDC 可以内在地包含一些诸如即时验证等特征的质量，以减少伪造工作和潜在欺诈。

验证和治理：受分布式账本和去中心化技术的启发，新的支付基础设施将使数字美元成为可能。“数字美元”项目的冠军模型计划探索 DLT，并与公共、私人，或者新的公私组织来验证交易。通过仔细考虑，该项目将发展一个验证和管理的新网络框架。显然，该项目的方法受到互联网创建的启发，互联网就是通过公私合作的模式发展起来的。

此外，还有持续的私营部门创新。即数字美元将成为创新的催化剂，不会与私营部门的发展背道而驰。

四、数字美元可能带来的好处

纵观历史，由于需求和经济都在不断变化，货币在功能上也不断演化进步，以提高其可用性。当我们进入 21 世纪的第三个十年时，CBDC是货币演变中下一个合乎逻辑的步骤，以支持日益数字化的经济需求。数字美元的创造将提供一个全新的基础设施，可以促进全球贸易，推动私营部门创新，开创新的市场，并为数字世界装备新的金融系统。它提供超出现今中央银行储备和纸币的更多功能和效用，包括可移植性和可编程性。它还可以提供更广泛的美元交易渠道，从而降低运营复杂性，提高成本效率，提升市场透明度，削弱交易对手风险，增加贸易流动性。以数字形式提供现金的特点将使商业能够以更快的速度进行，并使资金在国内和全球经济中更有效地流动。

美国CBDC将是美联储以美元计价的负债，并作为M0的组成部分。它将像美元钞票一样分发，并作为对其的补充，可用于以货币和储备进行的交易。当前，美联储发行的央行货币包括美元钞票和储备货币。其中，美元钞票主要供民众用于零售支付；而准备金只能由银行持有，主要用于银行间的大额结算或批发支付。央行货币往往发挥着重要作用，特别是在批发支付和更为重要的证券交易中。在美国，没有什么货币比美联储发行的货币更安全。央行货币的存在降低了风险，并能提供最终的解决方案。无论是监管机构还是市场参与者都非常偏好使用央行货币。至于货币的分发则主要依赖银行系统开展。银行从美联储获得央行货币作为储备，个人可通过活期存款从银行获得货币，而美联储主要从银行买卖政府证券以换取储备金。因此，美国CBDC可以自由进行交易支付结算，与实物现金类似。

1. 美元在全球经济中的作用

美元是当今全球最重要的货币。它的角色依赖于使用美元进行国际交易，而交易则基于美元计价金融工具的可得性和美国金融市场的深度，包括用于对冲美元汇率和利率风险敞口的衍生品市场。它还依赖于美元对大多数其他货币的相对稳定，进而使人们相信美元是一种有效的交换媒介和价值储藏手段。

美元在外汇交易、银行融资、商品和服务进出口、央行外汇储备和国际贷款中的高份额揭示了美元在全球的使用情况（见图6.2）。美元的广泛使用意味着以美元计价的大部分证券和其他负债由国外实体持有。

国际上关于美元的使用激起了相当大的批评。一些观点认为，由于外国人有义务持有以美元计价的债务，从而为美国提供了较低的融资成本，并使其得以维持巨额外部赤字，美国因此获得过高的利益，而这通常与"过度特权"的概念有关。另一些观点则认为，美元的受欢迎程度是一种负担，因为与其他国家不同，美国无法将汇率作为一种有效的政策工具。美元的普遍使用和相当多的外国人持有美元债务，使得美国与其他国家之间建立了深刻的相互依赖关系。

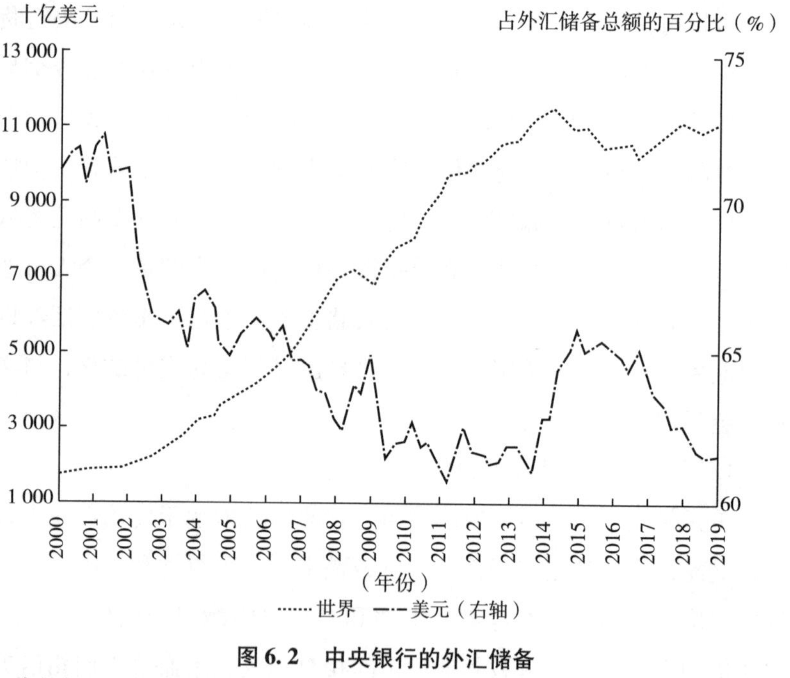

图6.2　中央银行的外汇储备

资料来源："数字美元"项目。

美元在国际交易中的重要性使得美联储成为唯一能够创造国际流动性的中央银行。2020 年 3 月，美联储与一些主要央行签订增加和扩大美元货币互换额度的协议，这显示出美元对支持有序国际交易的重要性。美元流动性的缺乏（通常表现为美元对其他货币的升值）往往与金融危机有关。

美元的成功取决于许多关键因素，这些因素解释了为什么大多数国家的货币没有在国际交易中被广泛接受。大多数货币不具备货币交易、清算和结算所需的基础设施，包括深层次、流动性的金融和对冲市场以及技术和操作渠道。大多数货币也无法享有可与美元相比的经济和政治稳定、法治环境以及可在本国以外使用的信任。虽然一些国家希望本国货币在国际上发挥更大的作用，以减少对美元的依赖，但美元的持续坚挺表明它将继续享有巨大的优势。

数字美元的发行在一定程度上意味着，美元通证化不应被视为一种防御性措施，而应被视为一种积极主动的机会，以加强支撑美元货币的技术基础设施，从而保证其在全球经济中的未来地位。

2. 美元未来效用的改善

支付日益数字化改变了货币，因此，货币需要适应新的支付需求，以保持其效用。随着信用卡（如 Diners Club）、实时总结算系统（如 Fedwire）和在线汇款（如 PayPal）的引入，美国成为支付创新的先驱。美元的主导地位可以归因于许多因素，其中一些因素源于 1944 年的《布雷顿森林协定》产生的网络效应，以及迄今为止缺乏挑战储备货币地位的竞争对手。然而，美元的效用一直是而且仍然是一个关键的成功因素。美国应该确保其货币继续保持竞争力，因为过去的表现并不能作为未来成功的指标。

几个世纪以来，货币一直以账本（账户）来表示。簿记意味着货币作为簿记员的一项责任存在，各方将需要与同一簿记员持有一个账户，以处理同一笔钱。记账分录意味着货币的存在是记账主体的债务，并且各方将需要在同一记账主体处开立一个账户才能使用该笔资金进行交易。硬币和现代银行票据的泛滥使货币的便携性与账本（账户）系统并行存在。然而，美联储的便携式数字货币却并不存在。

货币的数字便携性赋予了它新的功能和效用。其中一项创新可能是创建消费者电子钱包的基础设施，它能实现数字美元的保管和恢复功能，而这是实物现金无法实现的。证券可以在任何地方用央行货币进行结算，外汇可以通过简单的央行货币互换来交换，紧急救助可以实时发放。货币关系也将变得更加直接，且执行更加迅速。

类似于现金，数字美元将是独一无二的，它只存在于一个地方，并且由所有者负责。如果有人丢失或毁坏钱包中的现金，银行不会负责补回丢失的现金。同样，如果数字美元从银行系统中取出，存在个人的非托管数字钱包中，该数字钱包丢失或毁坏，个人将全部承担该损失。这可能会影响个人在受监管的保管钱包或银行账户之外持有资金的决定。因此，如何存储、备份和维护CBDC的灵活性应该通过政策、监管和基础设施讨论来确定。

尽管货币创新通常是由私营部门的参与者开发，但是央行货币在提供信心和降低结算风险方面仍然发挥着关键作用。央行货币的这种特殊作用意味着，美国不能把所有的货币创新都委托给私营部门。因此，将数字美元发展成一种公共物品，私营部门创新者可以在此基础上进行开发，这将影响其未来的效用。

3. 美元全球主要储备货币地位的保持

在21世纪初的虚拟世界中，大部分可贸易商品、金融基准和重要合约的计价单位都是美元。当我们接近21世纪中叶时，新技术的出现使有价值的东西能够数字化和通证化。在全球范围内，各国政府和私人机构都在尝试商品、合同、法律头衔，以及最关键的商业和央行数字货币的通证化，这些货币可以与算法驱动的智能合约紧密结合起来。尽管这种数字创新尚处于萌芽阶段，但它正在全球范围内持续不断扩大。

美国应该深入思考自己将扮演何种角色，以及其核心价值观将在多大程度上融入包含有数字基础设施和通证化货币的未来体系的原则和设计中。

如果美元要在未来继续保持世界主要储备货币的地位，它就不适合继续作为一种模拟工具和记账单位来衡量那些被视为数字通证化的东西。它本身必须成为一种数字通证化的货币，来衡量和支持世界上数字通证化的有价值的东西，并与其进行交易。

如同虚拟经济时代一样，要使美元继续成为主要储备货币，美国 CBDC 必须将美国长期以来的经济稳定、个人自由和隐私、自由企业和法治价值观融入数字时代。

如果支付系统能够绕过在经济和地缘政治上与美元储备紧密相连的西方银行，那么经济制裁作为美国外交政策核心和统一工具的有效性将面临重大风险。这意味着美国的全球领导地位，尤其是在软实力方面，也将面临风险。此外，如果外国央行不再需要维持美元储备来为购买美元提供资金，对美国政府债券的需求就会下降，从而给美国财政政策带来更多的约束，相应的，政府和消费者的利率将上升。

美国不能把美元在国际金融体系中的主导地位视为理所当然。除了上述提到的其他关键因素外，若美元仍然停留在虚拟状态（包括人工流程和传统基础设施），而其他主要央行正在推进对央行数字货币的考虑与布局，那么美元的主导地位就会面临风险。美元要想保持其卓越的地位，就必须与时俱进且具备技术竞争力。

在这个全球经济充满高度不确定的时代，美元为长期稳定全球经济发挥着至关重要的作用。因此，美元需要调整以适应消费者、企业和政府日益增强的数字功能需求。美元的国内外地位在很大程度上取决于美联储能否在数字世界中提供这些新的和必需的功能。

4. 数字美元带来的新机遇

数字美元的出现将催生新的产业，并促使现有的生态系统现代化。就像几十年前互联网以及最近智能手机和应用程序商店诞生的那样，带来一股创造力、效率和消费者中心主义浪潮的出现。与之类似，数字美元将为新的参与者和已有参与者创造新的机会。

数字货币的可编程和可定制性使得私营部门能够提供不同的隐私定制、数据所有权控制、交易和财务管理效率以及金融可访问性。

数字美元不仅能创造新的市场，而且还能让新的参与者进入成熟市场。数字美元的好处可以应用于细分行业的市场需求和风险领域。随着市场参与者获得数字美元能力的巩固和提升，他们可以将其应用于特定的行业。数字美元还将为私营部门提供一个现代化的货币结构以供其利用和发展。

5. 初级应用场景

“数字美元”项目再次重申，引入通证化美元的一个关键点是，它将与现有货币形式并存，并加强金融服务基础设施的竞争和选择。因此，该项目并不期望数字美元能够实质性地改变所有的现有过程，而是在特定的用例中获取利益并释放新的机会。

该项目可通过概述几个初级应用场景来加以阐释（见表6.2），并认为通证化的美元可以增加应用场景的实质性价值。当然，这只是初步设想，后续还将会在联合利益相关者、公共部门的基础上加以改进和完善。

表 6.2　数字美元设想的应用场景汇总

类别	用例	受影响的利益攸关方	规模	假设的美国 CBDC 效益（定性和定量）	假设的试点
国内支付	点对点（P2P）支付	消费者（最终用户） 商业银行 移动支付提供商	3 100 亿美元交易价值（2019 年）	更快地获得资金 降低移动支付转移的成本 增加金融包容性 提升开发人员构建安全数字钱包的速度和便捷性	与决策者和私营部门合作，管理利益，确保零售商能够接受通证化货币； 与私营部门合作，利用现有的或创造低成本的数字钱包
	国内零售支付（消费者）	消费者（最终用户） 商业银行 零售商 移动支付提供商	7.08 万亿美元信用卡支付总额（2018 年）	减少束缚的流动性 降低对中介机构的需求 增加消费者支付选择 引入类似现金的国库福利 减少核查费用	同上
	国内零售支付（企业）	制造商 批发商 零售商	25 万亿美元美国的 B2B 支付额（2016 年）	为非 Fedwire 参与者引入类似 Fedwire 的好处 引入结算的终结性 降低结算风险	与生态系统内的目标利益相关者合作（例如农业供应链）
	货银两讫支付（DvP）	结算和结算系统 买方 卖方	美国股市日均交易量 1 亿笔（2018 年）	引入结算创新，直通式处理，提高风险和保证金要求的效率	与清算和结算机构合作，为通证化资产试点 DvP

续表

类别	用例	受影响的利益攸关方	规模	假设的美国 CBDC 效益（定性和定量）	假设的试点
国际支付	汇款支付	消费者（最终用户） 商业银行 银行中介机构	684 亿美元的海外汇款支付（2018 年）	在不需要中介的情况下转移资金 降低转移资金的成本 提高汇款支付处理的速度和效率	在美国和伙伴国之间的目标走廊上建立试验性伙伴关系（例如，墨西哥获得 2019 年从美国到墨西哥的 300 亿美元汇款）
	跨境支付	机构付款人和收款人 代理银行 结算代理	136 万亿美元的跨境支付流动（2018 年）	引入原子结算、交易监督透明度、风险管理和互操作性 提高效率 实现前端模块化创新 改善利基贸易走廊的经验	同上
政府福利	福利管理	政府机构 消费者（最终用户）	美国 5 220 万人领取福利金（2012 年）	精简、透明和快速分配利益 操作时间和成本效率	与联邦或州政府机构合作部署福利
	特例	政府机构 消费者（最终用户）	1. 25 亿新冠肺炎患者接受救助（2020 年） FEMA 为纽约飓风“桑迪”灾后恢复提供 169 亿美元的援助	在危机和国家紧急情况期间，迅速和自主地向家庭和公司转让无风险支付手段的新能力	同上

资料来源：“数字美元”项目。

数字美元对全球金融体系的影响与挑战

尽管“数字美元”项目并非是美国官方的设计，美元最终朝着何种方向迈进仍然不得而知。但无论是当今体系下的美元还是未来的数字美元都必然要“巩固美元的全球货币霸权地位”。

美元霸权在全球范围的体现，既包括美元主导下的国际金融组织体系与运行秩序，还包括在 SWIFT 框架下以美元为主导的支付结算体系等，此外还有以美元为主导的货币体系以及其与大宗商品的紧密关联等。当然，更有可能包括以数字美元为主导的全球数字货币体系。在霸权思维根深蒂固的前提下，以及享受到金融霸权带来的多重利益后，美国是不可能轻易放弃美元世界的金融秩序，尽管其存在诸多的深层次问题。

考虑到美元的币值坚挺和使用范围宽广，数字美元的推出在很大程度上具有先天优势，更容易被民众和企业接纳。于是，在此基础上的货币政策操作与宏观目标调整也许会变得更加有效，特别在出现全球经济危机和金融动荡时，美国可以通过数字美元内嵌的美元霸权将经济损失转移给其他国家。同样地，美国仍然可能使用数字美元实现全球范围的资源配置和战略调控，包括使用数字美元进行更为精准的经济制裁和军事打击。在当前全球支付结算体系始终绕不开美国主导的前提下，数字美元可能更加容易与支付结算系统相结合，并从软硬环境方面迫使更多的群体接纳和采用它。这在很大程度上对全球货币体系、金融稳定乃至政治格局等带来不利影响。不过这种不利影响的程度也可能取决于其他国家发行的央行数字货币的公信力和接纳程度，如人民币央行数字货币、英国央行数字货币以及欧洲央行数字货币等。

“数字美元”项目的推出势必会催生更多的思考与讨论，即美元应该如何在面向未来的数字经济时代成为主导者。与之对应的是，人民币数字货币已经推出并在内部测试。两者间的对垒是不可避免的现实。数字美元一旦正式推出，一方面，会影响到中国内部经济和金融的正常运行，届时全球经济和金融秩序也将面临一定的调整；另一方面，对于人民币国际化进程势必会带来更加强烈的干扰。不过，考虑到美元霸权的持续存在以及数字美元下的信息监控可能影响使用美元的需求，由此未必会带来对人民币的挑战，相反这会是人民币在国际货币储备调整中的一次绝佳机会。但是，无论如何，中国央行都需要密切关注数字美元动态，事先做好措施安排，以防极端事件出现给中国经济和金融带来不利影响。

最后，特别需要注意的一点是，要高度警惕数字美元和私人数字货币的强强联合，特别是在当前美国联邦法院将比特币视为货币的前提下。数字美元有美联储的背书，具备足够的公信力，私人数字货币则因其能够满足一定的匿名需求而可能被更加广泛的接受。未来，如果数字美元采取公私合作的方式，可以预见，全球央行数字货币的竞争将更加激烈（尤苗，2020）。

加拿大央行数字货币实践

加拿大央行从 2016 年就开始关注分布式账本技术的应用，也积极开展与本国私人部门和其他国家央行的合作研究。2016 年 3 月，加拿大央行与该国结算系统的主要运营者加拿大支付（Payments Canada）、金融创新联盟 R3 和加拿大本土的一些金融机构合作展开 Jasper 项目研究，针对分布式账本技术在银行间批发型支付结算中的应用，这也是在国际范围内首例中央银行与私人金融机构合作开展的分布式账本技术研究，目前该项目已经成功完成了三个阶段的探索，并且发布了研究成果的白皮书。在2019年，加拿大央行还与新加坡金融监管局展开了合作研究，利用分布式账本技术对Jasper项目和Ubin项目下不同平台间跨境高额支付的可行性进行了验证。2020年1月，加拿大央行也作为成员之一参与了六个央行与国际清算银行共同组成的央行数字货币研究小组，积极推进央行数字货币领域的经验交流与国际合作。

一、项目背景和目的

近年来，许多物力都投入到了金融科技的发展领域，其中，比特币出现之后，分布式账本技术也进入了人们的视线，在该技术上的新探索进一步拓展了其应用场景，也让其客户体验优化、资产转让效率等优势凸显，尤其是分布式账本技术在支付领域的应用所能带来的快捷、透明和弹性的支付改善引起了世界范围内的金融机构和支付组织的关注。加拿大央行认为，在支付产业中，分布式账本技术的应用至少能够带来六方面的潜在收益：第一，可以提升金融机构内部和跨机构证券交易清算支付过程和对账的效率；第二，可以减少参与的金融机构高代价的差错和纷争出现的可能性；第三，对于与处罚相关的错误报数的定位和对金融交易的审计追踪的清晰性和一致性维持有潜在的益处；第四，维持系统的透明性和央行等监管部门的监控；第五，保留金融机构的信息隐私性；第六，利用智能合约提升系统的自动化。

在此背景下，加拿大央行在2016年3月开始了名为Jasper的项目，这一项目是基于分布式账本技术在加拿大银行间支付结算上进行的测试，目的是评估在加拿大的金融市场基础设施环境下，分布式账本技术可以发挥的潜在作用和该应用可以带来的收益，包括是否能够提升结算系统的效率和推进支付环境中的创新等。

二、业务模式与技术选择

在 Jasper 项目已经完成的试验中，央行数字货币的定位是批发型数字货币，目前三个阶段的试验都着力于验证搭建在已有的分布式账本技术平台上的 Jasper 平台是否能够完成银行间结算的基本要求，在与新加坡金融监管局的合作试验中，也主要对双方建立在不同平台上的系统间进行跨境大额支付实现的技术可能性进行了验证。

Jasper 项目的定位就是分布式账本技术在银行间支付中的应用研究，因此各阶段所使用的概念验证平台都是基于已有的分布式账本平台建立的，第一阶段选用的是以太坊平台，但效果不佳，因此第二阶段和第三阶段转向了 Corda 平台。项目基于已有平台，配合需求添加了一些额外的架构，在模拟建立起来的 Jasper 平台上进行一系列的模拟测试，以验证系统效率和安全性等问题。

三、测试内容

1. 第一阶段

Jasper 项目的第一阶段开始于 2016 年 3 月，同年 6 月完成，历时三个月，测试利用中央银行发行的数字结算资产进行价值交换的能力，这主要是对分布式账本技术在银行间支付结算中的应用进行测试性的回顾。这一阶段的模型是在以太坊开源代码（Solidity）基础上创建的，以“工作量证明”作为共识机制并加上自身的定制而成。系统为每个参与的银行提供了专属的接入点，同时赋予它们开户和发送交易信息或配置合约的权限，而只有 R3 这一个节点可以接收交易信息。第一阶段的主要目的有两个：第一是构建一个央行发行的数字货币方案，包括货币的发行、转账、结算和销毁；第二是利用快速成型的技术测试和验证交易、操作和技术的假设，其中建模则聚焦在中央银行账本记入和输出的接入点。在这一阶段使用的结算资产是一种可以反映加拿大央行账户中的加元存款的数字存托凭证（DDR），只有参与测试的银行可以用该凭证进行交易。同时，程序也需要保证 DDR 和加元之间的互相兑换。

在第一阶段的测试中，加拿大央行发现在非生产的场景下，Jasper 平台的预期功能是可以实现的，但其应用也存在明显的问题。第一，试验中所使用的协议系统是建立在“工作量证明”基础上的，即交易被记入数据库之前要求所有的 R3 联盟成员都要确认两两之间的 DDR 交换协议，而当交易量上升时，这样的方式在时间和能耗上都存在问题，实际的应用效率并不比现行的结算系统高；而且在这样的设计下，结算完成的时间无法读取，因此需要依赖提前存够资金的账户，这样既浪费了效率，也增加了参与金融机构的交易成本，无法适应现有外部架构的需求。第二，分布式账本技术本身是去中心化的，而现有的结算体系却是建立在中心化的基础设施之上，两者在配合时本身就存在设计性的挑战，比如以太坊本身的设计中所有参与者都可以看见中心账本，并不能保障数据的私密性，但在添加了中心化的设计之后，参与者只能看见自身的头寸，而其他参与者的头寸披露要由中心节点加拿大银行来决定，这就使得实际交易中的参与者可能面临信用风险。第三，以太坊平台本身在使用中也存在一定的问题，比如无法持续连接、交易处理不一致和智能合约无法更新等问题，这也对基于其建立的第一阶段的 Jasper 平台的可靠性产生了很大影响。

2. 第二阶段

由于 Jasper 项目第一阶段的测试效果不佳，于 2016 年 9 月开始进行的第二阶段测试选择了替代性的 Corda 平台，一方面测试在新模型下的分布式账本技术的可扩展性和弹性，同时进一步整合当下银行间结算体系中的功能。第二阶段测试的模型基础 Corda 平台是由 R3 联盟开发的，这一平台引入了“公证节点”作为其协议的核心，在买卖双方确认交易信息的基础上，公证节点需要确认交易的唯一性，以避免“双花”问题。第二阶段的模型只在测试环境下使用，并没有与外部支持抵押管理和优化等功能的系统进行整合，交易仍然依赖于过去的“确认+兑换”模式，但项目组设立了附加的参与者节点以支持两家新的银行加入这一计划。Corda平台在设计上可以容纳多种结算选择，除了原子交换外，还加入了流动性节约机制（LSM），即批量进行的净额结算，这与现在正在使用的基础设施所能提供的服务是相似的。净额结算推进了资金效率，同时带来了日内支付流的平滑，而这也是将带有支付匹配算法的中心队列应用于DLT技术平台的首次尝试之一。第二阶段同样完成了数据驱动的模拟试验，并以此评估项目平台的操作和性能。试验中选取了小规模的被特殊设置过的数据集，由此可以评估平台在极端情况下的表现，而支付程序的容量评估则是基于比在大额资金划拨系统（LVTS）观察到的日交易量更大的数据集的基础上模拟来实现的。

与第一阶段的测试结果相比，第二阶段的模型在性能上具有明显优势。一方面，第一阶段的模型中存在交易失败的可能性，第二阶段的模型则依靠公证节点的引入，使得交易变得更加确定和及时；另一方面，第一阶段的模型不够高效，每分钟只能达到14次交易结算（这与现行系统下的结算速度是相似的），在进行原子互换的结算方式下，结算速度直接制约了未来交易量的上限，但在第二阶段的系统中，由于执行了流动性节约机制，采用净额结算，交易量的增长则不会成为问题。在加快交易速度的同时，由于平台设计的差异，参与的金融机构间信息的私密性也得到了保障。

3. 第三阶段

Jasper项目的第三阶段在前两阶段的基础上进一步拓宽了分布式账本技术的使用场景，从仅进行批发型的支付加入了上市证券资产的结算，为此也加入了多伦多证券交易所集团和埃森哲作为合作者。项目开展仍然沿用了之前的方式，使用分布式账本技术构建概念验证阶段的系统与已有的市场基础设施对接并测试。这一阶段的测试系统试图将现金与证券的账本合并，并参与到大额资金划拨系统（LVTS）中，以促进每日综合现金报告和证券清算结算系统中的加元结算。第三阶段的研究聚焦于建立一个可以在技术、实操和现金及抵押物使用三方面取得效率提升的模型，替代现行工作流程中对证券和支付的不同结算流程进行记录的集成式分类账模型。基于这些考量，模型的构建应该包括以下关键点：一是需要发布私人的分布式账本网络；二是将现金和股票的仓位凭证化；三是实现选择结算条件；四是执行证券和现金都以逐笔全额方式同时交割的券款对付结算模式。[①]

第三阶段仍然使用了 R3 的开源平台 Corda 并执行了八周的操作时间表，选取了更有代表性的基本逻辑下的结算场景，包括最少的参与者、用证券存托机构扮演中央对手方结算角色、聚焦于券款对付和最小化的资产互动（信用扩张）。测试发现，基于分布式账本技术的系统能够功能性地实现对资产和现金进行的不可撤销的结算步骤，包括在共享账本上交易双方券款对付的现金和资产流结算，并能够实现多方面的效率提升。首先，将证券和现金在共享账本上的凭证化带来了券款交易中更好的资产互动，提高了现有体系的技术效率，因此后续会组织更多券款对付模型的应用和扩展测试；其次，即时结算完成的实现也使得即时进行现金和股票凭证的再使用成为可能，提高了流动性效率；最后，市场参与者的实操价值也得到了确认。但加拿大央行也表示，现阶段有限规模和范围的概念验证模型虽然取得了不错的结果，当实际应用中加入更复杂的交易程序时是否还能够实现明显的成本节

① 注：券款对付实际执行包括三种模式，模式二指的是仅有资金以净额方式交割，模式三指证券和资金都以净额方式交割，此次实验中采用的是模式一的结算方法。

省和效率提升还值得进一步探讨，在更多可能模型下系统性能的进一步测试也是有必要的。

4. **与新加坡金融监管局的合作研究**

在 Jasper 项目第二阶段和第三阶段测试中的模型设计都选取了 R3 联盟的 Corda 平台为基础，而新加坡的 Ubin 计划主要采用的是 JP 摩根开发的 Quorum 平台。一旦推出，就涉及跨境支付时需要在不同的分布式账本技术平台环境下进行交易，因此该合作研究目的就是探讨在现有的技术水平下能否实现不同分布式账本技术平台的跨境交易安全。该研究建立了一个简便的概念测试架构以沟通不同平台间的数据交换，具体的做法可以分为两步：首先在 Quorum 平台和 Corda 平台间应用哈希时间锁合约（HTLC），再通过建立保密通信交换平台间的具体交易信息，如图 6.3 所示。

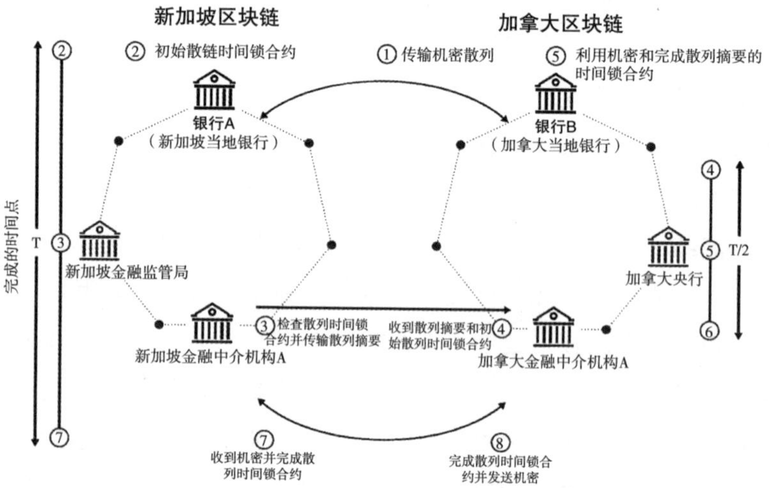

图 6.3　哈希时间锁合约（HTLC）概览

资料来源：Bank of Canada，Monetary Authorities of Singapore，“Jasper – Ubin Design Paper：Enabling Cross – Border High Value Transfer Using Distributed Ledger Technologies”.

该研究成功展示了在不利用可信任的第三方前提下，“跨境、跨货币、跨平台”的原子交易也是可以实现的。同时，在测试平台下，如果其中的某一行动失败则其他行动都无法继续推进，这保障了交易终端间的交易状态一致性。其中哈希时间锁合约的使用则可以帮助在没有被双方信任的第三方（传统金融体系中这一角色通常由金融中介扮演）的前提下，交易双方对技术平台本身能产生信任。这一机制的实现首先要求参与的分布式账本技术平台本身支持最基础的哈希时间锁合约，达到这一条件后，哈希时间锁合约可以实现转移中资产的锁定、向交易对手私密地进行信息披露以完成接收过程，同时，如果交易对手的交易行为失败，也有超时设计以解除前期的锁定。

虽然在测试中，通过哈希时间锁合约的应用建立起来的系统被证明可以实现不同分布式账本技术平台间不同货币的跨境支付，但这仅仅是央行数字货币跨境支付解决方案中的一种，也存在需要后期继续探索的问题，如系统的规模化、稳定性、对非分布式账本技术平台的兼容性和后续需要关注的法律、监管等问题。

四、研究进展情况与经验总结

虽然加拿大央行的 Jasper 项目开始较早，在技术平台选择和兼容性探索上进行了一些有益的尝试，与新加坡金融监管局进行的合作研究也验证了基于不同分布式账本技术平台进行的大额跨境支付在技术上是可行的，但从目前的完成度看，加拿大央行的测试仍然主要聚焦于批发型的央行数字货币，几乎没有对零售型的探讨。虽然目前的技术模型可以提供一定程度上的效率提升，但现有的结算系统也能满足目前日间流量需求，应用推广的激励性并不强，而且在银行间的系统内，分布式账本技术所能带来的私密性优势也体现不足。同时，在公布的报告中，加拿大央行对于现阶段在银行间结算系统中全面引入批发型的央行数字货币是否能够带来显著的成本节省和效率提升还持有观望态度，希望通过进一步的研究予以确认，因此短期内推行央行数字货币的实践可能有一定困难。

巴哈马央行数字货币实践

巴哈马群岛位于大西洋西侧，位临美国佛罗里达礁岛群的东南面以及古巴以北。2000 年开始，巴哈马在国内推行支付系统现代化倡议（PSMI），以改善国内部分地区在获取金融服务时成本高昂、效益不高的问题，希望可以改善金融普惠性，并使国内支付系统在联结金融服务时可以更加有效并消除歧视。作为该国支付系统现代化倡议的延续，巴哈马中央银行在 2019 年 3 月正式选择 NZIA 有限公司为解决方案提供商，并于同年 12 月 27 日正式开启 CBDC 试点项目“Sand Dollar”，在埃克苏马岛（Exuma）率先推出。

加入 Sand Dollar 项目的埃克苏马岛居民可以收到由巴哈马政府倡导的能够促进其岛链未来支付发展的手机钱包。居民可以简单通过与手机钱包联结的 QR－code 向零售商付款，而银行则以数字形式转移资金。巴哈马中央银行认为，这样的支付系统现代化发展，最终将可以削减货币印刷成本、交易费用，同时增强金融普惠性。

2020 年 10 月 20 日，Sand Dollar 项目在脸书上发文称，UTC 时间大约晚上 10 点，巴哈马共有 393 000 名居民开始使用 Sand Dollar。至此，巴哈马成为世界上首个正式推出 CBDC 的国家。

一、项目背景与目的

巴哈马作为加勒比海岛国，陆地面积仅 1.3 万平方公里，人口不超过39万，但却是美洲仅次于美国和加拿大的第三大富国。根据IMF数据，2018年人均GDP超过3万美元，全球排名第26位。但是与欧元区、法国和新加坡不同，巴哈马进行央行数字货币试验有其特殊的背景和动机，值得我们深入分析和挖掘。综合来看，可以从以下四个方面来理解。

第一，从巴哈马的地理环境看，巴哈马由700多个岛屿和2 400多个珊瑚礁组成，但真正有人居住的岛屿仅30余个。人口居住过于分散，加大了现金服务的成本，而且还不能完全覆盖到所有人口。虽然金融服务业是巴哈马的第二大产业，但却仅是针对离岸金融而言。巴哈马央行的报告也指出，虽然按国际标准衡量，巴哈马的金融发展和金融机会的平均指标很高，但由于一些居民区地处偏远，无法获得具体有效的银行服务，部分人口被排除在常规体制之外。此外，加勒比地区是热带飓风的活动地带，自然灾害的暴发也会使现金服务设施受到严重损害，解决无电无网络时的日常交易迫在眉睫。

第二，结合巴哈马的离岸金融中心地位看，巴哈马在大量吸引低成本资金流动的同时，也因法律环境宽松、信息披露要求少、监管存在灰色地带和空白，导致本身并不违法的离岸金融成为灰色和黑色资金的庇护所。巴哈马的AML/CFT执行情况评估风险级别一直处于较高水平。从报告中可以看出，近年来，巴哈马政府在KYC、AML/CFT等方面开展严格管理后，遭遇了种种排斥和反对的声音。

第三，从国家货币主权与铸币税角度看，巴哈马属于半官方美元化的国家，本国货币巴哈马元和美元同为法定货币，属于双货币体系。美元化作为一些国家的政策选择，在降低交易成本、抑制通胀、减缓汇率和利率波动的同时，也难免会侵蚀国家主权和铸币税。正如IBM官方货币与金融机构论坛（OMFIF）发布的报告所分析的，选择发行CBDC或许能成为解决这一问题的方法。OMFIF的调查显示，岛国经济体认为发行 CBDC 对铸币税的影响是积极的。对于美元化经济体而言，CBDC 提供了一种手段，帮助它们重新获得其对国内货币体系的更大控制。例如，马绍尔群岛为重新获得货币主权，正在开发自己的"主权加密货币"。

第四，从现金偏好与交易成本角度看，现金运行成本对于小型经济体来说居高不下。对于巴哈马这类岛屿经济体，一方面，自然因素导致现金运行高成本；另一方面，一些没有银行账户和无法获得银行服务的人群对银行或商业电子支付平台不信任或因距离远不方便，依然偏好现金使用。巴哈马央行的一项调查发现，高昂的商业费用也抑制了企业使用电子支付的意愿。因此，巴哈马央行认为，数字货币的推出可以给公众在各种交易活动中提供一个成本更低的选择。

巴哈马央行的文件指出，推出 Sand Dollar 项目的目的是让巴哈马的所有居民都能够在现代化的技术平台上使用央行数字货币，在法律和其他方面都拥有类似于现金的体验与便利。预计这将减少服务交付成本，提高交易效率，并提升金融普惠性的整体水平。尽管 Sand Dollar 项目的基础性框架也将严格关注保密性和数据保护，但现金的匿名性特点并未得到复制。

二、业务模式与制度安排

Sand Dollar 是数字版本的国家货币，即数字法定货币，而非加密货币、稳定币或巴哈马元的竞争对手，在各方面都等同于纸币。它不同于欧盟和法国等经济体发行的旨在提高大额支付结算效率的批发型 CBDC，而是侧重于以技术支持取代传统实体支持的零售型 CBDC。

Sand Dollar 方案主要包括打通新旧支付体系、具有离线支付功能、实现实时验证与交易、具有多终端支付功能、严控交易跟踪与信息使用、对欺诈犯罪实施监控、限制使用范围、进行钱包认证和身份验证等。依据该方案设计，巴哈马的数字货币可用于零售与批发两个领域，批发交易申请通常限制在银行间的支付结算，类似于清算所交易，而零售则面向公众支付环节。数字货币持有人和持有现金一样，等于持有对央行的债权。

在制度设计方面，巴哈马央行数字货币采用二元制发行管理架构。央行不直接向公众发行数字货币，而是采用双层运营体系，即央行先把数字货币兑换给银行或其他金融中介机构，社会公众通过这些金融中介机构完成钱包的注册并进行交易，在这个过程中坚持中心化的管理模式。

此外，巴哈马央行充分考虑发行 CBDC 可能会给货币政策和金融稳定带来的负面影响，如对传统银行业的冲击可能带来的存款搬家效应，如果 CBDC 计息导致大规模的资金转移，以及影响网络安全和各支付体系运行等负面效应，因此在设计方案中加入了一些限制性规定。第一，限制 CBDC 持有额度，按用户类别和客户尽职调查情况设定不同限额。对金融机构持有 CBDC 不设定上限。其他非个人钱包持有的 CBDC 为 8 000 元或其年销售额的 1/20，二者以较大者为准，但不得超过 100 万元；每月交易限额为 2 万元或年销售额的 1/8，二者以较大者为准。个人普通钱包持有的 CBDC 上限为 500 元，每月交易限额为 1 500 元。如经过更严格的客户信息调查核实后，个人月交易额上限可提高到 5 000 元，年交易限额为 10 万元（或每月 1 万元）。如果通过银行账户关联的钱包进行交易，可以在此基础上提高交易上限。为了满足 AML/CFT 的要求，央行有可能根据需要更改这些规定。第二，对钱包进行分类管理。个人钱包可以拥有不与账户关联的手机钱包，但消费额度受限。大额消费的钱包必须与国内银行存款账户关联。企业钱包必须与银行存款账户关联。第三，CBDC 不计息，从而避免出现与银行存款雷同、引起大规模存款搬家的可能性。第四，设立熔断机制。实时监控交易，提供早期预警，必要时应用熔断机制，以防止系统性故障或银行流动性挤兑。

三、技术选择

巴哈马央行选择总部设于加拿大的 NZIA 公司作为CBDC项目的主要合作伙伴，并将其描述为结合了 Zynesis 区块链研发实验室和科技巨头 IBM 的集体技能和专业知识。Sand Dollar 项目基于区块链技术展开，这与巴哈马政府致力于吸引区块链等技术项目，努力完善加密等监管框架的政策导向相契合。

四、业务与流程管理

该方案的运行主要涉及央行、央行批准设立的金融中介机构、公共部门（包括国家保险委员会）、一般企业、实体和公众。

央行负责发行 CBDC，登记和监测 CBDC 持有量。尽管央行不提供前端客户服务，也不直接赞助数字钱包，但它将最终维护所有数字货币个人持有的分类账。按照 ALM/CFT 标准集中管理持有人 KYC 身份验证数据，以便与政府部门共享客户信息。而作为公共事业的运行者与管理者，公共部门是 CBDC 的主要发起者和接受者，也是现代化支付体系中自动清算中心的直接参与者，另外它们拥有参与 CBDC 交易的一般企业的最多数据。银行等金融中介机构负责关联 CBDC 钱包与存款账户，在符合监管和钱包持有人同意的前提下从持有人存款账户实时直接扣款或提款，负责客户尽职调查，为支付服务供应商提供客户 KYC 资料。而一般企业和实体则代表了 CBDC 支付的核心业务。注册的钱包必须与银行账户关联，注册信息应与营业登记执照相符，以便利用税务部门的信息。公众：个人和小微企业个人业，主发起与接受 CBDC 交易。对于这类角色，央行按照交易活跃度，要求金融中介机构进行客户尽职调查，区分为经营账户和非经营账户。

使用巴哈马 CBDC，用户首先需建立钱包。用户下载 App 到移动设备（苹果IOS或安卓系统），通过授权服务商（包括银行、支付服务供应商等）进行账户设置，先启动最低级别的交易，进一步完成尽职调查，然后就可以使用更多功能。除移动App这类软钱包，巴哈马央行也将试点卡基钱包，以满足用户的不同需求。

一般个人钱包支付是由付款人利用卡基钱包或移动设备生成二维码，然后通过主扫（扫描收款人的静态二维码并输入支付金额）、被扫（扫描收款人带有内嵌CBDC金额的动态二维码）或通过收付双方钱包的唯一地址进行支付。

政府部门和企业发放工资、社会救济等批量支付，可以通过支付服务供应商开发的CBDC基础设施和交易平台进行批量处理 。这一点和自动清算中心处理的批量交易相似，不同之处在于使用的支付工具是CBDC。

五、方案进展情况与评价

自2019年12月以来，Sand Dollar项目在埃克苏马岛的试点已取得良好进展。2020年3月，巴哈马中央银行行长约翰·罗尔（John Rolle）表示，该行预计将对该项目进行设计更改，以满足因新冠疫情暴发而产生的支付需求。2020年10月20日，在前期试点的基础上，Sand Dollar开始作为一种国家支持的虚拟货币在全国范围内使用，巴哈马成为世界上首个正式推出CBDC的国家。

整体来看，Sand Dollar项目具有以下几个特点。第一，CBDC采用二元制发行管理架构。金融中介机构可以向社会公众提供钱包，公众不是直接在央行开户，而是通过中介机构完成钱包的注册并进行交易。巴哈马央行指出，预计央行最终将在提供前端解决方案方面发挥更小的作用，其重点任务是维护数字货币的数字账户。第二，通过钱包分类和CBDC额度管理控制风险。根据与用户银行账户的关联性，分为有关联和无关联两类钱包。个人可以有两类钱包，企业钱包必须与银行账户关联。钱包上限设置与钱包类别以及KYC 情况有关。有关联钱包、KYC 程度高的钱包，钱包限额和交易操作就越高，反之则越低。为防止银行挤兑引发金融动荡，设定了熔断机制，以确保金融稳定。第三，CBDC 不计息。无论是个人用户还是企业用户，持有多少都不计利息。CBDC 并没有复制现金的匿名性，但央行会严格控制保密问题与数据保护。第四，重视配套法规制度的修订。巴哈马央行在完善行政、技术准备的同时，加紧法律法规的修订，将同步完成央行法案、支付法案和 AML/CFT 规则的修订，为 CBDC 的发行管理提供法律保障。

可以看出，对巴哈马而言，Sand Dollar 项目的推行不仅能够降低交易成本，更重要的是，CBDC 的便利性和惠民性能够较好地契合巴哈马自身的地理条件，实现金融服务的全覆盖。此外，CBDC 的发行还可以减少现金使用的负面影响，随着 AML/CFT 机制的进一步完善，有效加强国家对洗钱和恐怖主义融资以及其他罪行的防范，能够帮助巴哈马转换“黑金保护港”的形象。CBDC 的普及也有利于提高经济活动整体评估和监测效率，为政策制定提供更有力的支持。

巴哈马对 CBDC 的研究、试点和推行能够对其他具有相似特点的国家带来示范效应，对进一步推进全球零售型 CBDC 的研发和推出，具有重要的意义和启示。

委内瑞拉“石油币”的实践

委内瑞拉位于南美洲北部，其最主要的矿物资源是石油，储量约占世界的 4%，居南美之首，同时也是世界上重要的石油生产国和出口国。石油产业是其经济命脉，该项所得占据委内瑞拉财政收入的绝大部分。

基于石油在委内瑞拉的重要性，委内瑞拉发行的数字加密货币又被称为“石油币”，每个“石油币”都有委内瑞拉的1桶原油作为实物抵押，2018年2月20日，委内瑞拉正式预售“石油币”，成为第一个发行数字加密货币的主权国家。2018年11月5日，“石油币”正式向公众开放出售，随后将在6家主流国际虚拟货币兑换所交易和流通。目前来看，“石油币”自发行以来遭受了颇多争议，面临着信任缺失、流通受限、价值不稳定等诸多困境，特别是支撑“石油币”的物资储备主要是委内瑞拉境内的一个380平方千米地区的待开采石油资源，然而开采需要大量新增投资。这意味着，“石油币”的真实性也有待商榷。总而言之，“石油币”并不是一个严格意义上的央行数字货币。

一、项目背景和目的

委内瑞拉的“石油币”有其特殊的背景和动机，包含国内和国外两个方面。

国内方面，提出“石油币”构想的根本原因是经济剧烈波动，通货膨胀与汇率贬值已经全面失控，执政者希望通过引进一种稳定的新货币来解决问题。2013—2017年，委内瑞拉通货膨胀率分别高达41%、63%、121%、254%和626%。伴随着恶性通货膨胀，委内瑞拉境内食品、药品等基本生活必需品资源不足，同时工资政策也与通货膨胀形成相互促进的恶性循环，失业率不断攀升，导致石油产量连续多年下降，且随着大宗商品价格下跌，委内瑞拉经济趋于全面崩盘。另外，委内瑞拉缺少稳定的政治社会环境，无法有效解决经济、民生、治安等方面的问题，引起民众不满，执政根基动摇。

国际方面，委内瑞拉受到美国的极端金融制裁。2017年底，委内瑞拉黑市与官方汇率之间差价超过1万倍，不仅导致官方汇率形同虚设，而且滋生腐败寻租的空间，超高通货膨胀的环境加上美国长期的经济金融制裁，委内瑞拉政府偿还国际债务异常艰难。再加上国际油价暴跌，使得委内瑞拉经济形势更是雪上加霜，经济崩溃随后又蔓延到石油生产领域，2017 年委内瑞拉原油产量锐减 29%，石油品质也出现严重下滑。

在内忧外患的背景下，委内瑞拉宣布发行“石油币”，目的在于进行国际债务偿付，同时成为委内瑞拉在国际市场上融资的一种新方式，进而帮助其渡过经济困难局面，打破美国金融封锁，提振本国经济。

二、业务模式与制度安排

“石油币”是由石油资产背书，并由委内瑞拉政府在区块链平台上发行的主权加密资产，是一种基于区块链技术的数字加密货币，而非法定货币的电子化。“石油币”定价 60 美元/枚，发行量 1 亿个，每个“石油币”由一桶原油做背书，50 亿桶石油储量作为发行“石油币”的物质基础。

“石油币”具有三个功能：第一，交换手段。“石油币”作为委内瑞拉的法定货币，可用于购买商品或服务，并且可以通过数字交易所兑换成法定货币和其他加密资产或加密货币。第二，数字平台。“石油币”具有商品或原材料数字表现形式的功能，以及为国内和国际贸易创建其他数字平台。第三，储蓄和投资。“石油币”将可在世界各地的电子交易所进行交易，也可以根据委内瑞拉相关法律进行直接交易。

需要注意的是，“石油币”作为一种投资工具、储蓄机制和公共服务的交换媒介，能与其国内的商品进行直接兑换。但“石油币”不能直接兑换石油，只能作为个人或机构缴纳税费和购买公共服务的支付方式，而且购买“石油币”不能以委内瑞拉法定货币（玻利瓦尔）支付，只能以美元或欧元支付。“石油币”与玻利瓦尔的汇率将由官方授权的虚拟货币交易所每日公布，且交易所必须是委内瑞拉政府指定的，贴现率也由政府设定。因此，虽然“石油币”的制度设计没有根本问题，但考虑到其只能用于在委内瑞拉国内缴纳税费和购买服务，而这些都是以玻利瓦尔计算的，因此“石油币”的实际价值完全受委内瑞拉政府控制。这从本质上违背了数字货币公开、透明和去中心化的基本特征。

三、技术选择

“石油币”的核心技术是区块链，每一个监管链信息完全是由以太坊区块链管理，同时还运用以太坊密码学进行钱包托管服务。而“石油币”的交易则是在以太坊平台上以标准令牌形式进行。区块链技术允许在无第三方监管情形下进行价值和信息的交易转移，可以成功应对创建透明、高效和包容的平台和金融工具的挑战。

四、业务流程管理

“石油币”的发行分为两个阶段：非公开预售阶段和首次代币发行（ICO）阶段。两阶段共向市场发行8 240 万个“石油币”，余下的1 760 万个将由委内瑞拉货币和相关业务监管局持有（SUPCACVEN）。

预售于 2018 年 2 月 20 日开始，包括在以太坊创建和销售代币，这个过程将促进和保证之后进行的“石油币”ICO 的需求。预售阶段将发行3 840 万数字代币，预售代币不会成为“石油币”网络的一部分，直到它被兑换或在 ICO 阶段被销毁。预售期间未能分配完成的“石油币”，都将会被公开发售，并且也都保持可用状态，直到所有数字代币被售完。

ICO 阶段“石油币”的发行量是4 400 万个，直至可供出售的这批“石油币”全部销售完毕。在 ICO 期间，将按照每 500 万个“石油币”实施四级递减折扣，直至完成。此外，ICO 期间发售的

"石油币"将通过区块链的可审查机制进行创建和销售。通过ICO募集的资金将主要用于"石油币"技术及其生态系统的可持续发展，以促进其得到市场大规模的采纳和应用。具体来说，募集资金的15%将用于"石油币"项目本身，15%用于"石油币"生态系统开发，15%用于"石油币"技术开发，55%投入委内瑞拉的主权财富基金。

五、方案进展情况与评价

"石油币"的发行是委内瑞拉获得投融资的一种新方式，在一定程度上打破了美国对委内瑞拉的经济制裁，但是并不能从根本上解决委内瑞拉的经济危机。

委内瑞拉"石油币"不同于比特币等既有数字货币，它以国家真实财富为信用背书，打破了原有数字货币的虚拟性，避免虚拟货币因内在价值缺失而导致的投机性和不稳定性。"石油币"由主权政府发行，赋予数字货币流通的合法性。在实施推广"石油币"使用新计划的第一周，委内瑞拉各地加油站近15%的燃油付款已使用"石油币"进行支付。这表明，"石油币"已在该国作为法定货币正式流通。"石油币"的推出在一定程度上起到带头作用，促进独立、透明的数字经济，既开放给公民直接参与，也将成为新兴国家发展加密资产和创新的平台。总体来说，在数字货币发展史上是一次全新的探索。

但是，由于"石油币"基本上只能应用于批发交易和跨境交易，实际上并不适合零售交易。在此背景下，政府给予"石油币"相对充分的担保，并且与零售交易所用货币处于完全不同的保证水平，结果很可能只是给腐败创造新的寻租机会而已。此外，"石油币"不能直接兑换石油，也在很大程度上影响国际投资者的积极性。而技术滥用则导致电子货币的监管举步维艰，黑客攻击和网络偷盗比比皆是，尚无法妥善解决。最后，委内瑞拉政府信誉和透明度也存在诸多问题。总的来说，国际社会对石油币的争议相对较大，尚不能称之为严格意义上的央行数字货币，不过在其发展中遇到的典型问题或许可为其他国家发行央行数字货币提供借鉴和思考。

第7章　欧盟及英国央行数字货币的实践做法及问题探讨

作为美元的主要竞争货币，欧元在国际货币体系中的地位一直备受关注，尤其是在经历欧洲主权债务危机、英国脱欧公投等重大事件后，欧洲各国货币的未来更是成为学术界和政策部门关注的热点问题。从欧盟的经济总量、对外贸易量和金融市场发达程度等方面看，欧元具备与美元一较高下的资格。然而，由于受到主权债务危机及其产生的一系列负面效应的影响，欧盟地区经济复苏乏力，欧元价值的稳定性受到了前所未有的挑战。再加上英国脱欧以后，欧洲地区政治经济前景充满了不确定性，欧洲各主权国家的不同利益诉求对欧元国际地位的发挥构成一定牵制，导致欧元在国际货币体系中的交易媒介、价值储藏职能受到一定程度的冲击。因此，在多重因素叠加的情况下，利用数字货币的技术优势重塑公众对欧元的信心，将成为欧洲各主权国家在国际经济中提升地位的重要途径。此外，近几年，欧洲国家的现金使用量大幅下降，以瑞典为代表的北欧国家已经逐渐步入无现金社会，现金使用量和供应量的锐减导致部分公众难以获得银行提供的相关金融服务，新冠疫情的暴发和蔓延进一步加剧了这一问题。与此同时，私人数字货币的快速发展也引发了欧盟对数字货币市场“反竞争”及其带来的潜在风险的担忧。发行法定数字货币是解决这些问题的一个有效尝试。

本章首先从欧盟和英国央行数字货币实践的背景出发，从货币主权、国际贸易结算、国内支付体系等角度分析欧盟国家和英国开展央行数字货币研发试验的动因，分析其技术基础，阐述央行数字货币的研究和进展情况，对其业务模式和技术选择等特点进行概括，并在案例部分对代表性案例进行深入分析，总结结论和经验。

欧盟及英国央行数字货币实践概述

在马里奥·德拉吉（Mario Draghi）任欧洲央行行长时期，欧盟一直对加密货币持有审慎态度。2018 年 9 月，德拉吉曾明确表示，由于基础技术缺乏稳健性，欧洲央行和欧元体系没有发行央行数字货币的计划。克里斯蒂娜·拉加德的上任扭转了欧洲央行对央行数字货币的态度，明确了欧洲央行对发行央行数字货币的立场：欧洲央行应在央行数字货币领域处于领先地位。2019 年 12 月，欧洲央行设立了央行数字货币专门委员会，加快研究数字货币。2019 年 12 月 19 日，欧洲央行宣布其数字货币布局，启动 PoC（概念验证）项目 EUROchain。2020 年初，欧洲央行理事会成立高级别工作组研究数字欧元，并于 10 月发布数字欧元报告。2020 年 3 月，法国央行正式启动央行数字货币试验。荷兰、意大利等国也对央行数字货币表现出积极态度并计划开展研究和试点。2020 年 7 月 23 日，立陶宛中央银行正式发售数字货币 LBcoin。除欧元区国家外，瑞典央行早在 2017 年 3 月就已开始正式实施 e－krona 项目，对央行数字货币的设计可能性、技术选择、结果评估和法律问题等展开了一系列研究和讨论，并于 2020 年 2 月进入独立环境测试。2020 年 3 月，英国央行也发布研究报告，对央行数字货币的适用范围模型构建及使用进行分析展望。

一、背景分析

1. 动因

分析欧盟各国和英国央行数字货币的实践做法、理解其方案选择和技术安排，需要对这些国家开展央行数字货币研究和试验的背景和动因进行深入剖析。欧盟国家和英国发行央行数字货币的动机主要可以从以下三个角度理解：

第一，从货币主权角度考量，通过发行央行数字货币维护主权货币体系的稳定、防范金融风险，应对稳定币给法定货币体系带来的挑战。欧洲议会在《加密资产：主要发展、监管问题和对策》(*Crypto - assets: Key Developments, Regulatory Concerns and Responses*)的报告中分析了全球性稳定币对金融稳定和货币政策产生的深远影响。报告指出，若全球性稳定币被广泛用于价值储藏工具，在金融体系不稳定时，居民会大量持有稳定币，导致国内金融动荡，也会导致国内存款下降，银行资金获取成本上升，给金融体系带来不利影响。此外，如果稳定币被用于日常支付，将会削弱货币政策传导效果，冲击一国的货币主权。发行央行数字货币，应对以 Libra 为代表的私营机构发行稳定币的挑战，捍卫货币主权，是欧盟及英国在当前背景下的必然选择。

第二，从国际贸易结算角度考量，通过发行央行数字货币挑战美元主导的贸易结算体系，提升在国际货币体系中的地位。布雷顿森林体系之后，美国确立了在世界货币体系中的绝对主导地位，并进一步通过其控制的大型金融机构以及美元与石油交易的挂钩巩固了美元的霸权地位，在全球建立起了以美元为主导的 SWIFT 国际货币结算体系。欧元自 1999 年创立以来，尽管走势良好，但仍未能撼动美元在国际货币体系中的绝对主导地位。根据 IMF 数据，截至 2019 年第四季度，美元资产在各国的外汇储备中占比高达 60.89%，欧元资产占比为 20.54%。而在国际贸易结算领域，欧元与美元的差距更为明显。根据SWIFT数据，2020年3月美元在国际贸易中的结算占比为85.83%，欧元仅为6.54%。早在2018年，时任欧盟委员会主席的让－克洛德·容克（Jean－Claude Juncker）就指出，欧盟作为能源进口大国，在只有约2%的能源进口自美国的情况下，80%的能源进口都以美元结算，是非常荒谬的。2018年9月，法国经济和财政部长布鲁诺·勒梅尔（Bruno Le Maire）对媒体表示，法国与德国决定创造一个独立于SWIFT的国际支付系统，以寻求对抗美国全球金融霸权，避免欧洲企业继续充当美国单方面对伊朗实施金融制裁的牺牲品。而研究和试点央行数字货币，将其用于国际贸易结算和跨境支付领域，能够实现点对点的直接交易，从而有可能在国际贸易结算中绕开美国控制的金融机构，重塑企业间、国家间的支付结算方式，建立起比传统的SWIFT更高效的独立于美元体系之外的国际货币结算体系，保护欧洲企业免受美国单边主义政策的冲击，提升欧元的国际地位。

第三，从国内支付体系角度考量，通过发行央行数字货币，满足未来的支付需求，解决现金使用量下降带来的一系列问题。英国央行在其报告《央行数字货币：机遇、挑战与设计》（*Central Bank Digital Currency: Opportunities, Challenges and Design*）中指出，现金使用量的减少是以消费者为中心的央行数字货币的驱动力之一，欧洲央行也在其报告中明确指出，民众现金使用率的下降将加速央行数字货币计划的进行。随着技术变化和创新推动，欧盟国家和英国的纸币使用量正在下降，私人金融部门发行的货币使用量持续增长。以瑞典为例，据加密媒体Bitcoinist报道，瑞典目前零售支付的现金仅占GDP的1%，超半数瑞典零售商称他们最迟将在2025年停止接受现金。依赖使用现金的人们发现，获得现金的渠道正变得越来越受限，这一现象在英国农村社区也非常常见，2020年以来新冠疫情的蔓延更是加剧了这一问题，现金使用量和供应量的锐减可能会导致公众难以获得央行的无风险资金和相关金融服务。央行数字货币的发行可以向公众提供更具有弹性的支付方式，使得家庭和企业能够更为快速、高效地进行支付，从具有创新性、竞争性和包容性的支付系统中受益。

2. 技术基础

央行数字货币的落地需要技术的支撑。欧盟各国和英国在过去几年间对信息科技的大力投入以及在金融科技领域，尤其是区块链技术的快速发展为央行数字货币的研发和试验提供了坚实的技术基础。

欧洲在许多方面引领了区块链的发展。2016 年 11 月，欧盟委员会与欧洲议会成立金融科技分布式账本技术特别小组。2017 年 3 月，欧盟委员会召开金融科技公共咨询会，目的在于向利益相关方征询对金融科技发展政策的意见。2018 年 3 月，欧盟委员会出台了金融科技行动计划（FinTech Action Plan），欧盟相继出台了大量具有针对性的机制，推动欧盟区块链实践，并利用“监管沙盒”设立一般性原则和标准等。2019 年 10 月 8 日，欧盟委员会联合研究中心（JRC）发布了报告《区块链的现在和未来——评估分布式账本技术的多维影响》，明确指出欧盟政策层面的主要焦点是新兴的加密资产和虚拟货币（如比特币），肯定了在资金的跨境转移等支付方面，分布式账本技术为金融部门提供担保的潜力，强调欧盟和成员国应采取一系列行动加强其在区块链领域的领导力和所有权。

网络支付也是欧洲金融科技着力发展的一个重要领域。为了适应数字网络时代的发展、推进欧洲数字化的进程、规范网络支付、保护消费者的支付安全，欧盟颁布支付服务修订法案第二版（PSD2），该法案的颁布将带来欧盟支付体系的变革，推动整个欧洲新型支付的发展。2020 年 7 月 2 日，来自德国、法国和其他三个欧元区国家的 16 家银行表示，预计欧盟新的支付系统将在 2022 年启动并运行，实现完全数字化支付。

英国也是最早提出促进区块链技术发展和加强区块链公司业务监管的国家之一。早在2016年1月，英国政府就颁布了关于区块链技术的重要报告《分布式账本技术：超越区块链》（*Distributed Ledger Technology：Beyond Block Chain*），探索分布式账本技术，分析将其运用于传统金融行业的可行性。2017年，英国区块链协会成立，同年10月，英国央行在其金融科技加速器项目中增加了区块链概念证明，以测试分布式账本技术系统配置的维度以及如何在分布式账本中提升数据的隐私性。2018年7月，英国金融监管局批准11家区块链和分布式账本技术公司接受“监管沙盒”；2019年5月，又有3家区块链公司进入“监管沙盒”。除了政府的大力支持外，英国庞大的金融服务业规模和丰富的人才储备也为其金融科技的发展提供了良好的生态。

从上可以看出，欧盟和英国是全球金融科技行业蓬勃发展的主要地区，金融科技的发展给欧洲金融生态带来了深刻影响，也必将进一步推动央行数字货币的发展。

二、进展及模式总结

1. 研究和试验进展

当前，欧盟主要国家和英国开展央行数字货币研究和试验的进展情况如表7.1所示。

表7.1 欧盟主要国家及英国央行数字货币进展

国家/经济体	央行数字货币进展	项目概况
欧元区	PoC项目EUROchain测试中	2019年12月17日，欧洲中央银行发布PoC项目EUROchain，基于Corda平台构建一个简化的央行数字货币支付系统来平衡数据应用和隐私保护之间的关系，并同时兼顾AML/CFT审查。目前已经有18个欧洲国家的中央银行参与到这项自愿倡议中。

续表

国家/经济体	央行数字货币进展	项目概况
欧元区	数字欧元项目发布报告	2020年1月，欧洲央行理事会成立高级别工作组推进数字欧元工作，并于10月发布《数字欧元报告》，为即将启动的央行数字货币项目奠定基础。该报告主要探讨了用于普通大众零售交易的数字欧元的设计框架。
法国	启动央行数字货币试验	2020年3月27日，法国央行发布《央行数字货币试验招募书》，正式启动央行数字货币试验。 2020年5月20日，法国央行宣布已成功完成了有关数字欧元的首次测试。 2020年7月20日，法国央行公布了8名参加数字欧元测试的候选人名单，将在接下来的几个月中与这8位参与者就他们申请中的提案展开合作。
瑞典	e－krona 项目测试中	2017年3月开始央行数字货币项目 e－krona。2020年2月，瑞典央行宣布与埃森哲公司合作开展 e－krona 的独立环境测试。
荷兰	考虑研发本国及欧盟各国可用的数字货币	2020年4月，荷兰央行表示看好央行数字货币，考虑研发本国数字货币，并希望成为欧盟各国央行数字货币的试验场。
奥地利	RBI Coin 项目试点	奥地利中央合作银行（RBI）与金融科技公司 Billon 合作，开展国家数字货币试点，锚定欧元或任意中东欧国家货币。该试点计划进行到2020年底，旨在加快跨境银行间或公司间交易，并改善流动性管理。
立陶宛	LBCoin 项目	2020年7月9日，立陶宛央行发行的数字货币 LBCoin 开始在网站上注册预售，7月23日正式发售。该数字货币基于区块链技术生产，也是立陶宛试点具有国家支持背景的数字货币和区块链技术项目的一部分。

续表

国家/经济体	央行数字货币进展	项目概况
意大利	已推出官方指南，准备测试数字欧元	2020年6月，意大利银行业协会（ABI）推出发行数字欧元的官方指南，准备测试数字欧元。目前，ABI已在其Spunta项目下运营分布式账本基础架构，希望通过参与相关的项目和测试帮助加快由欧洲中央银行支持的数字货币的实施。
英国	已发布相关报告，建立平台模型	2020年3月，英格兰银行更是发布了题为《央行数字货币：机遇、挑战和设计》的研究报告，对央行数字货币的适用范围、模型构建以及实际使用进行分析和展望。
德国	暂不考虑	德国央行不急于推出央行数字货币，但在进行数字货币的试验，涉及德国央行和商业银行之间的支付交易。

资料来源：网络公开资料整理。

自2020年以来，欧盟各国和英国央行数字货币的研发和推出明显加速，其中，欧洲央行、法国和瑞典在欧洲央行数字货币实践领域处于领先地位，已经进入测试阶段，之前对央行数字货币持谨慎态度的荷兰、意大利、奥地利等国态度也转为积极，明确表态即将或计划在央行或金融机构层面开展央行数字货币的试验。英国已经在理论层面对央行数字货币的模型构建和实际应用进行了分析，并有望在几年内推出。

而在欧盟经济中居主导地位的德国，早先对央行数字货币持反对态度，德国央行行长魏德曼（Jens Weidmann）在2019年5月29日召开的德国央行研讨会上明确表示，央行数字货币的推出可能会破坏金融体系稳定、加剧银行挤兑风险。但随着以Libra为代表的私人货币的迅速发展，其态度发生了转变。德国财政部长舒尔茨（Olaf Scholz）在当地商业新闻杂志《经济周刊》（Wirtschafts Woche，简称WiWo）发表的一份报告中表示，国家核心主权之一就是发行货币，不会将其留给私人公司。德国央行虽然不急于推出央行数字货币，但已经积极开展涉及央行和商业银行间支付交易的相关试验。

2. **模式总结**

不同国家央行考虑的出发点不同，发行的数字货币也会有差异。白井早由里（Sayuri Shirai，2019）在亚洲开发银行报告中指出，从技术选择和应用场景两个角度看，可大致将现有公布的央行数字货币方案分为四类：基于分布式账本技术和不基于分布式账本技术的央行数字货币、零售型和批发型央行数字货币。已公布央行数字货币方案的欧盟国家和英国在应用场景、技术选择和主导机构等方面的具体情况如表 7.2 所示。

表 7.2　欧盟主要国家及英国央行数字货币项目技术选择和应用场景

国家/经济体	项目	批发/零售	应用场景	技术选择	主导机构
英国	数字英镑	零售型	零售场景	多选项考虑中	中央银行
欧洲央行	EUROchain	批发型	证券交易结算	DLT	中央银行
	数字欧元项目	零售型	零售交易	DLT 或其他技术	中央银行
法国	数字欧元	批发型	金融机构间支付结算	无特定要求	中央银行
瑞典	e – krona	零售型	小额零售场景	非 DLT（基于记账或价值）/DLT	中央银行
奥地利	RBI Coin	批发型	跨境银行间或公司间交易	DLT	私人银行
立陶宛	LBCoin	零售型	零售场景	DLT	中央银行
意大利	数字欧元	批发型	银行间交易	DLT	银行业协会

资料来源：网络公开资料整理。

从业务模式和应用场景看，欧盟各国和英国的央行数字货币实践既包含批发端也涉及零售端，其模式选择与该经济体发行央行数字货币的动因紧密相关。更多出于国际贸易结算、货币国际地位角度考量而发行央行数字货币的经济体，其研发试验定位于批发型央行数字货币，主要目的是提高支付系统与证券结算系统效率，降低成本和流动性风险，增强安全性，如欧洲央行 EUROchain 项目、法国央行的数字欧元项目等。而更多从国内支付体系、现金使用角度考量的经济体则定位于零售型央行数字货币，主要目的是降低现金管理成本，向公众提供更具弹性的支付方式，解决现实中现金使用量不断降低带来的一系列问题，如瑞典的 e－krona 项目、英国的数字英镑项目等，欧洲央行考虑于 2021 年启动的数字欧元项目也聚焦于零售型央行数字货币。

从技术选择看，现有的试验方案大多基于区块链和分布式账本技术，这也充分体现出央行数字货币与现行货币体系中心化的记账模式的本质性差异。在批发端场景下，现有试验主要测试基于区块链的大额支付系统，评估现有支付体系的功能能否在 DLT 环境下高效运转。现有试验已经在一定程度上证明了基于区块链的中央银行主导的新型支付系统是完全可行的，且在高效运转的同时能够确保监管部门对区块链承载业务及其风险的管控。而在零售端场景下，英国央行认为分布式账本技术是可行但非唯一的选择，瑞典央行则经历了对分布式账本技术态度的转变。在 2017 年 e－krona 项目启动之初，瑞典央行在报告中将分布式账本技术形容为薄弱、麻烦且未经尝试的技术，不愿在电子克朗中使用该技术，但是在 2020 年 2 月新发布的方案中，瑞典央行决定基于 R3 Corda 的分布式账本技术对电子克朗进行测试，认为 Corda 平台解决了他们此前对分布式账本技术的担忧，因为该平台消耗能量更少，可扩展性更高，同时还可以防止用户进行双重支出。

从主导机构看，大多数国家的央行数字货币实践由中央银行主导，并联合金融机构、金融服务提供商等开展试验，法国、英国、瑞典等均为此种模式。与之不同，奥地利和意大利的央行数字货币项目则是由私人银行或银行业协会主导。奥地利的 RBI Coin 项目是由奥地利规模最大的私人银行集团——奥地利中央合作银行与金融科技公司 Billon 合作开展；意大利的数字欧元测试则是由意大利银行业协会开展。

欧洲央行数字货币实践

拉加德就任欧洲央行行长后，迅速扭转了欧洲央行对央行数字货币的态度，成为央行数字货币领域的积极探索者。欧洲央行内部成立了加密货币研究机构，致力于推进央行数字货币的探索和开发，评估发行央行数字货币的成本和收益。继脸书推出Libra以及中国央行宣布推出首个央行数字货币 DC/EP 后，欧洲央行也在 2019 年底公布其数字欧元布局，启动 EUROchain 项目。2020 年 1 月，欧洲央行理事会成立高级别工作组推进欧元区数字货币工作，并于 10 月发布《数字欧元报告》，为计划于 2021 年启动的央行数字货币项目奠定了政策基础。

欧洲央行在数字货币领域的积极实践，一方面，可以被视为其面对 Libra 以及其他国家发行央行数字货币所带来冲击的应对之策，反映出它对被中国和瑞典等国超越的担忧和焦虑，因为这些国家在无现金业务方面起步较早；另一方面，欧元作为世界上最稳定的法定货币之一以及美元的有力竞争者，其全球潜力并未完全释放，在国际贸易结算领域与美元更是差距显著。近年来，面对英国脱欧公投、贸易保护主义抬头、美国对伊朗实施制裁等一系列不确定因素，欧盟在德法等国的领导下，不断探索应对策略。2018 年 8 月 27 日，德国外交部长海科·马斯（Heiko Maas）在柏林欧盟外长会议开幕式上明确表示，要建立一个独立于美国的欧洲支付渠道，建立独立的银行结算系统，增强欧洲在贸易、经济和金融政策领域的自主权，并已经就此展开研究工作。可以推断，若欧盟国家成功引入数字欧元，并将其用于国际贸易结算和跨境支付领域，将有助于欧盟规避美元的主导地位，削弱美国对全球支付系统的影响力，进一步提升欧元的国际地位，并对全球货币和金融体系产生深远影响。第三，面对欧洲居民越来越数字化的消费、储蓄和投资行为，发行数字欧元有助于确保人们对欧元的信任，顺应数字时代的要求。

一、EUROchain 项目——批发型 CBDC 的技术性探索

1. 项目背景和目的

2019 年 12 月 17 日，欧洲中央银行发布报告《探索央行数字货币匿名性》（*Exploring Anonymity in Central Bank Digital Currencies*），公布了其数字货币布局。报告中阐释了 PoC 项目 EUROchain。早前的研究报告显示，欧盟非常担心私人数字货币在反洗钱、反恐怖主义融资和消费者保护等方面存在安全隐患，而 EUROchain 项目的推出正是为解决上述问题做出的有益尝试。作为欧盟在央行数字货币技术研究中的一部分，EUROchain 项目推出的目的还包括探索新技术为欧洲公民带来的益处，以便在未来恰当的时机加以推行。其试图解决的主要问题是，如何在电子支付中保留一定程度隐私的同时确保遵守反洗钱和打击恐怖主义融资的法规问题。这一计划不排斥由私人市场主导的解决方案，以不断推进欧元区零售支付的快速高效发展。

EUROchain 项目由欧洲央行联合区块链联盟 R3 和管理咨询公司及技术服务供应商埃森哲共同发起，证明了构建一个能够允许用户对低价值交易具有一定程度隐私权、对高价值交易进行强制性反洗钱和打击恐怖主义融资审查的简化的央行数字货币支付系统的可能性。

2. 业务模式与制度安排

EUROchain 项目试验的央行数字货币属于批发型，项目重点关注企业区块链的创新和通过区块链技术提高银行间的协作效率。该项目的开展主要基于以下几点原则：首先，央行数字货币被设定为具有类似现金的功能。对于低价值交易，强调用户的隐私性，余额

是不计息的。其次，该项目设计围绕基于双层模型的中介机构来构建。中央银行并不直接为央行数字货币用户提供服务，而要依靠拥有中央银行账户并可以用在央行账户中的准备金余额向用户提供央行数字货币的中介机构。中介机构代表其客户处理交易，并向他们提供托管服务。再次，中央银行是唯一被允许发行央行数字货币，并且能够将它们从流通中移除的实体。最后，设立专门的 AML 机构负责执行 AML/CFT 审查，主要验证涉及大额交易的用户身份，并防止央行数字货币被转移至被禁运的用户账户中。

EUROchain 项目的具体运行涉及四个机构（见图 7.1），包括两个中介机构、一个中央银行以及一个 AML 机构。中介机构可以访问央行账户，并且可以利用央行持有的准备金余额向客户提供央行数字货币。中介机构还可以代表客户处理他们的交易。在整个 EUROchain 网络中，每一方都由一个节点代表，使得资产能够在多方间迅速转移。

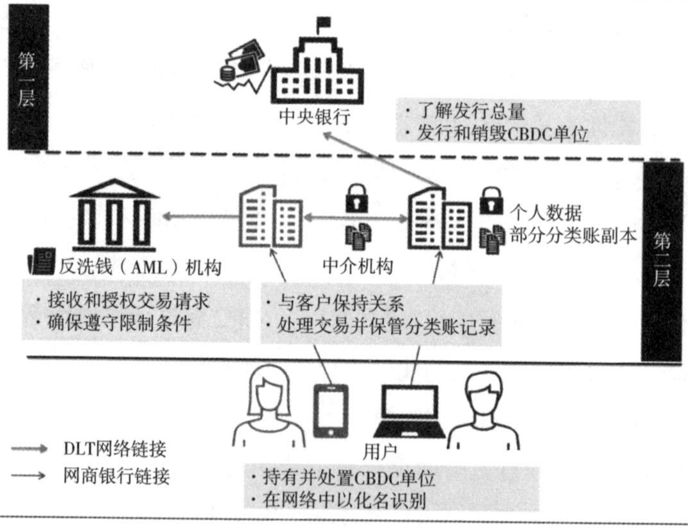

图 7.1　双层模型和实体间关系图

资料来源：European Central Bank, *Exploring Anonymity in Central Bank Digital Currencies*, 2019, 12.

3. **技术选择与应用**

EUROchain 项目建立在 R3 搭建的分布式账本平台 Corda 上，致力于通过联盟链技术平衡监管需求和客户隐私的问题，同时通过 DLT 技术降低交易成本。DLT 平台确保了交易双方持有的信息与整个系统中存储的总信息相一致，且不与其他用户共享。因此，一个用户无法在两个不同的交易中对两个不同收款人支付相同的央行数字货币单位。

央行数字货币单位在账户内由 Corda 中的“状态”表示，每个状态都包含其价值信息、过去和当前所有者的详细信息及其有效性的加密证明（即自发行以来其始终根据中央银行指定的规则进行转移的证明）。Corda 中的状态遵循未使用交易输出（UTXO）模型，每个交易会消耗一个版本的状态，并且在同一分类账中触发产生可在后续交易中使用的新版本的状态。在任何给定时间，收款人只能接受未使用的状态版本及其之前已按照规则使用的版本。在概念验证中，由收款人的中介机构负责确保其接受的状态是有效的，并可根据需要向中央银行赎回。其中，一个特殊节点：“非验证公证人”允许中介机构通过保持所有当前有效的 UTXO 注册来验证状态的有效性。为了保护用户隐私，公证人无法访问交易值、用户地址或状态历史数据等。控制各方之间状态转移的规则在避免重复支出和实施 AML 限制的前提下被保持在最低限度。与此同时，所有实体都可以应用它们自己的其他规则（确保遵守核心规则），并且在实质上可以将央行数字货币单位转化为“可编程货币”。中介机构为其客户提供匿名身份，这些身份被用作央行数字货币支付的网络地址。

对于欧元区和欧盟非常担心的数字货币在反洗钱、反恐怖主义融资和消费者保护等方面存在的安全隐患，EUROchain 项目通过“匿名凭证”（Anonymity Voucher）加以解决。用户在维护低金额交易隐私的同时，其高金额交易将接受常规的 AML/CFT 审查。AML

机构会定期向每个央行数字货币用户发行这些附加的、有时间限制的凭证，该凭证允许用户在指定的时间段内匿名转移有限数量的央行数字货币，金额取决于 AML 机构向每个用户提供的凭证数量。对于该有限数量的央行数字货币交易，中央银行或中介机构将无法查看用户的身份和交易历史记录。匿名电子交易规定是自动执行的，其他审查将委托给反洗钱合规性授权，这也可能拒绝向被禁用户提供交易服务。

从上可见，EUROchain 系统并未寻求对用户信息的完全控制，而是在数字货币交易中使用了可控制的匿名性。同时，它还将保持平衡，以适应诸如反洗钱和打击恐怖主义融资之类的监管要求。

4. **业务与流程管理**

（1）发行机制

用户通过各自的中介机构获得央行发行的数字货币。当中介机构收到来自客户的央行数字货币发行请求后，它会检查客户交易后的央行数字货币余额是否保持在其可能设定的钱包上限以下。在这种情况下，中介机构将代表其客户向中央银行申领央行数字货币单位。这意味着中央银行不会以可能导致用户超额需求的方式限制央行数字货币的供应，限制仅仅针对每一个个体钱包层面。货币与央行数字货币的转换以 1∶1 的比例进行，从而确保央行数字货币与其他形式货币具有相同的价值。中央银行借记中介机构的准备金余额，并授权通过其节点发行新的央行数字货币单位。新的央行数字货币单位随后被添加到原客户的央行数字货币账户中，并且该客户在中介机构的私人金额将被借记相同的金额。

（2）流通机制

央行数字货币单位的转移无须中央银行的参与。付款人发送央行数字货币转移指令，指出金额和收款人的假名（账户标识符和中介标识符）以及是否匿名付款。如果这是收款人第一次收到来自付款人中介机构的央行数字货币，转账将会从付款人的中介机构开始请求查找，从而从中介机构获得收款人的地址。随后，中介机构的节点发起转账，该程序根据 AML 机构是否参与到交易过程中而有所差异。转移机制允许中介机构进行 AML 审查，但在很大程度上保护了交易的机密性。

在基于匿名凭证的央行数字货币转移过程中，如果付款人有足够数量的匿名凭证并要求使用，则收款人的中介机构可以无须 AML 机构的批准而接受交易。在这种情况下，付款人的中介机构从客户的账户中移除相应的匿名凭证，并将其附加到央行数字货币转账中，以向收款人的中介机构证明该笔交易无须 AML 机构审查而进行。

如果付款人选择不使用或没有足够的匿名凭证，则中介机构会将其转账通过 AML 机构进行，并发送付款人的其他信息以进行必要的 AML 审查。基于提供的信息，AML 机构将会批准或拒绝转账。收款人的中介机构只接受通过 AML 机构批准的支付。

（3）赎回机制

央行数字货币的赎回通过用户各自的中介机构进行。用户可以启动相应流程，将其拥有的央行数字货币转换回其他形式的货币。当中介机构收到此类请求，会从其客户的钱包中提取请求数量的央行数字货币单位，将其标记为已用完，然后向中央银行发送请求，要求其在 RTGS（实时全额支付系统）中回收资金，并更新用户账户中的私人资金余额。

5. 方案进展情况及评价

EUROchain 项目的推行证明了基于 Corda 平台构建一个简化的央行数字货币支付系统来平衡数据应用和隐私保护之间的关系并同时兼顾 AML/CFT 审查的可行性。EUROchain 方案可以被视为欧洲中央银行界的学习工具，目前已经有 18 个欧洲国家的中央银行参与到了这项自愿倡议中，包括奥地利、捷克、丹麦、芬兰、法国、德国、希腊、匈牙利、爱尔兰、意大利、拉脱维亚、立陶宛、卢森堡、荷兰、葡萄牙、斯洛文尼亚、西班牙和瑞典。EUROchain 内部的合作方式多样，包括业界和 IT 专家共同合作的编程马拉松。

然而，EUROchain 项目仍处于 PoC 阶段。欧洲央行在其报告中也指出了一系列需要改进的问题，主要包括：（1）需要减少未参与交易的各方可见的信息数量；（2）提高用户在中介不可用时获取或使用央行数字货币余额的能力；（3）增加隐私增强技术；（4）考虑与 RTGS 的互操作性；（5）原型的实际功能问题。欧洲央行在报告中表示，后续将通过使用旋转公钥、零知识证明和 enclave 计算等技术原理进一步加以完善该项目。

综上可以看出，EUROchain 项目是欧盟在发展央行数字货币过程中，在技术层面做出的一个重要尝试。过去几年中，欧洲央行一直在讨论引入数字货币的利弊，并对央行数字货币的发行持谨慎态度。尽管数字货币在支付、政策效力等方面颇具优势，但欧盟非常担心稳定币和央行数字货币带来的隐私问题以及洗钱、恐怖主义融资等安全隐患。EUROchain 项目的实施可以在一定程度上缓解欧盟对数字货币风险的担忧，进一步推动欧盟在央行数字货币这一领域的理论研究和实践。

二、数字欧元报告——零售型 CBDC 的实践框架

2020 年 10 月 2 日，欧洲央行发布《数字欧元报告》（*Report on a Digital Euro*），分析了在欧元区发行央行数字货币的收益和挑战，以及面临的法律、功能和技术等问题，诸如能够帮助欧元体系实现其目标的具体场景；可行性设计及其评估，尤其关注其适用的法律框架及其对货币政策、金融稳定和支付体系的影响；底层基础设施的可能选择以及欧元体系对该基础设施的实际测试。报告称，欧元体系下一步将可能启动旨在开发最小化可行产品的调查，考虑是否在 2021 年年中之前启动数字欧元项目。如果说 EUROchain 项目是

从技术层面对批发型央行数字货币做出的重要尝试，那么《数字欧元报告》所描述的数字欧元项目就是从整个欧元体系角度对零售型央行数字货币做出的全面探讨和布局。

1. 应用场景与设计要求

欧元体系一直致力于为家庭、企业和欧元区的金融体系提供安全的货币和可靠的支付手段，通过维护货币和金融体系稳定以及支付系统的平稳运行，确保货币和支付体系服务于整个欧洲社会。伴随着金融创新的加速，人们越来越偏好数字化支付形式，变化的支付方式也给欧洲央行的核心职能带来了新的问题和挑战。在此背景下，作为数字货币的天然发行人，欧洲央行对数字欧元的研究具有重要的现实意义和政策价值。

《数字欧元报告》从七个场景分析了欧元体系为何要引入数字货币，并进一步探讨了这种新形式的货币应满足何种要求从而解决不同场景的问题。报告指出，数字欧元可以作为欧元体系的一种可行选择，在其设计符合特定场景要求的前提下实现与央行核心职能以及欧盟的一般经济政策这两个层面相关的目标（见表7.3）。

表7.3 数字欧元应用场景与设计要求

表7.3A 与中央银行核心功能相关的场景及其设计要求		
	应用场景	设计要求
场景一	向公众发行央行数字货币有益于欧盟经济的数字化和独立性。包括：填补在数字支付解决方案方面的空白；促进金融体系乃至更为广泛的经济数字化；通过提高业务流程效率和支持新业务模式来降低支付成本；维护欧盟在诸如零售支付等战略领域的自主权；成为欧洲销售终端和线上支付解决方案的基础。	1. 提高数字效率。数字欧元应始终与最新技术保持同步，从而在可用性、便利性、速度、成本效益和可编程性等方面最好地满足市场需求。应通过整个欧元区中的标准可互操作的前端解决方案来提供此功能，并且应能够与私人支付解决方案互操作。

续表

	应用场景	设计要求
场景二	现金作为支付手段的作用显著下降。对私人货币和私人支付解决方案的依赖增加，可能会危及现金基础设施的可持续性，并对现金服务产生阻碍作用。欧洲公民在获取公共部门提供的唯一支付手段时可能会遇到困难。数字欧元可以作为公共货币和支付手段的补充形式。	2. 应具有类现金功能。旨在解决现金接受度下降而发行的数字欧元应具有以下特点：允许离线支付、便于弱势群体使用、基本使用免费，以及保护隐私、具有强大的欧盟烙印。
场景三	除欧元外的其他形式货币在欧元区成为可靠的可替代的交易媒介甚至潜在的价值储存形式。造成的潜在影响包括：货币替代及欧元区的外汇风险增加；威胁欧洲的金融、经济和政治主权；削弱甚至损害欧元区的货币政策传导；对金融中介和跨境资本流动产生尚不明确的影响，并最终影响金融稳定。发行数字欧元能够向欧洲公民提供基于前沿性技术的支付方式，也有利于保持欧元的全球声誉。	3. 数字欧元应具有技术前沿特性。所提供的功能至少应与外国货币或其他不受监管的机构提供的支付解决方案具有相同的吸引力。
场景四	如果欧元体系得出结论，从货币政策角度看发行数字欧元是必要的或有益的。加强货币政策传导的可能途径：通过允许中央银行设定数字欧元的报酬率直接影响非金融部门的消费和投资选择；金融体系中非银行机构的作用日益增强。该机制尚不明确，但可能在未来体现出来。	4. 数字欧元应能够作为货币政策选项。如果被视为促进货币政策传导的工具，那么中央银行应能够对数字欧元的报酬率进行调整和修订。
场景五	需要降低由网络事件、自然灾害、流行病或其他极端事件导致支付服务受阻的概率。金融机构和基础设施可能会受到各种尾部风险的威胁，服务的中断可能会严重影响零售支付并削弱人们对金融体系的信任。数字欧元与现金可以一起构成电子零售支付的应急机制，即使在没有私人解决方案的情况下也可以继续使用。	5. 数字欧元要具有备用系统。为了提高支付系统的整体弹性，数字欧元应该具有广泛可用性，并通过与其他支付服务不同的弹性渠道进行交易，且可以承受极端事件的发生。

续表

表 7.3B 与欧盟的更广泛目标相关的场景及设计要求		
	应用场景	设计要求
场景六	欧元体系的目标是提升欧元的国际地位。通过发行数字欧元刺激外国投资者对欧元的需求；通过改善不同货币支付系统间的互操作性来填补现有跨货币支付基础设施中的空白并改善效率低下的情况。	6. 数字欧元应具有可国际使用的特性。数字欧元应可以在欧元区以外地区以与欧元体系目标一致的方式获取，并且方便非欧元区居民使用。
场景七	欧元体系决定要积极支持改善货币和支付系统的总成本和生态足迹。设计良好的数字欧元能够帮助减少欧元区支付系统的总成本和生态足迹。	7. 数字欧元应具有节省成本和环保的特性。数字欧元的设计应降低当前支付生态系统的成本，基于能够最小化其生态足迹和改善当前支付生态系统的技术解决方案。

2. 潜在影响与内在要求

在分析数字欧元应用场景的基础上，报告进一步探讨了发行数字欧元的潜在影响，从货币银行和金融稳定、中央银行盈利和风险承担、声誉及其他风险、零售支付安全性和效率、欧元跨境支付和网络风险等六个方面展开分析，从而得出数字欧元在任何场景下都应满足的一般性要求（见表 7.4）。

表 7.4　发行数字欧元的潜在影响与设计要求

	潜在影响	设计要求
货币银行和金融稳定	（1）货币政策：影响货币政策传导。 （2）商业银行：融资成本上升，贷款利率上升，信贷发放减少；风险承担增加，风险评估能力降低。 （3）金融稳定：产生货币替代，危机下银行挤兑风险上升。	8. 数字欧元的设计应能够确保对流通中数字欧元数量的控制能力。
中央银行盈利和风险承担	（1）改变中央银行资产负债表构成和规模，影响其盈利能力和风险敞口。 （2）作为运营者可能会由于基础设施故障以及支付交易中存在问题等原因面临偿付义务。	

续表

	潜在影响	设计要求
声誉及其他风险	（1）引起声誉风险，可能的情况包括：数字欧元项目的实施被延迟至公开宣布的实施日期之后；数字欧元的IT基础设施建设被证明是不稳定的；数字欧元服务在适用于私人支付工具的监管框架之外没有充分的理由被提供；可能被用于洗钱或恐怖主义融资等犯罪活动；数字欧元在欧元区国家的可获得性不同等。 （2）如果发行数字欧元的法律依据存在不确定性，还可能会产生法律风险。	9. 与市场参与者相互合作。 10. 遵守监管框架。
零售支付安全性和效率	零售型数字欧元将不可避免地对支付体系产生影响。	11. 数字欧元的设计应确保其安全性和效率性，以实现欧元体系目标。 12. 确保数字欧元在整个欧元体系的可获得性。
欧元跨境支付	数字欧元在欧元区以外地区广泛流通可能会对资本流动和欧元汇率产生影响，并对欧元体系的货币政策立场和传导产生连锁反应。	13. 数字欧元应对非欧元区居民有条件使用，确保其不会导致资本流动和汇率的过度波动。
网络风险	引致网络攻击，在货币政策、金融稳定、金融风险，以及支付系统安全性和效率性方面都可能对金融和业务产生影响。	14. 数字欧元服务需要具有网络弹性。能够高度抵御网络威胁，并为金融生态系统提供高级别保护，使其免受网络攻击。

3. 核心原则与功能设置

《数字欧元报告》对数字欧元应用场景、潜在影响及其内在要求进行深入分析，指出数字欧元必须遵守以下核心原则：（1）数字欧元与现金等价可兑换，因此并非平行货币；（2）数字欧元是欧元系统的负债，是欧洲央行货币，其发行受到欧盟系统的调控；（3）数字欧元的发行将提供欧洲解决方案，通过受监管的服务提供商平等地在所有欧元区国家中使用；（4）数字欧元具有市场中性，并不会挤出私人解决方案；（5）数字欧元应始终得到最终使用者的信任。基于以上核心原则，报告从不同角度探讨了数字欧元的相关特性和必要功能（见表7.5）。

表7.5 数字欧元功能设置

	功能设置
获取方式	直接获取或通过受监管的中介机构获取。如果直接获取，则中央银行需要提供面向最终用户的服务。
隐私要求	取决于个人权利和公共利益间的优先平衡，用户的隐私可以得到不同程度的保护。现有的监管要求不允许在数字支付中采用匿名方式，数字欧元也需要遵循这一原则，但用户仍可获得发行者和中介服务提供商不同程度的隐私保护。完全隐私是线下数字欧元支付的典型特征，即使用户事前已被数字欧元服务提供商识别。
大规模投资使用限制	欧盟可能会考虑引入一些工具对数字欧元的使用设置限制，并防止商业银行资金向数字欧元的过度转移。一种方式是仅允许用户持有限定数量的数字欧元，另一种方式是通过激励机制，当个人用户持有量超过门槛值时将适用不具有吸引力的利率或服务费，这种方式的优势在于用户可以自己决定其愿意持有的数字欧元数量。
获取服务限制	欧元体系可能会对个人或机构获取数字欧元服务设置限制。考虑到数字欧元不受限制的国际使用会引致货币替代、过度资本流动等风险，发行央行数字货币的中央银行之间应相互合作。如果特定群体的非欧盟居民能够获得数字欧元，获取受限的数字欧元仍能够国际使用。
转账机制	数字欧元可以通过基于账户的系统提供，也可以作为不记名票据提供。在基于账户的系统中，用户的持有量将由代表付款人和收款人决定交易是否有效的第三方记录并更新。当数字欧元作为一种不记名票据，收款人和付款人需要验证它们之间的任何价值转移。不记名数字欧元将不受欧元系统或受监管中介的直接控制。
支付设备	数字欧元可以通过基于网络的服务和/或通过智能卡等专用物理设备来提供。在第一种情况下，可以使用范围广泛的设备，如计算机、移动电话、可穿戴设备等，且需要互联网连接；在第二种情况下，需要付款人和收款人拥有特定的兼容设备，这些设备也可以支持离线使用。两种或更多支付解决方案同步的情况下，也可以同时通过两种方式来提供数字欧元。

续表

	功能设置
可获得性与离线可用性	数字欧元支持离线使用。未经在线确认的电子支付仍然可以通过“可信硬件”模块被视为完成。任何离线数字欧元应与在线形式的数字欧元相关联。
报酬率	数字欧元的报酬率可以是固定的，也可以是可变的，在后者情况下可以与其他央行的利率挂钩。报酬率可以分层，在不同情况下适用不同的利率。
法定货币	法币地位是数字欧元的理想特征，它需要在任何地方和任何条件下被无条件接受用于支付。
并行基础设施	基于与其他支付方案并行的基础设施，发行数字欧元有助于抵御极端事件。但并行基础设施的成本是高昂的，承担这些费用的决定应基于极端事件发生的可能性和规模来做出。

基于数字欧元可能的特征，报告中确定了两种能够满足所需特征的数字欧元类型：离线和在线。这两种类型相互兼容，并且可以同时提供。

离线使用的数字欧元可以在没有第三方干预的情况下使用，因此只能通过特定的设备提供，这些设备应通过中介机构分发或提供资金，并且十分安全，不会被黑客攻击或被非指定人员使用。原则上，线下的数字欧元交易将是匿名的，只能用固定的非负利率获得利息。在线使用的数字欧元采用实名方式以浮动利率计算利息，不需要任何特定的设备，所有的在线数字欧元服务在任何时候都在相关责任方（中央银行和受监管的私人中介机构）的控制之下。需要注意的是，任何离线使用的数字欧元都需要在某个时点进行在线管理，以便向设备添加资金或提取资金。

4. **服务技术与组织方式**

在具体的组织方式安排上，欧洲央行表示数字欧元可以采取中心化模式，这样所有的交易都将被记录在中央银行的分类账中；也可以去中心化，将责任下放给用户和/或受监管的中介机构。但即使选择去中心化的方式，后端的基础设施最终也应该由中央银行控制。

（1）中心化基础设施架构

在中心化模式下，最终用户在由欧元系统提供的基础设施中开设数字欧元账户，账户将允许用户通过电子转账方式以其他货币形式存入或提取数字欧元以及用数字欧元进行支付。欧元系统将面临技术和组织挑战，可考虑两种可能的模式：（1）支付指令由中央银行基础设施中的最终用户下达（直接获取）；（2）支付由最终用户发起，但由代表他们管理中央银行账户的受监管的中介机构下达指令（中介方式获取）。以上两种模式可以相互组合。

图7.2展示了数字欧元的直接获取模式。欧元系统在网关的帮助下赋予最终用户直接访问和操作其账户的能力。在这一模式下，欧元系统将能够完全控制数字欧元的生命周期，因为每一单位的数字欧元的发行和赎回都直接通过中央银行自身的基础设施来处理。但这一模式将面临技术上的挑战，因为要提供大量的连接和独立账户，现有的中央银行信息技术基础设施并不能满足其要求。

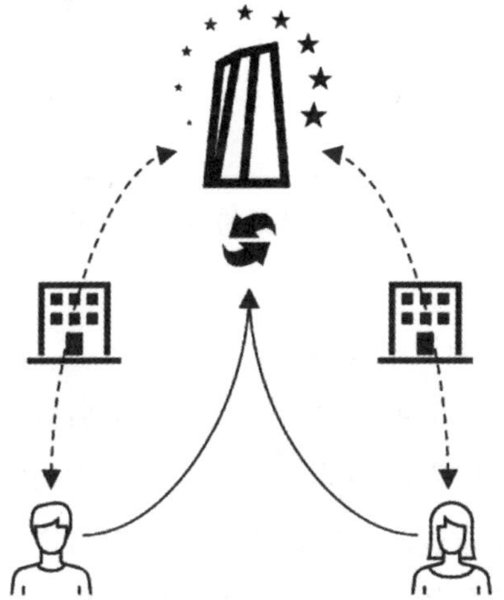

图7.2　数字欧元的直接获取模式

资料来源：European Central Bank, *Report on a Digital Euro*, 2020, 10.

图 7.3 展示了数字欧元的中介获取模式。在这一模式下，欧元系统只能与受监管的中介机构直接互动，这些中介将作为结算代理，代表其客户进行交易。数字欧元账户仍然属于最终用户，欧元系统通过其基础设施保留对数字欧元生命周期和交易实时处理的完全控制，但是原则上与系统的连接数量将受限于参与中介机构的数量。在这种模式下，参与该系统的受监管的中介机构会将数字欧元服务纳入其业务，还可以利用创新的基础架构促进支付市场的竞争。

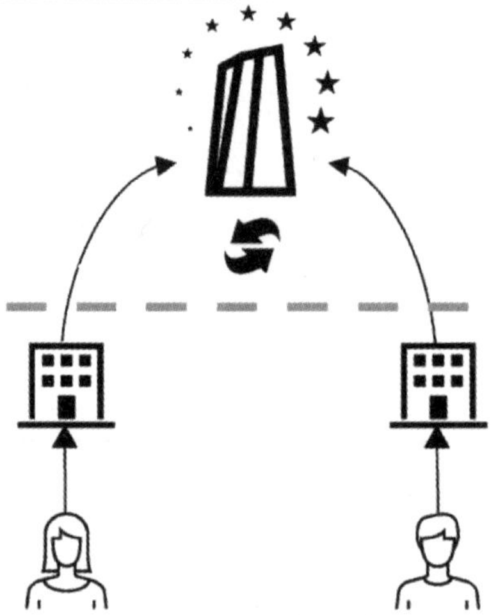

图 7.3　数字欧元的中介获取模式

资料来源：同前。

（2）分布式基础设施架构

分布式的基础设施可以被用来提供不记名数字欧元，在这种情况下，最终用户或代表他们的受监管的中介机构将核实任何支付行为。这一模式可以通过两种模式或者二者相结合来实现：（1）最终用户直接获取不记名数字欧元，（2）混合不记名数字欧元（也允许批发型交易）和基于账户的基础设施。

图 7.4 展示的是不记名数字欧元最终用户的直接获取方式。分

布式的基础架构可以允许最终用户转让其持有的不记名数字欧元，而不需要委托第三方在交易中发挥作用。这一模式可以通过两种方式实现：DLT 协议或本地存储。在这两种方式下，受监管的中介机构需要参与其中，包括提供物理设备和向其加载资金，但该解决方案在遵守反洗钱和反恐怖主义融资规则方面存在挑战。

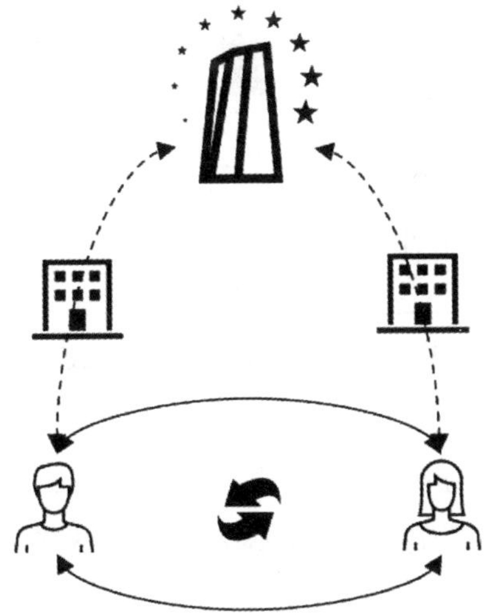

图 7.4　不记名数字欧元最终用户的直接获取方式

资料来源：同前。

图 7.5 展示的是混合分布式基础设施架构，即在受监管的中介机构层面使用不记名数字欧元。这些中介机构可以代表客户在数字欧元零售交易中充当结算代理，也可以使用相同的基础设施架构进行批发支付。在以数字欧元向最终用户提供零售支付服务时，受监管的中介机构将利用其账户关系，但最终用户仍对欧元系统拥有直接的权利主张，所有转账最终将在欧元系统的基础设施中结算。

5. 项目方案评价

从《数字欧元报告》可以看出，欧洲央行已经在充分考虑发行央行数字货币风险和收益的基础上形成了较为细致的零售型数字欧

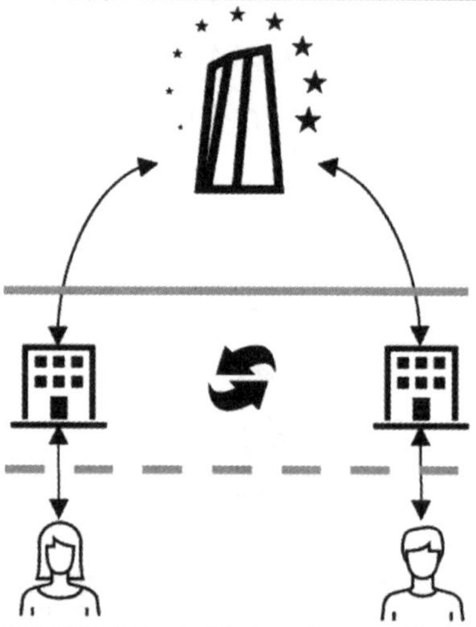

图 7.5 基于账户的不记名基础设施

资料来源：同前。

元发行的指导原则与基本方案。虽然欧洲央行强调目前尚未对是否发行数字货币做出决定，但欧元体系已充分做好应对可能出现的挑战的准备，并有望在不远的未来发行数字欧元。

法国央行数字货币实践

2020 年 3 月 27 日，法国央行发布《央行数字货币试验招募书》，正式宣布启动央行数字货币试验。该试验针对欧元进行，旨在测试数字欧元在银行间结算领域的运用，探索发行以数字形式存在的新型央行货币的可能性。这次试验由法国央行综合金融稳定和运营局负责协调，在央行开放创新试验室的支持下进行。该试验分为三个阶段，将就央行数字货币发行的各个方面进行测试，包括设计数字货币、分析其影响以及最终的执行运营。此外，该项目还将研究央行数字货币对市场基础设施、货币政策、宏观经济因素以及法律和监管框架的潜在影响。

一、项目背景和目的

法国央行一直是央行数字货币的有力推动者。早在2019年12月法国审慎监管管理局（ACPR）举办的会议上，法国央行行长维勒鲁瓦（François Villeroy de Galhau）就表示希望法国成为第一个发行数字货币的国家。他指出，数字欧元将是银行之间传递的价值，而不是公众每天使用的货币，即法国关注的是用于金融机构支付结算的批发型央行数字货币，而非用于大众支付、零售交易的零售型央行数字货币。他指出，对包括法国和欧洲各国在内的政府机构来说，创造央行数字货币不仅能够降低中介成本、提升效率，更能帮助央行应对以Libra为代表的私营机构发行“稳定币”的挑战，捍卫货币主权，而在批发型央行数字货币的发行中抢占先机，将使央行获得拥有央行数字货币“标杆”带来的好处。

项目招募书显示，该试验项目具有三重目的：第一，展示央行货币的传统运用如何基于不同类型的技术通过央行数字货币形式得以实现。涵盖使用央行货币进行金融工具的支付，对另一家中央银行的数字货币进行支付，以及对数字资产进行支付三种具体用例。第二，识别发行央行数字货币对当前生态系统的益处，了解央行数字货币对金融创新的促进作用。法国央行将对三种用例下的安全性和服务效率与现有系统进行比较，评估其给金融部门和经济带来的可预见的生产率增长。第三，详细分析发行央行数字货币对金融稳定、货币政策和监管环境的潜在影响。试验的开展将帮助法国央行对基于新技术开展现有金融资产和新资产交易的可能性、交易量和货币市场上当日交易分布的潜在影响、货币政策的传导效应以及现有法律法规框架施加的潜在影响进行初步分析。

招募书中还明确指出，这一试验将有助于在欧元体系内部对央行数字货币进行更为广泛的探讨，但是否建立央行数字货币是由欧元体系最终决定的，法国央行无意独自将此试验长期持续下去或将其扩充至更为广泛的领域。

二、业务模式与制度安排

法国央行试验的央行数字货币也定位于批发型，测试央行数字货币在银行间结算领域的应用。但与 EUROchain 项目着眼于技术测试不同，法国央行的试验项目采用开放平台，广泛招募试验参与者，测试三种潜在的央行数字货币用例，更关注央行数字货币的应用场景。

在试验中，法国央行将不会进行货币创造。以央行数字货币进行的支付将在法国央行开立的账户中执行，并在进行交易的当日结束时被销毁。如果有必要，相应的支付金额将受到法国央行以自己名义开立的一个或多个独立账户的担保。可以看出，使用的数字形式的代币只是完成支付的一种临时性替代工具，完成支付后还要再转换成央行货币，对中央银行资产负债表不存在影响。和其他国家央行开展过的类似试验相比，法国央行的试验创新体现在尝试使用欧元央行数字货币与其他央行数字货币和数字资产进行交易支付。

在试验过程中，法国央行需要提供的服务包括三部分。首先，发行代币。法国央行按照为每项试验确定的技术程序，发行代表央行货币的代币（或任何其他非实物化流程），供参与机构在试验当日使用。其次，进行账户结算。法国央行为参与机构提供 TARGET2 法国子系统进行账户结算试验。TARGET2 的全称为第二代泛欧实时全额自动清算系统，于 2007 年启用，取代原有的 TARGET 系统。TARGET 系统是由欧盟成员国实时全额结算系统、欧洲中央银行支付机构和互联系统组成。系统承担的支付结算包括与央行货币政策实施有关的支付、大额清算和银行间支付结算。使用 TARGET 进行的清算具有不可撤销性和终结性的特点。三种试验用例都需要在 TARGET 系统的法国子系统中进行，参与机构必须具有这个系统的账户才能参加试验。因此，对申请人的要求规定：无论申请参与的是哪种试验用例，必须拥有 TARGET2 法国子系统支付账户，或者是系统的直接或间接参与机构。最后，提供接口。法国央行为参与机构提供 TARGET2 - Securities 的接口。TARGET2 - Securities 是新的欧洲证券结算平台，允许中央证券存管机构根据欧洲中央银行关于 TARGET2 - Securities 的指导方针，管理以央行货币进行的证券交割—支付业务。本次试验用例之一为央行数字货币与金融工具的支付交易，因此，对申请人的要求中有一项规定，“如果申请人提交的试验用例包括支付央行货币完成金融工具交割的话，他或其成员必须至少有一个是 TARGET2 - Securities 平台中央证券托管机构的参与者。”另外，根据需要，法国央行还提供 DvP 和 PvP 部分或全部服务。

三、技术选择与应用

法国央行开展的央行数字货币试验计划并未要求申请者必须使用任何特定技术，但创新性是其选择的标准。可以看出，法国央行对央行数字货币的技术选择持有开放态度，希望与不同的合作伙伴一起探索各种新技术在央行数字货币领域的应用，以改善金融市场的运作，特别是提升银行间的结算效率。

在 2020 年 5 月 14 日结束的法国兴业银行参与的测试中，法国央行成功完成了一项基于区块链的数字欧元测试，测试场景是以央行数字货币支付一家公司发行的数字化金融证券。2020 年 4 月的一份内部报告中，法国央行指出以太坊和瑞波币可用于发行代币化中央银行数字货币。法国央行将进一步探索央行数字货币的技术潜力。

四、业务范围与试验流程

试验的具体用例有三种：第一，与金融工具的支付交易，即使用代表央行货币的代币（或任何其他非实物化流程）进行支付，完成对上市或非上市金融工具的交割（交割—支付）；第二，与其他央行数字货币的支付交易，即使用代表央行货币的代币（或任何其他非实物化流程），对另一家央行的数字货币进行支付（支付—支付）；第三，与数字资产的支付交易，即使用代表央行货币的代币（或任何其他非实物化流程），对法国《货币和金融法典》定义的数字资产进行支付。试验范围包括对管理数据、发行代币以及代币结算流程、央行货币支付触发制度、审计跟踪、监管监测机制等功能进行测试。

一个申请者可以申请与央行合作开展多项用例试验，每一项试验都与央行联合进行，分为三个阶段。第一是设计阶段，包括建立研发团队，确定操作程序和 IT 架构，验证功能与非功能需求表达。如果在设计阶段法国央行和选定的申请人达成一致，则试验进入第二阶段。如未能达成协议，则试验结束。此外，如果第一阶段出现了任何先前未发现的与现有监管框架不兼容的风险，则法国央行将评估是否进入第二阶段。

第二是原型设计阶段，需要提供技术环境，IT 研发，使用虚构数据执行测试，分析业务影响和结果特征。如果第二阶段的工作存在任何之前未发现的与现有监管框架不兼容的风险，法国央行将评估是否实施第三阶段的试验。此外，法国央行还需要在进入第三阶段前从功能和技术角度评估测试结果是否符合预期。

第三是试验阶段，试验参与者执行业务操作，正式记录数据和分析结果。

五、方案进展情况及评价

根据法国央行的官网显示，该项目申请者需在 2020 年 5 月 15

日前提交申请，法国央行将选出不超过 10 个应用项目参与试验，并在 7 月 10 日公布最终结果。2020 年 5 月 20 日，法国央行宣布已成功完成了有关数字欧元的首次测试。该测试在 5 月 14 日进行，基于区块链技术运用央行数字货币对发行的数字金融证券进行支付。参与试验的是法国大型银行之一的法国兴业银行。

2020 年 7 月 20 日，法国央行公布了八名参加央行数字货币（数字欧元）测试的候选人名单，既包括大型银行和金融服务提供商，如埃森哲、汇丰银行和法国兴业银行等，也包括规模较小的专注于加密领域的机构（如 Seba 银行和 Liquid Share）。法国央行将在接下来的几个月中与这八位参与者就他们申请中的方案展开合作，以探索金融工具支付的新方法。

从此次的试验方案可以看出，法国央行的试验主要是在支付场景上有所突破，新增了数字欧元与他国央行数字货币、数字欧元与数字资产的大额支付结算。鉴于欧元是欧盟 19 国单一货币，法国央行试验所使用的系统是欧盟多国共享的泛欧实时全额结算系统，从这个角度看，法国央行的试验对于未来欧盟国家，尤其是欧元区国家央行数字货币的研发具有十分重大的意义。

瑞典央行数字货币实践

瑞典央行早在 2016 年底就开始了向大众发行数字货币的可行性讨论，将其命名为电子克朗（e－krona），并从 2017 年开始推进相关的研究计划。2017 年 9 月和 2018 年 10 月，瑞典央行先后发布了两份报告，就电子克朗的定位、特性、业务模式、制度兼容性、技术选择等方面进行了深入讨论。2019 年 6 月 18 日，瑞典国会号召开展关于国家在数字支付市场中的角色的政府质询，并称将据此进一步决定电子克朗发行与否以及以何种方式发行。在前期研究的基础上，2020 年 2 月，瑞典央行宣布与埃森哲合作进行电子克朗的独立环境测试，央行数字货币的研究进入了新阶段。

一、项目背景和目的

瑞典虽然是欧盟成员，但并未加入欧元区，境内流通货币为瑞典克朗，由瑞典央行自主发行。瑞典仅有一千多万人口，经济发展外向型突出，实行高收入、高税收、高福利的发展模式，人均 GDP 超过 5 万美元，位居世界前列。

瑞典央行进行电子克朗试验的主要动因在于社会数字化的进程中人们的支付行为被改变，无现金社会的趋势在瑞典国内凸显。瑞典境内的现金使用比率从 2010 年的 40% 跌落至 2016 年的 15%，到 2018 年，只有 13% 的民众表示最近的支付是用现金完成的，境内一些零售商甚至开始拒绝接收现金。同时，有 2/3 的民众认为生活中可以完全不需要现金，他们中的大多数在小额支付（小于 100 克朗）时使用银行卡。因此，瑞典央行意识到，在不远的将来，瑞典将会变成一个无现金社会，因此，国家在金融市场和经济生活中的角色需要被重新定义。一方面，越来越少的民众使用现金进行支付，这意味着由银行创造的私人货币进一步取代了国家货币。① 另一方面，受到快捷支付、加密资产和稳定币等概念的冲击，央行是否应该与时俱进地将相关技术应用于货币发行也成了各国央行不得不面对的问题。

现有的支付市场是以私人部门为主导的。瑞典央行认为，当国家的角色在其中被边缘化之后，就会带来潜在的四个问题：首先，支付市场中的集中化倾向可能损害竞争，从长远来说会给社会大众带来更高的支付成本，也会导致创新停滞；其次，支付体系的稳健

---

① 当然，银行创造的私人货币是由存款准备金支撑的，并且受到国家的规制和货币政策的影响。

性会下降，因为私人部门不可能在危机或者战争的状态下依旧保持系统的顺利运行；再次，一些对数字技术掌握有困难的群体会发现支付变得更加困难了（“数字鸿沟”）；最后，当民众发现银行存款无法转化成国家货币之后，对于瑞典克朗和货币体系的信心会被摧毁。而央行数字货币的发行可以在一定程度上缓解上述问题，因为数字化的大趋势已无法逆转，所以瑞典央行试图将电子克朗作为现金的补充，以适应向无现金社会转变的多方面需求，也希望探讨国家应该如何在数字时代发挥相应的作用。

二、业务模式与制度安排

从电子克朗的定位看，瑞典央行的主要目标是将其作为现金的补充，偏向于零售型的央行数字货币，并且在发布的报告中对电子克朗的设计也有了具体的构想：首先，电子克朗主要是用于消费者、企业和当局之间的小额支付，它附有对瑞典央行的直接请求权，以瑞典克朗计价，可以被公众持有，并且能够全年365天、整周7天以及全天24小时（365/7/24）获得；其次，目前电子克朗不生息，但设置可以支持其在未来生息的需求；再次，电子克朗的发行将以基于价值的模式（token模式）补充基于账户的模式，从而使小额支付成为可能，同时提升不愿意或不能够持有电子克朗账户的人群的可得性；最后，瑞典央行在提供电子克朗的基础功能外，也在探究其在现行数字基础设施下应用的可能性，并引入外部机构对终端用户间的互动进行方案设计。

瑞典央行对电子克朗的发行模式选择也进行了详细的讨论和比较。从发行模式看，有三种可能的选择：基于账户的电子克朗、基于价值的电子克朗、两者结合的电子克朗。虽然考虑到公众的个体偏好，在研究阶段详细刻画电子克朗发行后对于现金使用的影响是比较困难的，而发行模式的不同选择会对支付市场产生相应的影响。表7.6总结了基于账户的电子克朗和基于价值的电子克朗在11

个方面的特性差异，从对比中我们可以看到：基于价值的发行模式更接近于传统的现金，可以被看作是一种现代化和技术化的现金，因此更容易被民众接受；而基于账户的电子克朗更接近于银行存款，只是信用支撑从商业银行变成了中央银行，比较容易支撑未来的服务拓展，因而有更强的发展潜能，但这需要牺牲现金的可匿名性。综合考虑，两种发行模式互为补充或许可以实现最优效果，但现行的制度框架仅支持基于价值的电子克朗的发行，如果要发行基于账户的电子克朗，则需要央行与其他机构进行进一步的协调。当然，瑞典央行电子克朗计划的目标之一也正是在央行数字货币发行和未来支付市场的发展定位等方面寻求跨机构间的对话与协作。从目前正在进行的电子克朗先行测试看，瑞典央行在现阶段也优先选择了现行制度下可行的基于价值的电子克朗，既有国家信用背书，更具有安全性与恢复力，同时也能够适应现代数字货币支付的大趋势。

表 7.6 电子克朗的特性（与现金和商业银行存款货币比较）

特性	电子克朗（基于价值）	电子克朗（基于账户）
金融危机	不受影响	不受影响
价值储藏	可以	可以
实体存在	是（基于卡片）/否（基于应用程序）	否
实时支付	可以	可以
脱机支付	可以	可以
匿名支付	可以（在基于卡片的方案中可能，且金额应小于 250 欧元）	不可以
易用性	有基本要求（如读卡器或特定的智能手机技术）	通过应用程序或线上实现
底层注册	是	是
法律形式	电子货币（预付价值）	存款货币（账户余额）
利息支付	通常不支付	支付
可追溯性	可以（但如果私人间进行预付卡片的交换则不可以追溯）	可以

资料来源：根据瑞典国家银行披露报告整理，*The Riksbank's E－krona Project Report 1*，2017 年 9 月；*The Riksbank's E－krona Project Report 2*，2018 年 10 月。

三、测试内容与技术安排

瑞典的电子克朗计划在2017年3月正式实施，并针对其设计可能性、央行在其中的角色、技术选择、结果评估和法律问题等方面展开了一系列讨论。2020年2月，瑞典央行宣布与埃森哲公司合作开展电子克朗的独立环境测试，以评估在现有的技术平台是否简单且易于使用，同时又能否满足对电子克朗安全和性能的关键要求。电子克朗计划前期着力于三方面的问题：首先，由私人部分掌握的支付市场是否能够达到社会预期；其次，央行数字货币能否减少无现金社会带来的问题；最后，如果央行数字货币确实可以减少无现金社会的问题，那么电子克朗又将在金融体系中发挥怎样的作用。瑞典央行认为，中央银行是否要进行央行数字货币的发行其实是一个开放性问题，但即便目前没有发行的计划，前瞻性地做好准备，如进行备选方案和实施结果等的分析和讨论，是有必要的。

在技术选择方面，瑞典央行认为无论电子克朗如何设计，都需要在技术上实现可得性、可靠性、可扩展性和互通性。瑞典央行在2017年9月发布的报告中表示，如果有中心数据库，那么无论是现有的经过验证的技术还是新兴的分布式账本技术都可以实现以上要求，但同时瑞典央行也表示了对分布式账本技术现阶段应用不足、表现欠佳以及标准和规制不足等方面的担忧。虽然无论是基于账户的电子克朗还是基于价值的电子克朗在中心注册的设计下都可以实现，但相对而言，基于价值的电子克朗模式的技术实现难度是最低的，但还需要通过后续的研究和合作实现其价值增减、赎回和安全性等方面的保障。在2018年10月发布的报告中，瑞典央行仍然持有此前的观点，认为基于分布式账本技术的平台还不够成熟，但也认可了其未来的发展潜力，因此更倾向于在电子克朗的技术选择上将现有的成熟技术与分布式账本技术的应用相结合。瑞典央行2020年2月正式实施的电子克朗独立环境测试中，就选用了在金融领域应用较为广泛的基于分布式账本技术的 Corda 平台作为测试的基本平台。

在瑞典央行公布的电子克朗测试方案中我们可以看到，电子克朗将储存于终端用户的电子钱包中，移动终端的选择则可以是手机的应用程序、卡片或者是可穿戴设备（如智能手表），用户使用对应的应用程序进行存取款和支付，多种终端的选择也大大提高了用户的使用便利性。此次测试计划将持续到 2021 年 2 月，技术的包容性、使用的简便性、即时支付的能力、持续每天 24 小时不间断提供可得性乃至于脱机使用的能力都将被测试。

该测试采用的运行框架（见图 7.6）可以分为两个层级：第一层级是瑞典央行向网络中的参与者（以商业银行为代表）发行电子克朗；第二层级则是参与者将电子克朗分发至终端用户。第一层级保障了瑞典央行对于电子克朗的专属发行权，参与者仍然是通过准备金和结算系统（RIX）实现电子克朗的兑换和获取。以现有的瑞典央行和 RIX 的协作作为中心节点，中心节点与参与者的节点双向连接，参与者节点之间也可以连接，并且这些连接和具体的交易都可以被公证人节点所阅读，从而实现可审查性。第二层级中的终端用户可以通过智能手机、可穿戴设备或者卡片中的数字钱包直接与参与者节点发生互动，实现存取款与支付的过程，也可以通过支持电子克朗使用的商户间接与参与者节点互动。网络内的支付行为可以不通过 RIX，但是电子克朗的提供和赎回仍然必须依赖于 RIX 进行。

电子克朗测试系统与现有的支付系统平行运行，模拟在现有的基础设施和结算系统下的参与者及其互动。电子克朗作为数字化的凭证实现了便携性，不能被复制或篡改，但又能够实时实现点对点的支付，简便程度就如同发送一条信息。其中，分布式账本技术可以保障独立的参与者同时进行数据库的操作，而网络则保障了只有有效的交易可以被记录。在 DLT 网络中的每个参与者都管理着一个

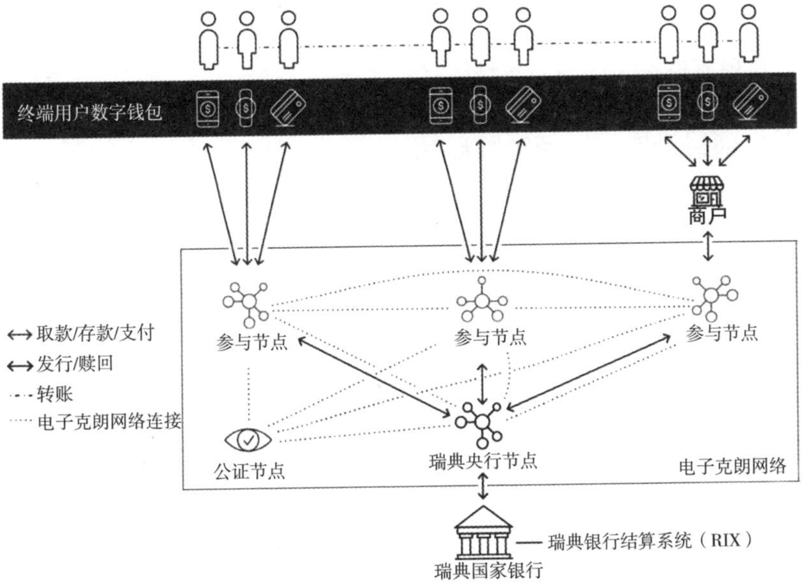

图 7.6　e - krona 运行框架

资料来源：瑞典国家银行，*The Riksbank's E - krona Pilot*，2020 年 2 月。

或多个节点，在运行过程中，节点可以存储、接收、验证并发送交易。

从技术选择和平台构建上看，测试所使用的系统基于 R3 的 Corda 平台设置，这是有异于比特币等采用的加密货币平台，虽然网络平台本身是私有化的，但是有中心化的设置，只有瑞典央行才能够批准和加入新的参与者。除此以外，Corda 平台还有其他应用上的优势：第一，在进行交易验证时不像比特币平台那样过于费能；第二，平台与现有的支付体系更为类似；第三，平台的节点较少，可以保障其稳健性和可扩展性；第四，公证人节点的设置可以有效避免“双花”问题。

在电子克朗的测试设计中，瑞典央行很明显仍然处于系统的中心化地位。瑞典央行通过双层架构的设计实现了其对于电子克朗发行和整个交易网络的控制力，而参与者节点、数据库和电子克朗相关的智能合约以及流量的技术和法律设计都保障了央行监管架构的实现，通过模拟现行的银行体系和 RIX 结算体系也一定程度上实现了与现有体系之间的兼容性测试。

四、项目进展情况与经验总结

此次瑞典央行进行的电子克朗独立环境测试项目预计将持续到 2021 年 2 月，瑞典央行也表示目前的整体构建有一定的恢复力和很强的可扩展性，为进一步进行其他功能（如自动存款或转账等）的测试提供了可能。2020 年 7 月，瑞典央行还表示将推出电子克朗的中国区 App 试点，为电子克朗的全球流通可能性提供参考。同时，无论是瑞典央行测试选择的 Corda 平台还是实际推进的双层架构的设计，都与目前各国进行的央行数字货币试验选择有一定的共性，将分布式账本技术和中心节点相结合的方式也是目前解决央行数字货币的可审核性以及在实际应用中解决各国关注的客户尽职调查（KYC）和反恐融资（CFT）问题的普遍选择，其测试不仅对瑞典本国央行数字货币的正式发行有着重要意义，也对世界范围内其他国家的发行方案设计和技术选择有较强的借鉴意义。

英国央行数字货币研究

英格兰银行一直是央行数字货币实践的先行者之一，早在 2015 年，英国伦敦大学学院的研究者就在英格兰银行的建议下进行了中央银行加密数字货币（RSCoin）系统的开发，该系统设计采用"中央银行—商业银行"的二元分层体系结构，基于区块链技术实现了分层管理的分布式账本。2020 年 1 月，英格兰银行又联合其他五家央行（加拿大、日本、欧盟、瑞典和瑞士五家央行）和国际清算银行成立了央行数字货币研究小组，旨在尝试央行数字货币的使用场景并分享各成员的实践经验和新技术。2020 年 3 月，英格兰银行更是发布了题为《央行数字货币：机遇、挑战和设计》的研究报告，梳理了央行数字货币的定位、应用潜能、设计原则、设计结构、对货币和金融稳定的影响以及实际的技术选择等，并提供了讨论框架广泛征求意见，呼吁各相关主体对央行数字货币发行的潜在风险和收益以及可行性展开更多的探讨和研究。

一、项目背景和目的

英国是欧洲四大主要经济体之一，1973 年加入欧盟前身欧洲共同体，2016 年通过公投确定"脱欧"。即使在作为欧盟成员的时期，英国也一直使用本国货币英镑。同时，英镑也是目前主要的世界货币之一，在金融和贸易领域发挥着重要作用。成立于 1694 年的英格兰银行作为最早的中央银行之一，数百年来在保障货币和金融稳定方面也卓有成效，但在新时代，为完成其使命也不得不更有前瞻性地对货币和支付相关的问题进行研究和讨论。从全球金融发展的趋势看，支付革命使传统的央行现金在实际支付中使用的频率下降，而金融科技公司创造出了新的"货币"类型并提供了新的支付方式，这刺激英格兰银行开始思考怎样的货币和支付方式才能够满足迅速发展的数字经济的需求，又是否应该顺应潮流发行央行数字货币作为对现金的补充。

二、业务模式与制度安排

RSCoin 的研究和试验早在 2015 年底就已经完成，其系统设计是一个典型的双层架构，在发行端保障了中央银行对货币发行的绝对控制，而在流通端则依赖分布型的权威（商业银行）来避免"双花"问题，其设计本身就是基于零售型的央行数字货币定位出发的。这样的架构能够在保证央行货币政策中心化的同时提供极强的透明度和可审查性的保障，无论是在理论上还是实践中，这样适度的中心化设计能够带来收益，不仅能够消除分布式账本技术应用中浪费的散列，还能够提供一个可以抵御“双花”问题冲击的可扩展的系统。在2020年3月发布的研究报告中，英格兰银行讨论的仍然是零售型的央行数字货币，明确表明其与英镑等价，将其定位为纸币和银行存款的替代品，可以被广泛应用于企业与家庭的电子支付和价值储藏。

从央行数字货币发行与现有的金融体系的适配性上看，英格兰银行认为央行数字货币的发行可以在七个方面促进央行实现其维持货币和金融稳定的核心目标：即支撑有恢复力的支付局面；避免新型私人货币创造带来的风险；支持支付领域的竞争、创新和效率提升；适应数字经济下的未来支付需求；提升中央银行货币的可得性和可用性；解决现金使用减少带来的问题以及促成更好的跨国支付体系。此外，央行数字货币的应用可以提供更快的货币政策传导路径，减少系统性风险，但它带来的银行资产负债表的转变，却可能会导致银行的“脱媒”问题，从而通过银行存贷款业务成本的上升和资产业务的收缩影响整个金融体系。因此，央行数字货币和银行存款货币的需求管理是制度设计中非常重要的一环，而央行可以通过利息工具甚至是数量限制等尝试来减轻其不良影响。

在批发型的央行数字货币应用方面，英格兰银行一方面推进本国的实时全额结算系统的改革计划，2017年发布了改革蓝图，计划通过三个阶段在2024年至2025年完成改革，2018年已经完成了分布式账本技术在实时全额结算系统中的应用测试；另一方面英国央行也积极开展国际合作，2018年与加拿大央行和新加坡金融监管局一同针对跨境支付中批发型央行数字货币的可能应用模型进行了理论探讨。

三、研究内容与技术安排

虽然英格兰银行对于央行数字货币的研究开始较早，但目前已经披露的进展还主要集中在理论研究阶段。尽管前期与高校合作开展了加密数字货币系统的开发和试验，但英格兰银行后续并没有发布关于 RSCoin 系统的进一步研究和测试，与加拿大央行和新加坡金融监管局的跨境支付合作应用研究也止步于理论阶段，披露完成的试验只有本国的实时全额结算系统的分布式账本技术应用测试。

近年来，英格兰银行主要通过工作论文板块发布文章，探讨货币概念的拓宽、央行数字货币的币值、发行的设计准则和模型应用等方面的问题，2020 年 3 月发布的报告则较为全面地总结了英格兰银行目前对于零售型央行数字货币发行相关问题的研究成果。

从设计原则上看，英格兰银行认为，为达到央行的既定目标，央行数字货币支付体系应该具有恢复力、安全性、可得性、可扩展性、合规性和私密性。但是要吸引用户使用央行数字货币，这一支付体系又必须是快捷、高效、透明、易于使用且内涵丰富的，这就要求支付体系应引入竞争机制、鼓励创新，并具有很强的互通性和延展性，但这些都是私营系统而非中央银行的比较优势。

从设计架构上看（见图 7.7），英国央行此次提出的是“中央银行 + 私营部门”的双层运行框架。其中，中央银行掌握“核心总账”，但只提供最基础的央行数字货币支付功能，私营部门则成为“支付接口提供者”，为用户提供应用于各种设备的简单便捷的用户界面，并通过应用程序接口与中央银行的核心总账对接。同时，私营部门也可以为全部或者部分用户提供一些不接入总账的“叠加服务”（但必须在央行设立的规则之下运行以保障外延系统的安全性、恢复力和互通性），这些附加型服务可以适应未来智能合约和微支付等需求。这一体系充分发挥了不同类型机构的比较优势，既可以实现可扩展性、合规性、私密性和高速快捷，又保障了支付体系内部的竞争性、互通性和延展性，而其他更多设计原则的实现则需要各个权威机构的政策保障和系统内央行与私营部门在未来设计上的协作和共同努力。

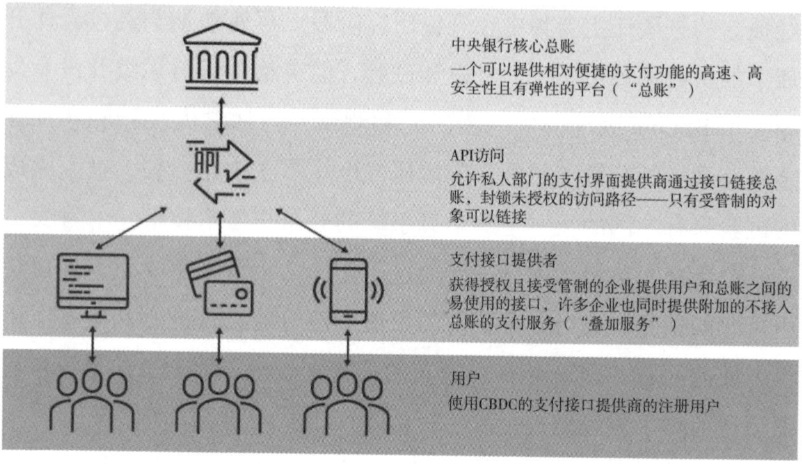

图 7.7　英国央行数字货币设计架构模型

资料来源：Bank of England，*Central Bank Digital Currency*：*Opportunities*，*Challenges and Design*，2020.

在技术选择上，英国央行认为广泛讨论的分布式账本技术并不是唯一的选择，分布和去中心化可以提升恢复力和可得性，但也会损害效率、私密性和安全性。因此，英国央行表示，可以尝试中心化的基本架构，再有选择性地叠加分布式账本技术下的一些创新，比如通过智能合约实现“程序控制货币”等。

四、项目进展情况与经验总结

英格兰银行虽然并未进行过平台和场景等相关测试，但目前开源的平台发展非常迅速，各国前期基于平台相关的测试也已经取得了丰富的成果，技术方面的问题不会成为未来英格兰银行发行央行数字货币的障碍。尽管英格兰银行在报告中一再强调央行数字货币发行与否并未最终确定，披露的设计构想也不是未来发行方案的蓝图，只是提供进一步探讨的基础，但英格兰银行对央行数字货币发行定位、支付结构、技术选择、应用潜能和风险等方面都已经有了成熟的认识，对于推出央行数字货币的可行性和效率性也持有较为认可的态度，在未来顺应需求适时推出央行数字货币是大势所趋。

欧洲及英国央行数字货币现状总结与展望

在新任欧洲央行行长拉加德的积极推动下，欧洲央行数字货币的研发试验已进入加速阶段，而英国也已对发行央行数字货币进行了深入研究，形成了较为成熟的观点。本章对欧盟及英国央行数字货币的研究和实践进行探讨，结合各国主权货币的国际地位和国内支付体系现状，分析央行数字货币的研发试验动因，探讨其技术基础，并进一步对具有代表性的欧洲央行、法国、瑞典和英国的央行数字货币试验和研究方案的技术选择、业务模式和制度安排等进行深入分析，总结如下。

从研发动因看，欧洲各国研发推出央行数字货币将有助于维护主权货币体系稳定，应对稳定币对法定货币体系的挑战。一方面，欧盟可以借助央行数字货币的发行挑战美元主导的国际贸易结算体系，提升欧元在国际货币体系中的地位；另一方面，瑞典和英国可通过发行央行数字货币应对现金使用率大幅下降带来的一系列问题，向公众提供更高效、更具有包容性的支付体系，以提升金融系统的运行效率。

从制度安排看，欧盟多数国家和英国的央行数字货币研发和试验由中央银行主导，并与金融机构或金融服务提供商开展广泛合作，但也有国家的试验由金融机构或行业协会主导推动，如奥地利和意大利。各国应用场景的选择与央行发行数字货币的动因紧密相关，除瑞典、英国以及欧盟考虑推出的数字欧元项目方案侧重于零售场景外，欧洲央行的 EUROchain 项目和欧元区国家央行的试验多定位于批发型央行数字货币，集中测试新技术在金融机构间支付或跨境结算领域的应用。

从技术选择看，现阶段，欧盟和英国央行数字货币的研发和试验主要基于区块链和分布式账本技术展开，这不仅体现出央行数字货币与现有货币体系中心化记账模式的本质差异，而且在一定程度上证明了基于区块链的、央行主导的新型支付系统的可行性以及区块链承载业务的可监管性。

欧盟和英国针对央行数字货币开展的广泛试验和深入研究一方面证明了构建央行主导的新型货币体系的可能性，另一方面也从技术层面探讨了对潜在安全隐患和相关监管等一系列问题的解决方案。虽然欧盟、法国和英国的中央银行都在其报告中明确指出，相关项目旨在对该领域进行更为广泛和深入的探讨，并不意味着央行数字货币的实际实施，但现有的研究和试验已经在技术选择、场景应用和风险控制方面取得了重要进展，为央行数字货币的进一步推进奠定了坚实的基础。加之欧洲各国对推出央行数字货币也持有较为积极的态度，在未来适时推出央行数字货币应是大势所趋。

第8章　亚太地区各国央行数字货币的实践及问题探讨

广义的亚太地区包括了整个环太平洋地区，地理上横跨了亚洲、大洋洲和南北美洲，面积广袤，自然资源丰富，人口众多，经济发展也位居世界前列。区域内各国自然资源和经济形态具有丰富的多样性，近年来依托亚太经合组织（APEC）等区域合作框架，政府间合作共赢不断加强。但从地缘上看，美国和加拿大联系密切，欧盟地区和南美地区各成一体，西太平洋地区（即狭义的亚太地区）各国间政治和经济联系也愈加密切。因此，我们沿用国内常用的狭义的亚太地区概念，主要包括中国、中国香港、日本、韩国、东盟、俄罗斯的远东地区、澳大利亚和新西兰等国家（地区）。

本章以亚太地区各国央行数字货币实践的背景和动因出发，通过整理汇总各国公开披露的官方信息和研究报告，介绍央行数字货币的发行态度、已有研究和试验进展状况，分析其技术选择和业务模式，并展望未来各国央行数字货币的研究发展和发行情况。

亚太地区各国央行数字货币实践概述

亚太地区国家众多，各国(地区)经济形态、发展阶段和人文环境各不相同，因此对央行数字货币的研究态度与进展也呈现出阶段性差异。从反应速度和进展程度看，亚太地区各国（地区）形成了不同的梯队：第一梯队——中国、日本和新加坡，三国在亚太地区最早开始了对央行数字货币相关问题的研究，无论各国金融当局对央行数字货币发行态度如何，但都敏锐地捕捉到了新技术应用及其可能带来的金融领域的变革。目前中国已经推出了零售型央行数字货币的试点；新加坡暂未有发行计划，但有了较为充足的前期准备，在批发型央行数字货币方面的技术应用进行了多方面的试验；日本则经历了发行态度由消极向积极的转变，预计在前期研究基础上进一步推行数字日元的概念测试计划。第二梯队——韩国、泰国和中国香港，循序渐进，通过分阶段的测试和合作研究，联系本国（地区）实际积极探讨必要性和技术应用的可能性，为后续研究发展和应用推进打好基础。第三梯队——澳大利亚、柬埔寨、俄罗斯等，随着2020年央行数字货币井喷式的发展，这些国家也开始寻求央行数字货币的发展可能性研究。目前还未正式发布相关计划的东盟国家，也有可能在国内无现金支付发展的推进下，跟上央行数字货币研究的浪潮。

一、背景分析

1. 动因分析

与欧洲地区的集体行动和北美地区的美国主导不同，亚太地区各国因其经济发展与社会现实的差异，对央行数字货币的研究和发行态度也不尽相同，目前已披露研究进展的国家（地区）不及亚太地区国家总数的1/3。究其原因，一方面，亚太地区近年的无现金交易发展虽然很快，但受到经济规模的影响，交易总量与领先的北美地区和欧洲地区相比仍然有一定的差距，频次的差距则更为明显；另一方面，亚太地区各国的法律体系和市场监管对数字资产也相对更为严苛，包括韩国和俄罗斯在内的一些国家都曾明令禁止数字货币的交易。但近期亚太各国普遍对央行数字货币表现出了更积极的态度，韩国和俄罗斯也转变了早前对数字货币的反对态度，开始计划推进央行数字货币的相关研究。

亚太地区各国央行数字研究的动力主要来源于内外两个方面：一是数字化经济发展带来的国内金融市场和环境变革的新需求；二是国际范围内金融科技发展、数字资产盛行和其他国家研究推进带来的压力。

从内在动力看，进入数字经济时代后，无现金支付的方式多样化，效率提升，公众的支付习惯正在逐渐改变，随之而来的私人部门的银行存款货币不断挑战央行现金的权威，也使得各国金融市场的潜在风险加剧。因此，对于各国货币当局而言，央行数字货币提供了数字时代下对于传统现金的替代，可以解决向无现金社会转变带来的诸多问题；对于新兴经济体而言，央行数字货币还提供了重塑国内支付结算体系的重要契机。国际清算银行的调查结果显示，这些个体比发达经济体更激励发行央行数字货币作为现金和银行存款货币的补充，其对央行数字货币带来的国内支付效率、支付安全性和金融普惠性等方面的改善期待更高。亚太地区新兴市场经济体国家众多，根据凯捷（Capgemini）公司和法国巴黎银行（BNP Paribas）合作发布的《2018 年全球支付报告》披露，以中国为代表的亚洲新兴经济体是近年拉动全球无现金交易增长的重要力量，2012 年到 2016 年其无现金支付规模年均复合增长率超过了 30%。各国已有的研究也表明，现有的技术可以在适度的中心化条件下一定程度上实现对私人交易的私密性保障，而这种中心化设计又为各国央行普遍关注的反洗钱和反恐融资问题提供了比现行制度更优的解决方案，还给货币当局带来了提升货币政策工具作用空间的可能性，因此对于货币当局而言具有很强的吸引力。然而，央行数字货币仍然是新兴事物，其发行的法律合规性问题和技术系统的稳定性与安全性等方面仍然存在一些隐忧，尤其是对国内支付结算体系已经比较成熟的经济体而言，支付体系调整和变革的成本相对较高，因此一些国家对于是否要正式进行央行数字货币的发行仍然持有保留态度，也是可以理解的。

从外在压力看，以比特币为代表的加密资产的出现对现行的国际货币制度运行带来了挑战，也让跨境支付增加了更多的可能性。一方面，许多国家纷纷修订相应的法案定义加密资产的法律地位并将其纳入监管框架；另一方面，加密资产去中心化的设计也让一国国内的货币形态转变和世界范围内的货币竞争格局有了新的可能。在金融和贸易全球化不断深化的当下，随着各国央行数字货币研究的推进和试点的出现，国家间的发展竞争压力和未来国际跨境支付的需求也使得越来越多的国家开始考虑本国央行数字货币发行的技术和制度上的可能性。

2. 技术基础

随着科技创新与金融业态的融合，金融科技成为世界各国关注的焦点之一，而亚太地区在此领域的表现也相当突出。根据浙江大学和剑桥大学等共同发布的《2018 全球金融科技中心城市报告》，全球金融科技前 30 的城市中，亚太地区就拥有 11 座，分别分布在中国、日本、新加坡和澳大利亚。在安永（Ernst & Young）发布的《2019 年全球金融科技应用指数》调查报告中，在调查的 27 个国家和地区中消费的金融科技普及率均值为 64%，而亚太地区的中国、俄罗斯、中国香港、新加坡和韩国都超过了平均水平，其中，中国与印度以 87% 的普及率并列第一。金融科技的应用和发展为亚太地区各国和地区进行央行数字货币的尝试创新提供了坚实的技术基础。

目前亚太地区已经进行的主要研究和试验中，底层技术基本都选择了分布式账本技术，我国的 DC/EP 试点虽然坚持了中心化账本的设置，但是也借鉴了UTXO和“公钥+私钥”的非对称密码技术。分布式账本技术本身就是多种技术的创新组合，技术选择空间大，开放性强，虽然分布式账本是大多数国家在底层技术上的共性选择，实际应用中具体的模型架构和技术细节上也存在较多差异。比如，日本和新加坡的多期试验就尝试了在不同的分布式账本技术平台上构建模型，以测试不同场景下的系统表现。

二、进展及模式选择

目前，亚太地区多个国家和地区都已经开始了央行数字货币的研究或表示出对央行数字货币的研究兴趣，中国、日本和新加坡的研究进度也已经处于世界领先水平。表8.1展示了亚太地区主要经济体央行数字货币进展的基本情况。我国的央行数字货币从2014年成立团队开始研究，2020年已经进入了应用试点阶段，展现了积极务实的态度；日本和新加坡作为战后崛起的发达国家，虽然并未明确发行态度，但两国从2016年起就各自进行了多阶段的技术测试，对批发型央行数字货币和分布式账本技术的兼容性和在实际应用中的各方面问题进行了深入的探讨，日本央行近期的发行态度也有了积极转变，并明确表示将对零售型央行数字货币展开后续试验研究；中国香港2017年推出LionRock项目对央行数字货币展开研究，并于2019年与泰国开始了针对跨境支付的合作研究计划；韩国和泰国在2018年也选择在央行数字货币方面跟进，并宣布将在之后两年进行试点；柬埔寨2019年开始进行基于区块链技术的跨境支付试验并在2020年公布央行数字货币的开发计划；澳大利亚在2020年宣布开始进行批发型央行数字货币的测试；而俄罗斯2020年转变了对数字货币的态度，开始推进相关计划。

表 8.1 亚太地区主要经济体央行数字货币进展

国家/经济体	推进现状	进展概况
中国	央行数字货币 DC/EP 试点	2014 年，成立央行数字货币研究小组开始相关研究。2020 年，央行逐步开展试点测试工作；2020 年 1 月 10 日，中国央行公众号发文表示，已经基本完成对法定数字货币顶层设计、标准制定、功能研发、联调测试等工作；2020 年 5 月两会期间，中国人民银行行长易纲接受媒体采访时，再次披露了法定数字货币的进度——先行在深圳、苏州、雄安、成都及未来的冬奥会场景进行内部封闭试点测试。
日本	Stella 项目	2016 年 12 月，日本央行与欧洲央行开展了央行数字货币的合作研究——Stella 项目，聚焦于探索分布式账本技术对金融市场基础设施的机遇和挑战，至今已经完成了四个阶段，利用分布式账本技术对其在不同场景下的实用性和兼容性进行检测和评估。 2020 年 10 月，日本央行发布《日本银行关于央行数字货币的对策方针》，明确表示将针对零售型央行数字货币展开进一步的试验和研究，第一阶段的概念验证预计于 2021 年初展开。
新加坡	央行数字货币计划 Ubin	2016 年，新加坡金融监管机构推出 Ubin 计划，运行了 6 周时间，验证使用代币化的新加坡元（SGD）进行银行间支付和分布式账本结算的技术可行性，是最早研究、探索和实践分布式账本技术的监管机构。该项目目前已经完成了全部五个阶段的研究工作。
中国香港	LionRock 项目	2017 年，香港金管局开展 LionRock 项目对央行数字货币进行研究，与香港银行同业结算有限公司、三家发钞银行以及 R3 联盟进行了概念验证开发。2019 年 5 月，香港金管局与泰国央行合作开展了 Inthanon - LionRock 合作研究，进行了批发型央行数字货币跨境支付的概念验证。
泰国	Inthanon 项目	2018 年 8 月，泰国央行正式公布 Inthanon 项目，创建一个仅可以由金融机构或市场进行使用、普通民众不能参与的央行数字货币。 2019 年 5 月，泰国央行（BoT）和 8 家当地商业银行使用由区块链联盟 R3 和全球 IT 领军企业 Wipro Limited 开发出的一款基于区块链技术解决方案，该解决方案将使泰国能够使用数字货币进行银行间结算。

续表

国家/经济体	推进现状	进展概况
		2020 年 6 月 18 日，泰国央行宣布了企业央行数字货币支付系统原型项目的开发计划，该系统将使企业能够处理使用央行数字货币进行的交易。该项目将于 2020 年 7 月正式启动，预计该试点测试可能会在今年底结束。该项目的目的是扩大央行数字货币的范围和采用，从大型机构开始再到更广泛的受众。
韩国	基于分布式账本平台的相关测试	2016 年，韩国成立数字货币研究小组，但前期主要工作集中在对国际加密货币的使用及其合规性问题界定方面。2018 年，韩国央行转向央行数字货币的研究，并于 9 月至 12 月进行了基于 DLT 技术的零售支付系统测试，2019 年开始的 DLT 平台的 DvP 结算系统的概念验证预计于 2020 年完成。2020 年 4 月 6 日，韩国央行宣布将启动对央行数字货币的试点测试计划，计划于 2021 年初进行试点。2020 年 6 月 9 日，韩国央行发布中长期计划《BOK 2030》，表示在必要情况下将推进引入韩国国内央行数字货币的各项准备工作。
俄罗斯	央行数字货币地位合法化并进行测试	2019 年 6 月，俄罗斯中央银行负责人公开表示，发行属于中央银行的数字货币项目无法立即启动，但是包括俄罗斯在内的许多中央银行一直在研究这种可能性。同年 10 月，俄罗斯中央银行负责人又表示俄罗斯央行认为不需要发行国家加密货币。 2020 年 2 月，俄罗斯中央银行发布消息称，一个利用区块链发行“数字权限”的试点项目刚刚完成。这个项目的目的是实现对商品、服务和其他资产（包括证券）的标记化。俄罗斯央行表示，正在监管沙盒中对稳定币进行测试，以观察俄罗斯的主要机构是否能在未来几个月或几年内向公众推出“数字卢布”。同时，俄罗斯银行还表示，将针对加密货币问题加强反洗钱立法。除俄罗斯央行外，俄罗斯内政部也一直在积极制定相关规则，遏制可疑的加密货币及相关交易。2020 年 7 月，俄罗斯正式赋予加密货币合法地位。
澳大利亚	开始央行数字货币测试	2017 年，澳大利亚央行就开始针对数字货币的合规性等问题进行讨论，修改了反洗钱和反恐融资的相关法案，并完善了对于数字资产的研究。 2020 年 1 月，澳大利亚央行模拟了在基于以太坊网络的批发支付系统中使用央行数字货币的测试，以查看银行之间客户支付的清算系统能否在一个基于以太坊的许可网络上运行。

续表

国家/经济体	推进现状	进展概况
柬埔寨	Bakong计划	2019年7月，柬埔寨央行开始基于区块链系统进行跨境支付的试点测试。2020年1月，柬埔寨央行行长宣布正在开发基于区块链技术的央行数字货币，并且可能在未来几个月内发布。

资料来源：根据网络公开资料整理。

从货币定位上看，目前亚太地区的已有研究以批发型央行数字货币为主，包括日本和新加坡在内的多国（地区）都进行了批发型数字货币的相关试验，应用场景主要是银行间的结算交易（包括现金结算和券款对付）和跨境支付测试。现阶段，一些国家也开始转向零售型央行数字货币的研究，泰国和柬埔寨在批发型央行数字货币相关测试后开展了零售端的研究，韩国进行了基于分布式账本技术的零售支付系统测试，日本也在新冠疫情的冲击下表示将开展针对零售型央行数字货币的后续试验研究，我国则一直侧重于零售型的央行数字货币应用研究并已经推出试点。

从发行模式选择上看，亚太地区各国目前也主要关注于基于价值的央行数字货币发行模式（token 模式），即以代币的形式进行央行数字货币的发行。在批发型央行数字货币的应用中，token 模式和基于账户的模式差异较小，而在零售端的应用中，token 模式更适应去中心化的系统，在表现上与现金更为相似，也能比较好地解决对央行数字货币隐私保护方面的担忧。但考虑到基于账户的模式在未来服务的扩展性上更具潜力，而且能够满足国家对于反洗钱和反恐怖融资等问题的监管需求，随着央行数字货币研究的深入，后期引入基于账户的模式并将两种模式相结合也是发展的方向之一。

日本央行数字货币的实践探索

日本央行长期以来对央行数字货币的发行持观望态度，在多种场合表示暂无发行央行数字货币的计划。在2019年7月东京举办的路透社新闻人物活动上，日本央行副行长雨宫正佳以日本央行是否要发行央行数字货币为题发表演讲，明确表示日本虽然已经进行了相关研究，但并无发行计划。同年12月日本央行行长黑田东彦也在金融产业信息系统中心35周年纪念活动的演讲中表示，日本现阶段还未有发行央行数字货币的必要。在2020年日本央行主办的“支付的未来”峰会的发言中，雨宫从目前各国央行数字货币发行研究的动因出发，表示日本目前现金流通量逐年增长的现实和现有的安全稳定的支付结算体系使得发行央行数字货币的需求并不显著，但也同时肯定了央行数字货币适应数字经济时代支付需求和消除私人支付系统壁垒的重要作用。

虽然日本央行前期的发行态度消极，但相关研究一直在进展中，日本央行在支付结算系统部下专门成立了央行数字货币研究小组，与日本本土的相关机构和专家以及各国央行广泛交换意见。从2016年开始，日本央行就与欧洲中央银行合作开展了Stella项目，针对批发型央行数字货币开展了多阶段的研究。2020年1月，日本央行也作为参与者之一与国际清算银行合作成立了央行数字货币研究小组，对央行数字货币研究和应用表现出了积极的态度。

2020年7月以来，日本对央行数字货币的态度发生了明显的变化。7月17日内阁会议上通过的《经济财政运营与改革基本方针2020》中表示“关于中央银行数字货币，由日本银行主导，从技术上开始进行实证试验，并积极与各国联合进行商讨”。7月29日，雨宫在日本记者俱乐部的发言中谈到新冠疫情的影响时表示，疫情刺激了支付系统在现金支付和数字支付方面的创新，在这样急剧变化的背景下，日本央行也应该“换挡”，将央行数字货币相关问题提上议事日程，提前做好准备，以便在必要性出现时可以正确应对。此前一周，日本央行就改组了之前的央行数字货币研究小组，表示要通过开展试验与多方面的合作进一步深化对央行数字货币的认识。10 月 9 日，日本央行发布《日本银行关于央行数字货币的对策方针》，明确表示后续的研究重点在于零售型央行数字货币，并介绍了研究导向及阶段安排。

一、项目背景和目的

日本是亚洲最发达的国家之一，虽然经历了 20 世纪 90 年代泡沫破灭后的低迷，但日本经济总量仍然稳居世界第三。然而与众多国家明显的现金使用减少趋势不同，日本是一个典型的现金使用国家，2018 年，在日本的私人消费中，现金支付占到了近一半的比重（48.2%），如果剔除掉银行账户间的转账，现金支付的比例甚至超过了信用卡等非现金支付手段。从日本央行发布的货币使用数据看，现钞和较大面额硬币（100 日元和 500 日元）的流通量从 1985 年以来一直呈现上升趋势，近年一万日元面额的现钞使用上升尤为明显，2018 年流通量增速达到了 4%。良好的社会治安和覆盖极广的金融服务设施使日本社会现金持有和使用成本极低，同时现金获取也非常便利，长期的低利率乃至负利率则进一步降低了现金持有的机会成本，这使得日本社会向无现金支付的转变非常温和，也导致日本央行对数字货币的发行态度一直较为消极。但日本央行同样承认，随着新兴支付手段的推广，向无现金社会的转变随时可能加速，这次新冠疫情的冲击则让日本央行意识到这样的时代或许已经来临，因此也希望在疫情刺激下顺应无现金支付和数字支付的创新潮流。同时，日本央行长期以来实行低利率的政策，甚至实际利率已经为负，央行数字货币可以进一步丰富央行的货币政策工具箱，这对于日本央行而言也具有一定的吸引力。

日本央行虽然在此前很长一段时间内对央行数字货币的发行并不热切，但在央行数字货币方面的研究却一直在推进，对技术的应用和发行相关的法律问题都展开了试验和论证。在技术方面，2016年12月，日本央行启动了与欧洲央行的合作研究Stella项目，聚焦于探索分布式账本技术对金融市场基础设施的机遇和挑战，截至目前已经完成了四期的测试并发布了项目报告。2020年10月日本央行公布的对策方针中，也已经决定对零售型央行数字货币展开进一步的研究，并有了比较清晰的阶段性安排。在法律方面，2018年11月，日本央行金融研究所成立了央行数字货币法律问题研究小组，并于2019年6月发布了研究报告，针对在现有的日本法律框架下进行央行数字货币发行可能会遇到的法律问题进行了探讨。就正如雨宫在演讲中所说，日本央行虽然在现阶段仍然没有明确的发行计划，但提前进行这些研究都是十分有必要的。一方面，零售支付市场随时可能因为急速的科技创新发生巨变，从而迅速推进到无现金社会，央行数字货币的发行需求也可能突然显现，这就要求央行提前对央行数字货币有深入的了解；另一方面，央行数字货币的研究视角也给央行提供了审视一些基础问题的机会，以更好地改善现有的支付和结算系统。

二、业务模式与技术选择

日本央行和欧洲中央银行合作开展的Stella项目是一个循序渐进的试验计划，每个阶段针对一个应用场景，对央行数字货币的发行进行了全方位的测试。测试中的应用定位是token模式的批发型央行数字货币，从目前完成的四个阶段的测试看，研究的主要方向集中于系统效率和可选技术的兼容性等方面，讨论了各种组合的可能性以及相较而言的应用和效率差异，以及通过隐私强化技术的使用如何实现私密性和可审查性的兼容。虽然 Stella 项目主要针对的是批发型央行数字货币，但一些前期尝试也可以移植到零售型央行数字货币的研究中，近期日本央行明确表示更看好零售型央行数字货币的需求和发展，并将在前期基础上积极开展后续试验。

从技术选择上看，Stella 项目的全部试验都基于分布式账本技术平台实现，针对不同问题，选择单一或多个分布式账本技术平台进行测试，并进行不同的变量叠加，寻找基于分布式账本技术的央行数字货币的多种可能性。日本央行虽然没有明确后续零售型央行数字货币的使用技术与平台，但大概率也将在此前基础上继续考虑分布式账本技术平台。

三、Stella 项目的试点内容

日本央行与欧洲央行联合开展的央行数字货币合作研究的 Stella 项目从 2016 年开始，到 2020 年 2 月已经完成了四个阶段的研究和试验，每个阶段针对不同场景下的技术应用，对分布式账本技术的实用性和兼容性进行检测和评估。

1. 第一阶段

2017 年 9 月完成的第一阶段的测试主题是支付系统分布式账本技术环境下流动性节约机制（LSM，即净额结算），测试基于平台 Hyperledger Fabric 版本 0. 6. 1 进行，主要针对欧盟的 TARGET2 和日本银行金融网络系统两大实时全额结算系统平台中的大规模支付程序，并设计了两种不同的结算方式同时测试：一种是不提供队列和抵消机制的简单的智能合约，另一种则是具有流动性节约机制的智能合约。该阶段试验的关注点集中在系统的效率和安全性上。

试验发现，基于分布式账本技术的方案可以适应实时全额结算系统的要求，至少可以满足与欧盟和日本需求相当的结算容量，证明在分布式账本的环境下实行标准的流动性节约机制处理逻辑是可行的。但分布式账本技术的表现受到网络规模和节点间距离的影响，需要在系统节点数量和单笔交易处理时间之间进行取舍，网络的结构也会影响节点的处理效率，Quorum 机制下的节点如果能够分散得更好，也可以提升外围节点的效率。同时，试验发现使用分布式账本技术具有加强恢复力和可靠性的潜力，至少可以应对单个节点的失败确认和数据格式错误的问题，并且在修复时不需要停机，也不会影响最终的总体效率。

2. 第二阶段

2018 年 3 月完成的第二阶段测试针对的是资产结算系统，即券款对付（DvP）方式在分布式账本技术环境下的应用。如图 8.1 所示，银行 A 想要用证券与银行 B 的现金进行交换，在分布式账本技术环境下，这种券款对付存在两种可能性：第一种是证券和现金都记录在单一账本上，第二种是证券和现金分账本记录（跨账本的券款对付），第二种又可以细分为账本间有关联和账本间无关联两种情形。单一账本的情形下，券款对付只发生在单一的综合平台上，而在跨账本的情况下，则可能出现跨平台的券款对付。因此，第二阶段的测试平台也由第一阶段的 Fabric 平台扩展到了 Corda、Element 和 Fabric 三个不同的平台，并进行了跨平台的券款对付测试。

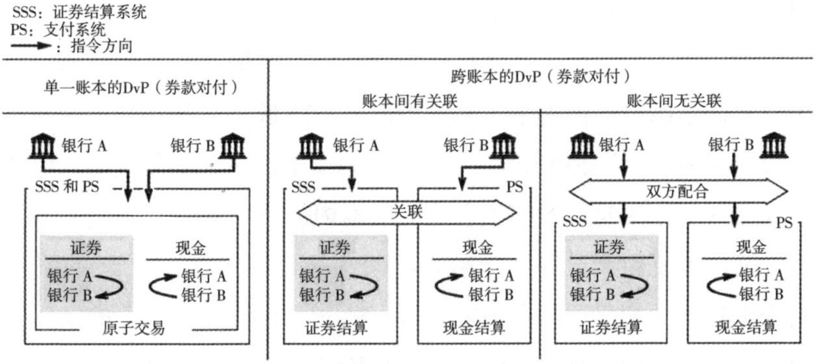

图 8.1　券款对付在分布式账本技术环境下的不同应用模式

资料来源：European Central Bank and Bank of Japan, *Securities Settlement Systems: Delivery－Versus－Payment in a Distributed Ledger Environment*, 2018, 3.

测试证明券款对付方式在分布式账本技术环境下是充分可行的，无论是在概念上还是在技术上，券款对付方式都可以和不同类型的分布式账本平台兼容。同时，分布式账本技术使得券款对付方式可以在不同账本间实现，甚至不需要账本之间有任何关联，通过哈希时间锁合约就可以解决这一问题。但交叉账本下的券款对付交易对系统设计有复杂度的要求，交易双方要进行更多的互动和步骤，这又不可避免地需要暂时的流动性封锁，从而影响交易速度，而这种交易中同步性的不充分带来的信用风险等问题还需要进一步确认。

3. 第三阶段

在2019年6月完成的第三阶段测试中，研究的主要方向则转向了跨境支付中的创新性对策，尤其是从交易安全出发如何完善跨货币区的跨境支付。相比较国内支付，跨境支付中的交易方可能来自不同的行政辖区，因而往往要付出更高的交易成本，速度更慢，安全性也是一大挑战。因此，第三阶段的研究试图探索新技术的使用对于跨境支付流程的改善，尤其是在安全性方面。为讨论更多的可能性，第三阶段除了在分布式账本平台Fabric上进行测试之外，还同时选择了中心账本的架构进行试验，同时加入了指令级同步（ILP）变量，以适应更多的现实场景。

第二阶段的研究中已经确认通过哈希时间锁合约的跨账本结算可以在同步结算的前提下实现信用风险的降低，在此基础上，第三阶段对模型进行了拓展，并同时借鉴了“不可知账本”模型，包括委托专线、基于哈希时间锁合约的账本内的持有或托管、第三方托管、简单的支付渠道和附带哈希时间锁合约的有条件的支付渠道。从安全性的角度看，账本内的托管、第三方托管和有条件的支付渠道都有强制机制，可以保障完整地履行其义务的交易者不会暴露于风险损失（见表8.2）。从流动性效率的角度看，上述的五种支付方式中，委托专线效率最高，账本内的托管和第三方托管次之，简单的或有条件的支付渠道效率最低。因此，从技术的角度看，当下的跨境交易的安全性可以通过使用同步支付并在支付链条中锁定资金的支付方式来改善。

表 8.2 不同的支付方式和对账本的特定要求

支付方式	账本上记录/账本下记录	资金是否需要托管或锁定	是否强制履行有条件的支付	是否要求特定的账本机能
委托专线	账本下	否	否	否
账本上的托管	账本上	是	账本强制	是
第三方托管	账本上	是	第三方强制	否
简单的支付渠道	账本下	是	否	是
有条件的支付渠道	账本下	是	账本强制	是

资料来源：European Central Bank and Bank of Japan，“Synchronised Cross - border Payments”，2019，6.

4. **第四阶段**

项目第四阶段主要测试的是私密性和可审查性之间的兼容性问题。所谓的私密性，指的是交易数据对未授权的第三方完全隐藏，或者至少可视的部分交易数据不足以完全推断其详情（交易规模和交易双方的身份）。虽然隐私强化技术（PETs）不断发展使得私密性成为可能，但即便是基于分布式账本技术建立的金融市场基础设施中，为保障其负责任地运行，授权的第三方仍然需要能够查看交易详细信息的权利，这就是所谓的可审查性。

在中心化的模型下，可审查性是很容易实现的，只要中心处理者向审核者公开交易信息即可，但这时，所有的交易信息对于中心处理者而言没有隐私。因此，Stella 项目更关注在不同的设计下，隐私强化技术、基于分布式账本技术的金融市场基础设施和可审查性之间是否可以兼容，以及其私密性和可审查性的实现程度如何。为更好地阐明这一问题，该阶段试验将 PETs 分为了三类：隔离式的 PETs、隐藏式的 PETs 和拆解式的 PETs，具体的定义和表现如表

8.3 所示。不同技术的使用会对交易信息的部分或全部带来不同程度的保护，其最终目的都在于避免交易双方的隐私暴露于整个系统之中。项目测试中也提出，叠加技术的使用可能会保障更高的私密性水平，但也需要考虑实际的应用效率问题。

表 8.3　不同类型的隐私强化技术及其应用表现

技术类型	特点	平台/技术选择	交易信息		
			发送方	接收方	数量
隔离式	每个参与者只能看见网络中执行的交易信息的一个子集	Corda 平台	不可见		不可见
		Hyperledger Fabric 平台	不可见		不可见
		账本下交易通道	可见		不可见（只能看见净额）
隐藏式	使用加密技术让第三方无法解读详细的交易信息	Quorum 的私人交易	可见	不可见	不可见
		佩德森承诺	可见		不可见
		零知识证明	不可见		不可见
拆解式	第三方无法一一对应交易双方的交易关系	一次性地址	不可见		可见
		混合	不可见		可见
		环签名	可见	不可见	可见

资料来源：European Central Bank and Bank of Japan, *Balancing Confidentiality and Auditability in a Distributed Ledger Environment*, 2020, 2.

研究同时指出，在可审查性的实现方面，需要考虑三个角度：其一是必要信息的获取，其二是获取信息的可信程度，其三是审核过程的效率。如果这三者都能够在某种分布式账本系统下实现，那么有效的审核自然就实现了。而最终的制度安排以两种方式进行：一是审核者从可信任的来源获取必要的信息；二是审核者从可识别的参与者处获得必要的信息，同时通过账本上记录的信息去判断获取信息的真实性，而这一过程的设计应该避免信息消费的冗余。

四、项目进展情况与经验总结

日本央行与欧洲央行合作推进的 Stella 项目已完成了四阶段试验，每个阶段都有明确的测试重点，层层推进，对不同场景下的分布式账本技术应用的可行性、效率性和可能出现的问题以及应对进行了较为深入的探讨，为发行批发型央行数字货币做好了较为充分的技术准备。虽然测试集中在批发型数字货币上，但在技术平台的容量和稳定性考量、隐私保护和可审查性之间的协调等方面的研究，也与零售型央行数字货币的需求有所重叠。完成 Stella 项目四阶段的研究后，日本央行也同时提出了后期需要进一步考虑的问题：一是依赖可信任的信息来源可能会导致单点崩溃带来的网络危机；二是如果同时使用了不同的隐私强化技术，那么需要在私密性的加强和可审查性的有效性之间进行权衡；三是如果模型兼容了多种支付和处理系统以及分层布置的支付系统，不同系统间的标准和流程的协调将是必要的；四是终端使用者的加入会使终端用户相关信息的私密性保护变得更复杂，同时，制定适当的标准确定需要被审核的交易也是必要的。

日本央行在 2020 年 10 月发布的《日本银行关于央行数字货币的举措方针》中明确表示现阶段更关注的是零售型央行数字货币，并披露了后续的试验与研究的计划安排。虽然日本央行此前的试验主要围绕批发型央行数字货币展开，但积累的经验可以作为零售型研究的基础。而在法律和与私人部门的合作方面，日本央行也已经做好了前期准备：日本央行内部此前已经就数字货币发行的法律问题做了多方面的探讨，2019 年发布了《央行数字货币相关法律问题研究会报告书》；通过举办“支付的未来”主题峰会，日本央行也与私人部门在相关问题上进行了充分的沟通。在 2020 年 7 月《经济财政运营与改革基本方针 2020》中提出要进行针对性的试验之前，日本央行内部的数字货币研究小组也为适应新一轮的研究需求进行了改组。

日本央行强调零售型的央行数字货币是作为与现金并列的结算手段引入的，但也需要支持私人部门提供的结算服务，在数字化程度不断提升的当下，央行提供数字货币是构建适应数字化社会结算系统的需求。方针中日本央行所设想的零售型央行数字货币的发行架构也是双层模式，即间接型的央行数字货币发行模式，中央银行进行货币的发行与整体架构的管理，银行等金融中介则将其相关经验和创新成果用于改善用户界面，并维系结算体系的效率和稳定。在此过程中，如果银行可以合理利用与央行数字货币相关的用户信息开展新的服务与业务，也可以提升其参与的积极性。零售型的央行数字货币系统在功能上需要达到以下特点：普遍的可得性、安全性、高恢复力、结算即时性和互通性，但在设计中完全达到以上要求是非常困难的，比如为了实现在自然灾害发生时货币系统的高恢复力，可能会影响其安全性，而对于互通性的要求则在一定程度上可能损失结算系统的稳定性和即时结算的高效率，因此有必要联系实际对某些性能要求进行分阶段推进。

对零售型央行数字货币发行后可能带来的影响，日本央行也表示需要慎重考虑并通过机制设计予以应对。首先，零售型央行数字货币对银行系统带来信用创造能力的影响，与银行产生的竞争还可能带来金融“脱媒”的问题，因此需要通过如货币的发行额和持有限额的设定来避免；其次，央行数字货币对创新的促进需要充分考虑央行与私人部门之间的分工与合作关系，并划定各自的行动边界；再次，用户隐私的保护和用户信息使用的合理性问题需要对各方数据使用范围、必要条件和管理方法予以规定；最后，央行数字货币应用不仅要考虑对国内支付系统的适应和改善，也需要放眼跨境支付和结算，关注其他各国进展，在合作研究中讨论相关的国际准则。

日本央行表示推进研究计划的主要目的在于为央行数字货币的

发行做好必要准备，以准确应对未来各种各样的环境变化。未来的研究将从三个方向展开：首先，概念验证和试点试验，计划对零售型央行数字货币研究开展两阶段的概念验证。第一阶段进行系统构建，对作为结算手段的央行数字货币的发行、流通、回收等基本功能进行验证；第二阶段则将在已构建的系统上添加附加功能，验证其在现实中实现的可能性。其中第一阶段的概念验证计划将于2021年初开始。在完成两阶段概念验证后，如果有必要的话，日本央行将会考虑加入消费者和私人部门企业进行试点试验。其次，与试验并行，开展制度设计方面的研究，针对央行和私人部门的分工与合作、央行数字货币发行与持有规模等方面的设置、用户隐私信息管理和数字货币相关信息技术标准化等问题进行。最后，日本央行还表示将进一步加强与国内外各界的合作，一方面要与其他中央银行密切合作，加深对央行数字货币基本特点和对实务影响的理解并应用于本国的研究；另一方面则是需要与国内的各方协作，包括银行、非银行结算企业、IT和法律专家以及其他有关部门，对央行数字货币相关的系统和制度等方面开展讨论。

由于目前日本社会中现金使用占到了GDP比重的20%，因此，不少观点认为日本当下并没有发行央行数字货币的必要。然而，日本央行认为将来也可能出现现金使用大幅下降的情况，因此现阶段就开始关注和研究是有必要的，即便此种情况并不会出现，从结算系统的安全和效率出发，研究央行数字货币也是有益的。虽然日本央行没有明确表示来自外部的压力，但从方针发布的时点看，日本央行此次的态度转变也与2020年以来世界范围内央行数字货币的井喷式发展不无关系。日本央行通过参与国际清算银行的央行数字货币小组积极推进国际合作，此前通过合作研究也对分布式账本技术及相关平台有了较为深入的理解，并对可能存在的法律问题有了积极的探讨，前期准备已经较为充分，目前的主要阻力还在于日本的社会经济现实。日本社会目前现金的使用率比较高，民众支付习惯较为固定，支付市场发展也相对滞后，短期内革新支付市场并推出新的支付工具和支付系统有一定的困难，而日本自然灾害频发、少子化、高龄化和农村空心化的现实也都对央行数字货币的系统运行提出了更高的要求。但从长远看，央行数字货币已经被写入了日本的经济财政计划，后续研究的阶段性安排也已经制定，研究和应用都进入了“快车道”，克服发行阻力并借此在国际货币体系的竞争中占据主动对于日本的经济改革而言也具有一定的积极意义。

新加坡央行数字货币的实践探索

2016 年，新加坡金融监管局（MAS）就引入了 Ubin 项目，验证使用代币化的新加坡元（SGD）进行银行间支付和分布式账本结算的技术可行性，是最早研究、探索和实践分布式账本技术的监管机构。Ubin 是一个合作项目，其合作方几乎都是全球顶级的机构，和金融相关的机构包括：淡马锡、美银美林、瑞士信贷集团、星展银行、汇丰银行、摩根大通、三菱日联金融集团、华侨银行、新加坡交易所、大华银行、花旗银行、渣打银行；技术上的合作伙伴包括埃森哲、R3 联盟、IBM、ConsenSys、微软；其他的参与者还有咨询机构和央行，包括德勤、纳斯达克、英国央行、加拿大央行、毕马威等。

一、项目背景和目的

新加坡是位于东南亚的国际金融中心，一直致力于成为东南亚乃至亚太地区的金融科技枢纽。2015 年，MAS 提出“智慧金融”的口号，大力推动金融科技的发展，旨在更为有效地管理风险、提高效率。MAS 认为，金融科技正在以前所未见的方式改变金融服务，而区块链最重要的潜在应用之一就是促进传统货币的跨境支付。长期以来，新加坡政府和MAS都在为发挥区块链潜力进行合作，同时为加密货币业务创造了一个相对有利的环境。

MAS在央行数字货币领域的探索和实践颇为务实，一直在研究批发型央行数字货币。Ubin项目推出的目标就是将新加坡元放置于区块链上，借助区块链技术实现不同司法管辖区的机构间无中间人、高速高效、低风险低成本的支付，致力于成为区块链技术应用的典范。这一举措将有助于加强新加坡作为领先金融中心和先锋技术创新者的形象。更重要的是，它使得当地居民和外国人都认证了新加坡在区块链开发和应用方面所做的努力，使新加坡成为建立和发展这些项目最具有吸引力的国家。

Ubin项目总体目标是通过实际的试验帮助MAS和整个行业更好地理解分布式账本技术，因为它有可能使金融交易和流程更加透明、更具弹性并且成本更低。Ubin的最终目标是帮助开发央行发行的数字代币，并提供比当前的系统更简单和更高效的解决方案。

二、业务模式与制度安排

Ubin是MAS开展的研究项目，旨在探索区块链和分布式账本技术在货币Token化、支付系统、券款对付、同步跨境转账等领域中的应用，从而解决金融业和区块链生态系统所面临的实际问题。因此，MAS试验的数字货币属于批发型数字货币，主要应用于国内间银行结算和跨境支付。

在试验过程中，银行将以现金作为抵押品，以换取中央银行发行的数字货币。参与银行可以直接用数字货币相互支付，而不是要先通过MAS发送支付指令，之后，银行可以赎回数字货币换取现金。

三、试验内容与技术选择

Ubin项目是一个多阶段合作项目，MAS在2018年11月发布的报告中将其分为六个阶段，分别是新加坡元数字化、国内银行间结算探索、基于 DLT 的 DvP 探索、跨境银行间支付结算探索、目标运营模式，以及跨境支付结算的 DvP 探索（见图 8.2）。然而在实际运行中，Ubin 项目共经历了五个阶段。目前 MAS 已完成了全部五阶段的研究工作，并公开发布了各阶段的研究报告，分别为《基于分布式账本的 SGD》《重构 RTGS》《基于 DLT 的 DvP 券款对付》《跨境银行间支付和结算：数字化转型的新机遇》和《促进广泛的生态系统协作》。每份报告的内容包括但不限于项目需要解决的问题、原型的规则设计、原型对现实世界带来的影响以及进一步完善项目需要考虑的问题。

图 8.2　Ubin 项目整体规划

资料来源：MAS, *Delivery versus Payment on DLT*, 2018, 11.

1. 第一阶段：数字化的新加坡元

在该阶段，MAS 和 R3 联盟探索了使用央行数字货币（SGD 的代币化版本）进行银行间支付的情况。项目的第一阶段在 2016 年 11 月 14 日到 12 月 23 日进行。该阶段的主要目标是应用以太坊技术进行概念验证，评估使用中央银行发行的代币形式的新加坡元进行银行间支付和分布式账本结算的技术可行性，确定在生产环境中实施 DLT 的非技术意义。第一阶段试验的架构图如图 8.3 所示。

MAS 引入 SGD－on－Ledger 的新概念，以区分现有形式的中央银行存款，即银行持有的用于在“MEPS＋”（MAS Electronic Payment System，MAS 电子支付系统）上支付的中央银行存款。SGD－

on-Ledger 相当于具有特殊用途的通票，在特定使用条件下与 SGD 实现 1∶1 兑换，在此处仅用于银行间支付。

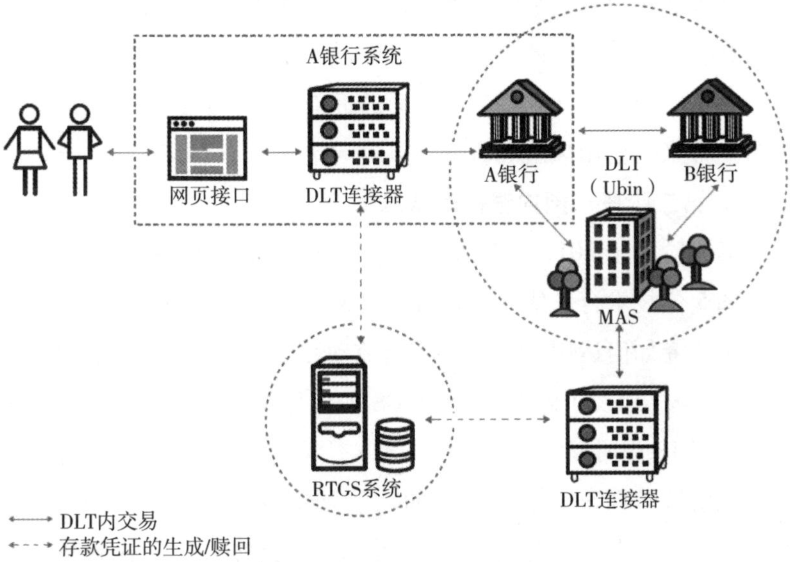

图 8.3　Ubin 第一阶段架构图

资料来源：MAS, *Project Ubin*: *SGD on Distributed Ledger*, 2017, 3.

在第一阶段的原型设计中，“MEPS +” 与分布式账本是分别独立的两个账本系统，二者之间只有账目的同步，没有资金的转移，并通过 SWIFT 虚拟器连接。第一阶段设立 CAS 现金账户、大额实时结算系统账户、存托凭证（Depository Receipts，简称 DR）监护账户，以及分布式账本中的 DR 账户，实现 “MEPS +” 系统与分布式账本系统的对接和功能实现。在分布式账本系统中，MAS 节点上运行智能合约和监控工具，管理分布式账本内的货币和观测分布式账本内银行余额变动和交易情况。

第一阶段的试验通过将分布式账本与 MAS 的 “MEPS +” 系统集成和同步，可以实现银行间支付。这意味着，除了提供 24 小时的运行时间和记录的可追溯之外，分布式账本还保持了现有电子支付和记账系统中保存数据完整性的能力。银行可以相互借贷和借用数字 SGD，而无须向央行抵押现金。项目中设计的数字货币的转移不会产生信用风险，也没有引入新的流动性风险。

报告还指出，未来需要考虑设立合适的法律条款保障数字货币转账和法币转账的一致性，以及考虑设计无须先把现金存入中央银行，直接实现银行间互借数字货币的拆借市场，并进一步考虑该拆借市场带来的信用风险和流动性风险问题。

2. **第二阶段：国内银行间结算**

第二阶段于 2017 年 7 月开启，由 MAS 和 ABS 联合 11 家金融机构和 5 位技术合作伙伴，宣布完成 3 种不同模式的原型开发，其目的是研究如何运用 DLT 实现具有流动性节约机制的大额实时结算系统 RTGS，以及了解 DLT 下 RTGS 如何保护交易的隐私性。该阶段共持续 13 周时间。

该阶段 RTGS 原型所实现的功能如图 8.4 所示，主要涉及 3 个重点功能，包括数字化支付中的实时资金转账、付款队列处理的排队机制以及流动性优化中的流动性阻塞解决方案。该计划在 3 个不同的分布式账本平台上开发了 3 个原型：Corda、Hyperledger Fabric 和 Quorum。3 种原型在以上 3 个重点功能上的差异如表 8.4 所示。

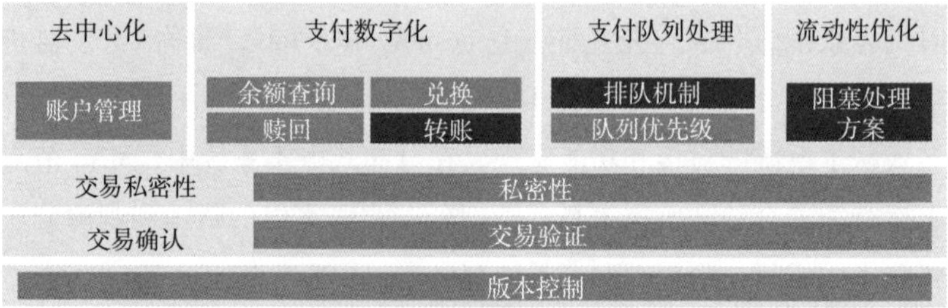

图 8.4　第二阶段功能示意图

资料来源：MAS，*Project Ubin Phase 2：Re – imagining Interbank Real – time Gross Settlement System Using Distributed Ledger Technologies*，2017，11.

表 8.4　三种原型差异比较

方案	资金转账	排队机制	流动性阻塞解决
Corda	采用 UTXO 数据结构，在双方交易中加入公证人角色，实现点对点方式的资金转移	为了应对需要排队的问题，在交易状态中设置“债务”状态，根据先进先出和优先级原则，定时周期性地尝试执行队列里的任务，完成交易	创新的解决算法“循环解决方案”(Cycle Solver)
Hyperledger Fabric	为了转账，系统里的每两个银行都需建立双向渠道，资金的转移发生在发送方和接收方的双向渠道中	在渠道中设置类似的“已排队交易”状态，由 Chaincode 程序根据特定时间触发，刷新执行队列里的交易	沿用现有的解决算法 EAF2
Quorum	转账建立在以太坊基础上的专门支持交易和合约私密性的区块链技术平台，利用私有和公有智能合约执行	每个银行维护私有的未完成交易列表，系统维护全局可见的队列，记录所有银行的未完成交易列表	沿用现有的解决算法 EAF2

可以看出，第二阶段在 3 个平台上实现了传统中心化 RTGS 的处理过程和功能。包括大额跨行交易结算，没有单点故障的分布式架构，支持不同优先级、暂停、取消的统一交易队列处理系统，只有相关的交易参与者才能看到交易细节，交易一经完成就不可篡改，支持交易净额结算的流动性节约机制。

3. 第三阶段：基于 DLT 的付款交割

在第三阶段，MAS 和新加坡证券交易所合作，该阶段的目标是试验跨不同 DLT 平台上的现金和证券分类账之间的互操作性；通过实现现金和证券分类账的恢复来缓解 DvP 中的交易对手风险；清算会员实现 DvP 结算的完成；增强投资者信心，为用户带来更为安全和完善的服务。结算的资产是 MAS 发行的央行数字货币（即数字形式的 SGD）以及 MAS 发行的新加坡政府证券（Singapore Government Securities，简称 SGS）。

如图8.5所示，MAS现行的DvP体系框架由两个系统组成：MEPS+SGS系统和MEPS+IFT系统（MEPS+银行间资金转移系统）。MEPS+SGS系统处理以DvP为基础由MAS发行的SGS的无纸化结算，MEPS+IFT系统支持以SGD计价的银行间大额资金转账。市场参与者需要分别在两个系统注册才能进行交易。MAS-SGS委员会作为解决争议的仲裁方。

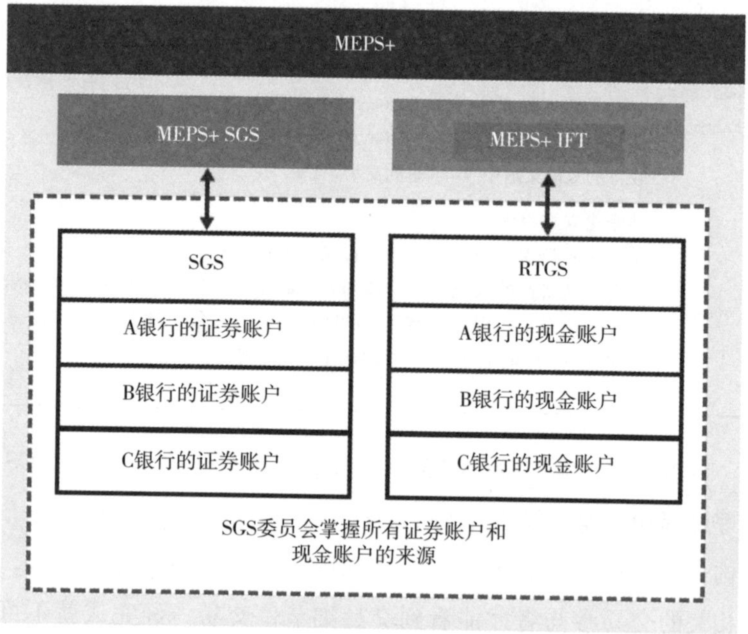

图8.5　MAS现行的“MEPS+”体系框架

资料来源：MAS, *Delivery versus Payment on DLT*, 2018, 11.

MAS的报告指出，现有的DvP系统在三个方面存在问题。第一，在系统性操作风险方面，所有需要结算服务的参与银行必须连接到中央运营商（RMO，包括结算所和中央银行）结算其交易。结算系统中存在单点故障风险（系统性风险）。第二，在运行时间上，“MEPS+”在固定的时间内运行，受到全球RTGS系统的限制。按照当前的行业惯例，清算和结算周期是T+2或T+3。结算过程中的任何延迟都会从根本上使贸易参与者面临主要风险。第三，在合规方面，需要额外的人力财力和流程确保清算结算合规。监管机构需要花费数年的时间调整金融服务行业的规则，尤其是监管变更、合规标准变更和系统升级。

因此，Ubin 的第三阶段设计了基于 DLT 的 DvP 结算流程，包含的步骤如下：交易双方向系统提交订单，系统对订单双方进行匹配，系统为交易双方生成密钥哈希用于私密性交易，在分布式账本中交易双方进行证券和现金的共识，完成交付。中央运营商在整个流程中作为仲裁方起到督导作用。

如图 8.6 所示，Anquan、德勤和纳斯达克三家公司提出了应用不同区块链系统的三种原型方案，实现了扩大时间窗口、锁定分类账上现金/证券的合约、仲裁方控制账户、加密和链下传输信息确保隐私性等功能。

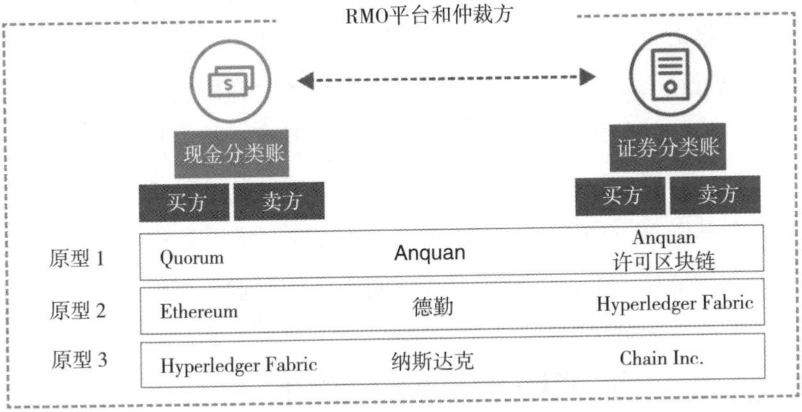

图 8.6 三家公司提出的原型方案

资料来源：同前。

可以看出，Ubin 项目的第三阶段探索了在智能合约中嵌入合规要求等，将结算周期从 T+3 压缩至 T+1，甚至实现全时结算。由于监管审查和合规的标准多种多样，嵌入合规规则的智能合约可能会影响到金融监管部门的多区域执法实施。此外，合约中的待交易资产仅限定在现金分类账和证券分类账，会在一定程度上降低结算期间的流动性。未来，Ubin 项目将进一步致力于解决现有问题，如仲裁方是否中立、全时结算设计的汇率、交易手续费定价和不同银行营业时间等问题，并扩大 DLT 的应用资产类别和市场。

4. 第四阶段：跨境银行间支付结算（PvP）

Ubin 项目第四阶段的目标是评估跨境 PvP 的可行性。2018 年 11 月 15 日，加拿大央行、英国央行和 MAS 联合发布了报告《跨境银行间支付和结算：数字化转型的新机遇》，评估了优化跨境支付和结算的替代方案。该报告分析了现有的问题，并考虑了一种替代的模型以提高交易速度，降低交易成本，提升信息透明度。在此之后，MAS 和加拿大央行将 Ubin 项目和加拿大的 Jasper 项目连接起来，并成功完成了使用央行数字货币进行跨境和跨币种支付的试验。

该阶段的参与者为跨境支付流程中的商业银行，主要涵盖三个方面的研究议题：目前跨境支付结算存在的问题，未来潜在的跨境支付结算的方式，以及行业中跨境支付结算的实例。从中央银行、商业银行和终端用户三个主要参与方分析各自在跨境支付结算中面临的挑战，并分析深层原因。为解决现有问题，报告探讨了五种未来可能的跨境支付结算模型，前两种基于当前的支付结算模式，后三种则基于 W－CBDC（批发型中央银行数字货币）进行银行间的跨境支付结算。报告还分析了其可能产生的影响，探讨如何从技术和政策两方面解决问题。

5. 第五阶段：促进广泛的生态系统协作

2019 年 11 月，Ubin 项目正式进入第五阶段，合作方为摩根大通（JP Morgan）和埃森哲，目标是构建基于区块链的多货币支付网络。2020 年 7 月 13 日，MAS 和淡马锡联合发布报告，宣布已经开发出了基于区块链的多货币支付网络 Ubin V，这标志着 Ubin 项目的第五阶段，也是最后一个试验阶段圆满结束。

Ubin 项目的前四阶段着重关注付款和结算的效率，但并未探索支付渠道的交集以及具体的商业用例。而更好的连接和集成可以简化用户内部流程，有可能带来潜在的经济收益，第五阶段的试验就旨在验证这一假设，并了解 Ubin V 网络集成所带来的广泛机会和收益。项目组确定了 124 个项目的用例，这些项目可以从使用 Ubin 支付网络中获益，并从中选取了 16 个用例进行进一步的探索，涵盖资本市场、贸易和供应链金融、保险以及金融服务以外的领域。

Ubin V 网络的基本架构如图 8.7 所示，该网络提供了与货币发行者的连接，以便在网络上发行或分发数字货币。该功能可以由中央银行或商业银行执行。如果发行人是中央银行，则网络上相应的数字货币将是央行数字货币，而在发行人是商业银行的情况下，相应的数字货币将是商业银行货币，并且其运作方式类似于离岸外币清算。通过网络上发行的多种货币，参与者可以使用不同的货币直接进行交易。该网络可在通用网络上启用 PvP 结算，从而减少网络上外币兑换的结算风险。

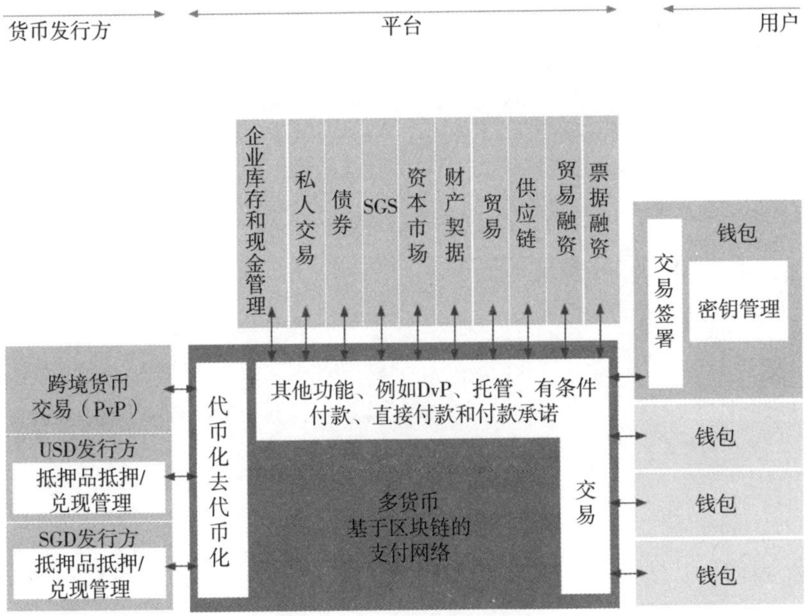

图 8.7　Ubin V 网络架构图

资料来源：MAS，*Project Ubin Phase 5：Enabling Broad Ecosystem Opportunities*，2020，7.

在支付网络的构建上，考虑到未来的生态系统中可能包含多个不同的区块链网络相连接，各自提供不同的服务，并在不同的平台和技术基础架构上运行，Ubin V 网络的设计遵循开放架构、开放连接和互操作性原则，可以轻松实现跨网络的集成，从而实现无缝的端到端的交易处理。为了促进跨区块链网络所需的各种付款方式，Ubin V 网络支持批发银行同业和公司付款，使用新加坡元和美元进行开发和测试。

在技术层面，Ubin 支付网络使用摩根大通的 Quorum 区块链协议作为基础架构，并结合了银行间信息网络（IIN）开发的部分网络和应用程序功能，将摩根币（JPM Coin）用于支付，并提供了与接口应用程序的 API 连接。该网络的技术架构见图 8.8 所示，包含五个相互关联的构成部分：账本互操作性服务，网关通信服务，区块链账本，用户连接接口和数字货币。

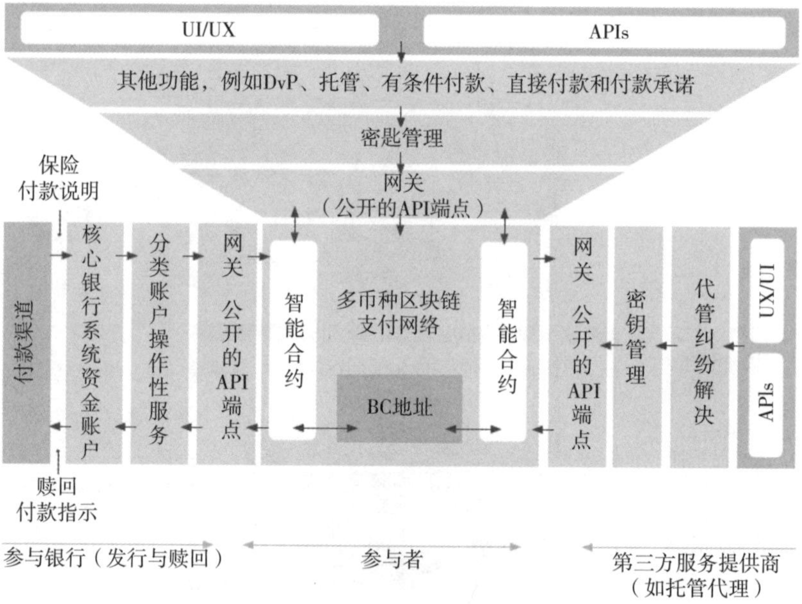

图 8.8　技术架构图

资料来源：同前。

Ubin 项目的第五阶段成功测试了在同一网络上进行不同货币的支付结算，该网络与传统的跨境支付渠道相比具有成本低、效率高的优势，也证明了区块链技术在贸易、保险、资本市场以及金融以外领域的商业适用性、可行性和优势，为区块链技术的进一步测试乃至商业化奠定了坚实的基础。

四、项目进展情况与经验总结

Ubin 项目已经完成了全部五个试验阶段，全面评估了分布式账本对现有监管框架和市场流程的影响。与摩根大通和淡马锡合作开发的支付网络原型将继续作为测试网络，推动与其他中央银行和金融业的合作，以开发下一代的跨境支付基础设施。Ubin 项目的成功试验也为区块链技术的商业化应用铺平了道路。

可以看出，在 Ubin 项目运行的过程中，MAS 一直秉承开源、包容、协作的态度，与超过 40 家央行、金融与非金融机构开展了紧密合作，大量借鉴和吸取了传统金融领域以及现有 DLT 项目的研究成果。其在探索将 DLT 技术运用于跨境清算结算这一领域，尤其是在技术落地试验方面处于世界前列。

Ubin 项目为央行数字货币的发行、清算和结算等研究提供了重要的经验性参考，也提出了有待解决的与金融系统、金融政策和社会影响相关的一系列问题，从技术性探讨进一步上升至央行数字货币的全局性系统实现，对未来全球央行数字货币的研究和实践提供了重要的经验性指引。

俄罗斯央行数字货币动向

2019 年 4 月 18 日，俄罗斯中央银行发表《中央银行数字货币是否存在未来》的文件，就发行央行数字货币展开深入讨论和分析。该文件指出，俄罗斯现金在流通中所占的比例非常低，而且持续下降，使得电子货币逐渐成为货币供应的基础。新支付技术的发展以及私人密码资产的出现，促使各国央行思考货币体系是否需要进一步改变。央行数字货币的出现正迎合这一基本趋势。俄罗斯央行认为，研究这一问题绝不仅仅是技术问题，而是系统性的生态问题。也许零售型 CBDC 的引入在短期内不会出现在世界任何国家，但央行应高度重视金融系统的改善，并致力于创造现代化的快速支付系统。

尽管如此，大多数的研究人员都认为，需要更好地理解零售 CBDC 的影响和设计，以便更好地了解未来央行的货币体系和特征。以下是一些讨论的重要结论：（1）以 CBDC 形式引入央行的新货币可能会改变金融体系的结构，但它不太可能解决任何特定国家的经济问题；（2）CBDC 的潜力还未得到充分的研究，可能的好处仍难以量化；（3）一种新的货币有可能增强货币政策传导机制，但这种能力取决于零售型 CBDC 的具体设计；（4）零售型 CBDC 的创建可能带来诸如金融稳定的风险，需要仔细研究，而系统设计必须考虑并尽量减少这些风险；（5）快速支付系统的创建允许用户在不改变现代两层银行系统架构的情况下解决许多需求。然而，快速支付和市场定位系统的建立也可能改变“个人—银行”和“银行—银行”系统所面临的风险性质。CBDC 的系统设计应考虑可能的后果，包括：最大限度地为用户带来好处，降低金融稳定风险，提高政策效率等。

一、发行央行数字货币的优劣

俄罗斯中央银行认为，相比法定货币和借记卡，CBDC 能够在一定程度上降低交易成本，提供一种“风险小、流通性佳、适用人群广”的资产类型。不过，这种优势是建立在 CBDC 能提供更好的支付和储蓄功能的基础上。

至于发行央行数字货币的劣势则主要是对匿名性的考量。从潜在用户的准备程度看，CBDC 的发布可能为时尚早。Lewis（2018）的报告显示，由网络犯罪所导致的全球损失每年高达6 000 亿美元，相当于全球 GDP 的0.8%。如果央行对网络安全风险不够关注，也可能成为受害者。整个金融系统都处于风险之中，这使得在金融机构失灵的国家引入 CBDC 将是一种风险。另外，CBDC 可能会产生财富重新分配效应，不利于社会稳定。

在跨境交易方面，CBDC 在一个国家的出现可能会降低货币兑换的交易成本，这可能会为资本的快速流入提供先决条件。如果立法限制不阻止外国公民购买 CBDC，或 CBDC 匿名，对这种货币的需求可能会增加，从而刺激货币升值。这可能会对低通胀国家的货币构成挑战。与此同时，CBDC 在发达国家的出现，可能会刺激 CBDC 或其他全球解决方案的出现。在这种情况下，拥有相对不稳定国家货币的主权财富基金将面临更快退出本国货币市场的风险，尤其是在金融市场高度不确定性的情形下。这可能促使它们创建自己的 CBDC。总的来说，其他国家 CBDC 的出现可能会加剧资本流动的波动性问题。

二、发行央行数字货币的可能影响

央行数字货币的实施对货币系统的所有参与者，即公众、银行系统以及央行的货币政策及其金融稳定政策都会产生深远的影响。而这主要取决于系统设计，即谁可以使用新货币，在什么条件下能使用它，货币是否有保障，如何同其他种类的货币进行交换等，这将会决定采用新货币的益处和可能的风险。

CBDC 的广泛可用性表明，首先它将是一种现金替代或补充品。在低通胀和低利率的情况下，CBDC 可以与商业银行存款竞争。从民众和企业的角度看，CBDC 在许多方面都很有吸引力。首先，中央银行的承诺决定了它是公众所能负担得起的最不具风险但最具流动性的资产。其次，如果 CBDC 的技术解决方案在便捷支付和有效储存方面实现突破，那么新货币将降低经济中的交易成本。特别是当 CBDC 被证明具有足够的流动性和易于使用时，它很可能就完全相当于现金。然而，值得注意的是，CBDC 实际上无法提供与现金相同的匿名性水平。这一举措对监管者有利，但会被消费者视为不利。

对于商业银行来说，CBDC 是一种与银行账户竞争的货币。近年来，银行高度重视利用账户进行汇款。汇款的增长速度与自动取款机现金的增长速度和信用卡的支付速度相匹配。如果公众愿意使用电子货币进行日常消费，CBDC 也可以发挥价值储藏功能。与银行系统相比，CBDC 的竞争能力取决于央行数字货币的设计。

若 CBDC 决定分摊 CBDC 账户的利息，将使得 CBDC 成为一种价值保护工具，可以设想多种可能，包括低于关键利率的固定利率，根据账户金额给予不同的奖励等。对央行来说，利息有额外的好处。因为 CBDC 利率的变化会使货币价值发生变化，进而产生对货币的需求，这可能对货币政策的实现以及财政政策的维持产生重要影响。

1. 对货币政策的影响

CBDC 账户的利息将吸引商业银行的投资者。因此，关键利率的变化将直接影响家庭，而不是通过银行的参与。如果对新货币的需求巨大，而银行部门的流动性不够，那么中央银行就需要通过购买非金融部门资产来增加货币投放。正常情况下，中央银行不需要大幅改变贷款要求。因此，随着 CBDC 的扩大，旧的经济政策工具可能会更加有效地影响利率。然而，这种集中的好处并不明显。一方面，随着央行资产负债表的扩大，货币政策的实施将变得更加困难，因为交易的紧迫性、数量和规模可能会增加；另一方面，新的央行货币将加剧商业银行的货币竞争。资产负债表中数量的持续下降可能会缩小资产规模，改变资产负债表的被动结构，从而改变股票价值（Juks，2018）。这可能会导致一些商业银行资产的收缩，特别是对个人和企业的信贷紧缩。

总的来说，CBDC 对货币政策影响的程度将取决于它的受欢迎程度，这反过来又与一种新货币的具体表现和特征有关。CBDC 将以现金和商业银行存款的形式进行循环，并可能被用作支付手段。因此，可以通过将新货币引入货币政策来确定新货币的实际影响程度。

2. 对商业银行及其信贷功能的影响

在任何情况下，未经深思熟虑的 CBDC 可能对实体部门产生负面影响，就像经济政策的任何其他重大变化一样。与此同时，引入 CBDC 可能会对不同贷款机构的竞争力产生不同的影响。作为一个无风险的行动，新货币可与大型、系统性的银行存款竞争。这些银行通常被认为是最稳定的，因此可以预期存款利率相对较低。在接近零名义利率前提下，即使中央银行的数字货币没有产生利息，CBDC 也可能成为许多固定收益投资的替代品，从而使央行成为商业银行的竞争对手。对其他银行来说，情况则喜忧参半。一方面，中小银行可能会赢得更好的局面，因为“大而不倒”的优势在某种程度上是不确定的，它们与大银行的竞争将升级为“价格—质量”，而非“风险—回报”。换句话说，如果央行的替代资金出现，大型银行就不太可能被视为最可靠的银行。另一方面，出于对存款保险系统的信心，在没有 CBDC 的情况下也能持续上升，因此不需要建立对中小银行的信心来提高对中小银行的信赖。

需要强调的是，无论 CBDC 多么接近银行存款，存款保险系统仍将继续在任何银行系统中发挥重要作用。如果资金流动疲软，政府可将“存款保险公司”以及其他国家的类似机构视为系统稳定的担保人。如果资金流动是实质性的，那么存款保险可作为一个平衡因素，特别是在银行危机期间。

3. 对金融稳定的影响

俄罗斯央行表示，央行数字货币对金融稳定的影响尚不清楚。央行发行数字货币的能力本身可能会使所有的经济实体都更接近金融系统。在未来，每个储户都有权收回其对现金的贡献，在信心下降的情况下，可以使用央行的数字货币。唯一可能加快这一进程的是，CBDC 存款账户的转账成本可能比现金更低。与此同时，CBDC 对银行的需求可能会很低，而商业银行则可以通过其管理措施（包括设定限额、维持更多的个人资产等）来管理 CBDC 的资金流动。

无论如何，设计一种新货币都不应该在经济中产生错误的刺激。CBDC 的发行可能需要提供高屋建瓴的设计，但不清楚用户是否应该直接通过商业银行账户购买 CBDC，或仅仅是换取新发行的资金。因此，对金融稳定的影响将取决于新货币运作的诸多选定规则。

最后，还需提及的一点是 CBDC 的替代实现。当前，监管者、商业银行和其他金融机构已经在投资替代支付系统、技术和服务，这些未来可以取代现有的现金和可能出现的 CBDC。2019 年，俄罗斯央行启动了自己的快速支付系统，商业银行可以进入，并计划在 2020 年再启动一个市场计划，以获得更多金融机构的金融服务。这些系统可以满足公民对支付服务的需求，提高银行系统的竞争水平，而不需要央行创造量化宽松的货币。若这一趋势继续下去，CBDC 的作用很可能会变成“新现金”，并输给其他金融工具。如果新技术能刺激现有的竞争，并向其他参与者开放市场，那么即使没有 CBDC，货币政策多元化的传导也会加剧。在这种情况下，企业的平均利润率下降，利率将更快速地影响经济。与此同时，减少金融市场分裂和宏观审慎政策的持续改善将防止系统性风险的攀升，因此新货币带来的好处可能变得很小。

三、发行央行数字货币的可能性

总的来说，在 2020 年以前，俄罗斯中央银行对央行数字货币的发行持谨慎态度，尽管其一直处于研究状态中。不过，进入2020年，俄罗斯中央银行的态度显得更加积极，对于未来发行央行数字货币并不十分排斥。俄罗斯官方的公开意见整理如下：

2019年6月，俄罗斯央行行长纳比乌林娜公开表示，发行属于中央银行的数字货币项目无法立即启动，但是包括俄罗斯在内的许多中央银行一直在研究这种可能性。

2019年10月，纳比乌林娜再次公开表示，俄罗斯中央银行认为显然不需要发行国家加密货币。对于俄罗斯来说，发行国家加密货币的需求并不明显，不仅出于技术原因，而且因为很难真正估计CBDC将具有哪些优势和劣势。不过需要指出的是，尽管监管机构不支持将加密货币合法化，但却认同区块链技术的前景。

2020年2月，俄罗斯中央银行发布消息称，一个利用区块链发行"数字权限"的试点项目刚刚完成。这个项目的目的是实现对商品、服务和其他资产（包括证券）的标记化。俄罗斯央行表示，正在"监管沙盒"中对稳定币进行测试，以观察俄罗斯的主要机构是否能在未来几个月或几年内向公众推出"数字卢布"。同时，俄罗斯央行还表示，将针对加密货币问题加强反洗钱立法。除俄罗斯央行外，俄罗斯内务部也一直在积极制定相关规则，遏制可疑的加密货币及相关交易。

2020年7月，俄罗斯正式赋予加密货币合法地位，也许意味着俄罗斯在去美元化的道路上更进一步，并在一定程度上摒弃了之前模棱两可的态度。

中国香港央行数字货币的实践探索

一、项目背景和目的

香港地理位置优越，二战后迎来了高速发展，作为"亚洲四小龙”之一跻身发达经济体行列，是全球闻名的自由港，也是国际金融、贸易、航运中心之一。近年来香港特区政府重视科技发展，香港也成了有影响力的国际创新科技中心。1997 年香港回归中国以后，在“一国两制”方针的指导下，香港适当保留了原有的制度安排，货币体系独立，香港金管局（HKMA）是其货币体系的中心机构，在香港地区发挥着“中央银行”的作用。作为全球重要的金融中心和银行中心，香港拥有丰富的银行和非银行类金融机构，外汇市场发达且交易活跃，地区的金融稳定和发展一直是香港金管局的核心目标。

随着科技创新和数字经济的发展，香港金管局于 2016 年成立了金融科技促进办公室，在支付、银行服务、金融监管等方面不断推进新的科技应用，LionRock 项目也是香港金管局在金融科技发展和数字货币应用方面做出的重要举措之一。香港金管局于 2017 年通过 LionRock 项目开始对央行数字货币进行研究，试图深入认识其潜在的优势及挑战，与香港银行同业结算有限公司、三家发钞银行以及 R3 联盟合作，在概念验证阶段对发行央行数字货币的技术可行性进行评估，并研究对接债券工具的中央结算系统（CMU 系统），为券款对付的结算服务。

从完成的研究成果看，香港金管局认为，由于香港本身已经有了高效及可靠的零售与批发支付系统，央行数字货币在本地零售或批发层面的应用都可能相当有限。但香港金管局并没有放弃探讨其他的应用潜能，2019 年 5 月香港金管局与泰国央行签订了《谅解备忘录》，联合开展了名为 Inthanon – LionRock 的合作研究项目，对批发型央行数字货币的跨境转账及其后续的发展和影响进行研究。2020 年 1 月，香港金管局发布了 Inthanon – LionRock 的阶段性研究报告，详细阐述了合作项目开展的初衷和预期效果，并对第一阶段的基本模型架构和实际取得的测试结果进行了介绍。

二、业务模式与技术选择

从香港金管局披露的研究报告看，Inthanon－LionRock 项目的关注点仅集中于批发型央行数字货币。目前的跨境支付系统存在高成本、操作复杂、高风险和低透明度等问题，而且由于不同地区监管体系的差异，参与跨境支付的银行经常需要准备不同的汇报材料并适应不同的管控流程。香港金管局和泰国央行认为批发型央行数字货币在跨境支付领域的应用将可以解决这些现存的“痛点”，既能够降低成本和风险、提升效率，又能够有效提升跨境支付的透明度，并简化监管的信息采集报告流程，具有较高的应用价值。

在技术选择方面，Inthanon 项目和 LionRock 项目选用的都是分布式账本平台，此次的合作计划则在前期基础上构建了由区块链技术支持的跨境支付概念验证模型——“跨境走廊”网络，以链接香港金管局和泰国的数字货币区块链，促进港元和泰铢在批发层面的跨境外汇交易同步交收的流程，项目的全部试验都在这三个不同且相互独立的 Corda 网络下进行。

三、测试内容

Inthanon－LionRock 项目是香港金管局和泰国央行在各自前期研究的基础上开展的跨境支付研究尝试，合作关注的焦点集中于跨境支付的效率、流动性、管理效率、监管合规和在现有架构基础之上拓宽未来应用的视角。该项目也是一次公共部门与私人部门的合作，除了两地央行和金管局外，香港和泰国的一些商业银行也作为参与者加入了测试。同时，该项目与 R3 联盟合作开展，Inthanon 网络、LionRock 网络和此次新开发的“跨境走廊”网络都基于 Corda 平台实现（见图 8.9）。第一阶段的测试于 2019 年第三季度进行，并在 2020 年 1 月正式发布了研究报告。

报告披露，Inthanon－LionRock 项目主要有四方面的目标：第

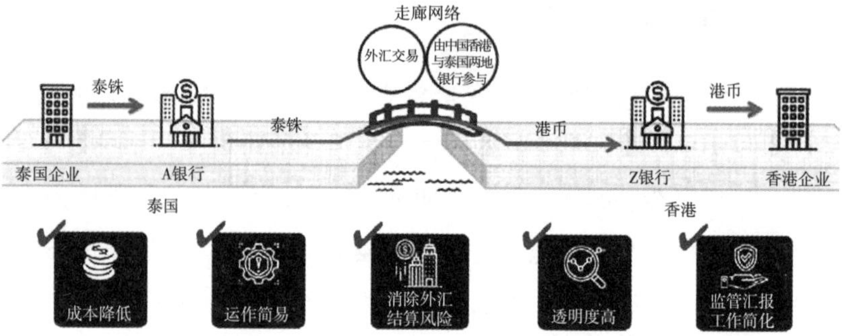

图 8.9　Inthanon－LionRock 项目的“跨境走廊”网络示意图

资料来源：2020 年 1 月 22 日，香港金融管理局助理总裁鲍克运在央行数字货币研究报告《Inthanon－LionRock》新闻发布会上的发言。

一，通过构建可以实现跨境资金传输高效处理和跨境外汇交易同步交收的跨境网络的概念验证模型探索分布式账本平台的性能；第二，评估该概念验证模型在无缝连接本土支付网络和“跨境走廊”上的功能性和非功能性表现；第三，提升跨境结算和流动性管理的效率，改善其对本地监管的合规性；第四，通过中央银行与金融机构合作研究分布式账本技术促进金融基础设施优化方面潜能的环境形成。

根据该报告，此次概念验证阶段的模型具有以下特点：第一，批发型央行数字货币由中央银行唯一发行，只在央行标记和回收；第二，双方的结算系统是分开的，只有本地银行被允许参与结算系统和持有对应的批发型央行数字货币；第三，该“跨境走廊”网络专为跨境结算服务，参与该网络的银行分别来自 Inthanon 和 LionRock 系统，在“跨境走廊”网络中进行资金转移时需要特殊的载体——存托凭证；第四，在“跨境走廊”网络中，参与的银行将持有泰铢和港币的存托凭证用作资金跨境支付或者外汇的对等支付交易，这些交易都将基于点对点的模式进行，并且是有终点的；第五，在本币和外币的管理中都引入了流动性管理的程序，尽可能地考虑到服从当地的监管规则。

当下，跨境支付仍然是费时和高成本的，根据世界银行的数据，跨境支付的交易成本平均占到整个交易的7%。目前在跨境支付中普遍采用的是代理商行模式，许多本土银行都通过代理商行与海外对手进行交易，这种模式帮助本土银行在不需要进行海外运营的前提下参与更广阔的金融市场，并在海外进行业务拓展。但这种模式也有其明显的缺点，香港金管局和泰国央行认为批发型央行数字货币的引入可以改善这一问题（见表8.5），因而致力于通过此次合作研究进行相关尝试。

表8.5　代理银行模式和央行数字货币模式比较

关键考虑因素	目前代理银行模型的痛点	Inthanon - LionRock项目央行数字货币模型
成本	高：汇款需经过多层中介、预先准备流动性、汇率定价没有竞争力	低：参与银行可互相直接交易，从而更能妥善管理本币及外币流动性，也能选择有竞争力的汇率进行交易
操作程序	复杂缓慢：不同支付信息格式标准、技术、截止时间（例如时区不同）等	简单实时：全天24小时均可即时结算，无须经过多层中介
结算风险	高：银行通常需要在进行外汇交易之前预先向交易对手提供资金，因此，加入交易对手破产或倒闭，银行便要承担结算风险	无：外汇交易以同步交收方式结算
透明度	低：整个支付交易流程缺乏透明度	高：整个交易流程全自动化，可实时追踪及对账
监管汇报	复杂：有关当局各有不同的汇报要求，银行需要准备多份报告并实施不同的管控程序	简易：监管者可实时监察网络上的交易，无须要求银行另行汇报

资料来源：同前。

在测试系统中，各个参与银行既有本地网络中的节点，又有跨境网络中的节点，即每个银行有两个参与节点，但是仅有一个应用程序接口（API）和一个用户界面（UI）客户端，参与到“跨境走廊”网络中的银行都可以直接通过交换 token 模式的央行数字货币实现资金转账。两地央行和金管局除了在各自的系统中拥有节点之外，还在“跨境走廊”网络中共享“操作者节点”。事实上，由于需要测试外汇流动性，在“跨境走廊”中应该存在一个外汇流动性提供者的节点，但是考虑到资源有限，“操作者节点”在此次的概念验证模型中同时充当了外汇流动性提供者的角色（见图 8.10）。

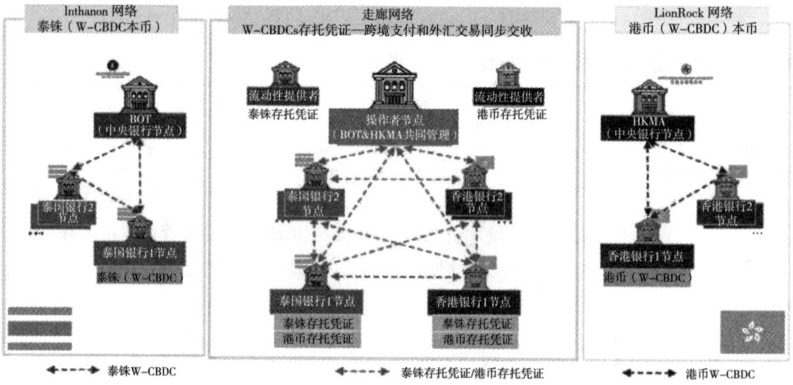

图 8.10 Inthanon - LionRock 项目模型设计

资料来源：香港金融管理局，*Report on Project Inthanon - LionRock*，2020，1。

2020 年，为实现测试目标，此次的概念验证系统在设计上有利于银行的外汇流动性管理，同时采用了多种货币的流动性节约机制和综合的监管合规性，将智能合约的使用、资金转账和外汇交易三者结合，用以加强实时转账以及原子性的同步交收结算。“跨境走廊”网络可实现的功能至少包括以下几点：存托凭证转换、跨境资金转账、外汇交易执行、嵌入外汇交易的跨境资金转账、流动性管理以及法规的遵从与执行。除了交易功能之外，试验同样测试了系统运行等方面的性能，包括支付原子化、结算的终点化、系统的弹性和交易的隐私性。

四、项目进展情况与经验总结

2020年11月2日，香港金管局总裁余伟文在“香港金融科技周2020”发表讲话，表示香港金管局与泰国中央银行的合作研究项目 Inthanon－LionRock 已经进入第二阶段，双方将会探讨在跨境贸易结算以及资本市场交易的商业案例，目前确定香港交易及结算所有限公司（港交所）、19家商业银行以及5家其他企业会参与试验。项目第二阶段计划提升第一阶段开发的“跨境走廊”网络原型，以容纳区内其他央行发行的央行数字货币，同时也会安排银行和大型企业参与以实际交易进行的试验，阶段性的项目研究结果预计将在2021年第一季度公布。

香港金管局表示下一阶段的工作将着重探讨合适的走廊网络管理、营运及监管机构，并进一步针对技术层面进行研究，例如系统效能、安全及恢复力等，为进行实际试点交易做准备，处理可能会遇到的法律问题，例如发行央行数字货币的权限及其法律考虑、结算的确定性等，还将继续与银行及其他机构进行研究，扩大计划规模及与其他平台相连接。

香港地区虽然本地市场较小，港币的使用范围也较为有限，但其作为国际金融中心和贸易中心，在亚太地区乃至全球都有着重要的地位，其跨境结算和外汇交易系统的变革也具有一定的外溢性影响。香港金管局积极参与新技术的应用与实践，与泰国央行的合作试验也是亚太地区央行数字货币相关的第一次区域内合作，对扩大亚太地区的金融和贸易合作也有着重要的意义。但从目前的进展看，香港的 LionRock 项目集中于批发型央行数字货币的研究，与泰国央行合作的 Inthanon－LionRock 项目关注点也主要在跨境交易的效率和监管合规性的提升上，对零售型央行数字货币的关注非常有限。合作试验的“跨境走廊”网络与两地央行、金管局本身的网络都基于 Corda 平台，在应用中有一定的局限性，因此在未来进一步扩大合作范围进行经验积累和兼容可能性探讨也是必然之举。

综上，亚太地区人口众多，各国地理文化各异，20 世纪 60 年代以来，亚太地区的经济发展一直吸引着全球的视线，但从个体看，各国发展差距极大，既有日本和新加坡为代表的发达国家，也有以中国和“亚洲四小虎”为代表的新兴工业化国家，还有缅甸、老挝等为代表的最不发达国家。事实上，央行数字货币的应用与否、技术选择与架构设计等本身就没有通用的方案，由于基本国情和社会发展现状的差异，亚太地区各国对于央行数字货币的应用态度和关注重点各异，相关试验进展所处阶段也各不相同：中国、日本和新加坡最早开始相关研究，并已经取得了丰硕的前期成果，中国在 2020 年也正式推出了 DC/EP 的应用试点，迈出了央行数字货币发行应用的第一步；韩国、泰国和中国香港继续推进相关研究，联系本国或本地区实际积极探讨必要性和技术应用的可能性；澳大利亚、俄罗斯和柬埔寨等也开始寻求央行数字货币的发展可能性并开展相关研究。

从央行数字货币的实践动因看：数字化经济发展带来的国内金融市场和环境变革的需求在新冠疫情的刺激下进一步提升，各国对于改善数字支付和智能服务的要求更为迫切；国际范围内，金融科技进一步发展，数字资产价值攀升，随着国际清算银行与六大央行成立央行数字货币研究小组、瑞典和中国的央行数字货币进入试点、数字美元研究项目开展等一系列的国际进展，央行数字货币的发行态势日渐明朗。因此，亚太地区各国对央行数字货币的整体态度愈加积极，实践探索也纷纷加速，多国在 2020 年推出了新的研究计划安排，研究范围也从过去以批发型为主开始越来越多地转向了对零售型的探讨，实践进入了新的阶段。

第9章 全球央行数字货币的发展特点及趋势

为了能够更好地识别全球央行数字货币发展的特点和趋势，本章在总结前文对全球央行数字货币实践探索的基础上，通过对比分析来挖掘全球央行数字货币发展的特点，并深入思考全球央行数字货币发展的深层次原因，继而探讨未来的发展趋势，以便给央行数字货币的研究带来一定的借鉴和启示，也为人民币数字货币的发展提供一定的参考和指引。

发展特点

表9.1在前述章节基础上总结了全球央行数字货币发展的特点。对比分析可以发现，它们既存在共性也存在典型的差异。

一、以研发探索为主要发展特点

在发展特点层面，全球央行数字货币仍处于研发阶段。2020年以来，越来越多的主权国家加入央行数字货币研发的赛道中来，有的已经正式推出，有的处于试运行阶段，但更多的是分析探讨和模拟测试，包括对业务流程的设计、技术选择的探讨、法律法规的构建、金融风险的规避等。正式推出的尚少，并且主要以发展中国

表 9.1　全球央行数字货币发展特点汇总

主要区域	代表性项目	发展特征	研发动因	制度安排	技术选择	应用场景	趋势展望
美洲	美国/数字美元	研究阶段	新冠疫情带来的精准扶助需求；维护与巩固美元霸权	创建“冠军模式”，包括：与现有货币平行运作，维护双层银行体系，开发新的金融基础设施等	通证化；分布式账本技术（DLT）；不预设技术路线，根据功能需求进行适配	零售支付，批发支付，国际支付	深入研究，且不排除公私合作方式开展测试
	加拿大/Jasper	试验阶段	提升支付效率、改善金融系统	未明确阐述	DLT；引入流动性节约机制；开发原子交换结算方式；前期基于以太坊平台，后转向 Corda 平台；与新加坡金管局合作研发等	批发支付，证券结算	短期内推向 CBDC 的实践可能有一定困难
	巴哈马/Sand Dollar	在部分岛屿正式推行，并向其他地区推广	增加金融普惠性	采用双层运行体系，限制 CBDC 持有额度，对钱包进行分类，CBDC 不计息，设立熔断机制	区块链技术，选择私营机构作为合作伙伴，选择多种分布式账本平台	兼顾零售和批发支付，但侧重零售支付	能否顺利推广全境有待关注
	委内瑞拉/石油币	取代现金，正式流通	解决国内恶性通胀，摆脱美国金融制裁	定价 60 美元/枚；1 枚石油币由 1 桶原油背书，但不可直接兑换石油，只能以美元或欧元购买；发行量 1 亿枚等	通证化，基于以太坊平台，开展数字钱包托管	零售支付	不符合去中心化特征，且监管困境阻碍后续发展

续表

欧洲	欧洲/EUROchain	验证性测试阶段	提升欧元在贸易结算体系和货币体系中的地位	CBDC类似于现金，双层体系架构，设立专门反洗钱机构负责业务审查	DLT，基于Corda平台，通过“匿名凭证”保护隐私及开展反洗钱和反恐融资审查	批发支付，证券交易结算	可能就隐私、洗钱、恐怖融资等继续开展研究
	法国/数字欧元	启动阶段	评估数字货币对经济金融的潜在影响	央行发行代币并提供结算接口，参与机构应进行账户结算，开展与其他CBDC和数字资产的支付交易试验	无特定要求，与私营机构合作开展测试	批发支付	继续开展多种形式的公私合作研究
	瑞典/e-krona	独立环境测试阶段	适应无现金社会的多方需求	CBDC作为现金补充；暂不计息；基于账户和基于价值模式相结合	基于DLT技术的Corda平台，双层架构，与私营机构合作开展测试	零售支付	继续推动后续测试
	英国/数字英镑	研究阶段	提供更高效、更具有包容性的支付体系	建立“中央银行+私营部门”的双层运行架构	对DLT技术保有怀疑，尝试中心化基本架构与DLT技术的结合	零售支付	未来很大可能正式推出CBDC

续表

主要区域	代表性项目	发展特征	研发动因	制度安排	技术选择	应用场景	趋势展望
亚太	日本/Stella	研究阶段	应对无现金社会需求，丰富货币政策工具箱	未明确阐述	DLT，重点关注不同技术的可审核性是否兼容	试验前三阶段侧重批发支付，第四阶段转向零售支付	对 CBDC 诉求并不强烈，可能缺乏推出的动力
	新加坡/Ubin	试验阶段	树立领先金融中心和先锋技术创新者形象，增强新加坡吸引力	研究货币通证化、支付系统、券款对付、同步跨境转账的生态系统应用	DLT，与私营机构合作开展测试	批发支付，跨境支付	开展证券跨境支付结算测试

注：资料来源于第 5 章至 7 章。

家为主，在这些国家中，除中国以外的运行效果均普遍较差。因此，全球主流央行数字货币在正式推出前，可能还要经历很长的一段探索道路。

二、面向未来货币竞争格局顶层设计的研发动因

在研发动因层面，全球央行数字货币都是面向未来货币竞争趋势的顶层设计。这一方面能够反映出对积极到来的全球数字经济时代的未雨绸缪；另一方面是在很大程度上出于对国家战略、金融安全以及货币主权的改善与提升。具体来说，对于大多数发达国家，央行数字货币的研发动机，主要是为提升本国金融系统的支付效率，并系统评估央行数字货币的推出对金融监管、金融稳定以及金融安全的影响。而对发展中国家而言，央行数字货币则更像是一种掌握货币主权的制度设计，但能否扭转现有局面仍有待继续观察。各代表性国家的具体情况如下。

以数字美元为代表的美国央行数字货币的研发动机主要有两点：一是美国试图在面向未来的数字经济时代，继续巩固美元霸权地位，发挥美元在全球政治经济中的广泛影响，这是核心出发点。与此同时，在中美贸易摩擦不断升级的背景下，中国央行已经推出人民币数字货币，在一定程度上也刺激到了美国对央行数字货币的态度转变，进而开始积极支持央行数字货币的研发。二是新冠肺炎疫情的全球大流行，美国经济深受重创，被迫推出史上力度最大的经济刺激法案。但是由于传统金融体系的传导机制相对无效，以及无法实现精准投放的预期，使得美联储不得不将央行数字货币纳入考察范围，以帮助中小微企业和底层民众不受疫情和经济冲击的严重影响。因此，可以说数字美元的出现在很大程度上是基于“天时地利人和”的综合影响，并非完全出于有目的的战略规划和系统设计。

至于美洲地区其他国家的研发动因，则存在明显的不同。加拿

大希望在继续巩固央行对金融系统监管的基础上，进一步提升支付体系的效率，尽可能降低金融差错和纷争。本质上是借助央行数字货币改善本国的金融系统。巴哈马推出央行数字货币同样也是为了改善国内的支付系统，进而帮助提升金融普惠性。但委内瑞拉则主要是想要通过建立新的货币及其体系来摆脱美国的金融制裁，并进一步解决国内的恶性通胀问题，因此在一定程度上存在先天不足。因为它并不是建立在一个健康的经济金融系统基础上，而是希望通过构建央行数字货币来缓解甚至逃避现有的突出问题。

欧洲各国研发推出央行数字货币将有助于维护主权货币体系稳定，应对稳定币对法定货币体系的挑战。一方面，欧盟可以借助央行数字货币的发行挑战以美元为主导的国际贸易支付结算体系，提升欧元在国际货币体系中的地位；另一方面，瑞典和英国则可通过发行央行数字货币应对现金使用率大幅下降带来的一系列问题，向公众提供更高效、更具有包容性的支付体系，以提升金融系统的运行效率。而法国央行则可以通过央行数字货币来评估其对金融部门和经济体系带来的可预见的生产率增长，以及对金融稳定、货币政策和监管环境带来的潜在影响。

在亚太区域，除中国以外，各国央行数字货币研究都停留在理论研究和试验阶段，相比欧盟和北美地区，进展并不快。其中日本央行基于无现金社会的考虑，深入研究央行数字货币，以应对未来需求。同时，由于长期实行低利率甚至负利率政策，央行数字货币还可以进一步丰富日本央行的货币政策工具箱。新加坡央行则是意识到金融科技对金融服务转变的要求，通过研究将新加坡元放置于区块链上，成为区块链技术应用的典范，帮助新加坡树立领先金融中心和先锋技术创新者的形象，从而增强新加坡的吸引力。

三、倾向采用双层架构运行体系的制度安排

在制度安排层面，全球央行数字货币主要倾向于采用双层架构

运行体系。中央银行负责发行央行数字货币，商业银行体系负责将央行数字货币发行至消费者。此外，央行数字货币在大多数国家基本等同于现金或充当现金的补充。各代表性国家的具体情况如下：

数字美元的制度安排主要围绕“冠军模式”展开，包括：（1）与现有货币协同运作，现阶段，数字美元不会干扰流通中的现金以及商业银行准备金等；（2）主要通过现有的商业银行和受监管的货币转移机构（中介机构）的双层结构体系来分发；（3）在新的交易基础设施上进行记录，并可能通过分布式账本技术来获取信息。数字美元将是完全基于通证化的，不同于基于账户的电子支付机制。按照设想，数字美元可作为一种新的政策工具，将不会影响美联储推行货币政策和控制通胀的能力。最后，数字美元要成为私营部门创新的催化剂，不会与私营部门的发展背道而驰。

至于美洲地区其他国家的制度安排，加拿大央行数字货币目前尚没有明确的制度安排，而只是通过三个阶段的测试来选择技术平台和探索兼容性，更多关注技术层面，而非制度设计层面。巴哈马央行数字货币采用“二元制”发行管理架构，即央行不直接向公众发行数字货币，而是先把数字货币兑换给银行或其他金融中介机构，社会公众通过这些金融中介机构完成钱包的注册并进行交易。同时，还明确限制央行数字货币持有额度、央行数字货币不计息以及设立熔断机制等。委内瑞拉则将“石油币”视为一种投资工具、储蓄机制和公共服务的交换媒介，但“石油币”不能直接兑换石油，只能作为缴税和购买公共服务的支付方式，且“石油币”的汇率由官方敲定。

欧盟多数国家和英国的央行数字货币研发和试验由中央银行主导，并与金融机构或金融服务提供商开展广泛合作，但也有国家的试验由金融机构或行业协会主导推动，如奥地利和意大利。此外，欧洲央行明确央行数字货币类似于现金，并设立专门反洗钱机构负责业务审查；法国央行负责发行代币并提供结算接口，要求参与机构进行账户结算，同时积极开展与金融工具、其他央行数字货币以及数字资产的支付交易试验；瑞典央行明确央行数字货币是现金的补充，且当前阶段暂不计息，同时还要开展基于账户和基于价值模式相结合的运行体系；英国央行由于主要停留在研究讨论阶段，因此当前主要确定建立“中央银行 + 私营部门”的双层运行架构，其他制度设计尚未开展。

在亚太区域，日本央行和新加坡央行都进行了分阶段的试验探讨，其中日本央行既针对批发型央行数字货币，也针对零售型央行数字货币展开探讨，且主要集中在不同技术条件下的私密性和兼容性处理以及系统效率提升上。而新加坡央行数字货币则是通过新加坡金融监管当局和顶级金融机构合作进行的，在技术测试的基础上，也适当关注法律条款保障数字货币和法币的一致性以及银行间互借数字货币拆借市场的构建等，致力于扩大央行数字货币的应用类别和市场。

四、基于分布式账本的技术选择

在技术选择层面，全球央行数字货币主要建立在分布式账本技术基础上。与此同时，较多数央行数字货币选择 Corda 平台开发测试，并且鼓励合作开发研究，既有央行间的合作，也有公私间合作，但更多侧重公私合作。此外，绝大多数央行数字货币都选择以代币化或通证化的形式进行，而非传统基于账户的模式开展。但需要注意的是，技术选择并不是唯一的，各国央行数字货币的技术选择还应该从本国的实际需求出发，进行系统性的组合设计和决策。各代表性国家的具体情况如下：

数字美元将在新的交易基础设施上进行记录，并可能通过分布式账本技术来获取信息，但不预设技术路线，而是根据功能需求进行技术决策和设计选择，充分适应基于政策和经济考虑的可配置性，包括是否计息、如何验证和治理等。此外，数字美元将是完全基于通证化的，而不同于基于账户的电子支付机制。

加拿大的央行数字货币项目是基于已有的分布式账本平台建立的，其中第一阶段选用的是以太坊平台，但效果不佳，因此第二阶段和第三阶段转向了 Corda 平台，在此基础上，还配合需求添加一些额外的架构，并加以模拟测试。巴哈马央行数字货币基于区块链技术展开，同时引入不计息的安排以及通过钱包分类和额度管理来控制风险。委内瑞拉的“石油币”则是在以太坊平台上以标准令牌形式进行，同样也是基于区块链技术。

欧盟和英国央行数字货币的研发和试验主要基于区块链和分布式账本技术展开，这不仅体现出央行数字货币与现有货币体系中心化记账模式的本质差异，而且在一定程度上证明了基于区块链的、央行主导的新型支付系统的可行性以及区块链承载业务的可监管性。其中，欧洲央行基于 Corda 平台开发测试央行数字货币，并通过“匿名凭证”保护隐私及开展反洗钱和反恐怖融资审查；法国央行对技术选择无特定要求，仅明确与私营机构合作开展测试；瑞典央行也选择基于分布式账本技术的 Corda 平台，维持双层架构，并与私营机构合作开展测试；英国央行则对分布式账本技术持怀疑态度，因此更愿意尝试中心化基本架构与分布式账本技术相结合的模式。

亚太区域，日本央行数字货币的全部试验都基于分布式账本技术平台实现。针对不同问题，选择单一或多个分布式账本技术平台进行测试，并进行不同的变量叠加，寻找基于分布式账本技术的央行数字货币的多种可能性。新加坡央行数字货币研究历经多个阶段，在跨境银行间支付结算中，其提出多种可能的跨境支付结算模型，包括两种基于当前的支付结算模式，三种基于批发型央行数字货币的银行间跨境支付结算模式以供未来选择。

五、零售支付和批发支付的应用场景共存

在应用场景层面，央行数字货币既关注零售支付层面，也关注

批发支付层面，但较少涉及跨境支付或国际支付。目前，关注零售层面的央行数字货币主要有：巴哈马的 Sand Dollar、委内瑞拉的“石油币”、瑞典的电子克朗、英国央行数字货币等。早期央行数字货币的研究主要关注批发支付层面，受 2019 年 Libra 白皮书发布以及 2020 年新冠疫情全球大流行下无接触社会概念发酵的影响，全球央行数字货币的实践越来越侧重零售型。零售型央行数字货币需要兼顾开放普惠、有限匿名和监管合规三方面的要求（邹传伟，2020）。因此，开展零售型央行数字货币实践的项目大都在监管合规和隐私设计方面做了仔细的权衡探索，以便在金融普惠的基础上还能切实保障民众需求和利益，例如瑞典的电子克朗、英国央行数字货币等。此外，零售型央行数字货币还因其与纸币现金的微妙关系而对金融体系稳定性和货币政策执行效果产生显著的影响。

关注批发层面的央行数字货币主要有：加拿大的 Jasper 项目、欧盟的 EUROchain 项目、法国央行数字货币、新加坡的 Ubin 项目等。这里，日本的 Stella 项目是一个例外，其经历从批发型到零售型央行数字货币的转变过程。具体而言，批发型央行数字货币的优点主要包括：（1）可避免因集中记账带来的单点故障问题，从而保障资金交易的连续性；（2）分布式记账技术的采纳可有效减少批发交易结算诸多参与方的分歧，提高支付结算效率，降低支付系统成本；（3）可在分布式记账技术基础上进一步尝试开发使用智能合约，进而实现去中心化方式的流动性节约机制（王鹏等人，2020），进而帮助打造高效、安全的支付体系。可以看出，几乎所有实施批发型央行数字货币的国家都倾向于采用实时全额结算系统，特别是本课题中涉及的新加坡和日本央行数字货币项目，并且全额结算系统通常由中央银行管理运营。此外，批发型央行数字货币基本可以实现单账本券款对付，但基于跨账本的券款对付则可能存在一定的缺陷，无论是在日本的 Stella 项目还是新加坡的 Ubin 项目中皆是如此。

至于数字美元则兼顾零售、批发和跨境支付，在一定程度上反映出美国的战略意图。总的来说，各国应用场景的选择与央行发行数字货币的动因紧密相关。选择批发型央行数字货币的国家主要为发达国家，它们希望能提升支付结算系统的效率和稳健性。而零售型央行数字货币则主要面向公众，提供一种类似现金的支付方式，进而促进金融普惠和维护中央银行在货币体系中的重要地位。

加速发展的原因

2020年以来，全球央行数字货币发展迎来新局面，越来越多的国家进入这一新赛道，并且原先很多持反对或中立态度的国家也开始纷纷转变态度。这里的关键原因可能有两点：第一，美元、人民币等代表性货币开始拥抱央行数字货币，激发全球新一轮的法定数字货币竞争。第二，新冠疫情给全球经济带来深度冲击，各国纷纷思考应对举措，央行数字货币或许成为面向未来竞争的一个关键领域。但进一步深入思考可以发现，全球央行数字货币发展的深层次原因还有以下几点。

一、巩固货币主权地位

一方面，以美元为代表的传统主流货币仍要继续巩固货币主权地位，其中尤以美国为盛，试图在央行数字货币领域，继续维持美元霸权地位。考虑到美元霸权体系下，全球的支付结算体系、贸易融资体系、外汇储备体系等均严重依赖美元，而通过美元又可以帮助美国实现全球的经济金融制裁，可以说是巩固其霸权地位的最好工具。因此，美国不太可能在央行数字货币领域放弃美元霸权地位，反而要通过系统研究和审慎研判来继续巩固美元霸权。与此对应的是，像欧元、英镑、日元、人民币等都渴望摆脱美元霸权的阴影，在全球货币体系提升话语权和影响力。因此，必然更加积极研发央行数字货币。另一方面，对一些严重依赖美元的主权国家来说，其经济金融体系受美元遏制程度严重，难以实现健康发展，因此更加希望摆脱美元阴影，试图掌握国家货币主权。

二、提升区域和全球金融安全

当前的金融安全体系并不能有效应对经济和金融危机，相反在危机时刻还可能因为资源分配不均导致国内危机加重，一定程度上不利于金融安全的维护。特别是在全球政治经济环境下，美国一直依赖其主导地位通过央行货币互换来调节控制全球金融安全，给部分国家带来便利的危机救助的同时，也大大压制了部分对立国家。因此，各国央行积极研发央行数字货币在很大程度上也是为了保障国内金融安全和提升区域金融安全。

三、改善本国支付结算体系，维护金融系统稳定

对于大多数发达国家而言，由于其已经积极融入电子支付环境，因此对于改善零售支付端的愿望并不特别强烈，相反由于活跃的市场交易带来更高频的支付结算，会更加期待拥有一个高效、及时、准确的支付结算系统。因此，央行数字货币因其建立在区块链技术基础上，能够在现阶段更好地满足这一需求，从而赢得众多发达国家的青睐。而支付结算体系的改善，也将在很大程度上维护与提升金融系统稳定，构建更加现代化的社会环境。

四、提升货币政策执行效率

以往央行向市场投放流动性，可能是因为一国融资体系以及资金逐利等原因，导致无法实现货币政策的精准导向，在一定程度上不利于经济健康运行的调节。而央行数字货币可以从技术层面改变

这一困境，帮助一国央行实现精准投放和把控，显然有利于货币政策的准确执行和实现。相信这也是各国积极研发央行数字货币的一个重要原因。

五、精准打击洗钱、贪腐、偷税漏税、非法交易等犯罪行为

犯罪行为因其隐匿性特征，往往无法被有效甄别。在央行数字货币采用的分布式账本技术情形下，这些问题基本都可以被有效识别，因此激励各国特别是发展中国家积极投入研发。当然，各国央行及政府也需要注意在金融监管和隐私保护层面的平衡。

六、摆脱数字货币困境

当前，全球越来越多的私营机构积极关注与推进数字货币发展，特别是 Libra 的推出更加剧了这一趋势。而货币作为一国主权的重要象征，本身就不应该被私营机构掌控。在比特币被美国联邦法院确认为“货币”的前提下，积极研发央行数字货币，并将其开放给公众使用显然有着更加重要的意义。这不仅能够巩固各国的货币主权，还能积极融入新一轮货币竞争，从而获得全球投资者的青睐。

发展趋势

全球央行数字货币发展势头如火如荼，已经成为各国央行关注的重中之重。预计这一发展趋势会愈演愈烈，将带动全球更多国家加入新赛道，并且在不久的将来，可能会迎来更多央行数字货币的正式推出和实际使用。总的来说，央行数字货币的发展趋势可能有以下几点：

一、继续深入研究央行数字货币，积极融入数字经济时代的新赛道

探讨央行数字货币的制度设计、技术选择、应用场景、法律法规、国际秩序等，并加强全流域和全场景的模拟，确保央行数字货币的正式推出能够给全体适用人群带来切切实实的便利，而不仅仅只是成为货币的电子化形式。

二、愈发激烈的竞争将给全球金融市场和经济体系带来深层次影响

一方面，以数字美元为代表的美国央行数字货币必将研究如何在新的环境中巩固并提升美元霸权地位，以确保现有金融秩序不被完全颠覆。另一方面，其他主流货币国家也将在货币使用的众多场景中推广使用本国央行数字货币，以增强影响力，力图打破现有竞争格局。同时，原先盯住美元或其他主要货币的国家也会尝试改变现有汇率制度，更加积极掌握货币主权，推动全球央行数字货币竞争。

三、催生新的数字货币区，并成为央行数字货币竞争的关键所在

数字货币区下诞生的数字网络，可以通过提供更多的信息以及更紧密的社交连接形成更为强大的凝聚力，从而吸引更多央行数字货币的关注，而新的国际货币体系或许会围绕数字货币区来构建（白津夫和白兮，2020）。因此，未来也许会改变当前主要依赖国际金融组织进行调节、援助的局面，这本质上也是在依赖美元，未来将通过更多提升区域融资主体或区域金融组织的话语权来取代实质上依赖美元的现存格局。

四、诞生央行数字货币金融市场，并与现有金融市场体系同步运行

考虑到数字货币交易场所已运行多年，并在极端时刻发挥出一定的市场避险功能。因此，基于主权货币的数字货币也很有可能诞生出新的金融市场，引发全球投资者关注。但这一市场不大可能在短期内完全取代已有的金融市场，或许会在长期并轨运行，或许会保持更长期的同步运行。

总而言之，未来已来！我们必须保持高度关注、冷静应对，在全面分析竞争货币优劣势的基础上，努力提升人民币央行数字货币的影响力，并牢牢掌握人民币定价权，为进一步深入发展开创更多更好的局面。

第三部分

我国央行数字货币发展的实践

第10章　我国央行数字货币研发进展及总体设计

伴随新一代信息技术的快速发展，数字经济和数字金融成为全球经济、金融发展的新方向，而我国在数字经济、数字金融领域全球领先。与此同时，以比特币为代表的私人数字货币大量涌现，一方面底层技术如区块链和分布式记账技术展现出广阔的应用前景，另一方面对金融体系的稳定性带来一定的冲击。因此，全球各国政府纷纷开启数字货币的研发。近期 Libra 的推出使各国对央行数字货币的态度更为积极，也使得各国在数字货币研发方面竞争加剧。在此背景下，我国央行开启并加速数字货币的研发，我们认为其研发的动因主要包括：满足数字经济对数字化支付、安全支付的需求，助力我国数字经济、数字金融的发展；反制私人货币，维护主权货币地位和金融稳定；利用区块链等前沿金融科技，提高货币政策和宏观审慎监管的有效性；绕过 SWIFT，降低跨境支付的风险和成本，助力人民币国际化；利用数字货币的诸多优势，改造传统金融基础设施等。

2014 年，我国央行在全球范围内率先开启了数字货币的系统性研发工作，经过 6 年 3 个阶段的研发，目前已进入试点测试阶段。央行首先选择在深圳、苏州、雄安、成都及未来的冬奥会场景进行内部封闭测试。这些城市不仅具备战略地位重要、数字经济和金融科技发达或者具有发展潜力的特点，而且在“东西南北”四个地理方位上具有一定的区域代表性和辐射性，可以为数字货币的测试以及未来的推广应用提供良好的支撑和示范。试点测试的目的在于检验理论可靠性、系统稳定性、功能可用性、流程便捷性、场景适用性和风险可控性。我们认为，中国央行推出数字货币试点具有5方面的重大意义：（1）技术示范，中国央行数字货币不局限于区块链技术，提供更多的技术可能；（2）发行框架示范，中国央行采用双层架构，这关系到数字货币的发行体系和运行管理体系建设；（3）社会的接受程度示范，这决定了数字货币是否具备全面替代现有货币形态的能力，或者只是一个补充，也可能是不被接受；（4）社会成本示范，数字货币的运行成本是否真如人们所预期的低于纸币；（5）延展示范，即通过数字货币的研发和应用，可以探索相关技术在金融领域其他方面的应用。

我国央行数字货币属于零售型模式，总体设计主要包括制度特征和关键技术两个方面。在制度特征方面，央行数字货币具有国家信用货币、替代M0、双层投放体系、中心化管理、账户松耦合等特征。在关键技术方面，依托安全技术、交易技术、可信保障技术3个方面的11项技术构建核心技术体系，采用分布式架构体系，重视区块链技术的应用。我们认为，与商业银行、第三方支付所提供的电子货币相比，我国央行货币不仅信用等级更高，而且由于采用了更先进的信息技术，因此在交易方面具有明显的优势：（1）交易更安全。央行数字货币信用等级高，交易匿名，信息只对央行披露，而且交易经过加密技术，安全性更好。（2）交易更方便。央行数字货币使用双离线技术，可在网络覆盖不到的地方交易。（3）交易更可控。在我国央行数字货币的框架中，通过区块链等先进技术，货币交易的数据可以完整地掌握在央行手中，与大数据、人工智能算法相结合对这些数据进行分析，可提高央行货币政策、宏观审慎监管的有效性。（4）跨境支付成本更低、效率更高。

2019年姚前在《中央银行数字货币原型系统实验研究》一文中，详细阐述了央行数字货币的运行框架和技术问题。原型系统按二元模式的总体设计原则，分为3层运行体系。第1层参与主体包括中央银行和商业银行，涉及数字货币发行、回笼以及在商业银行之间转移；第2层是商业银行到个人或企业用户的数字货币存取，数字货币在商业银行库和个人或企业的数字货币钱包中转移；第3层是个人或企业用户之间数字货币的流通，数字货币在个人或企业的数字货币钱包之间转移。众所周知，技术瓶颈是限制央行数字货币推出的重要原因。在原型系统实验中，主要体现为分布式账本更新和SM2运算效率较低。

放眼未来，我们认为由于实际应用场景的复杂性，央行数字货币在技术方面还需要持续的优化。正如穆长春提到的："针对零售，至少要满足高并发需求，至少达到30万笔/秒。如果只能达到Libra的标准1 000笔/秒，只能用于国际汇兑。如果像比特币一样做一笔交易需要等40分钟，那整个超市门口都要排长队了。"也如时任央行数字货币研究所所长姚前所说："我们应客观冷静看待这一新生事物，央行推出的数字货币，只有在技术满足市场需求时才会更具生命力。由于中国人口多、体量大，发行法定数字货币需要循序渐进，反复推敲和测试，不断积累经验。"

研发背景和动因

随着2009年比特币的诞生，数字货币的热潮逐渐兴起。2011年中国第一家比特币交易平台比特币中国成立，上线不到一年，日交易量跃居全球第二。一方面，以比特币为代表的某些类数字货币在私人部门率先得到应用，与之相关的一些底层技术，如区块链技术以及分布式记账方法显示出广阔应用前景。另一方面，一些国家的中央银行纷纷开始积极研究探索法定数字货币的制度设计和关键技术。因此，我国央行从支持数字经济的发展、维护主权货币地位、提供货币政策的有效性、便利跨境支付等方面考虑，开始了数字货币的研发。

一、满足数字经济对数字化支付、安全支付的需求，助力我国数字经济的发展

新一代信息技术推动了数字经济的发展，而数字经济通过降低实体经济的运行成本、提高效率、促进经济组织方式创新、重塑经济形态等途径，极大地促进了社会经济的发展。① 因此，世界各国都将数字经济视为未来经济发展的方向：发达国家想通过发展数字经济来保持竞争优势，而发展中国家则希望抓住历史机遇弯道超车。中国作为数字经济大国更为重视数字经济的发展，明确提出数字产业化、产业数字化的发展方略。② 我国数字经济蓬勃发展，2018 年数字经济规模达到 31.3 万亿元，占 GDP 的比重超过了 30%，位居全球第二位。电子商务是数字经济的重要组成部分，而电子商务发展的前提是电子化支付。近年来，以支付宝、微信为代表的移动支付的发展极大地促进了我国电子商务的发展。央行数字货币推出之后，将进一步提高我国居民日常消费支付的便利性，而且与第三方支付相比，央行数字货币具有更高的支付安全性，从而促进我国数字经济的发展。

二、反制私人货币，维护主权货币地位和金融稳定

出于对中央银行滥发货币的担忧以及商业银行体系的不信任，2009 年中本聪正式推出了比特币（Raskin et al., 2019）。自比特币

① 参见中国工信部，《2017 中国数字经济发展报告》。

② 2018 年 8 月 23 日，习主席在致首届中国国际智能产业博览会的贺信中明确提出“加快推进数字产业化、产业数字化”的重要方略，为加快我国数字经济发展指明了前进方向、提供了根本遵循。

问世以来，其他私人数字货币大量涌现。2011 年中国第一家比特币交易平台比特币中国成立，上线不到一年，日交易量跃居全球第二。究其原因，比特币虽基本没有得到各国政府的认可，但其表现出的安全性、透明性、可追溯性、低成本等优点，特别是所使用的区块链技术在信息共享、价值交换方面展示出广阔的应用前景和巨大的应用价值。私人数字货币的出现在一定程度上威胁到主权货币和中央银行的地位，甚至威胁到金融稳定。一是私人数字货币取代了部分主权货币的功能，这不仅挑战主权货币和中央银行的地位，而且降低了货币政策的有效性。二是私人数字货币的投机属性较强、价值波动较大，可能风险外溢。因此，我国中央银行有必要推出与其一样先进甚至更先进的数字货币进行应对。

三、利用区块链等前沿金融科技， 提高货币政策和宏观审慎监管的有效性

私人货币的出现、商业银行表外业务的扩张、互联网金融企业的壮大等一系列金融体系的变化都一定程度上改变了传统的货币流通方式，使央行对货币流动的把控、金融体系的监管越来越困难，从而降低了货币政策、宏观审慎监管的有效性。区块链作为一种分布式记账技术，每个节点都保存了全部的交易记录，具有安全、全程可追溯、便于监管等优点，将其应用于央行数字货币的发行、流通之后，央行将更全面、更方便地掌握货币流通的数据。将这些数据与大数据处理、人工智能等数据分析技术相结合后，央行可以较为准确地把握货币体系的具体运行情况，从而更精准地实施货币政策和宏观监管。

四、绕过 SWIFT，降低跨境支付的风险和成本，助力人民币国际化

周小川表示，解决跨境支付的弱项是央行数字货币的重要

初衷。[①] 传统跨境支付依赖第三方中介，目前跨境交易主要依赖SWIFT系统这一中介，具有周期长、成本高、不可追溯等问题。采用区块链技术之后，在跨境支付中能实现点对点支付，交易双方直接结算，从而绕开了SWIFT系统。而且，以区块链为基础的支付体系还具有迅速快捷、低成本、可追溯等优点，与SWIFT系统相比，大大减少了交易的时间、费用和风险。因此，极大地降低了跨境支付的交易成本。此外，传统人民币无法大规模上链交易，而数字货币可以直接与区块链对接，更加方便了跨境支付。因此，央行数字货币和区块链大幅度降低了人民币跨境支付的交易成本，有助于推动人民币国家化。

五、建立全新的金融基础设施，助力数字普惠金融的全面实现

当前从国际环境看，中美摩擦不断，政治、经济上的不确定性，无疑增加了我国的经济、金融风险。因此，对央行的货币政策、宏观调控、金融监管等均提出更高的要求。从国内环境看，为了应对国际环境的变化，同时更好地发展国内经济、促进产业升级，我国正大力发展数字经济并加速“新基建”，即信息化建设。首先，数字经济时代，数字货币无疑是最重要的金融基础设施之一。其次，数字货币的发行和流通需要数据存储、加工运算、传输、移动终端等一系列新型金融基础设施与之相配套。比如在央行提出的“一币、两库、三中心”架构中，用于存放数据的央行私有云、用于大数据管理和分析的认证中心、登记中心、大数据中心、由加密字符串组成的数字货币和存放数字货币钱包、各商业银行的

① 2019年11月8日，周小川在2019年第十届财经峰会上表示，数字货币的初衷是试图解决全球金融基础设施，特别是跨境支付方面的弱项，希望通过新的科技手段提高支付效率，减少障碍。

本地数据库以及连接各种设备和终端的网络等都是需要建设的基础设施。最后，由于我国区域经济发展、科技水平存在较大差距，金融基础设施在区域间配置不平衡，尤其在中西部地区、不发达农村地区较为落后，严重制约了我国普惠金融的发展。因此，从长远看，数字货币发行、流通体系的建立有助于建设全新的金融基础设施，符合“新基建”的趋势，有助于数字普惠金融的全面实现。

研发进展

从2014年开始，我国央行率先开启了数字货币的系统性研发工作，经过6年3个阶段的研发，目前已进入试点测试阶段。

一、第一阶段：前期研究（2014—2016年）

2014年，中国央行成立专门的研究团队开始积极探索数字货币的研发工作，就数字货币发行和运行框架、数字货币关键技术、数字货币发行流通环境、数字货币面临的法律问题、数字货币对经济金融体系的影响、法定数字货币与私人类数字货币的关系、国外数字货币的发行经验等进行研究，并取得阶段性成果。《中国金融》2016年第17期曾推出“央行数字货币研究与探讨”专题，共17篇文章，反映了“中国人民银行数字货币研究团队”对数字货币关键问题的研究成果（见表10.1）。其中，姚前发表的《中国法定数字货币原型构想》一文较为详细地阐述了央行数字货币的基本构想：（1）由央行主导，在保持实物现金发行的同时发行以加密算法为基础的数字货币，M0的一部分由数字货币构成。（2）为充分保障数字货币的安全性，发行者可采用安全芯片为载体保护密钥和算法运算过程的安全。（3）央行数字货币的发行和回笼基于“中央银行—商业银行”的二元模式完成，中央银行负责数字货币的发行与验证监测，商业银行从中央银行申请到数字货币后，直接面向社会，负责提供数字货币流通服务与应用生态体系构建服务。（4）央行数字货币体系的核心要素为“一币、两库、三中心”。具体构成要素包括以下方面。①央行数字货币私有云，用于支撑央行数字货币运行的底层基础设施。②数字货币，由央行担保并签名发行的代表具体金额的加密字符串。③数字货币发行库，人民银行在央行数字货币私有云上存放央行数字货币发行基金的数据库。④数字货币商业银行库，商业银行存放央行数字货币的数据库，可以存放在本地也可以在央行数字货币私有云上。⑤数字货币数字钱包，指在流通市场上个人或单位用户使用央行数字货币的客户端，此钱包可以基于硬件也可以基于软件。⑥认证中心，央行对央行数字货币机构及用户身份信息进行集中管理，它是系统安全的基础组件，也是可控匿名设计的重要环节。⑦登记中心，记录央行数字货币及对应用户身份，完成权属登记；记录流水，完成央行数字货币产生、流通、清点核对及消亡全过程登记。⑧大数据分析中心，反洗钱、支付行为分析、监管调控指标分析等。

表 10.1　中国人民银行数字货币研究团队系列研究成果

编号	文章标题	作者	核心观点
1	《中国法定数字货币的理论依据和架构选择》	范一飞	作为中央银行，应基于维护金融体系稳定、促进金融创新、契合技术演进路径等因素综合考量，逐步实现法定数字货币的发行流通和对私人部门类数字货币的有效监管。
2	《中国法定数字货币原型构想》	姚前	我国数字货币在设计时的初步考虑是：由央行主导，在保持实物金发行的同时发行以加密算法为基础的数字货币，M0 的一部分由数字货币构成。
3	《数字货币技术实现框架》	王永红	建议数字货币系统采用分布式的系统架构，结合云计算的技术优势部署业务系统，为海量数字货币交易提供有效支撑。

续表

编号	文章标题	作者	核心观点
4	《央行发行数字货币的法律问题》	刘向民	央行数字货币在货币发行依据、法偿性、货币所有权转移、反假币、反洗钱、个人信息保护等方面对现行法律体系提出了新的要求。可以通过出台新的法律、修改既有法律、对现有法律进行解释以及全国人大出台特别决定等渠道进行解决。
5	《央行数字货币使用环境建设》	谢众	基于目前二元模式下的实物现金投放和回笼模式，央行数字货币使用环境建设要重点考虑数字货币的提存、使用数字货币购买商品或服务等场景的搭建。
6	《虚拟货币及其监管应对》	王信 任哲	虚拟货币没有内在价值及央行背书，其价格极易受市场预期影响，波动率极高，市场流动性难以得到保证，因此加强监管至关重要。
7	《数字货币对货币政策的影响》	温信祥 张蓓	（1）电子货币导致货币需求的稳定性下降、货币供应总量的影响存在不确定性、数量型调控的有效性降低，但有助于提高价格型工具的有效性。 （2）双向兑换型虚拟货币较大程度地具备了货币的特征，但其不是央行或公共当局发行的货币，流通也不经过传统的商业银行体系，如果达到一定规模，对中央银行的调控会产生较大影响：削弱货币政策有效性、影响铸币税收入、降低货币指标的准确性。 （3）如果中央银行发行的数字货币仅仅只是替代纸钞和铸币，那么它实际上就是一种电子现金，对货币政策和商业银行的影响都不大。如果央行数字货币不仅仅替代了现金，同时也与商业银行存款竞争的话，会对经济产生更多实质性的影响。
8	《非法定数字货币的界定与监管》	熊俊	应尽快着手专门立法，明确非法定数字货币的法律适用性问题，同时研究完善相关监管框架体系，明确非法定数字货币监管的主体和责任。
9	《央行探索法定数字货币的国际经验》	张正鑫 赵岳	美欧发达国家和地区已经开始积极探索监管当局在数字货币发展中应该扮演的角色，有的甚至着手设计本国的法定数字货币。

编号	文章标题	作者	核心观点
10	《数字票据交易平台初步方案》	徐忠 姚前	票据作为一个集交易、支付、清算、信用等诸多金融属性于一身的非标金融资产，市场规模大、参与方众多、业务复杂，是区块链的一个极佳应用场景。
11	《央行数字货币理论探讨》	徐忠 汤莹玮 林雪	中心化、弹性化和虚拟化是货币演进的趋势，央行发行数字货币应综合采取各种成功的技术，而不仅是区块链技术。中心化、弹性化和虚拟化发行是货币演进的趋势。
12	《从 SDDS 看区块链技术的应用》	聂舒 张一锋	区块链技术会为金融领域带来深刻的改变，虽然真正商用尚需解决准入、监管、性能等一系列技术问题，但技术路线清晰，前景光明。目前，区块链技术同金融业务的结合已经成为国内外研究和应用的热点。
13	《大数据分析在数字货币中的应用》	姚前 李连三	一旦数字货币走进央行的货币供应量序列，运用大数据从中观和宏观的视角分析货币政策实施、金融稳定等问题，将变得更加简便和精准。
14	《区块链的优劣势和发展趋势》	团队	区块链技术具有不可篡改的高安全性、异构多活的高可用性，但同时也在性能、隐私保护和升级修复等方面存在一定局限性。
15	《移动支付安全技术对数字货币的借鉴》	团队	在未来法定数字货币的移动支付安全方面，必须建立涵盖底层硬件安全、终端应用安全、通信安全、场景安全和平台安全的保障体系。
16	《从 SWIFT 黑客事件看金融网络安全》	团队	在大规模实施变革性应用（包括数字货币）之前，需要对网络安全问题投入全新的研究。
17	《法定数字货币的中国之路》	团队	在我国法定数字货币设计过程中，应结合人民币现有的发行流通体系管理框架，注重技术手段、机制设计和法律法规三个层次的协调统一。

资料来源：《中国金融》2016 年第 17 期。

二、第二阶段：深度研发（2017—2019 年）

2017 年央行成立了数字货币研究所，以“争取早日推出数字货币”为目标加速推进数字货币的研发工作，标志着央行的数字货币研发工作进入新的阶段。研发内容包括加强内外部交流与合作、设立专门研究机构、进一步完善法定数字货币发行和流通体系、加快法定数字货币原型构建、深入研究并尝试应用法定数字货币涉及的各类信息技术等。2018 年，周小川在十三届全国人大一次会议“金融改革与发展”主题记者会上披露：央行数字货币研究所正和业界共同组织分布式研发，央行用的研发名字是“DC/EP”。

首先，央行先后在深圳、南京、苏州等地建立了研究所和金融科技公司开展数字货币的研发工作。（1）将深圳作为研发的大本营。具体而言，2017 年 5 月，央行在深圳正式成立数字货币研究所；2018 年 6 月，央行控股的深圳金融科技有限公司成立；2018 年 8 月，中央发文在深圳开展数字货币研究和移动支付试点；2018 年 9 月，数字货币研究所在深圳搭建贸易金融区块链平台。（2）在数字金融基础较好的东部地区增加研发基地。2018 年 9 月，南京金融科技研究创新中心和中国人民银行数字货币研究所（南京）应用示范基地正式揭牌成立；2019 年 3 月，央行设立苏州子公司长三角金融科技有限公司。

其次，相关研究工作取得重大进展。（1）央行数字货币研究所率先开展了二元模式下中央银行到商业银行的央行数字货币全生命周期闭环机制设计和系统试验。构建了中央银行和商业银行实际参与的法定数字货币原型系统，包括发行、转移、回笼全过程；集中力量对央行发行法定数字货币的关键问题进行探索实践；就法定数字货币如何吸收转化分布式账本技术这一前沿领域进行积极尝试。姚前（2019）依据中国人民银行法定数字货币原型系统（简称“原型系统”）一期建设的成果，描述了中央银行发行法定数字货币的模式和体系，探讨了原型系统中分布式账本技术和签名加密技术的应用和改进，实验分析了影响央行数字货币转移性能的关键操作并提出优化改进思路。（2）据国家知识产权局数据库，截至2019年8月，央行数字货币研究所申请了涉及数字货币的专利共63项。内容涵盖数字货币生成、投放、流通、验证、兑换、回收等解决方案；数字钱包的开通、升级、密钥更换、存币、支付、查询、货币兑换、注销等方法和系统。从申请专利的情况看，可实现从央行到商业银行的数字货币投放、交易和回笼过程，可实现终端用户的DC/EP使用，有助于实现DC/EP在市场中的流通。（3）推进关键技术的研发和应用。譬如区块链技术方面，制定了金融分布式账本行业标准、在深圳建立贸易金融区块链平台、搭建数字票据交易平台、申请区块链专利数量全球居首。

最后，相关研究工作得到了中央高层的认可和肯定。2019年7月8日，在数字金融开放研究计划启动仪式暨首届学术研讨会上，中国人民银行研究局局长王信曾透露，国务院已正式批准央行数字货币的研发，央行在组织市场机构开展相应工作；2019年8月10日，穆长春在中国金融四十人伊春论坛上表示，“央行数字货币可以说是呼之欲出了”；2019年8月18日，中共中央、国务院发布《关于支持深圳建设中国特色社会主义先行示范区的意见》明确提到，支持在深圳开展数字货币研究等创新应用；2019年11月28日，范一飞表示，目前央行法定数字货币DC/EP基本完成顶层设计、标准制定、功能研发、联调测试等工作，下一步将合理选择试点验证地区、场景和服务范围，稳妥推进数字化形态法定货币出台应用。

三、第三阶段：试点测试（2020年—）

进入2020年，在前期研发工作基本完成的基础上，央行进一步加速推进试点测试工作。2020年1月10日，中国央行公众号发文表示，已经基本完成对法定数字货币顶层设计、标准制定、功能研发、联调测试等工作。2020 年 5 月 26 日，两会期间，中国人民银行行长易纲接受媒体采访时，再次披露了法定数字货币 DC/EP 的进度："先行在深圳、苏州、雄安、成都及未来的冬奥会场景进行内部封闭试点测试以检验理论可靠性、系统稳定性、功能可用性、流程便捷性、场景适用性和风险可控性。但目前的试点测试还只是研发过程中的常规性工作，并不意味数字人民币正式落地发行，何时正式推出尚没有时间表。"2020 年 7 月 8 日，央行数字货币研究所与滴滴出行达成战略合作协议，双方表示期望通过建立合作关系，发挥各自优势，促进数字人民币在多元化出行场景中的平台生态建设，实现优势互补，合作共赢，这是央行数字货币研究所首次与具有 C 端业务场景的互联网公司达成合作。2020 年 8 月 14 日，商务部印发的《全面深化服务贸易创新发展试点总体方案》提出：在京津冀、长三角、粤港澳大湾区及中西部具备条件的试点地区开展数字人民币试点。

目前，央行数字货币的研发工作在加速推进（见表 10.2）。首先，2019 年 8 月穆长春表示："从去年开始，数字货币研究所的相关人员就已经是'996'了，做相关系统开发，央行数字货币现在可以说是呼之欲出了"。其次，数字货币研究所自成立以来研发队伍不断扩大，2020 年招聘公告称相关人员参与法定数字货币的研发，主要招揽人工智能、区块链、云计算、大数据等方面的顶尖人才，而且招聘公告中称"在这里，你不光能见证历史，很可能创造历史，改变世界"。

表 10.2 央行数字货币研发进展大事记

时间	重要事件
2014 年	央行组织专家成立数字货币的研究团队
2016 年 1 月	央行首度召开数字货币研讨会，明确了央行发行数字货币的战略目标
2016 年 9 月	央行数字货币研究团队发表系列成果于《中国金融》
2017 年 1 月	中国人民银行数字货币研究所成立，姚前任所长

续表

时间	重要事件
2018 年 6 月	深圳金融科技有限公司成立，由人民银行数字货币研究所 100% 控股
2018 年 9 月	由人民银行数字货币研究所和人民银行深圳中心分行联合推出的“湾区贸易金融区块链平台”正式在深圳试运行
2018 年 9 月	南京金融科技研究创新中心和人民银行数字货币研究所（南京）应用示范基地正式揭牌成立
2019 年 3 月	长三角金融科技有限公司成立，这是央行数字货币研究所联合苏州市有关单位所设立的金融科技公司
2019 年 7 月	在数字金融开放研究计划启动仪式暨首届学术研讨会上，中国人民银行研究局局长王信曾透露，国务院已正式批准央行数字货币的研发，央行在组织市场机构从事相应工作
2019 年 8 月	中共中央、国务院发布《关于支持深圳建设中国特色社会主义先行示范区的意见》明确提到支持在深圳开展数字货币研究等创新应用
2019 年 9 月	穆长春出任人民银行数字货币研究所第二任所长
2020 年 1 月	央行公众号发文表示，已经基本完成对法定数字货币顶层设计、标准制定、功能研发、联调测试等工作
2020 年 5 月	中国人民银行行长易纲披露了央行数字货币的进度：先行在深圳、苏州、成都、雄安及未来的冬奥会场景进行内部封闭试点测试
2020 年 7 月	成方金融科技有限公司在北京成立，成为央行旗下第四家金融科技公司
2020 年 8 月	商务部印发《全面深化服务贸易创新发展试点总体方案》中提到：在京津冀、长三角、粤港澳大湾区及中西部具备条件的试点地区开展数字人民币试点
2020 年 10 月	深圳向符合条件的市民发放 2 000 万元的数字人民币消费红包
2020 年 12 月	苏州向符合条件的市民发放 2 000 万元的数字人民币消费红包

注：以上资料由作者根据相关报道整理得到。

DC/EP 试点分析

目前，中国央行正在合理、有序、稳妥地推进央行数字货币DC/EP的试点测试工作。根据媒体报道：目前试点机构主要包括工农中建四大国有商业银行，移动、电信、联通三大运营商以及一些大型高科技企业如阿里巴巴、腾讯、滴滴出行；试点的场景包括交通、教育、医疗、消费等方面；试点的地区选择在深圳、苏州、雄安、成都及未来的冬奥会场景进行内部封闭测试。

一、试点基本情况

目前选择在深圳、苏州、雄安、成都四地进行内部封闭测试。在应用场景上，四大试点区域各有特色。深圳测试内容为银行内部员工缴纳税费，苏州落地的场景是为企事业单位工作人员发放交通补贴，成都内测应用场景将聚焦商户线上线下融合消费，雄安着重于清算领域。

1. 深圳：银行内部员工缴纳税费

央行数字货币研究所将深圳作为研发的大本营。2018 年央行数字货币研究所在深圳成立了全资子公司——深圳市金融科技有限公司，注册资本 200 万元。作为央行数字货币研究所唯一全资控股的区块链公司，它的成立标志着央行已经从数字货币的研究阶段进入市场化运作阶段。2018 年 9 月 4 日，由央行数字货币研究所和中国人民银行深圳中心分行联合推出的“湾区贸易金融区块链平台”正式在深圳试运行。该平台致力于建立一个基于粤港澳大湾区的开放式金融和贸易生态系统，面向国家，辐射全球。2019 年《中共中央、国务院关于支持深圳建设中国特色社会主义先行示范区的意见》正式发布，明确提出支持在深圳开展数字货币研究与移动支付等创新应用。

深圳目前测试内容为银行内部员工缴纳税费。据报道，中国银行在一项名为“321 工程”的项目中确定了数个试点数字货币的内部场景，经过前期的多次测试和准备工作，内部试点条件基本成熟，目前已在该行深圳等地内部 App 试点部分内部场景支付。该场景为中国银行内部应用场景，尚未开发专门的电子钱包 App，而是内嵌到已有的App中，用户交易流程与目前已有的支付工具没有明显差异：用户绑定银行卡后，可使用银行卡充值DC/EP电子钱包，通过电子钱包完成支付。2020年10月，深圳向符合条件的市民发放2 000万元的数字人民币消费红包。

2. 苏州：企事业单位工作人员发放交通补贴

央行将苏州作为数字货币的研发基地。2019年初，央行以占股55%的身份设立苏州子公司长三角金融科技有限公司，该公司目前正在通过招聘平台高薪招聘区块链相关人才，加速央行数字货币研发。企查查详细资料显示，长三角金融科技有限公司成立于2019年3月1日，注册资本为5 000万元人民币，法定代表人为狄刚。据公开资料显示，狄刚目前是央行数字货币研究所副所长。公司经营范围包括：软件开发，从事金融科技相关技术开发、技术咨询、技术转让、技术服务、金融科技相关系统建设与运行维护。其中，深圳金融科技有限公司投资2 750万元人民币，占55%股份，最终受益人为央行数字货币研究所。苏州高铁新城创新创业投资有限公司投资2 250万元人民币，占45%股份，最终受益人为苏州高铁新城管理委员会。

苏州落地的场景是企事业单位工作人员的交通补贴。在央行数字货币DC/EP的试点地区苏州相城区，各区级机关和企事业单位工资通过工农中建四大国有银行代发的工作人员，在2020年4月完成央行数字货币数字钱包的安装工作。从2020年5月开始，其工资中交通补贴的50%将以数字货币的形式发放。2020年12月，苏州也将向符合条件的市民发放2 000万元的数字人民币消费红包。

3. 成都：聚焦商户线上线下融合消费

央行在成都积极推进区块链技术的研发和落地。2018年，中国人民银行成都分行营业管理部和成都市地方金融监督管理局牵头成立“区块链知识产权质押融资服务平台”项目专题工作小组。项目建设过程中，成都市知识产权局、成都市科学技术局、四川省知识产权服务促进中心等相关部门协同合作，齐力打造了国内首个基于区块链技术的知识产权质押融资服务平台。2019 年 11 月 29 日举行的“2019 天府知识产权峰会”上，全国首个基于区块链技术的知识产权融资服务平台正式启动试运行。至此，平台基础功能已搭建完毕，下一步将推进银行、保险、评估机构的接入。

目前，成都内测应用场景聚焦于线上线下融合消费。据报道，首批成都落地商户主要是由四大行与三大运营商自主选择自身深度合作的战略伙伴，每家银行精选 2 – 3 家商户。目前已经确认的合作商户包括京东、天猫等传统线上渠道巨头，以及菜鸟驿站、天虹百货、星巴克等实际应用场景。此外，太古里商圈凭借有优势的地理位置与商业条件也有望被选作落地商户集群。在央行数字货币 DC/EP 首期测试的交易流程中，仍以扫码支付为主。从用户体验上看，作为“支付手段”的 DC/EP 和支付宝等第三方支付其实非常类似，而“碰一碰”这种非接触双离线支付有望在后期测试中逐步展开。

4. 雄安：清算领域

区块链技术在清算领域格外重要，而雄安新区高度重视区块链技术的研发。2018 年 7 月 23 日，中国雄安集团与区块链技术公司 ConsenSys 签署谅解备忘录。ConsenSys 创始人约瑟夫 · 卢宾等就如何使用区块链技术向中国雄安集团提出建议，希望将其在区块链生态系统方面的知识和经验应用到雄安的项目中，支持雄安的创新发展模式。2020 年 3 月 31 日，雄安区块链实验室正式揭牌，有三大目标：成为区块链研究与应用的新高地、成为一个开放的前沿创新基地、探索出实验室经济的新模式。在雄安新区设立三周年的时间点，雄安区块链实验室有着特殊的意义，这标志着雄安新区区块链创新实践进入了组织化、规模化落地阶段，标志着雄安新区数字城市和物理城市同步规划同步建设开启了新篇章。

二、选取试点的理由分析

就四个试点城市选择看，考虑了政治、经济、技术等多重因素：深圳作为改革开放的先行示范区，其数字经济、金融科技的发展全国领先；苏州作为东部地区经济基础较好、创新能力较强的城市，具备发展数字经济、金融科技的基础和潜力；成都作为西南地区较发达的城市，GDP已进入万亿级别，近年来数字经济、金融科技发展迅猛；雄安新区作为国家级新区，高度重视数字经济和金融科技的发展，正全力推进“数字雄安”的建设。因此，这些城市不仅具备战略地位重要、数字经济和金融科技发达或者具有发展潜力的特点，而且在“东西南北”四个地理方位上具有一定的区域代表性和辐射性，可以为数字货币的测试以及未来的推广应用提供良好的支撑和示范。

1. **深圳：实力担当**

深圳作为改革开放试验区，其成熟的金融科技生态和发达的数字经济环境使其有能力探索数字货币发展的新路径。

深圳作为改革开放的示范窗口，其金融科技创新模式一直是全国先行者。无论是金融科技企业数量、金融科技渗透程度，还是当地政府对金融发展的支持力度，深圳市都位居前列。2016年11月，深圳市人民政府金融发展服务办公室发布《深圳市金融业发展“十三五”规划》，指出要支持金融机构加强对区块链、数字货币等新兴技术的研究探索。之后，在政府的牵头下，平安集团、招商银行、微众银行、大成基金等四十多家知名金融机构，共同成立了全国首个FinTech数字货币联盟及中国FinTech研究院。

2. **苏州：中坚力量**

苏州作为东部地区经济基础良好、开放程度高、科技发达、创新能力较强的代表性城市，同样具有发展金融科技的基础和前景，能为央行数字货币的落地提供良好的科技和经济支撑。

苏州市的金融科技企业、行业蓬勃发展：（1）政府高度重视金融科技的发展。2018 年，苏州制定了全市金融科技发展规划，布局金融科技版图，力争成为全国金融科技的重要节点城市。（2）苏州具有金融机构及创新企业的双集聚优势。一方面，域内集聚了近 2 000家金融机构，金融业综合实力位居全国前列，金融机构的金融科技项目相继落户苏州，例如建设银行、苏州银行、常熟农商行等，形成金融科技创新资源集聚；另一方面，一批创新型金融科技企业在苏州集聚发展，覆盖金融科技八大领域，具备成长潜力，例如东吴金融科技、通付盾、凌志软件、博纳讯动等。（3）高度重视区块链等金融科技的研发。2017 年，苏州同济区块链研究院落户苏州高铁新城。经过两年时间，团队自主研发出联盟链“梧桐链”，成为国内第一个具备相应技术成熟度的自主安全可控的区块链底层平台，并率先成功应用于多个领域。据了解，目前在国家互联网信息办公室备案的区块链信息服务企业已达 420 家。在江苏省 20 家备案企业中，苏州占了 6 家。

3. 成都：西南新秀

成都作为西南较为发达的城市，GDP 进入万亿元级别，数字经济的发展和金融科技的进步对央行数字货币的测试提供了强有力的支撑。

成都市正积极推进金融科技的发展。近年来，成都金融科技发展迅猛，第 26 期全球金融中心指数报告（GFCI26）中金融科技的专项排名显示，成都位列全球第 18 名。2020 年 5 月成都发布的金融科技发展三年规划提出：“到 2022 年底前，努力把成都建设成为具有国际影响力的区域金融科技中心，构建‘成都特色、全国影响、国内示范、国际同步’的金融科技创新示范体系，确立成都金融科技在中西部地区领先、全国一流的地位。”

4. 雄安：战略新区

雄安新区作为继深圳经济特区和上海浦东新区之后又一具有全

国意义的新区，高度重视数字经济和金融科技的发展，理应成为央行数字货币的实验场。

首先，当地政府高度重视金融科技的发展，各路企业积极响应。2017 年 10 月 6 日，雄安新区管委会召开专题会议，研究大数据管理体制机制和“数字雄安”建设的基本思路，全力推进“数字雄安”建设工作。会议召开不久，各路企业闻风而动，要把雄安新区打造成创新的“试验场”。2017 年 10 月 14 日，时任蚂蚁金服副总裁、阿里集团合伙人彭翼捷一行到雄安新区进行区块链建设方案汇报，彭翼捷对雄安新区的评价是：打造区块链的最好土壤。同年 11 月 8 日，雄安新区与阿里巴巴集团举行对接会，阿里巴巴与蚂蚁金服将承建数字雄安区块链基础设施平台，并有望率先在租房场景中加以试水。2017 年 11 月 23 日，腾讯与雄安新区签署金融科技战略合作协议，双方成立腾讯（雄安）金融科技实验室，在新区试验大数据风控体系、基于腾讯云的区块链服务等金融科技。2018 年 4 月 21 日，河北雄安新区发布《河北雄安新区规划纲要》提出发展高端高新产业，超前布局区块链、太赫兹、认知计算等技术研发及试验。2018 年 6 月 8 日，中国信通院与雄安新区签署战略合作协议，双方将在雄安新区建设信息通信领域科研基地，为新区建设提供发展战略规划、标准及政策制定等全方位支撑服务，重点在 5G、工业互联网、人工智能、区块链、网络安全、军民融合、车联网等领域打造京津冀高科技创新综合服务平台和双创示范基地，推动产业创新发展。2018 年 6 月 28 日，雄安新区与 360 集团正式签署战略合作，360 集团将充分发挥其在网络安全、大数据、人工智能、区块链等技术领域的优势，为建设安全可靠的“数字雄安”提供全面的网络安全服务。

其次，越来越多的银行系金融科技企业落户雄安。2018 年 12 月 21 日，交通银行河北雄安分行揭牌。该分行将依托总行专业研发团队和雄厚研发实力，凭借金融业务处理、人工智能、区块链、大数据、云计算等金融科技平台，不断创新金融业务模式，为建设绿色雄安、智慧雄安、数字雄安做出更大贡献。2019 年 5 月 8 日，工商银行全资子公司工银科技有限公司在雄安新区开业，成为落户雄安新区的银行系金融科技公司总部。工银科技与雄安新区管委会签署了《金融科技合作备忘录》，雄安新区管委会正式启动运行雄安征迁安置资金管理区块链平台，将应用工行区块链技术，实现征迁原始档案和资金穿透式拨付的全流程链上管理。2019 年 12 月 25 日，光大银行和中国雄安集团数字城市科技公司在雄安新区共建“数字金融科技实验室”，将以雄安新区战略需求及信息化建设为导引，逐步打造区块链商业化应用研究、技术创新和人才培养高地。

5. 冬奥会：绝佳机会

冬奥会为货币兑换的测试提供了绝佳机会。数字货币还有一项功能需要测试，即境外游客入境的现金支付。境外游客入境后，可以在兑换点将外币兑换成人民币，游客并不需要提供身份证、开银行卡、下载中国支付工具。这一流程不同于微信支付或者支付宝。央行数字货币分为四个类型的账户，其中最基础的一类账户不需要提供这么多信息，恰好可以满足境外游客临时入境的现金需求。冬奥会这个相对封闭可控的场景是再适合不过的试点机会。届时，数字货币的钱包也可以临时下载，或者集成在电信运营商的 SIM 卡中。

三、试点的直接目的和意义

进行试点的直接目的包括：（1）检验理论可靠性、系统稳定性、功能可用性、流程便捷性。央行数字货币是高科技的产物，面临较大的技术风险。央行数字货币大量利用了新一代信息技术，目前这些技术并没有完全成熟，有些还存在技术瓶颈，因此需要不断通过实景测试检验技术的稳定性并不断优化。（2）检验场景的适用性。我国是经济大国，经济复杂多变，实际支付场景非常复杂，可能需要根据不同的支付场景对数字货币进行差异化的设置。（3）检验风险的可控性。货币发行是一件非常复杂的事情，涉及方方面面的问题。央行数字货币是全新的事物，没有太多的经验可供参考，属于摸着石头过河，实际中面临较多的风险，除了技术风险外，还包括法律风险、监管风险等。需要通过测试找到风险点，提前规划应对。

我们认为，中国央行推出数字货币试点具有五个方面的重大意义：（1）技术示范。中国央行数字货币并不局限于区块链技术，致力于提供更多的技术可能。（2）发行框架示范。中国央行采用双层架构，这关系到数字货币的发行体系和运行管理体系建设。（3）社会的接受程度示范。这决定了数字货币是否具备全面替代现有货币形态的能力，或者只是一个补充，也可能是不被接受。（4）社会成本示范。数字货币的运行成本是否真如人们所预期的低于纸币。（5）延展示范。即通过数字货币的研发和应用，可以探索相关技术在金融领域其他方面的应用。

主要特征

央行数字货币的总体设计主要包括制度特征和关键技术两个方面。在制度特征方面，央行数字货币具有国家信用货币、替代M0、双层投放体系、中心化管理、账户松耦合等特征。在关键技术方面，依托安全技术、交易技术、可信保障技术等3个方面11项技术构建的核心技术体系，采用分布式架构体系，重视区块链技术的应用。

一、央行数字货币的基本特征

根据刘向民（2016）、姚前（2016）、范一飞（2018）等人已发表的成果，我国央行数字货币的制度设计具有以下10个方面的特征。

1. 货币性质：国家信用货币

央行数字货币与纸质人民币一样，仍属于信用货币的范畴，由国家信用做背书，本身并没有价值，依法强制发行，具有无限法偿性。这与比特币等私人数字货币依赖算法所形成的共识机制显著不同。

2. 货币形态：加密后的电子货币

由于区块链技术尚无法满足传统零售场景的高并发要求（穆长春等人，2020），结合央行数字货币原型系统的相关描述（姚前，2018），推测我国央行数字货币可理解为采用加密技术后的电子货币，该货币本身为经加密后的字符串，携带了流通过程中的相关信息。这与以比特币为代表的“加密货币”完全基于区块链技术运行是不同的。

3. 货币分类：现阶段注重对M0的替代，属于零售型模式

纵观全球，央行数字货币有多种设计方案，其中一个重要问题是央行数字货币属于批发型还是零售型。批发型的使用限于中央银行和金融机构之间，不面向公众。零售型也被称为一般目标型，其使用面向公众。我国央行数字货币属于零售型范畴，注重对M0的替代。

首先，数字货币是中央银行数字形式的负债，是法定货币的一种新形态。既然央行数字货币是中央银行的负债，它替代的只是基础货币，而不是商业银行存款等其他层次的货币。基础货币包含现金和存款准备金，央行数字货币对两者都可以形成替代。央行数字货币替代现金，对应着零售型；央行数字货币替代存款准备金，对应着批发型。目前来看，存款准备金基于账户范式，并且已经是数字化的，所以批发型央行数字货币的意义不大。

其次，现阶段，M1和M2基于商业银行账户，已实现电子化或数字化，没有用数字货币再次数字化的必要。支持 M1 和 M2 流转的银行间支付清算系统（如大小额支付系统和网上支付跨行清算系统等）、商业银行行内系统以及非银行支付机构的各类网络支付手段等运转正常，且在不断完善升级、日益高效，能够满足我国经济发展的需要。用央行数字货币替代 M1 和 M2，既无助于提高支付效率，还会造成对现有系统和资源的巨大浪费。

再次，相比之下，现有纸钞和硬币的发行、印制、回笼和储藏等环节成本较高，流通体系层级多，且携带不便、易被伪造、匿名不可控，存在被用于洗钱等违法犯罪活动的风险，实现数字化的必要性与日俱增。另外，非现金支付工具，如传统的银行卡和互联网支付等，都基于账户紧耦合模式，无法完全满足公众对易用和匿名支付服务的需求，不可能完全取代 M0，特别是在账户服务和通信网络覆盖不佳的地区，民众对现钞的依赖程度仍然很高。央行数字货币保持了现钞的属性和主要特征，满足了便携和匿名的需求将是替代现钞的最好工具。

最后，正因为央行数字货币是对 M0 的替代，不应对其计付利息。这样既不会引发金融“脱媒”，不会由此引致通胀预期，也不会对现有货币体系、金融体系和实体经济运行产生大的冲击。同理，由于央行数字货币是对 M0 的替代，也应遵守现行所有关于现钞管理和反洗钱、反恐融资等的规定。为配合反洗钱等相关工作，可要求相关机构就央行数字货币大额及可疑交易向央行报告。

4. **发行方式：坚持中心化的发行和管理**

为保持央行数字货币的属性，实现货币政策和宏观审慎管理目标，我国的央行数字货币双层投放体系应不同于各种代币的去中心化发行模式。第一，因为央行数字货币仍然是中央银行对社会公众的负债，其债权债务关系并未随着货币形态而改变，因而仍必须保证央行在投放过程中的中心地位。第二，需要保证并加强央行的宏观审慎与货币政策调控职能。第三，不改变二元账户体系，保持原有货币政策传导方式。第四，为避免代理投放机构超发货币，需要有相应安排实现央行对数字货币投放的追踪和监管。

5. 发行渠道：采用“中央银行—代理投放的商业机构”双层投放体系

大国发行央行数字货币是一个复杂的系统工程。我国幅员辽阔、人口众多，各地区经济发展、资源禀赋和人口受教育程度差异较大，在设计、投放（发行）、流通央行数字货币过程中，要充分考虑系统、制度设计所面临的多样性和复杂性。比如，需要考虑网络覆盖不足的偏远地区的使用问题。如果采用单层投放，将面临上述因素带来的极大考验。为提升央行数字货币的便捷性和服务可得性，增强公众使用意愿，考虑采用双层投放，来应对上述困难。

“中央银行—代理投放的商业机构”的双层投放体系是既适合我国国情，又能够充分利用现有资源、调动商业银行积极性的选择。“双层投放”有利于充分利用商业机构现有资源、人才、技术等优势，通过市场驱动、促进创新、竞争选优；有助于分散化解风险；可以避免金融“脱媒”。

就影响而言，首先，不改变流通中货币的债权债务关系。为保证货币不超发，代理投放机构需要向央行100%全额缴纳准备金。所以，公众所持有的央行数字货币依然是中央银行负债，由中央银行信用担保，具有无限法偿性。其次，不改变现有货币投放体系和二元账户结构，不会构成对商业银行存款货币的竞争，不会增加商业银行对同业拆借市场的依赖，不会影响商业银行的放贷能力，也就不会导致金融“脱媒”现象。再次，由于不影响现有货币政策传导机制，不会强化压力环境下的顺周期效应，因此也不会对现行实体经济运行方式产生负面影响。最后，该模式更有利于发挥央行数字货币的优势，节约成本、提高货币流通速度，提升支付便捷性和安全性。此外，由于具有央行背书的信用优势，有利于抑制公众对私有加密数字货币的需求，巩固我国货币主权。

6. 交易场景：主要用于小额零售交易、可用于跨境支付

引导央行数字货币应用于小额零售业务场景、不对存款产生挤出效应，避免套利和压力环境下的顺周期效应，可对其设置每日及每年累计交易限额，并规定大额预约兑换。必要时，也可考虑对央行数字货币的兑换实现分级收费，对于小额、低频的兑换可不收费，对于大额、高频兑换的交易收取较高费用以增加兑换成本和制度摩擦。在利率零下限的情况下，这种安排还可为央行实施负利率政策创造条件。

7. 交易方式："账户松耦合+数字钱包"方式，信息匿名可控

与传统货币的完全基于银行账户不同，央行数字货币采用账户松耦合加数字钱包的形式，在交易环节可摆脱对银行账户的依赖，直接实现点对点交易。同时，交易的双方都是匿名的，相关交易信息只对央行这一第三方披露，使大数据等金融监管科技有用武之地，从而做到了匿名可控。

如果没有交易第三方匿名，就会泄露个人信息和隐私；但如果允许实现完全的第三方匿名，就会助长犯罪，如逃税、恐怖融资和洗钱等犯罪行为。所以为取得平衡，必须实现可控匿名，只对央行这一第三方披露交易数据。在账户松耦合体系下，可要求代理投放机构每日将交易数据异步传输至央行，既便于央行掌握必要的数据以确保审慎管理和反洗钱等监管目标得以实现，也能减轻商业机构的系统负担。

8. 交易技术：支持双离线交易

为了像纸币一样实现随时随地交易的目的，央行数字货币采用了双离线交易技术，以此保证在网络信号差或没有覆盖的地方仍能实现交易。

9. 技术路线：市场化选择最优技术路线

央行设立了研发机构，但无法保证方案最优，因此目前指定多家运营机构采取不同的技术路线做 DC/EP 的研发，最终择优选择。同时，央行提出最终的技术路线应满足一定的门槛，比如“针对零售，至少要满足高并发需求，至少达到 30 万笔/秒”（范一飞，2018）。

10. 对央行数字货币加载智能合约应保持审慎态度

为保持无限法偿性的法律地位，央行数字货币也不应承担除货币应有的四个职能之外的其他社会与行政职能。加载除法定货币本身功能外的智能合约，将影响其法偿功能，甚至使其退化为有价票证，降低我国央行数字货币的可自由使用程度，也将对人民币国际化产生不利影响。还会降低货币流通速度，影响货币政策传导和央行履行宏观审慎职能。同时，还可能侵犯公民隐私权，不利于个人权益保护。

二、央行数字货币的核心技术

在技术方面，央行数字货币依赖 11 项技术构建核心技术体系，同时采用分布式架构体系，重视区块链技术的应用。

1. 关于核心技术体系

若要实现能够安全存储、安全交易、进行匿名流通等目标，数字货币应具备可流通性、可存储性、可离线交易性、可控匿名性、不可伪造性、不可重复交易性、不可抵赖性 7 个特性，依托安全技术、交易技术、可信保障技术这 3 个方面的 11 项技术构建数字货币的核心技术体系（王永红，2016）。

首先，数字货币安全技术主要包括基础安全技术、数据安全技术、交易安全技术 3 个层面。

基础安全技术包括加解密技术与安全芯片技术。加解密技术主要应用于数字货币的币值生成、保密传输、身份验证等方面，建立完善的加解密算法体系是数字货币体系的核心与基础，需要由国家密码管理机构定制与设计。安全芯片技术主要分为终端安全模块技术和智能卡芯片技术，数字货币可基于终端安全模块采用移动终端的形式实现交易，终端安全模块作为安全存储和加解密运算的载体，能够为数字货币提供有效的基础性安全。

数据安全技术包括数据安全传输技术与安全存储技术。数据安全传输技术通过密文 + MAC/密文 + HASH 方式传输数字货币信息，以确保数据信息的保密性、安全性、不可篡改性。数据安全存储技术通过加密存储、访问控制、安全监测等方式储存数字货币信息，确保数据信息的完整性、保密性、可控性。

交易安全技术包括匿名技术、身份认证技术、防重复交易技术与防伪技术。匿名技术通过盲签名（包括盲参数签名、弱盲签名、强盲签名等）、零知识证明等方式实现数字货币的可控匿名性。身份认证技术通过认证中心对用户身份进行验证，确保数字货币交易者身份的有效性。防重复交易技术通过数字签名、流水号、时间戳等方式确保数字货币不被重复使用。防伪技术通过加解密、数字签名、身份认证等方式确保数字货币真实性与交易真实性。

其次，以交易技术实现数字货币的在线交易与离线交易功能。数字货币交易技术主要包括在线交易技术与离线交易技术两个方面。

最后，以可信保障技术为数字货币发行、流通、交易提供安全可信的应用环境。数字货币可信保障技术主要指：可信服务管理技术，基于可信服务管理平台（TSM）保障数字货币安全模块与应用数据的安全可信，为数字货币参与方提供安全芯片与应用生命周期管理功能。

2. 关于分布式系统和区块链

关于分布式系统，王永红（2016）认为，系统架构从是否多节点协同处理的角度可分为集中式与分布式系统架构。集中式系统架构处理海量并发交易的能力相对有限、系统扩展性不足、系统宕机风险大等，交易处理效率不高；分布式系统架构能够有效处理海量并发交易，采用数据读取分离、数据多副本、分库分表等技术实现高扩展性，多节点保障系统安全，能够提高交易处理的效率。

关于区块链，姚前（2020）认为，如何运用区块链技术来更好地服务于中心化管理下的分布式运营，可能是央行数字货币当前需要重点探索的方向。首先，区块链与中心化管控并不矛盾。虽然区块链的技术特点是不依赖中心机构，但不代表其不能纳入现有中心机构的体系内，只要通过合理的设计，中央银行恰恰可以利用区块链将分布式运营有效整合起来，更好地实现对数字货币的中心化管控。其次，目前可预期使用区块链的三个场景是：

一是在登记中心利用分布式账本不可篡改、不可伪造特性，构建一个“网上验钞机”，即央行数字货币确权账本，对外通过互联网提供查询服务。这种设计对当前分布式账本技术而言，在中央银行和商业银行既集中又分散的二元模式下，提供了一种巧妙的应用思路。一方面，将核心的发行登记账本对外界进行隔离和保护，同时利用分布式账本优势，提高确权查询数据和系统的安全性和可信度；另一方面，由于分布式账本仅用于对外提供查询访问，交易处理仍由发行登记系统完成，以细化原子交易颗粒度的方式进行交易的分布式计算处理，这样可以通过业务设计的方式有效规避现有分布式账本在交易处理上的技术性能瓶颈。显然，这样的设计充分发挥了区块链的技术优势，保障央行数字货币验钞的可信，但并未影响中央银行对央行数字货币的全局管控。

二是针对批发端场景。以新加坡的 Ubin 项目为例，采用了与加拿大 Jasper 项目一样的数字存托凭证（DDR）模式。为了支持分布式账本中 DDR 的发行，现有新加坡电子支付系统（“MEPS +”），也就是新加坡的 RTGS 系统，专门建立一个 DDR 资金抵押账户，每日开始时，参与银行请求中央银行将其RTGS账户中的资金转移到DDR资金抵押账户，以此作为抵押，分布式账本创建相应等值的DDR，发送到各银行的DDR钱包，由此参与银行之间可开展基于分布式账本的转账和支付。日终，分布式账本系统将向“MEPS+”发送一个网络结算文件，“MEPS+”依此调整DDR资金抵押账户余额，匹配参与者在DLT网络中的DDR余额。

三是现金数字化。基于自底向上的兑换视角，可以提出一个央行数字货币简化版实现方案。具体思路是：业务由底层客户发起，客户申请兑换央行数字货币并将其托管至代理运营机构。代理运营机构记录客户托管央行数字货币的明细账本，为每个托管客户单独建立明细账。代理运营机构收到客户兑换并托管央行数字货币请求后，在收取现金或扣减客户存款的同时，将等额央行数字货币记录在该客户明细账下，然后向中央银行缴回现金或扣减存款准备金，并以批量方式混同托管至中央银行。中央银行记录代理运营机构的总账本，是一个总量的概念，与代理运营机构的明细账本构成上下两级双账本结构。当同一家代理运营机构的客户之间发生央行数字货币支付时，只需在该机构的明细账本上变更权属，无须变更中央银行总账本。当发生跨代理运营机构的央行数字货币支付时，首先由相关的代理运营机构交互处理，在各自明细账本上完成央行数字货币的权属变更，然后由中央银行在总账本上定期批量变更各机构总账。为提高效率、减少风险，可考虑引入持续净额头寸调整、流动性节约（LSM）等机制。

我们认为，由于区块链技术所展示出广阔的应用前景和巨大的价值，目前已成为各国技术竞争的重要领域。目前，我国已将区块链技术的创新和应用上升到国家战略层面。在央行数字货币原型系统中曾将区块链技术应用于登记账本和验钞、央行对商业银行的货币批发、现金零售三个场景，同时鉴于目前区块链技术还无法满足零售中的高并发要求，由此可推断区块链技术会首先在登记账本和验钞、货币批发两个场景中得到应用。

三、我国央行数字货币与电子货币的对比

我国央行数字货币与当前商业银行、第三方支付所提供的电子货币相比（见表10.3），虽然有相同点，但也存在明显的区别。

二者的相同点在于：（1）都实行中央银行的中心化的管理；（2）都是双层投放体系；（3）都支持小额零售场景；（4）都采用了信息技术。

二者的不同点主要有以下方面：第一，从货币性质看，央行数字货币完全基于国家信用，而电子货币主要基于商业信用；第二，从货币形态看，央行数字货币是经过加密的字符串，而电子货币并没有使用加密技术；第三，从货币分类看，央行数字货币是M0的替代，而电子货币可以是M0、M1、M2 、M3（M2+其他短期资产）的范畴；第四，从支付场景看，央行数字货币只支持小额零售，而电子货币不仅支持小额零售，也支持大额交易；第五，从跨境支付看，央行数字货币可直接上链交易，而电子货币不行，所以央行数字货币在跨境支付方面，成本更低、效率更高；第六；从对银行账户的依赖程度看，央行数字货币与银行账户松耦合，而电子货币实行与账户紧耦合；第七，在匿名交易、隐私保护、安全性方面，央行数字货币实行匿名交易，而且只对央行披露隐私，而电子货币实行实名交易，交易双方尤其是交易中介掌握了交易的信息，存在信息泄露的风险，因此，央行数字货币的安全性更高；第八，在央行对信息的控制方面，央行数字货币完全由央行掌握信息，信息集中可控，而电子货币的交易信息掌握在第三方中介手中，信息分散，可控度低；第九，在交易方式方面，央行数字货币支持双离线交易，可实现点对点支付结算，目前电子货币没有这样的交易方式；第十，在技术特征方面，央行数字货币重视区块链的应用，可以加载智能合约，而电子货币没有考虑区块链技术，也不能加载智能合约。

因此，我们认为央行数字货币与电子货币相比，不仅信用等级更高，而且由于采用了更先进的技术，在交易方面具有明显的优势：（1）交易更安全。央行数字货币信用等级更高，而且交易匿名，信息只对央行披露，交易经过加密安全性更好。（2）交易更方便。央行数字货币使用双离线技术之后，可在网络覆盖不到的地方交易。（3）交易更可控，有利于货币政策的实施和宏观监管。在我国央行数字货币的框架中，通过区块链等先进的技术后，货币交易的数据可以较完整地掌握在央行手中，与大数据、人工智能算法相结合对这些数据进行分析之后，可提高央行货币政策的有效性。（4）跨境支付成本更低、效率更高。

但是，央行数字货币与电子货币相比也存在一定的劣势，需要未来进一步的完善：（1）类型较窄。央行数字货币的类型仅限于M0，但未来有可能扩展到M1、M2。（2）技术不成熟。央行数字货币涉及的技术并不是很成熟，甚至存在技术瓶颈，如区块链、大数据、人工智能等，可能带来更高的技术风险。（3）需要更好的金融基础设施相配套。央行数字货币对信息传输、信息存储、信息加工、信息安全都提出了更高的要求，需要更好的金融基础设施与之相配套。

表10.3 现阶段我国央行数字货币与纸币、电子货币、加密货币的对比

		央行数字货币	纸币（人民币）	电子货币（人民币）	加密货币
总体特征	货币性质	基于国家信用	基于国家信用	基于商业信用	基于算法
	货币形态	加密技术+电子货币	纸币	电子货币	加密技术+电子货币
	货币分类	M0	M0	M1、M2、M3	数字资产
发行特征	中心化管理	是	是	是	去中心化
	双层投放体系	是	是	是	单层投放

续表

		央行数字货币	纸币（人民币）	电子货币（人民币）	加密货币
交易特征	支持小额零售场景	是	是	是	取决于各国政府的态度
	跨境支付	成本低、效率高	不可用	成本高、效率低	成本低、效率高
	与银行账户关系	松耦合	无关	紧耦合	无关
	是否匿名	是	是	否	是
	隐私保护	高	高	低	高
	安全性	高	低	低	高
	信息可控	高	低	信息较为分散，虽然在一定程度上可控，但可控性较低	高
	支持双离线交易	是	否	否（技术上可实现）	否
	点对点	是	是	否（技术上可实现）	是
技术特征	是否用区块链技术	局部采用	否	否	整体采用
	能否加载智能合约	能	否	否	能

运行框架

2019 年姚前在《中央银行数字货币原型系统实验研究》一文中，详细阐述了央行数字货币的原型系统实验，让我们对央行数字货币的运行框架有了较为深入的理解。下文详细介绍了央行数字货币的总体框架、运行机制、运行架构、原型系统存在的问题及优化方案。

一、总体框架

央行数字货币的原型系统按照二元模式的总体设计原则，将央行数字货币的运行分为3层体系，其核心要素为“一币、两库、三中心”。

1. 运行框架

原型系统按二元模式的总体设计原则，将央行数字货币的运行分为3层体系（见图10.1）。第1层参与主体包括中央银行和商业银行，涉及央行数字货币发行、回笼以及在商业银行之间的转移，原型系统一期完成从中央银行到商业银行的闭环，通过发行和回笼，央行数字货币在中央银行的发行库和商业银行的银行库之间转移，整个社会的央行数字货币总量发生增加或减少的变化，同时机制上要保证中央银行货币发行总量不变；第2层是商业银行到个人或企业用户的央行数字货币存取，央行数字货币在商业银行库和个人或企业的数字货币钱包中转移；第3层是个人或企业用户之间的央行数字货币流通，央行数字货币在个人或企业的数字货币钱包之间转移。

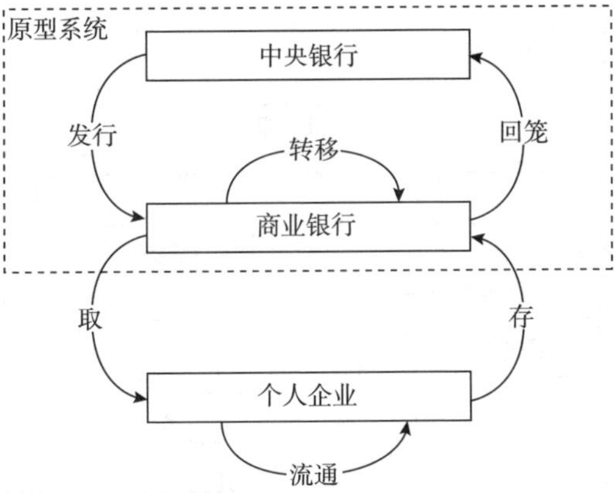

图10.1 央行数字货币的运行框架

资料来源：姚前，中央银行数字货币原型系统实验研究，《软件学报》，2018，29(19)：2716－2732。

2. 关键要素

央行数字货币体系的核心要素为“一币、两库、三中心”。具体构成要素包括以下方面：(1) 央行数字货币私有云，用于支撑央行数字货币运行的底层基础设施。(2) 数字货币，由央行担保并签名发行的代表具体金额的加密字符串。(3) 数字货币发行库，央行在央行数字货币私有云上存放央行数字货币发行基金的数据库。(4) 数字货币商业银行库，商业银行存放央行数字货币的数据库，可以在本地也可以在央行数字货币私有云上。(5) 数字货币数字钱包，指在流通市场上个人或单位用户使用央行数字货币的客户端，此钱包可以基于硬件也可以基于软件。(6) 认证中心，央行对央行数字货币机构及用户身份信息进行集中管理，它是系统安全的基础组件，也是可控匿名设计的重要环节。(7) 登记中心，记录央行数字货币及对应用户身份，完成权属登记，记录流水，完成央行数字货币产生、流通、清点核对及消亡全过程登记。(8) 大数据分析中心，反洗钱、支付行为分析、监管调控指标分析等。

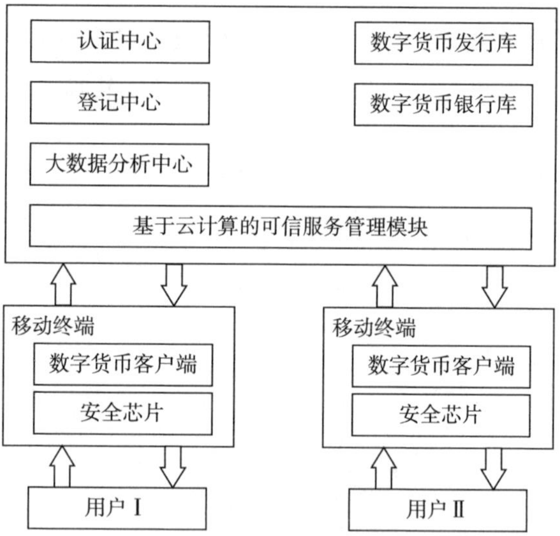

图 10.2　央行数字货币的关键要素

资料来源：同前。

二、运行机制

央行数字货币的运行机制包括发行回笼机制和货币转移机制，原型系统设计了通过商业银行存款准备金与央行数字货币等额兑换的机制。

1. **发行回笼机制**

原型系统设计了通过商业银行存款准备金与央行数字货币等额兑换的机制。在发行阶段，扣减商业银行存款准备金，等额发行央行数字货币。在回笼阶段，作废央行数字货币后，等额增加商业银行存款准备金。因涉及存款准备金变动，原型系统通过对接中央银行会计核算数据集中系统（简称“中央银行会计核算系统”）来实现。

2. **转移机制**

央行数字货币是载有所有者信息的加密字符串，因此，央行数字货币的转移必然涉及加密字符串的转换，分为来源币和去向币：来源币是转移之前的央行数字货币，去向币是经过转移将来源币作废之后，新生成的央行数字货币。央行数字货币的转移可以有以下几种模式：直接转移、合并转移、拆分转移。

原型系统中商业银行之间转移央行数字货币，表现为央行数字货币字符串通过中央银行数字货币系统进行转换并传递的过程。商业银行 A 的数字货币系统将待转移的央行数字货币发送至中央银行数字货币系统。系统首先将来源币作废，然后按转移金额生成所有者为商业银行 B 的去向币。如果转移后还有余额，则还要生成所有者为商业银行 A 的去向币，然后将去向币分别发送给对应的商业银行。

三、系统架构

央行数字货币的系统架构包括总体架构、运行架构和技术架构。其中，总体架构分为三部分：中央银行相关的中央银行数字货币原型系统和中央银行会计核算测试系统、参与原型实验的商业银行行内系统、作为央行数字货币转移实验场景的数字票据交易平台。运行架构对各方系统的接口和运行流程进行总体设计，并对各系统功能组件进行分配，建立满足原型系统实验要求的运行系统架构。技术架构采用 J2EE 分层技术方案，技术难点主要有三方面：一是多系统通信的稳定性和及时性，二是如何解决分布式账本性能问题，三是如何保证跨系统业务的可靠性。

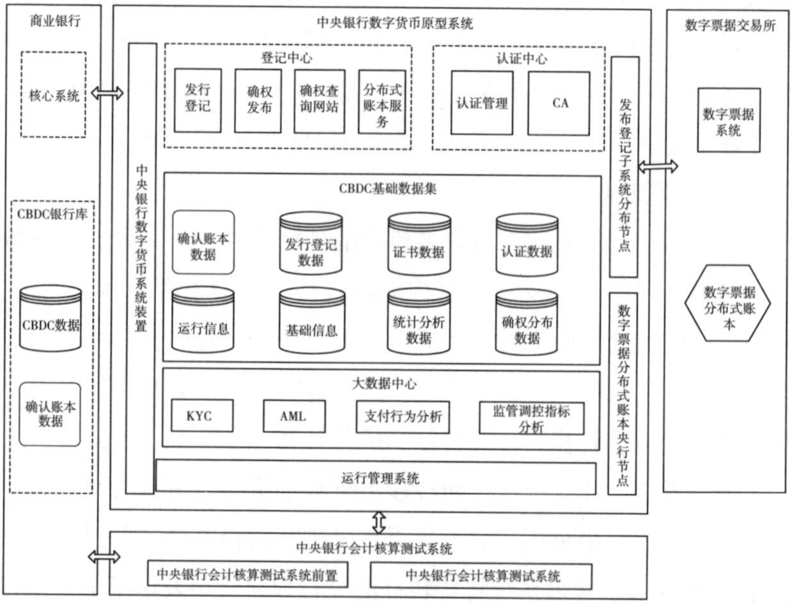

图 10.3　央行数字货币的原型系统总体框架

资料来源：同前。

1. 总体架构

总体架构分为三部分：中央银行相关的中央银行数字货币原型系统和中央银行会计核算测试系统、参与原型实验的商业银行行内系统、作为央行数字货币转移实验场景的数字票据交易平台。

其中，中央银行数字货币原型系统包括：登记中心、认证中心、大数据分析中心、CBDC 基础数据集、运行管理系统、央行数字货币前置系统（与商业银行的接口）、发布登记子系统分布节点（与数字票据交易所的接口）、数字票据分布式账本央行节点（数字票据分布式账本的前置节点）。

中央银行数字货币原型系统通过与中央银行会计核算测试系统对接，实现央行数字货币发行和回笼机制。商业银行与数字票据交易所是参与原型系统实验的重要参与方：商业银行需要对核心系统进行改造，建立其银行库和保存央行数字货币，并与中央银行共同组建分布式账本登记央行数字货币权属信息；数字票据交易所的数字票据分布式账本中加入央行节点，从而实现央行数字货币与数字票据基于分布式账本的 DvP 交易。

2. **运行架构**

基于原型系统总体架构，对各方系统的接口和运行流程进行总体设计，并对各系统功能组件进行分配，建立满足原型系统实验要求的运行系统架构（见图 10.4）。

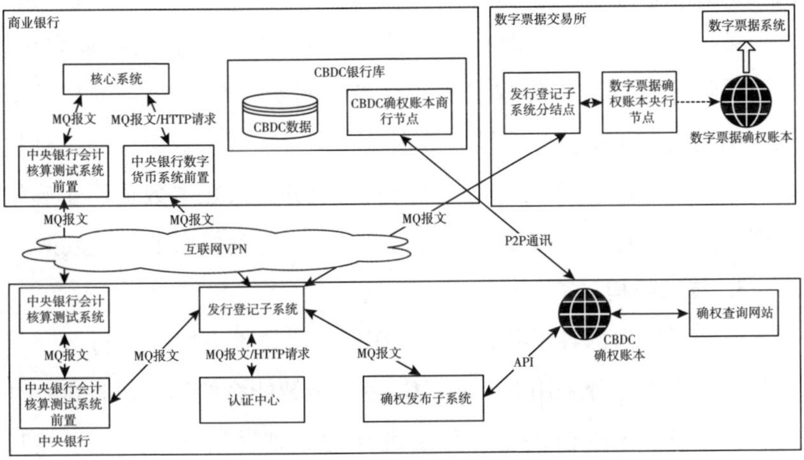

图 10.4 央行数字货币运行架构

资料来源：同前。

以央行数字货币发行为例，对系统架构的运行过程说明如下：

第一步，商业银行核心系统发起请领央行数字货币的请求。商业银行核心系统向中央银行数字货币系统前置发起请领央行数字货币的 MQ（消息队列）报文或 HTTP 请求。中央银行数字货币系统前置通过 VPN（虚拟专用网络）向中央银行发行登记子系统转发报文，发行登记子系统开始处理央行数字货币的发行业务。

第二步，中央银行通过中央银行会计核算测试系统扣减存款准备金。发行登记子系统请求中央银行端的中央银行会计核算测试系统前置发送扣减商业银行存款准备金报文。该前置将请求报文转发中央银行会计核算测试系统。中央银行会计核算测试系统扣减存款准备金后，通知商业银行端的中央银行会计核算测试系统前置存款准备金变化情况，该前置通知商业银行核心系统。中央银行会计核算测试系统同时将存款准备金扣款成功报文通知中央银行端的中央银行会计核算测试系统前置，该前置通知发行登记子系统扣款成功。

第三步，中央银行发行登记子系统生产发行央行数字货币，通过中央银行数字货币系统前置发送至商业银行核心系统后，存放在商业银行银行库中。

第四步，中央银行发行登记子系统在确权账本进行权属登记。发行登记子系统通知确权发布子系统央行数字货币发行的权属信息，确权发布子系统将脱敏后数据发布在央行数字货币分布式确权账本上，央行数字货币确权查询网站读取分布式账本数据用于确权查询。商业银行的确权账本节点同步中央银行确权账本节点数据。

3. **技术架构**

原型系统内部各子系统采用 J2EE 分层技术方案。央行数字货币分布式账本部分采用 Python、C ++ 以及智能合约编程语言进行开发。软件设计采用松耦合、分层设计的原则，包含接入层、接口层、服务层、资源层 4 层（见图 10. 5）。

原型系统研发技术难点主要集中在三个方面：一是多系统通信的稳定性和及时性，二是如何解决分布式账本性能问题，三是如何保证跨系统业务的可靠性。现采用了以下策略解决上述问题：首先，采用分布式消息中间件保证多系统通信的稳定性和及时性，同时保证业务消息（即报文）传递的可靠性；其次，将系统分层、核心系统采用传统架构达到高性能，而分布式账本用来支撑确权登记中心，性能略有降低不影响核心业务处理；最后，在业务处理可靠性方面采用错误的补偿处理机制。例如，采用消息中间件保证网络断线业务消息的重发等，确权登记信息在分布式账本发布失败不影响核心业务且自动重新发布等。

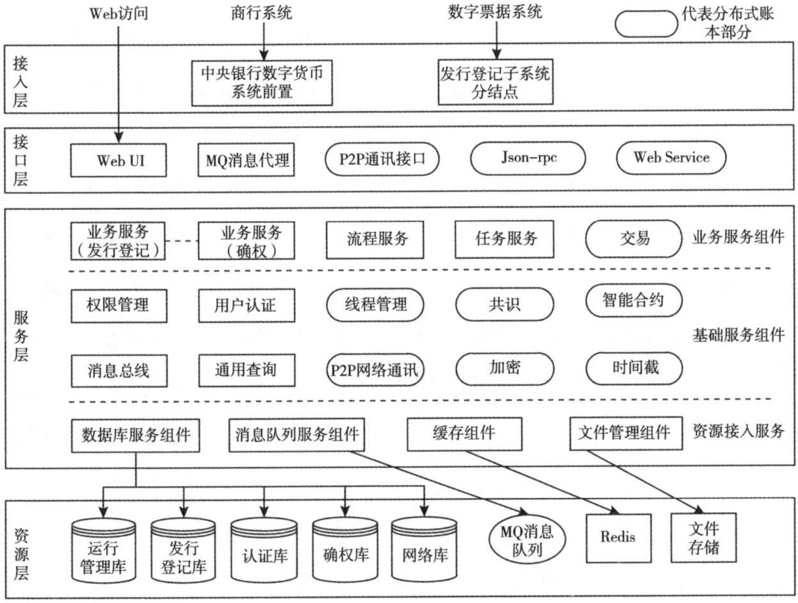

图 10.5　央行数字货币的原型系统的技术架构

资料来源：同前。

四、系统存在问题及优化

众所周知，技术瓶颈是限制央行数字货币推出的重要原因。当前的技术水平还难以实现对海量货币实时数据采集、监控和分析，也难以开展高效精准的可编程操作。在央行数字货币的原型系统实验中，体现为分布式账本更新慢和 SM2 运算效率较低。

针对SM2运算慢的问题，文中提出通过提升硬件设备的性能，采用多机并行运算的方式提升运算效率。针对提高分布式账本的性能，文中提出通过纵向的扩展提升性能，主要包括：(1) 改善网络连接速度。通过增加网络带宽、改善网络通信延迟，可以减少交易信息的传播时间，更快地达成共识，从而增加系统的吞吐能力。增加网络的稳定性也有助于避免出现账本分叉的情况，避免触发数据重组等异常处理流程。(2) 通过共识算法的改进，对交易打包规模、打包间隔，针对网络状况进行适配。缩小交易打包间隔有助于加快交易确认时间，合理的间隔时间也可以提高系统的处理能力。(3) 使用硬件设备提升单点处理能力。分布式账本依赖单个记账节点的性能提升，硬件化是有效提升单节点性能的手段。通过将通用任务硬件化，以硬件提升性能瓶颈。比如对于签名和验签操作，通过外置的硬件加密机，可以突破单台服务器的性能瓶颈，实现性能的有效提升。(4) 将部分任务并发处理，比如并发验签、签名等。虽然分布式账本的每笔交易、每个节点都需要进行完整的合法性检查及后续处理，但单个节点内部仍然可以采用分布式架构，并设法将部分核心任务并发处理，以提高单个节点的处理能力，从而提高整个系统的性能。(5) 优化应用层对分布式账本的使用方式。分布式账本成本高，交易都是异步处理，和传统系统架构差异较大，因此在系统架构上可采用传统数据库技术和分布式账本结合的方式，增加分布式账本数据的本地缓存，以减轻分布式账本的负载，提高系统整体的处理能力。

总体而言，由于实际应用场景的复杂性，央行数字货币在技术方面还存在很大的优化空间。正如穆长春提到的“针对零售，至少要满足高并发需求，至少达到30万笔/秒。如果你只能达到Libra的标准1 000笔/秒，只能用于国际汇兑。如果像比特币一样做一笔交易需要等40分钟，那整个超市门口都要排长队了。”也如姚前所说的“应客观冷静看待这一新生事物，央行推出数字货币，只有在技术满足市场需求时才会更具生命力。由于中国人口多、体量大，发行法定数字货币需要循序渐进，反复推敲和测试，不断积累经验。”

综上，伴随新一代信息技术的快速发展，数字经济和数字金融成为全球经济、金融发展的新方向，而我国在数字经济、数字金融领域全球领先。与此同时，以比特币为代表的私人数字货币大量涌现，在此背景下，我国央行开启并加速数字货币的研发。从2014年开始，我国央行在全球范围内率先开启了数字货币的系统性研发工作，经过6年三个阶段的研发，目前已进入试点测试阶段。央行首先选择在深圳、苏州、雄安、成都及未来的冬奥会场景进行内部封闭测试。这些测试地区不仅有良好的金融科技基础，而且在“东西南北”四个地理方位上具有一定的区域代表性和辐射性。我国央行数字货币的总体设计主要包括制度特征和关键技术两个方面。在制度特征方面，央行数字货币具有国家信用货币、替代M0、双层投放体系、中心化管理、账户松耦合等特征。在关键技术方面，依托安全技术、交易技术、可信保障技术3个方面11项技术构建核心技术体系，采用分布式架构体系，重视区块链技术的应用。2019年姚前在《中央银行数字货币原型系统实验研究》一文中，详细阐述了央行数字货币的运行框架和技术问题。众所周知，技术瓶颈是限制央行数字货币推出的重要原因。在原型系统实验中，主要体现为分布式账本更新慢和SM2运算效率较低。放眼未来，我们认为由于实际应用场景的复杂性，央行数字货币在技术方面还需要不断优化。

第 11 章　我国央行数字货币的基础与优势

当前全球范围内数字货币出现加速发展趋势。与其他国家相比，中国央行数字货币已经取得重要进展。继 2020 年 2 月瑞典央行在全球率先开始电子克朗的测试后，我国也在深圳、苏州、雄安、成都等地进行央行数字货币测试。目前我国的央行数字货币存在哪些基础和优势？这一问题的答案关系我国央行数字货币未来能否继续保持国际领先地位。经分析可知，我国央行数字货币存在巨大的潜在用户需求，包括以中国经济总量和经济韧性为支撑的国际用户需求和数字经济引领下的国内用户需求，这些需求为我国央行数字货币未来走向世界提供了广阔舞台。另外，我国在技术供给层面、资源供给层面和政策层面的优势也为央行数字货币的发行和推广提供了大量的基础支持。

金融科技领先

新一轮科技革命和创新将各国推向同一起跑线，包括大数据、区块链、人工智能和云计算等技术在内的中国金融科技水平走在世界前列，为央行数字货币的诞生和发展提供了潜在基础。

一、金融科技决定央行数字货币成败

数字货币是金融科技的重要创新，其市场接受程度取决于包括技术架构在内的顶层设计。一般情况下，加密数字货币主要产生于以下三大需求：高效的跨国支付需求、出于隐私保护的匿名交易需求和发展中国家自主跨境支付需求（许多奇和肖凯，2020）。以上几方面均离不开底层技术支持，诞生最早的数字货币比特币正是凭借领先的拜占庭容错技术、非对称加密技术和点对点网络技术荣登"私人数字货币之王"的位置。

作为数字货币的一种，央行数字货币被视为打破不同货币之间"硬边界"的有力武器，其用户规模和用户黏性取决于用户非传统交易需求的被满足程度，因此对底层技术要求较高。并且，央行数字货币不同于私人数字货币，它依靠法定货币机构发行，受央行管控，主要依靠发行国政府而非全世界的计算机进行运算、加密。因而，相较于比特币等私人数字货币，央行数字货币在匿名性、成本控制、通用性、扩散性等方面面临更高的挑战。

综上所述，围绕金融科技的竞争是各国央行数字货币竞争中的关键环节。研究表明，依靠大数据、云计算、人工智能、区块链等最新的金融科技技术可以改变传统金融的弊端。中国央行在研发数字货币之初就重点关注以上技术对央行数字货币市场服务能力和竞争能力的贡献，具体包括对支付便捷性、体系安全性、操作灵活性、应用场景多元化和系统的高效性等方面的支持。

二、我国金融科技排名世界领先

从金融科技需求端看，中国的金融科技用户规模占比位列全球第一，强大的用户需求正在推动中国金融科技水平稳步向前。安永会计师事务所发布的《2019 全球金融科技应用指数》显示，目前全球金融科技采用率的平均水平为64%，除了印度与中国并驾齐驱，大多数市场仍远远落后于中国87%的采用率（见图11.1）。紧随其后的是南非和俄罗斯，均达到82%的采用率；荷兰则成为发达国家中金融科技采用率最高的经济体，为73%。

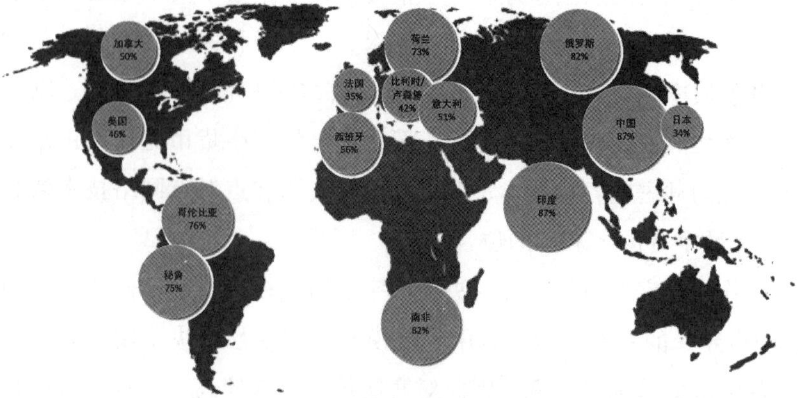

图11.1　金融科技采用率的全球分布

资料来源：安永（Ernst &Young），《2019全球金融科技应用指数》。

市场用户对央行数字货币底层技术的信赖程度和接受程度是其未来成功推行的重要保证。据调查，87%的中国受访者如今已经在使用一项或多项金融科技服务，有99.5%的受访者知道一些线上App可以用来汇款、进行移动支付和非银行汇款。对中国中小企业的调查也得出类似事实：工作中的在线App已在处理稳步增长的企业支付、借款和投资业务。

从金融科技供给端来看，中国在全球中的位置虽没有像用户规模一样遥遥领先，但排名仍较为靠前。截至2019年8月10日，已有46家金融科技创业公司加入了全球独角兽俱乐部，估值达到10亿美元，甚至更高。其中，美国有22家独角兽企业，在数量上遥遥领先于美国以外的地区，其次是英国，紧接着是中国。在中国的金融科技投资中，2018年蚂蚁金服获得了140亿美元融资，成为中国以及全球金融科技融资案例中金额最高的一例，投资方包括泛大西洋资本集团、华平投资、新加坡政府投资公司、红杉资本、银湖投资、淡马锡、T. Rowe Price 旗下基金和春华资本等。在累计的四轮融资中，蚂蚁金服共募集资金 190 亿美元，成为资金最充足的公司。当前中国的金融科技已经完成信息化、数字化阶段，正在进入智能化阶段，更多先进的金融科技运用于传统金融业务的上、中、下游各个节点，大幅提升了金融服务效率，扩大了金融服务边界。

图 11.2 全球金融服务/金融科技独角兽图谱

资料来源：亿欧智库、CB Insights，《2019 年全球独角兽俱乐部名单》。

由于不预设路线，因此中国央行数字货币的研发涉及多种不同技术，并且会随着用户需求和发展目标的变化融入更多技术。目前为了保证用户的信息安全和运行的高效率，我国央行数字货币研发过程中吸收了互联网和区块链的最新技术成果，包括加密技术、隐私保护技术、身份认证、账本技术、数字钱包技术等。

区块链技术目前主要涉及四个领域：一是提供共识机制芯片的半导体企业，二是以太坊、Hyperledger Fabric 等开源区块链框架，三是蚂蚁金服、平安、腾讯、万向等区块链平台，四是提供基于区块链服务或软件解决方案的企业（黄乐平和王瑶平，2019）。国内企业中，蚂蚁金服、中国平安、腾讯、华为、万向等公司的区块链平台技术在全球占有重要地位，且在资产交易、清结算、跨境支付、电子票据等领域中也有一批优秀的初创企业参与其中。

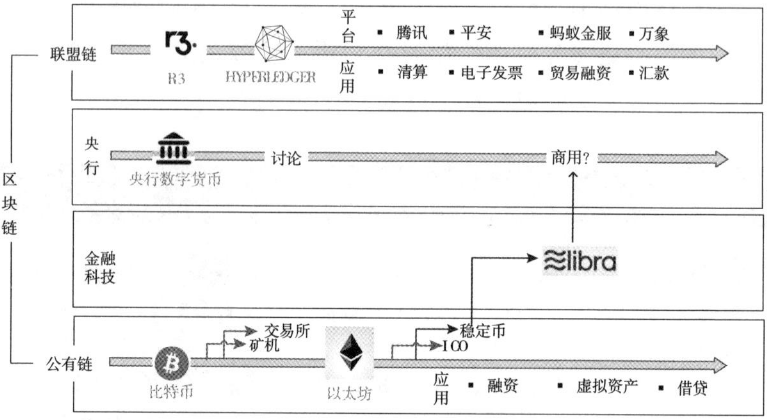

图 11.3　区块链的应用及发展

资料来源：中金公司研究部，*Libra*，*R3*，*Hyperledger*。

2018 年 2 月，IPRdaily 联合 incoPat 创新指数研究中心发布的《2017 年全球企业区块链发明专利排行榜》引起业内轰动。榜单显示，在前 100 名企业中，中国入榜的企业占比达到 49%，阿里巴巴集团以全球专利总量 49 件排名第一。《2018 年全球企业区块链发明专利排行榜》显示，阿里巴巴集团以 90 项申请公开专利数量再次夺冠，较 2017 年足足增加了 41 件。《2019 年全球企业区块链发明专利排行榜》显示，中国在区块链发明专利数量上再创新高，占比 63%，美国占比 19%，日本占比 7%（见图 11.4）。其中阿里巴巴集团以 1 005 件专利位列第一，中国平安以 464 件专利排名第二。

中国央行凭借领先的金融科技推动央行数字货币快速落地。截至 2020 年 5 月，中国央行数字货币研究所申请了 80 多项有关数字货币的专利，涉及数字货币的生成、投放、流通、验证、兑换和回收等解决方案；数字钱包的开通、升级、密钥更换、存币、支付、查询、货币兑换、注销等方法和系统。2020 年 4 月，中国人民银行数字货币研究所与商汤科技签署合作协议，双方主要围绕金融科技领域的人工智能创新研究和应用开发等方面展开合作。

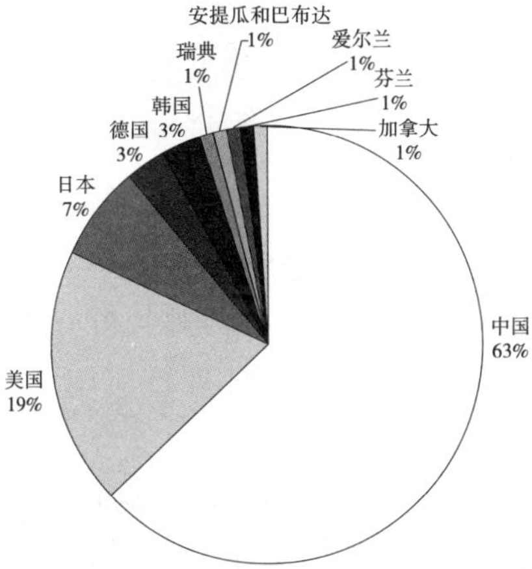

图 11.4 《2019 年全球企业区块链发明专利排行榜》入榜企业国别/地区分布

中国之所以能够成为全球金融科技的引领者，原因在于两方面：一是传统科技在中国金融行业的应用有限，金融机构服务同质化严重，信用卡等技术的用户渗入程度不足，致使金融科技的发展阻力较小；二是得益于中国强大且无处不在的电商与社交媒体平台，金融科技服务现已完全融入中国消费者的生活。

数字基础和网络设施先进

根据中国金融学会会长、中国人民银行原行长周小川的解释，数字货币的初衷是试图解决全球金融基础设施特别是跨境支付方面的短板，希望通过新的科技手段提高效率、减少障碍。通过对央行数字货币的职能、目标、特点进行分析可以发现，央行数字货币作为各国金融基础设施构建的一部分，能否成功实施还依赖于其他基础设施的建设。因此，构建高水平的数字货币体系需要依托一国丰富的底层数据资源，强大的软硬件设备和5G通信网络等领域的研发能力。在此方面，我国具有先发优势。

一、丰富的底层数据资源

利用大数据，央行及其授权的政府机关可以直接对客户的交易行为进行分析，对事件进行事前预警和事后追责，保障数字货币交易安全、规避违法行为，并对央行实施宏观审慎监管提供依据。

中国的经济规模决定了中国具有巨大的数据资源优势。工业和信息化部通信发展司副司长陈家春表示，近年来，中国数据总量正在以年均50%的速度增长，预计到2020年将占全球的21%，中国正在成为真正的数据资源大国，这为大数据产业的发展提供了坚实的基础。与此同时，中国大数据资源的开发仍有巨大潜力。据中国通信企业协会副会长苗建华介绍，中国目前70%的数据集中在政府部门，然而考虑到安全因素，此部分数据还远未做到完全开放。因此，中国的大数据资源仍有待进一步开发和利用，市场空间巨大。

总而言之，中国的大数据产业及其发展环境正在逐步成熟，大型数据中心正在向绿色化、集约化发展，各类社会资本也开始关注大数据产业，良性的大数据发展环境正在形成。

二、强大的软硬件设备研发

本质上，数字货币是一组加密数据，通过电子钱包来保存和管理，而电子钱包可以下载并安装在任何支持数字货币的智能手机、电脑、智能手表或其他具有通信功能的电子设备上。因此，设备的功能、造价对数字货币的普及和运营成本具有决定性作用。

中国通信设备产业不仅拥有完备的产品体系，而且龙头企业崛起，围绕整机硬件集成和多元化发展策略形成较强竞争力。中国通信设备产业横跨底层技术，实施纵贯端、管、云的一体化产业布局，能够提供即时响应服务和高性价比产品。华为和中兴作为国内主要的通信设备商，其提供的综合服务和市场份额占比达到80%以上。中国通信设备制造产业凭借综合制造优势，把握贸易分工协作机遇，在不断优化的发展环境中提高制造能力，积攒价格竞争优势，带动手机、个人电脑和可穿戴设备等国产电子产品跻身全球前列。

三、先进的通信网络基础

先进的通信网络基础是数字货币得以发展的重要保障，尤其在5G时代到来后，数字货币系统中的转账交易速度将会更快，各类App的稳定性也将得到质的提升，数字货币系统每秒钟处理的业务数量将得到大幅提升，甚至将达到“百万级TPS”。

当前，中国拥有规模超前的移动通信网络基础设施。2019年6月，国内5G商用牌照发放，这标志着从制定标准、研发、网络基础设施技术、建立产业链到参与重点应用场景等方面，中国已是5G发展过程中的领先者。与此同时，中国的通信行业还形成了巨大的客户基础。早在2017年，中国移动支付交易规模已超81万亿元，位居全球之首。截至2019年6月，中国手机网民规模达8.47亿，网民使用手机上网的比例为99.1%，用户月均使用移动流量达7.2GB，为全球平均水平的1.2倍。

2019年2月，习近平总书记在中共中央政治局第十三次集体学习时强调，“要加快金融市场基础设施建设，稳步推进金融业关键信息基础设施国产化”。安全、高效、开放的金融基础设施，将对中国金融市场发展和金融业对外开放起到重要的支撑作用。总体来看，中国已经形成了从底层数据资源、支持支付功能的软硬件设施和通信网络一体化的基础设施体系，一方面保证了中国央行数字货币的安全性和可用性，另一方面也为中国央行数字货币长远发展提供了重要支撑。

政策环境开放

疫情之下，我国央行数字货币成为世界各主要经济体关注的焦点。美国《财富》杂志发文称，中国正在远距离赢得数字货币之战，如果美国不能很快赶上，它将输掉这场战争。美国有线电视新闻网 CNN－News 18 频道则写道，随着世界经济危机在新冠病毒下的卷土重来，中国成功启动的数字货币试验已经超越了美国。在央行数字货币方面，美国媒体如此不自信，很大一部分原因来自中美政府对待央行数字货币政策和态度的差异。

一、政府在数字货币竞争中具有重要作用

政府在一国货币发行过程中的重要性永远无法被替代。不同于传统货币的区域性特征，央行数字货币更多被视为具有跨国性质的“全球”货币，然而当前并不存在可以协调各国货币运行的“全球”央行。从立法角度看，各国央行主要为本国经济服务，并没有义务考虑政策溢出对其他国家的影响。因此，一旦数字货币在全球范围内兴起，跨境支付效率虽然大幅提升，但与此同时也将带来全球央行之间的协调、金融制裁的滥用与反制等问题。如果中国能够占领先机，至少可以保证自身利益不受侵害。在这个过程中，政府能够发挥主导作用。

除此之外，政府还将影响本国央行数字货币对经济作用的发挥。“数字货币发展的基本原则是：胜者为王，谁足够有远见，谁就能成为准垄断者。一方面，使用的人越多，各种数字功能的互联网优势就越容易显现；另一方面，数字服务顾客数量的增加通常不会带来成本的增加，因此拥有的客户越多，分摊在每件商品或客户

上的生产成本就越低。数字货币几乎可以零成本生产并进行国际分销。对潜在用户来说，其他人使用该货币越多，其价值就越大。”①

因此，政府是否会在适宜的时点及时颁布政策推进研发进程，关系到央行数字货币的未来走向。

二、我国政府高度重视并积极推动央行数字货币

我国政府在推行央行数字货币研发方面，眼光长远，较其他国家先行一步，并且相关政策前后始终保持一致，为央行数字货币的研发争取了时间。就目前情况来看，已有政策大幅加速我国央行数字货币的落地速度，提升了相关机构的运作效率，为我国企业和社会经济的发展提供了良机。

除此之外，我国央行数字货币在技术方面之所以能够领跑世界，还在于政府对私人技术的重视。观察当前形势可知，私人数字货币与央行数字货币的研发分别代表了私营部门的创新和公共部门的创新两种模式。其中，公共部门有资源和信用上的优势，但创新动力和能力不足；而私营部门的创新动力和能力较强，公共精神却略显不足。在我国央行数字货币推动过程中，既要保证政府信用强力支撑，又要技术创新足够充分；既要支持科技的发展，又要防范出现系统性漏洞。

从设计原则上看，为达到初始目标，央行数字货币支付体系应该具有很强的安全性、可得性、可扩展性、合规性、私密性，以及足够的修复能力，唯有政府能够严格执行这些要求。同时，为了吸引大量市场用户使用央行数字货币，这一支付体系还必须是快捷、高效、透明、易于使用和具有丰富内涵的，在互通性和延展性方面应留有足够空间，这就要求研发过程中适时引入竞争机制并鼓励创新，在此方面，私营系统相对于中央银行等政府机构更具比较优势。

---

① ［德］诺伯特·海林：《新货币战争》，寇瑛译，中信出版社2020年版。

因此，我国央行在保证自身主导地位不受破坏的情况下，允许商业机构，包括商业银行、互联网公司和电信运营商共同加入并分布式研发，试点数字货币系统。以上制度保证了在同一时点上，不同体系的技术可以并向发展，相互竞争、优胜劣汰；在不同时点上，整体设计具有形势转化的前瞻性，必要时能够及时以新技术代替旧技术。

三、我国央行数字货币的政策优势

Electric Capital 的联合创始人阿维哈尔·加格（Avichal Garg）认为，由于技术研发、市场整合资源有限等原因，美国短时期内无法开发出类似中国数字人民币的产品，即使可以，周期也会更长，阻碍也将更多，除非美国拥有像中国一样的“权威政府”。从当前各国央行商定的标准看，西方央行倾向于将央行发行的数字货币和现存的商业化加密数字货币共存于市场，这也意味着未来以比特币为代表的加密数字货币将会获得更大空间。

就目前来看，国际层面能够与中国央行数字货币相抗衡的最大对手是脸书推出的 Libra，至少在当前技术层面和未来支付市场层面上如此。Libra 拥有全球 27 亿脸书用户和全球商业生态系统，足以对部分国家的支付体系形成威胁。

通过对 Libra 白皮书 2. 0 的分析，可以发现相比于 Libra，我国央行数字货币目前至少存在以下两点优势。

第一，拥有强大的主权信用支撑。从信用货币的历史特征看，货币的发行人和授信人应当为同一主体，而 Libra 并不符合这一特征。Libra 的发行人是私人部门 Libra 协会，而授信者缺失，信用完全挂钩于一篮子货币或若干种单一主权货币。由此，尽管 Libra 拥有巨大的潜在使用人数，但其本质上是各国法定货币的衍生物，缺乏国家主权背书，仅靠 Libra 协会运作储备金机制和审计机制，难以保证不存在信用风险。

第二，监督成本更低，运行效率更高。正式发行之后，中国央行数字货币仍能够作为主权货币被纳入传统货币体系中运行，转换成本较低。而 Libra 则完全由脱离于主权货币发行体系之外的 Libra 协会运作。虽然计划实行 100% 准备金制度，但准备金的托管机制仍保留在私营机构内部，因此监督成本更高，对全球货币体系影响的不确定性更强。

迄今为止，货币主权一直是各国政府重要的权力要素，因此 Libra 能将多少分布在世界各地的脸书用户收入“囊中”，还有待讨论。而中国央行数字货币在政府的引领下，拥有稳定的国内用户基础。依赖于技术的远见和数字经济环境的积累，中国央行数字货币当前暂时领先于其他数字货币的发展进程，如若能加强设计，利用制度优势更好地体现其安全性、公平性，便能在未来全球数字货币中占有一席之地，引领世界各国央行数字货币向前发展。

数字经济发展迅猛

党的十九大报告指出：“推动互联网、大数据、人工智能和实体经济深度融合，在中高端消费、创新引领、绿色低碳、共享经济、现代供应链、人力资本服务等领域培育新增长点、形成新动能。”在相关政策支持下，近年来中国数字经济发展迅速，强大的国内使用需求是央行数字货币成功运行的“土壤”。目前国内 M0 规模 8.3 万亿元（增速逐年下降至 5% 以内），作为 M0 的部分替代，预计央行数字货币投放量将在万亿规模。如果这万亿规模的央行数字货币能够如愿在社会体系中成功流转，很大程度上要归功于中国近年来积累的数字经济基础。

一、经济数字化为央行数字货币提供生存沃土

中国信通院的研究报告显示，我国数字经济规模仅次于美国，连续位居世界第二，增速连续三年世界第一，2019 年我国数字经济总量达到 35.8 万亿元，占 GDP 比重超过 1/3，达到 36.2%，预计 2025 年我国数字经济规模可达 60 万亿元。如此规模的数字经济不仅为央行数字货币培养了潜在用户基础，而且打造出了丰富的使用场景。相对于大多数国家，中国当前对央行数字货币的内部需求更强，为其成功运行提供了保障。

我国网上零售交易额近年来以 40% 以上的速度快速增长，我国的消费者通过手机或电脑几分钟便可以完成衣食住行等一切商业活动的“订单”。国家统计局 2020 年 1 月 17 日发布的数据显示，中国 2019 年全年社会消费品零售总额 411 649 亿元，比上年增长 8.0%。其中，全年全国网上零售额 106 324 亿元，比上年增长 16.5%。实物商品网上零售额 85 239 亿元，增长 19.5%，占社会消费品零售总额的比重为 20.7%，比上年提高 2.3 个百分点。

犹如雨后春笋般的各种网络交易平台推动着数字经济的爆发式发展。福布斯推出的 2019 年全球数字经济 100 强榜单，我国以 14 家上榜企业数量位列第二，而包括阿里巴巴，腾讯、百度、小米等在内的入选企业无不都是得益于拥有强大的网络交易平台。网络交易平台产生了海量的交易行为，而无时无刻不在进行的交易成为数字经济发展的原动力。在网络平台、云计算、大数据等技术的支持下，中国从互联网的后来者，成为今天的数字经济领先者，“互联网 +”在经济生活领域中变得无所不在，不断为央行数字货币的发行和支付奠定新的基础。

除了应用场景的搭建，在支付结算中发挥的实际作用也是决定央行数字货币未来成败的关键，这一点从区块链在实际应用的效果中可窥知一二。当前全球已有的数字货币大多基于区块链技术产

生。据麦肯锡测算，在全球范围内，区块链技术在供应链金融业务中的应用能帮助银行和贸易融资企业大幅降低成本，其中银行的运营成本一年能缩减约135亿~150亿美元、风险成本缩减11亿~16亿美元，买卖双方企业一年预计也能降低资金成本约11亿~13亿美元及运营成本16亿~21亿美元。除此之外，由于交易效率的提升，整体贸易融资渠道更畅通，对交易双方收入的提升亦有帮助。我国央行数字货币虽然并未完全依附于区块链技术进行设计，但在追求高效、便捷、安全等方面目标一致，在票据与供应链金融业务中能够发挥减少人为介入，降低成本及操作风险等作用。

二、资本市场或成为央行数字货币应用的重要着力点

从发行背景和机制设计上看，中国政府希望央行数字货币能够应用于全球范围，很大一部分初衷来自对资本市场上的控制需求。一旦央行数字货币用于资本市场，政府便能通过其支付平台更容易地追踪和控制资金进出，有助于监测洗钱和其他非法活动。因此，政府政策未来倾向于引领央行数字货币走向资本市场。

从市场需求看，数字经济背景下，一切经济活动都在尽可能多地向数字化、智能化靠拢，资本的运作也是如此，最简单的例子就是"智能投顾"产业的兴起。当投资的决策过程数字化之后，投资的交易过程自然而然就需要数字化，未来这一方面可能会由数字货币进行补足。根据瑞士信贷《2019年全球财富报告》显示，截至2019年年中，我国有1亿人财富名列全球前10%，首次超过美国的9 900万人。高净值人群数量的急剧增长直接带来了资产管理行业的兴起。据统计，截至2019年底，公募基金管理机构管理公募基金6 544只，份额13.7万亿份，规模约14.8万亿元。相比于消费中的支付结算，投资带来的资金交易数额往往更大，流程也更加复杂，因此更有可能激发民众使用央行数字

货币的意愿。

除此之外，近年来我国资本账户逐渐放开，未来我国证券市场将成为资金高速流转的聚集地。将央行数字货币应用于证券投资领域中能获得三大优势：第一，能大幅度减少证券交易成本，使证券交易的流程更简洁、透明、快速，减少信息的重复传递，降低操作风险，提高市场运转的效率。第二，可准确实时记录交易者的身份、交易量等关键信息，有利于证券发行者和监管部门更快速清晰地了解股权结构，提升商业决策效率；可追踪的电子记录同时减少了暗箱操作、内幕交易的可能性，有利于证券发行者和监管部门维护市场。第三，与人民币国际化路径相配合，便于投资者进行跨国投资，利用全球资本市场进行风险对冲和财富管理。以上三点足以构成未来在投资领域拓展央行数字货币应用的契机。

三、滴滴出行等数字经济场景助力央行数字货币落地

2020 年 5 月，中国人民银行行长易纲在“两会”期间就重点问题接受媒体采访时表示，数字人民币将先行在深圳、苏州、雄安、成都及未来的冬奥会场景进行内部封闭式测试，以检验理论可靠性、系统稳定性、功能可用性、流程便捷性、场景适用性和风险可控性。2020 年 7 月 8 日，中国人民银行数字货币研究所与滴滴出行正式达成战略合作协议，央行数字货币研究所与拥有个人用户端业务场景的互联网公司达成合作标志着央行数字在零售端进行探索。滴滴出行拥有 5.5 亿用户，提供出租车、快车、优享、专车、豪华车、公交、代驾、共享单车、租车等多元化的出行和运输服务。除此之外，哔哩哔哩、字节跳动等公司与银行也在积极参与 DC/EP 的落地。随着测试的不断推进，央行数字货币的落地将对未来经济社会生活带来巨大变革。

有利的国际经贸环境

国家信用是央行数字货币作为法定货币存在的基础，而一国经济的基本面和金融体系的稳定性是决定国家信用高低最重要的因素。因此，本节将从国际视角探讨我国贸易规模和未来国内外经济形势对我国央行数字货币发行的潜在基础和优势。

按照美国商务部普查局公布的数据，2019 年全年美国的对外货物贸易总额为 42 139.98 亿美元，同比下降 1.5%。其中，对外出口商品总额为 16 455.27 亿美元，同比下降 1.2%；进口商品总额为 25 684.71 亿美元，同比下降 1.7%。而据中国海关总署统计，我国 2019 年全年外贸总额为 45 761.26 亿美元，比上年增长 3.4%，继续超过美国位居全球第一。其中，对外出口为 24 990.29 亿美元，依然是全球最大商品出口国；进口商品总额为 20 770.97 亿美元，仅次于美国，为全球第二大商品进口国。

虽然中国目前是世界第二大经济体，且国际贸易总额位居全球第一，但人民币在国际上的使用比例仍旧很低。截至 2019 年，人民币在国际贸易结算中的份额占比是 2.15%，在各国外汇储备中的份额占比是 1.97%。相比之下，美元所占份额分别是 41%（结算）和 62%（储备），欧元为 31% 和 20%，日元为 2.16% 和 4.97%，英镑为 7.8% 和 4.5%。人民币排名第五，其国际支付占比与第一、第二的差距较大。

综合以上情况看，我国外贸总额与人民币使用占比之间的巨大落差虽反映了传统人民币在国际化进程中的不足，但也预示着我国央行数字货币未来的全球推广存在巨大空间，央行数字货币极有可能凭借巨大的贸易需求和强大的国家经济实力迅速走向世界。

一、“一带一路”倡议助力央行数字货币走出国门

自2013年习近平总书记提出共建“丝绸之路经济带”和“21世纪海上丝绸之路”（以下简称“一带一路”）的重大倡议以来，“一带一路”建设从无到有、由点及面，进度和成果超出预期。截至2019年，“一带一路”倡议互联互通架构基本形成，一大批重大合作项目落地生根。我国与沿线国家新增航线1 239条，占新开通国际航线总量的69.1%；中欧班列已联通亚欧大陆16个国家的108个城市，累计开行1.3万列；中缅油气管道、中泰昆曼公路全线贯通，中老铁路、中泰铁路稳步推进。世界银行最新的研究报告显示：“一带一路”倡议建设前后，全球运输的时间平均减少1.2%~2.5%，贸易总成本降低1.1%~2.2%，“一带一路”倡议参与经济体运输时间和贸易成本分别降低1.7%~3.2%和1.5%~2.8%。中国同“一带一路”沿线国家贸易总额超过6万亿美元，对“一带一路”沿线国家直接投资900亿美元，为各国提供了更良好的营商环境、更便利的生活条件、更多样的发展机遇，“一带一路”倡议正成长为推动世界经济和贸易增长的重要引擎。从实施效果看，“一带一路”倡议有力助推了全球跨境贸易的增长，未来有望通过“一带一路”倡议为中国央行数字货币进行跨境支付架桥铺路。

据了解，目前“一带一路”沿线贸易主要依赖美元进行跨境支付结算，结算效率低下。相比传统货币支付，央行数字货币支付具有明显优势。根据蒋国庆和彭枫（2018）关于新兴技术驱动的信息清算模式（NGSN）的设计，在现有国际结算体系下引入央行数字货币，能够实现数字货币信息流和资金流的合一，有助于打通数字货币回笼机制，并且由于引入了中央对手方，结算机制也会更加灵活，最终可提高结算效率、简化业务流程、消除业务风险。

除了技术上的优势，客观环境也决定了中国央行数字货币发行

未来能够与“一带一路”倡议的经济建设达成共识。首先，亚洲以及“一带一路”沿线65个国家，人口占世界的63%，是全球经济发展最快、国际贸易规模最大的地区，但结算和投资的国际货币高度依赖美元。一旦美国爆发金融危机，将很容易传递到亚洲地区，诱发亚洲金融风暴。因此，亚洲对使用本国货币或多种货币支付和投资有着极大需求。其次，亚洲尤其是“一带一路”沿线国家作为新兴经济体，基础设施等长期限头寸需求旺盛，而国际资本流入往往具有短期性。如果出现一种国际货币，既能满足其长期投资需求，又可以打破美元垄断带来的外汇风险，便会被这些国家广为接受。最后，中国作为亚洲第一大贸易体，与亚洲地区国家建立了广泛的贸易伙伴关系，而中国在这一地区的贸易又常年处于逆差状态，这为央行数字货币在亚洲地区的使用提供了有利契机。

二、“去美元化”为央行数字货币提供发展契机

数字货币之所以迅速崛起，是因为全球现有的信用纸币发行制度下，货币超发是一个严重的痼疾。据统计，在全球原油、黄金、农产品等大宗商品交易中，美元结算的比例超过了40%，这直接导致美国货币霸权地位的产生。一旦出现全球经济危机或者美国境内的金融动荡，美国政府总能通过超发货币将经济损失转移给其他国家。截至2020年4月15日，美国中央银行资产负债表已增至创纪录的6.42万亿美元。美元的滥发，已经对新兴市场国家造成了巨大冲击，令越来越多的穷人供养美国富人。

除了伊朗、委内瑞拉、印度、越南、土耳其等亚洲国家，俄罗斯、德国、法国等欧洲国家目前也纷纷走向去美元化战略。未来若能有一种数字货币帮助其他国家绕开美国SWIFT系统，便有望成为新的世界货币。从综合实力看，中国作为世界第二大经济体和第一人口大国，是目前唯一能够与美国相匹敌的国家。人民币虽然在国际支付上占比不高，但数字货币为全球货币竞争提供了全新赛

道，中国央行数字货币完全可以绕开历史形成的客观障碍，引领人民币与美元在国际舞台上相抗衡。

三、我国央行数字货币顺应各国外汇储备需求

新冠疫情的暴发如同多米诺骨牌，不仅揭示了全球公共卫生安全体系的重大缺陷，也暴露了以美国为主的各国金融体系的脆弱。在恐慌情绪的影响下，全球金融市场接连动荡，促使各国央行采取前所未有的货币刺激措施，竞争性货币贬值的恶性循环也将随之而来。美国《财富》杂志认为，新冠疫情造成的紧张局势将刺激人们对国际金融体系变革的需求，并将考验人们对美元作为全球储备货币的信心。其他货币发行者（包括政府和新型的非国有货币提供商）均有机会采取行动弥补这一缺口，他们将夺走美元在国际贸易和金融交易中的主导地位。

疫情之下，我国率先控制疫情实现复工复产并恢复强大的内需潜力，这将是我国经济继续领先全球增长的保证。根据 IMF 的最新预测，2021 年我国的经济增长率将高达 9.2%，领跑全球。疫情之后，全球金融定价格局和美元的主权货币地位或将迎来转变，人民币有望成为各国追逐和避险的金融工具。

据统计，2020 年 1 月，已有多个国家的央行增持人民币债券。其中，俄罗斯央行从美元储备中提取资金重新分配，将人民币份额从 1% 提高到 14.7%；英国央行方面表示，随着经贸关系的转变，可能会出现其他储备货币，如人民币。值得一提的是，在发达经济体中，继德法于 2018 年相继将人民币纳入储备货币后，日本央行也正在加大向人民币资产的靠近力度。除与中国央行签订本币互换协议外，日本外务省数据显示，2018 年以来，日本投资者对人民币债券的投资规模屡创新高。整体来看，自 2015 年 IMF 宣布批准人民币加入 SDR 之后，人民币在国际货币体系中的地位不断攀升。目前地位仅次于美元、欧元、日元，为第四大货币。

四、我国央行数字货币与外资引进齐头并进

吸引外商对华投资，加大人民币回流速度，是推动我国央行数字货币被世界广泛接受的重要抓手。反之，我国央行数字货币的推出也能为国际投资者降低来华投资的门槛，减少交易摩擦。

我国政府当前致力于改善营商环境，降低投资门槛，以吸引外资入华，进而发展本国经济，提高本国科技创新水平。2019 年我国被世界银行评为营商环境改善幅度最大的国家。根据中国证监会公告，2020 年 1 月 1 日起取消期货公司外资股比限制，4 月 1 日起取消证券公司、基金管理公司和期货公司外资股比限制。另外，根据环球网 6 月 18 日的报道，为进一步吸引外资，我国将重新修订外资管理条例。根据修订意见，未来中国将大幅降低外资的投资门槛。由此观之，一旦该修订意见通过，预计将会有更多外资以央行数字货币的形式流入中国市场。

另外，我国近年来不断提出的经济转型和产业升级政策①也在有力地推动国内企业创新能力和资本回报率的提升，进一步提高了中国在国际资本市场上的话语权，为中国央行数字货币成功迈入国际资本市场奠定了基础。长期以来，由于中美两国的经济结构不同，导致两国长期在全球经济、贸易中的地位也产生了较大差异。其中，美国经济主要以服务业为主，仅保留低耗能、高利润的中高端制造业，将大量中低端制造业转移出去。而中国早期中低端制造业占比较大，结构的不平衡导致了人民币长期在国际贸易中处于不利地位，目前这种不平衡的贸易地位正在得以改善。

① 党的十八大提出了“实施创新驱动发展战略”，将科技创新摆在国家发展全局的核心位置上。2016 年 5 月，中共中央印发了《国家创新驱动发展战略纲要》，纲要要求必须依靠创新驱动打造发展新引擎，培育新的经济增长点，持续提升中国经济发展的质量和效益，开辟中国发展的新空间，实现经济保持中高速增长和产业迈向中高端水平“双目标”。

按照联合国贸发会议发布的报告，2019 年全球外商投资总额约为 1.39 万亿美元。其中，美国仍是全球吸引外资最多的国家，预计为 2 510 亿美元。中国继续排名第二，为发展中国家吸引外资最多的国家，总量约为 1 400 亿美元。自 2020 年新冠疫情被控制后，中国的经济活力逐渐恢复，从外资流入的变化也可以看出中国对外资的吸引力正在加强。官方数据显示，2020 年前 5 个月，全国实际使用外资高达 3 551.8 亿元人民币。截至 2020 年 6 月上旬，中国内地人民币计价公司债的发行额高达 5.7 万亿元，同比大增 40%，而外币计价公司债发行规模却仅为 270 多亿美元。未来有望通过央行数字货币带动中国资本市场发展，中国央行数字货币也会在国际投资领域开辟出新的路径。

第 12 章　我国央行数字货币面临的问题与风险

央行数字货币是数字时代的全新货币形态，将对人们的经济生活产生重要影响，伴随我国央行数字货币试点、测试的推广，面临的问题与风险也浮出水面。本章主要从法律依据、运作体制、金融系统和宏观环境四个方面讨论了央行数字货币面临的问题和风险。

在法律依据层面，目前法律法规仍局限于传统的纸币、硬币等实物货币形态。目前，中国人民银行已经启动了修法程序，2020 年 10 月 23 日，央行发布了《中华人民共和国中国人民银行法（修订草案征求意见稿）》并公开征求意见，将数字形式纳入了人民币的定义范畴。但央行数字货币的具体定义、运作规范、监管框架尚未有法律法规出台。在正式发行央行数字货币之前，需要完成法律法规的修订工作，将央行数字货币的底层运作规范、反假币、反洗钱机制等监管框架以法律法规的形式确定下来。

在运作体制层面，存在三方面问题：（1）技术问题，第一是区块链技术的并发处理能力和效率较低，央行数字货币的技术路线选择尚未确立；第二是系统安全性、稳定性问题；第三是在双离线支付场景中，交易结果不能即时查验，伪造、重复花费数字货币等问题将更加突出。（2）配套金融基础设施建设问题，央行数字货币的硬件、软件基础设施建设任重道远。（3）个人隐私保护问题，央行数字货币的个人隐私保护程度低于现金，高于银行账户交易和第三方支付交易，但用户仍可能对央行掌控用户信息、个人隐私信息外泄等潜在问题心存疑虑。

在金融体系层面，首先，由央行背书的央行数字货币的信用等级高于商业银行存款货币，可能对商业银行存款产生挤出效应，造成“脱媒”问题，也可能导致商业银行资金成本下降、支付清算业务收入下降。其次，央行数字货币也会对第三方支付带来竞争效应，而且央行数字货币对个人隐私保护的更高要求，也会给第三方支付平台基于用户大数据提供的增值服务带来困难。

在宏观环境层面，首先，央行数字货币衍生的新型金融业态，可能对现有金融稳定与监管体系构成挑战。其次，我国央行数字货币的进展已经引起国际社会的广泛关注，未来将面对美国等西方发达国家数字货币的激烈竞赛。而且，在中美摩擦不断的大背景下，我国央行数字货币的发行也可能遭到美国政府的狙击。央行数字货币能否被海外交易对手广泛接受，还有待实践的检验。

法律层面的问题与挑战

一、央行数字货币的法定货币地位缺乏法律支撑

货币发行权是国家主权的重要组成部分，国家有权根据具体条件和需要，决定主币和辅币的面值、种类、数额和发行程序。《中国人民银行法》将“发行人民币，管理人民币流通”的权力赋予中国人民银行，我国央行有权发行和管理各类形态的人民币。但目前法律规定的货币，局限于传统的纸币、硬币等货币形态。例如，《中国人民银行法》第十八条规定，“人民币由中国人民银行统一印制、发行。中国人民银行发行新版人民币，应当将发行时间、面额、图案、式样、规格予以公告。”另外，《中华人民共和国人民币管理条例》（以下简称《人民币管理条例》）第二条规定，“本条例

所称人民币，是指中国人民银行依法发行的货币，包括纸币和硬币”。显而易见，数字货币没有“纸币”或“硬币”形态，其货币地位缺乏法律支撑，需要在立法层面予以确认。

目前，中国人民银行已经启动了修法程序，2020 年 10 月 23 日晚，央行发布了《中华人民共和国中国人民银行法（修订草案征求意见稿)》并公开征求意见。其中，第三章第十九条规定：“人民币包括实物形式和数字形式”，这将为发行数字货币提供法律依据，但数字形式的定义、具体形态尚不明确。

二、央行数字货币的法偿性地位可能遭受挑战

作为我国的法定货币，人民币具有法偿性。《中国人民银行法》第十六条规定，“中华人民共和国的法定货币是人民币，以人民币支付中华人民共和国境内的一切公共的和私人的债务，任何单位和个人不得拒收”，该法条明确了人民币的法偿性。央行数字货币归入法定货币范畴之后，也应具有法偿性。但是，在现实实践中，央行数字货币交易需要有设备、网络等技术条件的支持。如果交易一方缺乏这些技术条件，尤其在偏远地区、经济落后地区，可能会发生拒收央行数字货币的现象，影响法定货币的法偿性地位。因此，在立法过程中，还需要考虑有可能发生的拒收事件，对一些特殊情况做例外处理。

三、数字货币的反假币和反洗钱问题

货币犯罪中最突出的两个问题是假币问题和洗钱问题。现行的《中国人民银行法》《人民币管理条例》《中国人民银行假币收缴、鉴定管理办法》等相关法律法规规定了反假币机制。《中国人民银行法》第十八条规定：“禁止伪造、变造人民币。禁止出售、购买伪造、变造的人民币。禁止运输、持有、使用伪造、变造的人民币。”根据《中国人民银行假币收缴、鉴定管理办法》，“伪造的货

币是指仿照真币的图案、形状、色彩等，采用各种手段制作的假币。变造的货币是指在真币的基础上，利用挖补、揭层、涂改、拼凑、移位、重印等多种方法制作，改变真币原形态的假币。”当金融机构发现假币时，“由该金融机构两名以上业务人员当面予以收缴。对假人民币纸币，应当面加盖‘假币’字样的戳记”。可以看到，目前法律法规中假币的定义、反假币机制针对的是传统货币形态——纸币和硬币，但不适用于数字货币的造假形式。

2020 年，我国尚未正式推出央行数字货币，但在多地进行了试点。同年 10 月，深圳市人民政府联合央行向个人发放 5 万个数字人民币红包，每个红包金额为 200 元，总金额 1 000 万元。在此背景下，市场上就已出现了假冒的数字人民币钱包，有个别机构冒用央行名义，将相关数字产品冠以“DC/EP”或“DCEP”，并在数字资产交易平台上进行交易。可以看到，数字货币的造假与传统货币造假机制存在很大不同，更可能是造假者在网络世界冒用央行名义，以攻击央行数字货币认证登记系统或者破解数字货币算法等技术手段来实现（刘向民，2016）。2020 年 10 月 23 日发布的《中华人民共和国中国人民银行法（修订草案征求意见稿）》第三章第二十二条规定，“任何单位和个人不得制作、发售代币票券和数字代币，以代替人民币在市场上流通”，但尚未说明数字货币造假的形式和相应的惩罚机制。

在反洗钱方面，未来央行发行法定数字货币将会使现有的反洗钱监管运作机制面临新的挑战。根据法律规定，当前负责反洗钱具体工作的主要是商业银行、证券公司、信托公司等金融机构，由银保监会、证监会监管，但今后央行发行法定数字货币，其交易结算不通过这些金融机构，因此反洗钱的主要工作将从商业银行转移至央行。另外，目前的反洗钱程序、身份识别机制主要针对传统的汇款、现钞兑换、票据兑付等业务，而数字货币具有匿名性、便携性、可实现点对点支付，都会对传统的反洗钱机制带来挑战。

因此，在正式发行央行数字货币之前，也应完善相关法律，扩张“伪造、变造人民币”的定义，将伪造数字货币的行为也纳入进来，并确立新的反假币、反洗钱机制。

四、央行数字货币的发行、运作和监管机制都需要立法支撑

央行数字货币的发行方式、流通方式、监管机制均与传统货币存在很大差距，目前法律法规在这一领域还处于空白状态。根据“依法治国”的基本方略，在正式推出央行数字货币之前，需要进行大量修订旧法、制定新法的工作。

在发行环节，我国央行数字货币采用“中央银行—代理投放的商业机构”双层投放体系，也就是说，央行先把数字货币兑换给银行或者其他运营机构，再由这些机构兑换给公众。在这个过程中，央行与商业银行等运营机构的具体操作规范、应享有的权利和应承担的义务、违法行为的惩罚机制都需要以法律法规的形式明确。

在流通环节，用户可以通过数字货币钱包支付、转账，并采用账户松耦合模式，也就是说数字货币钱包不依赖于银行账户，用户没有开设银行账户也可以实现端对端的价值转移。我国央行数字货币设计了“三中心”管理模式，其中，认证中心管理用户身份信息，登记中心对央行数字货币的产生、流通、清算和消亡的全过程进行登记。在这个过程中，商业银行等机构在运营数字钱包时应遵守的规则、应承担的责任，也应由法律法规确定。

此外，央行数字货币流通中的权利流转问题，也值得法律界关注。2020 年 7 月，最高人民法院等部门发布了《关于为新时期加快完善社会主义市场经济体制提供司法服务和保障的意见》，第六条意见指出，要加强对数字货币、网络虚拟财产和数据等新权益的保护。但具体实施细则还未公布。现有法定货币的所有权流转基本

适用“占有即所有”规则（柯达，2019）。也就是说，如果某笔货币由原持有人转移至新持有人占有，那么新持有人就拥有该货币的所有权。理论上，央行数字货币的所有权流转仍将适用“占有即所有”规则，但是数字货币并非实体货币，更可能出现重复付款、欺诈交易、交易错误的情况。一方面，需要利用技术手段预防这些问题；另一方面，也应以法律形式确认在各类情形下如何界定各方责任。值得注意的是，相较于现金，央行数字货币也有技术优势，可以与智能合约相结合。那么，央行数字货币的原持有人，可以利用智能合约限定某笔货币的使用范围、交易附加条件等。央行数字货币与智能合约结合带来的新型交易模式，也将为立法司法带来挑战。

在监管环节，主要的监管主体是央行及其下属机构，以法律法规形式明确其监管范围、监管对象、各类监管场景下的操作规范。以保护用户隐私为例，首先应明确用户数据隐私保护的范围，即哪些用户信息（例如用户身份信息、账户金额信息、交易记录）需要保护。其次，应明确具体的监管对象和监管主体。我国央行数字货币用户的身份信息、交易清算是由央行下属的“三中心”（认证中心、登记中心、大数据中心）负责的，因此也必须通过立法确认“三中心”的用户隐私保护监管职责。其他机构或个人不得私自查询或披露用户隐私信息。最后，监管部门的行为也应受法律法规的规范和限制。根据“可控匿名”的要求，央行和“三中心”也仅在反洗钱、反恐怖融资、反逃税等特定监管情境下查询跟踪用户隐私信息，不可超越合理界限滥用监管权力。

综上，央行数字货币是一种全新的货币形态，而目前法律法规滞后于技术变革的进程，央行数字货币的具体定义、运作规范、监管框架尚未在法律层面确定下来。我们研究团队发布的《央行数字货币调查问卷》也发现，受访者普遍认为，缺乏法律基础是我国推出央行数字货币的首要障碍，其次是配套金融基础设施尚不完善。

在正式发行央行数字货币之前，需要完成法律法规的修订工作。从立法的角度，应修订“人民币”的定义，将央行数字货币纳入法定货币的范畴，明确反洗钱、反假币机制，明确我国法定数字货币的发行主体、流通主体、监管主体，并详细规定其权利义务、保护手段以及违反该法律后的责任后果。对于黑客入侵盗取数字货币、伪造交易记录、欺诈交易、重复交易等违法犯罪行为，都应做出明确的法律责任认定，确定相应惩罚机制。

运作体制层面的问题与风险

一、技术风险

1. 技术路线选择尚不明确

在选择技术路线方面，央行数字货币要成为主流的交易货币，必然需要极强的并发处理能力和效率。比如，2018 年的双“十一”电商购物节，支付宝订单峰值 54.4 万笔/秒，支付宝自研分布式数据库 OceanBase 每秒处理峰值达到 6 100 万次。所以，央行数字货币系统的交易处理能力至少要达到数十万笔/秒以上才能有效支撑未来海量数字货币的交易稳定性。而对于目前大家非常关注的区块链技术，中国人民银行明确表现出观望态度，这主要是因为区块链技术存在“去中心、安全性、高性能”难以兼得的“三角难题”，目前的区块链技术处理速度无法满足我国在线支付处理需求。比如比特币区块链交易频率约 6.67 次/秒，每次交易需要 6 个区块确认，10 分钟才能产生一个区块，全网确认一次交易需要 1 个小时。

目前，一些国家的央行法定数字货币试验都基于分布式账本技术，如加拿大央行的 Jasper 项目、新加坡金管局的 Ubin 项目、香港金管局的 LionRock 项目（Payments Canada，Bank of Canada 1 and

R3，2017；Monetary Authority of Singapore，2017；Hong Kong Monetary Authority，2016）。但是，目前来看，分布式账本技术还不成熟，取代现有的交易结算技术还为时过早。央行数字货币应根据实际业务需求，灵活借鉴、改造、应用包括区块链等分布式账本技术在内的各种技术路线。很多研究者开始试图设计与区块链技术脱钩的央行数字货币系统，例如，有学者（Danezis and Meiklejohn，2015）提出了 RSCoin 系统的设计理念，该系统站在中央银行视角，不拘泥于区块链技术，力图实现一种受中央银行控制的、可扩展的加密数字货币。姚前和汤莹玮（2017）也提出，系统建设者不宜拘泥于任何技术，要有长期演进的技术理念。除了区块链技术，我们还需要关注其他正在竞争和发展中的安全技术、可信技术，比如可信可控云计算等。

实际上，我国央行已经意识到，完全以区块链作为底层技术是不现实的。2019 年 8 月，穆长春在伊春论坛的演讲中透露，中国人民银行数字货币研究小组最开始研究央行数字货币的时候，曾做过一个完全采用区块链架构的原型，但无法达到零售级别的高并发要求。所以，央行最终决定保持技术中性，不预设技术路线，也不依赖某一种技术。几家指定运营机构采用不同的技术路线做央行数字货币的研发，哪家的技术路线高效、安全、被市场接受，就采用哪家的技术路线。

2. **技术系统的安全性和稳定性**

作为我国法定货币的数字形式，央行数字货币代表着国家信用，应实现安全存储、安全交易、匿名流通等目标。因此，安全性和稳定性是央行数字货币最核心的底层保障。

央行需要利用多种技术手段保障交易安全、数据安全、账户安全，建立完整的央行数字货币技术体系。按照我国央行数字货币的“一币、两库、三中心”设计，参与央行数字货币发行、流通、管理的机构有三类：央行、商业银行、认证清算机构。“两库”指的是数字货币银行库和数字货币发行库。货币发行时，央行将数字货币发行给商业银行的数字货币银行库，商业银行向央行缴纳100%准备金进入到央行的数字货币发行库中。“三中心”指的是认证中心、登记中心和大数据分析中心。认证中心负责集中管理央行数字货币机构及用户身份信息，登记中心负责央行数字货币的权属登记和流水记录，大数据分析中心利用大数据、云计算等技术，处理分析海量的交易数据，研究货币的流通过程，防范洗钱等违法行为，为宏观货币政策提供数据支持。

可以看到，央行数字货币的发行、流通和管理涉及多个部门、多个技术平台。黑客攻击、技术故障或人为错误，都可能影响数字货币的正常使用。近年来，数字货币频繁被黑客攻击，为我们敲响了警钟。例如，2018年，韩国国家警察厅发表了名为《过去三年虚拟货币交易所遭黑客攻击的情况及对策》的报告，该报告显示，自2016年至2018年，共有7起数字货币交易所黑客事件，涉案金额为1 120亿韩元（约9 900万美元）。另据韩国媒体报道，从2015年到2018年，黑客入侵虚拟货币私人钱包的事件已达158起。然而，调查黑客攻击事件却很困难，仅6人被逮捕。数字货币交易平台经常发生大量数字货币被盗的事件，致使持有者损失惨重。

央行数字货币作为我国的法定货币，其安全性对整个金融体系的稳定至关重要，因此需要更为坚实的底层技术严防系统故障和黑客攻击事件，维护储户的利益，保障法定货币的地位。例如，加密算法是央行数字货币体系的核心和基础，需要运用多种加密算法为每一枚数字货币建立永久识别代码、识别持币人、保护账户安全、抵御外部攻击和信息篡改。数字货币的用户终端可能是智能手机搭载的电子钱包或者芯片卡，也必须具备硬件安全模块和手机操作系统的可信执行环境。数字货币交易信息的存储和传输依赖于网络，也很可能遭受大规模、有组织的黑客网络攻击，因此也必须充分运用安全存储技术、传输保护技术保障数据安全（见表12.1）。

表12.1 央行数字货币的安全技术保障

类别	技术
基础安全技术	加密技术、安全芯片技术
数据安全技术	安全存储技术、传输保护技术
交易安全技术	匿名技术、电子认证、防重复交易技术、防伪技术

3. “双离线支付”场景下，伪造、重复花费问题更加突出

在央行数字货币的设计中，未来可以像纸币一样实现“双离线支付”。双离线支付是指，交易双方都可以在不联网的情况下进行支付。只要手机安装了数字货币钱包，不需要网络和信号，两个手机相互碰一碰就能实现转账或支付。而传统POS机、支付宝、微信的离线支付都是单离线支付：对用户离线、对商户在线。例如，消费者在POS机刷卡，商户必须要看到POS机打出支付成功单据后才认为支付有效。或者，消费者出示支付二维码，商户获取该标识码后，并向后台系统申请在该标识码对应的账户中扣款。商户为了确保用户的支付结果可信赖，必须通过自己的终端从支付公司获得支付结果，而不单纯依靠消费者的支付结果凭证。这种单离线支付都是即时交易。

而双离线支付本质上是一种交易双方认可的延迟交易，首先付款方私钥对支付承诺进行签名，然后将已签名的支付承诺交给收款方。收款方在恢复联网之后，向央行提交该支付承诺，由央行验证通过、完成交易确认。在双离线支付场景中，交易结果不能即时查验，伪造数字货币、重复花费数字货币等问题将更加突出。

目前，我国央行和商业银行已经针对双离线支付的实现方法申请了几个相关专利，但目前尚未确定具体方案。2016年3月，中国人民银行印制科学技术研究所申请了一项专利“使用数字货币芯片卡进行离线支付的方法及系统”。在此专利中，双离线支付的媒介是一种“芯片卡”，有资质的厂商生产这种芯片卡，然后投放到各大金融机构和个人终端。在此方案中，央行通过标准统一的芯片，建立一套离线支付体系。但是，本方案需要所有的支付节点安装芯片，成本很高。除央行之外，商业银行也投入了研发力量支持央行数字货币的双离线支付。2018 年 10 月，工商银行申请了专利“基于数字货币的离线支付方法、终端及代理投放设备”，构建了一套完整的双离线支付方案，其功能主要依赖软件模块，而在硬件方面，更多采用了当下已经存在的、已有广泛应用的硬件比如 SIM 卡，因此不需要升级硬件就可以大规模铺开，成本相对较低。如图 12.1 所示，该方案大致可以分为以下几步：（1）验证付款用户的数字证书，若付款用户的数字证书在有效期内，则从付款终端获取经过付款用户私钥签名的交易信息；（2）利用付款用户公钥验证交易信息的合法性，利用收款用户私钥对离线数字货币进行解密，比较离线数字货币的金额与交易金额；（3）如果交易信息合法且所述离线数字货币的金额与交易金额相同，则通知付款终端扣款；（4）当接收到付款终端发送的扣款成功通知，登记离线交易记录，增加账户中的离线数字货币计数。

2019 年 8 月，工商银行申请了另一项离线支付的专利“基于区块链的离线支付系统及方法”。该方案最大的特色是使用到了区块链技术。各银行等金融机构节点组成区块链网络主节点，用户节点接入区块链网络。当用户支付时，用户钱包地址、转账金额、约定随机数、时间戳等信息会用区块链公钥生成数字证书，同时可以锁定签名信息、转账加密信息、转账签名信息，将这些信息生成付款二维码。收款方扫码获取付款信息，将转账金额等信息发给区块链节点，发起付款金额锁定。收款方的收款地址、转账金额也会用区块链公钥生成加密信息，并生成数字签名，发送给区块链主节

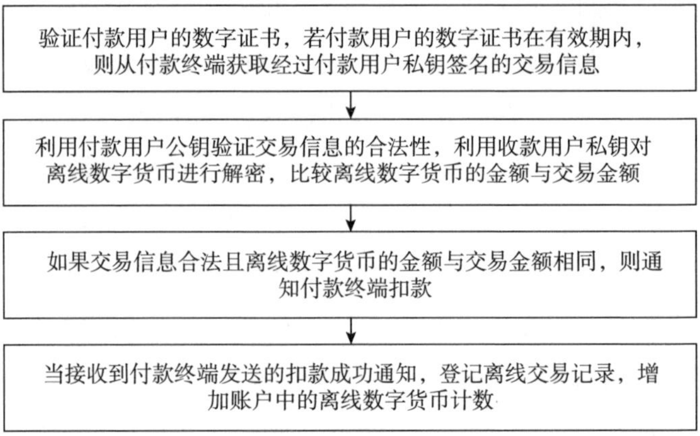

图 12.1　“基于数字货币的离线支付方法、终端及代理投放设备”方案

点。区块链主节点验证收款信息、付款信息一致，则交易成功。此方案需要协调各个银行等金融机构节点加入同一个区块链网络，因此系统复杂性也较高。

二、配套金融基础设施建设

目前，我国央行已基本确立了央行数字货币发行的“一币、两库、三中心”及用户端的数字钱包等系统架构，央行数字货币的底层技术逻辑与传统的银行存款存在很大不同，需要全新的配套金融基础设施。目前，央行数字货币架构各个层面仍然面临基础设施建设的难题，亟待攻关。

第一，央行需要建设中央银行发行库和支撑央行数字货币运行的私有云。首先，私有云是支撑央行数字货币运行的底层基础设施，用于存储和运行“两库”（数字货币发行基金的数据库和商业银行存放央行数字货币的数据库）的数据。私有云建设要求具备良好的弹性、扩展性、自动化、空间效率和清晰的网络层次。而且，数字货币作为法定货币，交易规模十分庞大，需要私有云网络系统具有很强的并发处理能力和实时交易所需的高效处理能力。我们研究团队发布的《央行数字货币调查问卷》也发现，受访者普遍认为，在配套金融基础设施建设中，央行的技术系统、私有云、数据库建设是首要难点，其次是对海量货币实时数据采集、监控和分析的大数据平台建设。

第二，各商业银行也需要搭建自己的数字货币数据库和业务平台，与央行对接，用于接收和存储央行发行的数字货币。银行传统的 IT 系统难以适用于全新的数字货币时代，必须升级至适合数字货币和以数字化交易为核心的新系统，包括新建的商业银行数字货币数据库和业务平台，同时要对核心系统及配套业务系统进行接口改造及运营。而在客户端，也要分别针对企业和个人用户开发数字货币应用，包括改造企业向（B 端）的支付软硬件类，以及创建和运营个人向（C 端）的数字钱包。这在一定程度上会促使商业银行增加在数字货币安全存储、保密性、增值服务等方面的研发投入，拓展在互联网金融方面的服务链条。在这个过程中，商业银行业的分化也将更加严重，具有深厚数据技术基础和强大数据库的大银行将更具优势，而实力较弱的中小银行在竞争中将落于下风。

第三，大数据中心的建设。认证中心、登记中心和大数据分析中心实质上是三个实现不同功能的大数据中心。作为货币运行体系的组织实施者和直接管理者，在法定数字货币体系这一金融基础设施的建设过程中，央行需要明确自己在法定数字货币运行体系的大数据主体责任。一是推进数字货币大数据顶层设计及相关基础设施建设。二是要注重大数据基础设施的稳健性和拓展性，保证数据收集、分析模型、应用接口都具有良好的安全性、灵活性和一定程度的开放性。

第四，用户终端的设计。根据央行数字货币的运行设想，社会公众使用数字货币的载体为手机、电脑、卡片等设备。参考第三方支付的发展历程，智能手机可能是数字货币移动终端设备的最好选择。根据中国互联网络信息中心发布的数据，截至 2020 年 3 月，我国手机网民规模达 8.97 亿，还有几亿人口没有智能手机或者不能上网。根据艾媒咨询的《2019中国移动支付市场研究报告》，我国移动支付用户中，24岁及以下用户占比超三成，而40岁以上用户仅占11.2%。因此，边远地区、老年人口、没有智能手机的人群无法使用数字货币，更难以获得相应的金融服务，可能导致金融服务可得性的贫富差距、地区差距进一步扩大。

数字钱包是数字货币生态中用户端最基础、最重要的应用，数字钱包的设计对法定数字货币的推广和生态发展极为重要。由于数字货币的使用比电子银行复杂，更需要有一款好用的数字钱包工具，需要实现多重目标：便捷性、安全性、可控匿名性，同时满足央行的监管需求和商业银行的业务需求。截至2020年8月，中农建三家银行的数字货币设计流出。据媒体报道，农行DC/EP钱包界面比较丰富，包含了扫码支付、汇款、收付款、碰一碰、DC兑换、查询、钱包管理、挂靠等功能；中行的界面有充值、提现、转账、银行卡等选项；建行的界面则比较简洁，有扫一扫、收款、付款、转账以及资产总览等功能。随着数字人民币内测的深化完善，数字钱包设计仍将继续升级改造。

三、个人隐私保护

根据目前的央行数字货币运行设想（范一飞，2018；穆长春，2019），央行数字货币将替代现金。现金交易的突出特点是匿名性，交易双方无须披露自己的任何身份信息，也不会有第三方机构或个人记录这笔交易的具体情况（例如交易时间、金额、商品或服务名称）。作为现金的替代品，央行数字货币理应保持现金的属性和主要特征，满足用户匿名交易的需求。根据目前的设想，央行数字货币将采取“双层运营体系”，也就是说，央行先把数字货币兑换给银行或者其他运营机构，再由这些机构兑换给公众（范一飞，2018；穆长春，2019）。而且，央行数字货币支持银行账户松耦合，也就是说，用户不需要银行账户就可以开立数字货币钱包。在未来，央行数字货币甚至可以像纸币一样实现双离线支付。只要手机安装了数字货币钱包，不需要网络和信号，两个手机相互碰一碰就能实现转账或支付。可以看到，在这个交易过程中，央行数字货币虽然不依赖银行账户或第三方支付账户，但仍依赖银行或其他运营机构开发的数字货币钱包。因此，这里就有一个关键问题，数字货币钱包的开发者，即商业银行及其他金融机构，是否有权限储存、查询、处理用户个人信息和交易信息？根据目前的央行数字货币设计，为了保证用户隐私权，数字货币钱包的交易数据不对数字货币钱包的开发者——银行或其他运营机构开放，只对央行开放数据查询权限。范一飞（2018）指出，央行数字货币必须实现可控匿名，只对央行这一第三方披露交易数据。在松耦合账户体系下，可要求代理投放机构每日将交易数据异步传输至央行。

因此，从央行数字货币的设计思路看，个人隐私保护程度低于现金，但高于银行账户交易和第三方支付（如支付宝、微信支付等）交易。在银行账户交易和第三方支付交易中，交易双方的个人信息和交易记录都会被银行或者第三方支付机构记录和存储。银行或者第三方支付机构通过分析用户信息来提升服务质量、设计新产品、推送广告。而且第三方支付，往往与其他应用或软件相关联，并共享用户信息。例如，支付宝的用户往往也会使用淘宝、飞猪、饿了么等应用，而且在自愿或者不自觉的状态下同意支付宝授权，向这些第三方应用披露了用户信息。因此，互联网第三方支付的隐私保护问题也广为诟病（巴曙松和杨彪，2012；涂萌和张绵伟，2018）。商业机构和监管机构获取信息的偏好与用户匿名交易的偏好之间存在天然的矛盾。商业机构和监管机构希望掌握用户个人信息、资金交易往来明细等全量敏感隐私信息来开发产品、谋取利润；监管机构希望掌握用户个人信息、银行账户、交易信息来追踪用户行为；而用户则注重个人隐私保护，希望实现匿名交易。

但是，在实际操作中，央行数字货币作为一种数字化货币形式，不可能做到完全匿名，用户可能对于央行掌控用户信息、个人隐私信息外泄等潜在问题心存疑虑。首先，央行数字货币的交易数据将对央行披露，用户交易信息高度集中于央行，因此消费者很可能担忧自身隐私信息被央行完全掌控。在2019年8月的第三届中国金融四十人伊春论坛上，穆长春明确表示，在“三反”（反洗钱、反恐怖融资、反逃税）等监管场景中，央行可以利用大数据分析来侦查、追踪用户的违法犯罪行为。央行对用户交易信息进行监管，那么谁来监管央行、避免侵犯用户隐私呢？一个重要的监管方式是，确立用户隐私保护的监管框架和工作流程，并以法律法规的形式固定下来，向公众公布。在后续的央行数字货币发行工作中，也应明确仅在特殊监管场景下才可以追踪个人账户的交易历史，并以立法形式确认。在央行数字货币的设计中，央行可以根据掌握客户信息的强度不同，把数字人民币钱包分成几个等级。如果是小额支付，用户不需要披露过多个人信息。如果是进行大额支付或者资金转移，则需要用户披露更多的个人信息，甚至需要申请实名钱包，以便于追踪调查大额的贪污贿赂以及洗钱等行为。

其次，央行数字货币相关参与主体泄密、系统缺陷等问题都可能导致用户信息泄露，例如相关工作人员泄密、受理数字货币的银行和商户非法获取信息，黑客利用系统技术缺陷窃取信息，这些情形都有可能出现。黑客攻击网络平台，导致消费者信息泄露的案例屡见不鲜。例如，2020年，加拿大税务局遭遇两次黑客攻击，包括用户名和密码在内的数千个账户个人信息被盗，黑客还利用其中一些账户进行诈骗。因此，在推出央行数字货币的同时，也应特别重视用户的隐私保障机制和安全技术系统的建设。

金融系统层面的问题与挑战

一、商业银行

1. 存贷款业务层面，可能造成“脱媒”效应

根据我国央行数字货币的设计方案，央行数字货币采取双层运营体系，央行先把数字货币兑换给银行或者其他运营机构，再由这些机构兑换给公众。商业银行或其他运营机构向央行全额缴纳准备金，央行数字货币是中央银行负债，由中央银行信用担保。有央行信用背书的央行数字货币的信用等级高于商业银行存款，而且便捷性、匿名性也更高，可能对商业银行存款产生挤出效应。

尤其在危机时期，央行信用背书的数字货币安全性的优势更为凸显，而且银行存款账户转换至央行数字货币账户也非常便捷，社会公众更加倾向于把存款从商业银行转移到央行数字货币账户，可能造成商业银行的挤兑危机。大量学者和央行官员已对央行数字货币带来的这一风险发出警示。例如，2016 年 3 月，英格兰银行副行长本·布劳德本特（Ben Broadbent）发表的《中央银行与数字货币》中提出，央行的资产负债表可以对每个市场参与者（包括个人）开放，但可能会导致商业银行存款转移至央行，导致商业银行系统萎缩。2019 年 5 月，德国央行行长魏德曼在德国央行研讨会开幕式演讲时警告，在危机时期，数字货币可能会加剧银行挤兑，影响金融稳定。他说：“在危机中，金融稳定可能比现在更脆弱，因为央行数字货币为投资者们提供了一个流动性很好、安全性很高的金融工具。因此，无论是总体上的‘安全逃生’，还是银行挤兑，都可能比过去更快、更大规模地发生。”

即使在经济稳定时期，在当前的低利率环境下，商业银行活期存款的利率较低，因此用户将流动性资金储蓄在商业银行活期存款账户的动力也偏低，更可能转而持有安全性更高的央行数字货币。因此，央行数字货币可能会减少商业银行的活期存款规模，商业银行的存款被央行大量吸纳。而根据我国央行数字货币的设计方案，商业银行或其他运营机构向央行100%缴纳准备金，也就是说，商业银行无法根据央行数字货币来派生贷款。因此，部分银行存款流失至央行数字货币账户，可能对商业银行的授信能力和信用货币创造能力产生损害，削减银行对实体经济的信贷支持，给商业银行体系带来“脱媒”效应。一些研究通过理论建模研究了商业银行的“脱媒”效应，例如，美国费城联邦储备银行（Fernández-Villaverde, Sanches, Schilling, Uhlig, 2020）在2020年6月发布的工作论文中构建了由消费者和三类金融机构——商业银行、投资银行、中央银行构成的理论模型，以此为基础研究央行数字货币对商业银行的作用。该研究也认为，央行数字货币可能对商业银行体系带来“脱媒”效应。在成熟的金融市场，央行引入数字货币，吸收居民部门存款，并通过金融市场的证券公司（投资银行）等机构为需要融资的企业提供贷款或其他投资，理论上可以完成传统商业银行的期限转换和金融中介功能。由于央行的合约具有刚性特征，且可以实施惩罚、奖励措施，因此央行比商业银行在控制大规模挤兑和金融恐慌方面更具优势，从而造成对商业银行的挤出效应。在极端情况下，商业银行的存款可能全部进入央行，市场垄断可能带来效率低下，使得金融中介的期限转换功能受到威胁。

央行数字货币导致商业银行存款流失，为了对抗该效应，商业银行可能被迫提高存款利率来提高银行存款的吸引力。这将导致商业银行的资金成本上升、净息差收缩、盈利能力下降。为了保持存贷利息差，商业银行也可能同时提高贷款利率，产生逆向选择效应，偏好风险的借款人将更多地成为银行的客户，从而带来银行体系的内在不稳定性（Stiglitz and Weiss，1981）。同时，商业银行之间的竞争将更加激烈，盈利能力的差异化也将增大。大型银行的客户基数大、优质企业客户多、风险管控能力强、中间业务较发达，受央行数字货币的冲击可能相对较小，而农商行、城商行等中小型银行的经营压力将更大。

总而言之，传统商业银行吸纳存款，并基于存款发放贷款，行使货币创造的职能。央行数字货币的信用等级高于商业银行存款，而且便捷性、匿名性更高，可能对商业银行存款造成冲击。目前，央行数字货币账户的使用场景主要聚集在支付结算方面，暂时没有开发数字货币信贷产品，因此，商业银行无法基于数字货币钱包中的资金派生贷款，这可能削弱商业银行的货币创造功能，对银行业的经营模式、盈利模式和市场竞争态势造成深远影响。

2. **中间业务层面，支付、清算业务收入可能下降**

我国央行数字货币实行双层运营模式，央行通过商业银行向公众发行数字货币，商业银行与央行一同维护数字货币发行、流通体系的正常运行，并负责向其银行客户提供数字货币相关服务。

对于商业银行的托管业务，央行数字货币不直接使用商业银行传统账户，而使用数字钱包这一类特殊账户。数字钱包托管在商业银行的模式与传统的表外托管业务模式类似，商业银行可以收取数字钱包托管费，增加中间业务收入，或者商业银行也可以不收取托管费吸引用户，并开发基于数字钱包的增值服务。

面对央行数字货币这一新生事物，商业银行的托管业务也存在一定风险：一是托管业务的操作风险，在数字货币托管的操作过程中，因内部控制存在缺陷或者人为因素造成的操作违规或失误，可能导致交易失败、账户被盗、信息泄露等问题。二是央行数字货币对托管业务系统和数据库的数据存储能力以及数据处理能力提出了更高要求，如果商业银行托管系统和数字货币数据库的处理能力或者运行效率低下，对业务支持不足，会严重影响和制约央行数字货币托管业务的发展。三是央行数字货币的推出也将随之衍生出各类新兴创新型产品，这也将对商业银行的托管业务提出新的要求。

对于商业银行的支付、清算业务，根据我国央行数字货币的设计，数字货币的支付、清算、数据分析业务由央行主导、独立于商业银行的认证中心、登记中心和大数据分析中心完成，因此随着数字货币的使用越来越广泛，商业银行的清算业务、支付结算业务也会被削弱。而且在大数据时代背景下，失去这些业务不仅仅只是损失手续费，更重要的是根据央行数字货币的匿名性要求，商业银行不能直接获得数字货币用户的交易记录和交易数据，丧失了这些大数据中蕴含的商业机会。

3. 央行数字货币将加快商业银行的人才结构、业务模式转型

央行数字货币是数字形式的货币，将大量替代现金，因此，将减少传统的现金业务、柜台存款业务，减轻商业银行在清点、运输和保管方面的人力物力支出。在商业银行的人才结构方面，商业银行对出纳、柜员、金库保管员等传统业务人员的需求将持续下降，而对 IT 技术人员、金融科技人员、金融大数据分析师等的需求将上升。

在业务模式方面，央行数字货币势必加速商业银行的数字化转型。借助数字货币项目，商业银行将进行信息化系统改造，升级大数据存储、分析和安全保障技术，提高数字化金融服务水平。在更长远的未来，商业银行可以借助央行数字货币布局数字金融领域，形成自己的数字金融平台，与蚂蚁集团、腾讯等科技公司展开金融科技竞争。在当前的数字经济时代，90 后、00 后等新一代互联网原住民更习惯使用支付宝、微信支付等数字支付工具，更倾向于使用花呗、借呗等互联网消费贷，而不是信用卡或者商业银行消费贷款。截至 2019 年，支付宝和微信支付两者占领了移动支付市场 90% 以上的份额。在金融科技领域，传统银行业目前已落后支付宝、微信支付等新兴科技平台一步。借助于央行数字货币，商业银行可以在与支付宝、微信支付等第三方支付的竞争中重拾竞争力，商业银行可将数字钱包作为重要的流量入口，建立数字化的客户群体，之后推广更多增值服务，例如消费金融服务，提高自身获客功能。商业银行还可以进行智能合约的研发，将其与数字货币相结合，创造基于数字货币的服务网络，形成巨大的生态系统。

二、第三方支付

央行数字货币也会对第三方支付机构业务带来重要影响。从目前看，央行数字货币很可能会与第三方支付平台合作，对第三方支付平台开放接口。2020 年 10 月，穆长春明确表示，央行数字货币与支付宝等支付工具不是一个维度：微信支付、支付宝是金融基础设施，是“钱包”；而人民币数字货币则是一种支付工具，是“钱包”的内容。微信支付和支付宝的“钱包”里装的是商业银行存款货币，央行数字货币发行后，大家仍可用微信支付、支付宝进行支付，只不过“钱包”里装的内容增加了央行数字货币。

因此，短期内，央行数字货币对第三方支付平台的用户数量、交易流量冲击不大，但是央行数字货币仍能对第三方支付带来竞争效应。第一，央行数字货币的交易费用更低。央行数字货币的地位相当于现金，那么在个人兑现数字人民币时，商业银行不应收取服务费，而第三方支付提现有一定手续费用。例如，同一身份证下的支付宝实名账户终身共享 2 万元基础免费额度（含转账到银行卡、账户余额提现），超过额度后的超出金额要按照 0.1% 收取服务费。因此，用户可能会选择费用较低、便捷度类似的数字货币钱包。第二，央行数字货币的隐私保护程度更高。范一飞（2018）指出，央行数字货币“必须实现可控匿名，只对央行这一第三方披露交易数据。在松耦合账户体系下，可要求代理投放机构每日将交易数据异步传输至央行"。由此可以推断，为了保证用户隐私权，数字货币钱包的交易数据不会被第三方支付机构存储和开发，只对央行披露。而在第三方支付交易中，交易双方的个人信息和交易记录都会被第三方支付机构记录和存储。而且第三方支付往往与其他应用或软件相关联，并共享用户信息。例如，支付宝的用户往往也会使用淘宝、飞猪、饿了么等应用，而且在自愿或者不自觉的状态下同意支付宝向这些第三方应用披露用户信息。因此，互联网第三方支付的隐私保护问题也广为诟病（巴曙松和杨彪，2012；涂萌和张绵伟，2018）。因此，从央行数字货币的设计思路看，个人隐私保护程度高于第三方支付。对于个人隐私信息保护比较敏感的用户，也可能选择数字货币钱包。如此，第三方支付的用户，就可能会被商业银行等推出数字货币钱包的金融机构分流。

长期来看，央行数字货币对第三方支付平台最大的影响在于，央行数字货币更高的个人隐私保护要求，很可能对互联网金融平台基于用户数据开发的增值服务造成很大冲击。对于蚂蚁集团和腾讯金融部门而言，支付业务是其综合金融体系的入口和基础，支付业务本身的费率水平并不高，但更为重要的意义在于积累了规模大、黏性高的消费者流量和 B 端商业场景。在此基础上，蚂蚁集团、腾讯金融等第三方支付公司得以在消费金融、家庭理财、产业互联网等多元领域进行二次引流，以支付用户的大数据撬动征信和风控业务，拓展现金贷等小额信贷产品，诸如借呗、花呗；发展第三方征信，以个人信用状况分析为商业机构和用户提供风险识别服务，最终形成数字金融的综合生态体系。例如，蚂蚁集团的《首次公开发行股票并在科创板上市招股说明书》披露，2019 年数字支付业务收入 260.11 亿元，占比 35.86%；数字金融科技平台收入 459.72 亿元，占比 63.39%。数字金融科技平台业务就包括理财、保险、小额贷款等业务。因此，如果央行数字货币向第三方支付机构开放接口，但根据"可控匿名"的要求，未来用户基于数字货币产生的数据仅提供给央行一家，第三方机构上述增值业务的拓展必然面临困境。

不过，支付宝、微信支付等第三方支付，相对于央行数字货币在支付系统的优势在于已经非常成熟，且早已被大众广泛接受，而央行数字货币尚处于起步阶段，消费者最终的接受情况尚未可知。此外，支付宝、微信支付等第三方支付平台提供了多样化的金融产品和丰富的使用场景，可以支持网上购物、购买理财产品、申请小额贷款、水电燃气缴费等各种应用场景。因此，央行数字货币和第三方支付各有优劣势，不同需求的用户可能会选择不同的支付方式，因此我们认为，未来央行数字货币和第三方支付可能会长期并存。

宏观环境层面的问题与挑战

一、新型金融业态对监管带来挑战

在“三反”等监管场景中，央行数字货币可以做到可追踪、可溯源，也很有可能对货币发行的“黑盒子”起到很好的监管效果。但是，未来与人民币法定数字货币相关的业务可能同步创造新的金融形态，比如基于数字货币的数字钱包、资产管理、网络借贷等，如果监管落后于技术创新和金融创新，那么对现有金融稳定与监管体系就会构成挑战。为了应对新型数字金融业态，我国央行也开始发力数字化监管，建设数字监管报告平台，提高金融监管的专业性和穿透性。

二、央行数字货币的海外市场接受度面临挑战

央行数字货币提供了数字时代的新型货币形态，有利于提高支

付效率、降低交易成本、降低监管成本，但技术的进步并不意味着必然的市场接受度，央行数字货币能否被消费者，尤其是被海外交易对手广泛接受，还有待实践的检验。

第一，央行数字货币的推出，很难直接动摇国际货币系统格局。在当今国际社会，美元占据国际货币体系的霸权地位，根据IMF的数据，截至2019年第四季度，美元在全球外汇储备中占比为60.8%。而且美国政府、企业、民间机构也在积极推动美元数字货币的研发。脸书在2019年6月、2020年4月分别推出两版Libra白皮书。Libra2.0版更具可行性，计划推出单一锚定美元的数字货币，采用1∶1储备金。如果美联储与脸书合作推动Libra 2.0版落地，美元也可以迅速实现数字化。凭借美元的国际货币霸主地位，加上脸书的庞大国际用户体量和技术实力，美元仍很容易确立数字时代的强势地位，对我国央行数字货币的推广带来冲击。

不仅仅是美国，西方各国有意联合研发央行数字货币，进一步挤压我国央行数字货币的海外应用空间。据媒体报道，2020年7月，G7基本决定将就发行央行数字货币展开合作。2020年1月，国际清算银行调研了全球66家中央银行，发现80%的央行正在研究数字货币，10%更是即将发行。国际清算银行的报告显示，截至2020年7月中旬，全球至少有36家央行发布了央行数字货币计划。显而易见，我国央行数字货币的进展已经引起国际社会的广泛关注，未来将面对西方发达国家数字货币的激烈竞争。

总而言之，目前各国央行乃至商业机构都在积极推动数字货币的研发，不过，各国货币地位的决定性因素是国家的综合实力、国际贸易量、国家信用、货币的稳定性等基本面因素。各国数字货币的竞争可能会为国际货币体系引入新的影响因素，例如数字技术实力和数字经济的发达程度，但很难从根本上动摇国际货币体系。我国的资产账户尚未完全开放，在全球外汇储备中仅占2%左右，很难通过数字货币的推行来直接挑战美元的货币霸权地位。

第二，人民币数字货币的海外推广，意味着需要将海外金融机构纳入我国数字货币支付系统，人民币数字货币与外汇的互换，也需要让对方国家接受我国央行数字货币的技术设计和标准、符合对方国家的法律和监管框架。因此，我国人民币数字货币的推进过程中，必须与国际金融监管机构展开深入合作。2020 年 11 月，在香港金融科技周“数字经济中的央行角色”主题会议上，央行行长易纲也表示，中国央行期待与国际清算银行和全球金融稳定委员会展开讨论和合作，让央行数字货币稳步发展，确保更加稳定安全的未来。

三、人民币数字货币的国际化可能遭到美国政府的狙击

在中美摩擦不断的大背景下，我国央行数字货币的发行很可能遭到美国政府的狙击。自改革开放以来，我国经济快速崛起，综合国力不断增强，根据世界银行的计算，早在 2017 年，我国按照购买力平价计算的 GDP 已超过美国，位列世界第一。这一态势已引起当今世界第一超级大国美国的警觉。近年来，为了维护世界第一的霸主地位，美国政府不断挑起政治、经济、军事、知识产权等各领域争端，中美贸易摩擦、科技战不断升级，中美摩擦下一步很可能会是金融战。回顾历史，美国金融战的主要手段有冻结资产、切断美元获取能力和停止美元结算服务、禁止全球金融机构与被制裁对象交易、制裁对方银行体系等。第一，冻结资产指的是美国冻结受制裁国或者该国政治人物的海外资产。第二，切断美元获取能力和停止美元结算服务指的是美国可以通过自身金融力量截断其他国家获取美元的能力，要求国际金融组织机构停止对被制裁国提供美元结算和其他服务。当前，国际贸易的美元支付和结算主要通过 SWIFT。2012 年，在美国的压力下，SWIFT 取消了被美国列入黑名单的伊朗金融机构的会员资格，终止了对 30 家伊朗银行的跨境支付服务，使得伊朗的国际贸易大为受限。第三，禁止全球金融服务

机构与被制裁对象交易，指的是美国政府切断金融机构与被制裁国之间的金融业务往来，切断被制裁国资金供应，从而扰乱被制裁国的金融体系。例如，2014 年，美国政府就曾宣布禁止美国公民和企业买卖俄罗斯储蓄银行、莫斯科银行和俄罗斯农业银行等六家银行发行的期限超过 30 天的债务。近期，美国政府陆续对我国出台了一些类似的制裁措施，2020 年 8 月，美国财政部宣布，冻结 11 名我国中央政府及香港特区政府高级官员的在美资产。时任美国总统特朗普也签署两项行政命令，在 45 天后全面禁止任何美国个人和企业与 Tik Tok 母公司字节跳动进行任何交易，以及与腾讯公司进行与微信有关的任何交易。

从目前美国政府的制裁措施来看，我国推出央行数字货币之后，美国政府也很可能以“国家安全”为借口，狙击人民币数字货币国际化。例如美国政府可能禁止美国个人、公司、金融机构交易人民币数字货币，禁止美国金融机构为人民币数字货币交易提供数字货币钱包等相关服务，甚至制裁我国的某些金融机构。这些措施都会对我国央行数字货币的海外推广带来较大障碍。

短期内，美国金融霸权难以动摇，能够以此为基础发动“金融战”，而我国反制美国的直接措施非常有限。但是，我国可以着眼于长期战略，以开放对抗封闭，建设开放、高效的现代金融服务体系，逐步开拓人民币数字货币的海外市场。2018 年 9 月，中美贸易摩擦愈演愈烈之际，国务院发布了《关于中美经贸摩擦的事实与中方立场》白皮书，强调中国开放的大门不会关闭，只会越开越大。中国将实行高水平的贸易和投资自由化便利化政策，大幅放宽市场准入，进一步降低关税，建设透明、高效、公平的市场环境，创造更有吸引力的投资环境。在金融战领域，我国的策略应是一以贯之的，为我国人民币数字货币建设开放、高效的金融环境。第一，在国际贸易中，尤其是在与美国联系较弱、与我国经贸关系紧密的“一带一路”沿线和非洲国家，争取扩大人民币数字货币计价和结算的应用范围。第二，央行数字货币的海外推广，还需要大量基础设施建设工作，例如建立一套服务于央行数字货币的跨境支付系统，给所有使用数字人民币的机构和个人准备数字钱包。第三，扩大金融服务的对外开放，允许外资机构参与央行数字货币的双层运营体系，允许外资机构提供人民币数字货币的托管、兑换、应用场景开发等服务。

第四部分

央行数字货币的影响分析

第 13 章　央行数字货币对货币体系及货币政策的影响

前述国际和国内央行数字货币研发的实践表明，各国央行对数字货币的研发动机、制度安排的考虑均基于各国经济发展、货币金融体系的实际情况。在不同的研发设计框架下，央行数字货币产生的潜在影响将不尽相同。本部分将结合中国央行数字货币研发的实践，着重在零售型运行框架下分析央行数字货币对国内货币体系、货币政策的潜在影响。

对货币发行与流通的影响

一、央行数字货币对货币发行的影响

1. 创新传统的货币发行体系

在不计息的情形下，央行数字货币仅是将法定纸币的数字化，主要改变的是货币形态、发放方式和支付结算方式，在货币本身上并没有颠覆性变革。央行数字货币与纸币都是央行的负债，依靠央行的信用担保做支撑，具有法偿性。央行数字货币实行的是强中心化管理，央行是管理中心。法定数字货币机制下，中央银行对货币市场的调控有更加直接的权力，进一步强化货币调控性。同时，央行数字货币实行分布式架构支付系统的松耦合方式以实现可控匿

名，并且在发行过程中用了密码学技术、分布式账本技术、大数据分析等新信息技术，从而使得货币体系运行更加安全、智能、高效。与纸币和电子货币相比，法定数字货币在货币发行体系的设计上具有更强的创新性。

用双层运营体系方法发放数字货币，是对传统货币投放二元账户体系的升级。在此模式下，中央银行100%准备金制将央行数字货币兑换给商业银行，以保证央行数字货币不超发。央行数字货币系统由中央银行的央行数字货币系统和商业银行的央行数字货币系统以及认证系统构成。中央银行的央行数字货币发行系统接收申请方请求发行央行数字货币的申请，中央银行的发行系统对其申请进行业务核查，核查通过后，向中央银行会计核算数据集中系统发送扣减存款准备金的请求。中央银行的央行数字货币发行系统在接收到会计核算数据集中系统发送的扣款成功应答后，将央行数字货币发送至申请方。因此，在双层运营体系发行模式下，商业银行等机构凭借其相对成熟的IT技术和服务体系、金融科技的运用和相关人才的储备经验积累，充分发挥商业银行等机构人才、技术和资源等优势，避免重复建设的巨大浪费。同时避免金融“脱媒”，防止出现对商业银行存款的挤出效应导致的商业银行贷款投放能力下降。

2. 提高货币管理的可控性

央行数字货币的发行采用了比较先进的技术，并进行数据的有效管理，使得实现科学的、可控性的货币管理成为可能，在一定程度上有助于缓解财政赤字化融资，防控流通体系内的流动性过剩，干扰货币政策的执行效率等问题。央行数字货币可控性管理主要由触发性管理和回笼管理构成。

（1）央行数字货币的触发性管理

央行数字货币触发性管理方法和系统具有四个情景：基于经济状态条件、基于贷款利率条件、基于流向主体条件和基于时点条件。

首先，基于经济条件触发的央行数字货币管理方法和系统是根据回收央行数字货币时点，获取经济信息。如果经济信息满足预设的经济条件，采取逆周期调整金融机构对央行数字货币发行单位的资金归还利率，依据归还的利率回收央行数字货币，进而减少金融机构风险特征及其贷款行为的顺周期性，达到逆经济周期调控的目标。

其次，基于贷款利率条件触发的央行数字货币管理方法和系统使基准利率实时有效传导至贷款利率。当央行数字货币管理系统向金融机构发行央行数字货币时，先将其状态信息设置为未生成状态，然后接收金融机构发送的央行数字货币生效请求，获取生效请求对应的贷款利率。只有贷款利率符合预设的贷款利率条件时，才将央行数字货币的状态信息设置为生效状态。

再次，基于流向主体条件触发的央行数字货币管理方法和系统的目的是达到精准定性央行数字货币投放，实施结构性货币政策，减少货币空转，提高金融服务实体经济能力。该系统在向金融机构发行央行数字货币时，先将央行数字货币的状态信息设置为未生效状态，接收金融机构发送央行数字货币生效请求，获取生效请求对应的流向主体，当流向主体符合预设的条件时，将央行数字货币的状态信息设置为生效状态。

最后，基于时点条件触发的央行数字货币管理方法和系统作用是有效解决现有货币政策操作当下存在的问题，使货币生效的时点不局限于货币发行的当下，而是延展到未来符合政策目标的某一时点，避免货币空转，减少货币政策传导时滞。央行数字货币系统向金融机构发行央行数字货币，先将其状态信息设置为未生效状态，接受金融机构发送的央行数字货币生效请求，获取生效请求对应时点信息，只有时点信息满足预设的时点条件时，才能将央行数字货币的状态信息设置为生效状态。

(2）央行数字货币的回笼管理

央行数字货币回笼管理方法和系统的主要任务是，优化央行数字货币发行流通体系，提高货币回笼的安全性、时效性，降低货币回笼中耗费的成本。当央行数字货币的回笼系统接收申请方发送的央行数字货币回笼请求时，请求中包括待回笼的央行数字货币。需要对央行数字货币回笼请求进行业务核查，核查通过后，再向中央银行会计核算数据集中系统发送增加存款准备金请求。央行数字货币回笼系统在接收到中央银行会计核算数据集中系统发送的增加存款准备金成功应答的情况下，将央行数字货币回笼应答发送至申请方。

二、央行数字货币对货币流通的影响

央行数字货币发行意味着现金将逐渐被取代，这并不改变流通中货币的债权债务关系。流通中的货币职能是充当商品交换的媒介，不论是公众手中的现金还是在研发过程中央行数字货币都将在流通领域履行该职能。但现金是实物货币，央行数字货币是基于加密技术的数字化货币，它们在执行流通手段时存在着一定差别。

考虑以下货币流通的简单例子，商品所有者将商品（W）销售给货币（G）持有者。商品所有者让渡商品（W）获利货币（G），货币所有者让渡货币（G）获利商品（W）。现金始终存在于流通领域发挥商品交换的媒介作用，货币流通公式为：$W-G-W$。在央行数字货币流通模式下，上述商品交换过程中的数字货币流通主要从付款端央行数字货币保管箱转移到央行数字货币管理端和收款箱。其中，付款端的数字货币保管箱存放加密形式的央行数字货币。具体流通过程如下：首先，在付款端，付款方依据付款金额和预定义的匹配策略，从付款端的央行数字货币保管箱中选择央行数字货币字符串，组成支付来源的央行数字货币字符串集，并将其发送给管理端，这个央行数字货币字符串具有金额字段和所有者标识字段。随后，在管理端，它将支付来源的央行数字货币字符串集中的央行数字货币字符串登记为作废状态，然后根据付款金额生成支付去向的央行数字货币字符串，并将支付去向的央行数字货币字符串发送给收款端，支付去向央行数字货币字符串的金额为付款金额。可见，在央行数字货币流通过程中，所有的支付均是以数字化形式完成的，与纸币相比其漏损率相当低，有助于观测到每笔资金的流通数量、方向，提高了商品交易过程中的效率和资金精准性。

1. 央行数字货币与现金通货

数字化的法币携带非常便捷，只需要有一部移动手机和央行数字货币钱包即可，央行数字货币的高便捷性促使货币流通更为顺畅。在法定纸币流通的情形下，携带现金数量有限且交易成本较高。使用数字化的法币进行商品交易将克服现金带来的不便，降低流动过程中的交易成本，央行数字货币的使用者，只需在使用之前下载一个央行数字货币钱包 App 完成注册，并向数字钱包充值即可使用。

央行数字货币流通安全性将高于现金流通。使用央行数字货币进行支付可实现账户松耦合，也就是央行数字货币可以脱离传统银行账户实现价值转移。这将大大降低交易环节对账户的依赖程度，对于那些小额的央行数字货币支付，只需用数字钱包里的央行数字货币转账即可。既提高了用户的安全性，又方便了用户之间的交易。具体可以体现为如下两个方面：第一，终端之间的支付。在收付款透明度非常高的央行数字货币下，采用分布式账本，记录所有参与者的交易，每条记录都有时间戳和唯一的密码签名，货币的来龙去脉非常清楚。能够预防被偷窃、被欺诈，保护好自己的财产安全。第二，商业银行的央行数字货币系统撮合下的数字货币支付，当支付场景不支持终端设备之间直接接触时（如线上支付场景），就需要商业银行的央行数字货币系统在中间撮合，加快交易速度。

由于法定数字货币具备更便携、更安全且让交易数据更精确的特性，央行数字货币对现金通货将产生一定的替代作用。央行数字货币发行以后，现金通过交易支付的需求将大幅减少，新增的央行数字货币会凭借其高便利性、高安全性的优势，更易流向资本市场，使得在商品市场中执行交易媒介职能的流通央行数字货币缩减量小于纸币模式下的现金通货缩减量，即现金通货的数量会随现金需求量的减少而减少。同时，由于央行数字货币模式下支付效率的提高，货币流通速度大为提升，这将会造成流通领域的现金通货数量在短期内快速降低。由于现金通货量的缩减伴随着新增央行数字货币的发行，流通领域中的央行数字货币占比不断增加，现金通货将逐渐被替代，直到二者达到一个新的均衡。

2. 央行数字货币与货币流通速度

既然央行数字货币对流通中的现金通货存在替代效应，那么流通中原有 M_0 的数量就会发生变化。假设：C 为原有的实物货币（现金通货）量、$-\Delta C$ 为缩减的实物货币量、ΔD 为新投放流通领域的央行数字货币量，M_0 为新组成的流通领域的货币量，M_0 等于央行数字货币投放流通领域的数量与缩减后的实物现金之和。

值得注意的是，央行数字货币投放流通领域后，会使现金通货支付需求大幅减少，而且新增加的央行数字货币流通速度也会加快，使得部分数字货币流向资本市场。这样，新增加流通领域的央行数字货币量将会小于缩减的实物货币量。即：$\Delta D < |-\Delta C|$。那么，央行数字货币发行后的流通领域的货币量为：$M_0 = C - \Delta C + \Delta D$，由此，可以得出 $M_0 < C$。也就是说，央行数字货币发行后流通领域的货币量比原来流通领域的通货量要少。

为什么央行数字货币的流通速度要快于现金的流通速度？货币流通速度是指单位货币在一定时期内周转（或实现交易）的次数。根据费雪方程，货币的流通速度为：$V = PY/M$，其中，M 为流通中的货币，V 为货币流通速度，P 为各类商品价格加权平均数，Y

为最终产品和劳务总量。假设在一定时期内（比如一年）PY 相对稳定，那么 V 货币周转速度越快，则 M 流通中的货币量就越少，反之亦然。央行数字货币出现以后，央行数字货币会使支付更便捷、更迅速。央行数字货币是具有价值特征的数字支付工具，不需要账户就能实现价值转移，从而使货币流动性增强，货币周转次数增加，货币流通速度更快。货币流通速度加快相对来说会实现更多的商品价值，从而使得公众消费提升，消费增加，国民收入增加。

对货币政策的影响

如果央行数字货币仅作为一种数字化的不计息资产即现金的替代，那么此时它相当于传统支付工具的变体，不会对货币传导机制与货币政策调控形成太大冲击。然而，央行数字货币在货币形态上发生重大变化，对货币政策带来的深远影响是毋庸置疑的，而且如果将央行数字货币作为一种计息的流动性资产，它可能成为央行一种新型价格货币政策工具，可能会从货币供应、利率政策、货币政策传导机制等方面，直接和间接影响到货币政策的制定和运行，从而影响货币政策的实施效率。央行数字货币模式下，货币发行的可控性加强，由此对货币政策衍生出一系列的影响，主要集中在两个方面，一是货币供给机制，二是货币政策传导机制。

一、央行数字货币对货币供给机制的影响

法定数字货币将会对流通中的现金通货产生替代作用，这不仅会减少流通中的现金，还会间接地影响银行体系的活期存款和银行准备金，从而对基础货币、货币乘数乃至货币供给机制产生影响。

1. 央行数字货币与基础货币

基础货币也称为强力货币或初始货币，从用途上看它是流通中的现金与商业银行的存款准备金总和。从数量上看它是法定准备金、超额准备金、银行系统的库存现金和银行体系外社会公众持有的现金。其公式：

基础货币＝法定准备金＋超额准备金＋银行系统库存现金＋社会公众手持现金

当央行数字货币出现后，基础货币中应该包括央行数字货币，因为央行数字货币发行的首要目的就是替代流通领域中的部分现金。如果央行数字货币没有用完出现余额，可以将其存入数字钱包里，也可以存入自己的账户里。如果存入账户里就参与到准备金中，构成基础货币的一部分。

基础货币的数量也会因为央行数字货币的实施而减少。由于央行数字货币需要替代大部分现金，以及央行数字货币周转速度加快，短期内通货数量会大幅下降，大量的通货导致准备金短期内大幅上涨，但这大量的通货不会全部成为银行的准备金。那么，短期内基础货币总量是下降的。从长期看，通货和准备金量仍然会下降，基础货币总量也会下降。基础货币量下降不等于货币供给下降，还需要分别观测准备金的数量和货币乘数情况。

2. 央行数字货币与准备金数量

央行数字货币对准备金的影响需要分别从法定准备金和超额准备金两个层面进行分析。首先，在法定准备金层面，由于法定准备金是根据央行的具体货币政策确定的，与货币形态无关，即央行不会依据持有数字货币还是持有实物货币而差别设定法定准备金数量，因而数字货币不会对央行制定的法定准备金率造成直接影响，而法定准备金可能会由于在数字货币模式下的货币政策调节差异而间接发生改变。

其次，在超额准备金层面，央行数字货币的发行可能在一定程度上压缩银行体系超额准备金数量。在法定数字货币发展初期，公众对数字货币的接受程度有限，由于数字货币对现金通货具有替代效应，公众可能倾向于将现金通货返还银行造成现金漏损率下降，从而引致银行体系内现金量增加。此时，商业银行会将超出最优数量的现金存储到央行，造成央行资产负债表中的储备金数量在短期内大幅增加。随着法定数字货币接受程度的提高，客户的提款率降低，各商业银行的准备金需求会出现下降，当客户手中多余的现金逐渐消失时，央行的准备金数量又会逐步下降。此外，另一种商业银行的营利性目标也可能造成在央行数字货币运行模式下的超额准备金率下降。央行数字货币的推出使商业银行资金的流动性进一步增强，此时商业银行出于追求营利性的考虑将有动机降低超额准备金，使资金流向资产等业务以补充盈利空间，这可能促使超额准备金率呈现小幅下降趋势。

3. **央行数字货币与货币乘数**

由于央行数字货币的发行对基础货币、存款准备金都产生了影响，货币乘数自然也会受到央行数字货币的影响。货币乘数也被称为货币扩张系数。在现实经济中，银行提供的货币和贷款会通过数次存贷款活动产生出数倍于它的存款。这种乘数的大小决定货币供给扩张的能力。在法定数字货币模式下，正如前文所述，现金通货及存款都会受到一定程度的缩减，同时由于货币流动性的提高，营利性驱动下促使银行增加信贷动机，超额准备金也会呈现出一定程度的下降。此时假定用 B 表示基础货币，C 表示现金通货，D 表示活期存款，r_d表示活期存款准备金率，S 表示定期存款，r_t表示定期存款准备金率，E 表示超额准备金。在不计息的情形下，央行数字货币 L 属于 M0 范畴，若将现金存款比设定为 $r_c = C \times D + L$、定期存款与活期存款比为 $t = S \times D$、超额准备金与活期存款比为 $r_e = E \times D$。根据货币乘数计算逻辑，可获得货币乘数表达式：

$$k = \frac{r_c + 1}{r_d + t \times r_t + \mathrm{r}_e + r_c}$$

k 为数字货币发行后且没有完全取代流通中现金通货时的货币乘数，它与现金存款比 r_c、活期存款准备金率 r_d、定期与活期存款比 t，定期存款准备金率 r_t 以及超额准备金与活期存款比 r_e 相关。显然，r_d、r_e、r_t、t 与货币乘数呈反方向变动。

随着法定数字货币逐渐普及，央行数字货币的发行对现有的通货会产生替代效应，金融资产间的转换速度加快，公众对现金通货的需求会逐渐减少，即 r_c 将变小。另外，如上文所述，商业银行在法定数字货币背景下，准备金需求会减少，但主要表现在超额准备金数量的下降。活期存款准备金率 r_d 和定期存款准备金率 r_t 是由央行指定的，货币形态改变不是二者进行调整的直接原因，因此 r_d 和 r_t 在短期内可保持不变，但由于央行数字货币发行会增强商业银行资产配置的能力，降低银行体系对存款准备金的需求，同时货币流动性的提高可以带动金融创新的发展和同业拆借效率的提升，超额准备金率 r_e 会减小。此外，央行数字货币的发行将使金融资产的流动性增加、金融市场中的金融产品也将更加丰富，各种理财产品都有较高的资产回报率和流动性。在高利息的驱使下，会加速定期存款向活期存款的转换，这时定期与活期存款比 t 会变小。

由此可见，在不计息的央行数字货币发行情形下，现金存款比 r_c、活期存款准备金率 r_d、定期存款准备金率 r_t、超额准备金率 r_e 以及定期存款与活期存款之比 t 均会受到直接或者间接的影响而减小。同时，这些指标与货币乘数走势呈现负相关关系，因而货币乘数在多条渠道的共同影响下将呈现出增加态势。

从上述对货币乘数的论述中不难发现，央行数字货币的推出将在一定程度上造成货币乘数的波动，各因素的不确定性将增加货币乘数甚至是货币供应量的测度和控制难度。虽然大数据系统能够实时监测法定数字货币的流通量，但随着货币供需波动性加大，对传统的以货币供给量作为中介目标的货币政策实施也提出了一定程度的挑战。

4. 央行数字货币与货币层次划分

现行货币层次的划分依据是金融资产流动性程度，主要分为流通中的现金（M0）、狭义货币（M1）、广义货币（M2）以及流动性更弱的货币层次。无论央行数字货币计息与否，数字货币作为流动性最强的金融资产，对传统的各级货币层次将产生一定程度的冲击，主要表现为缩小货币层次之间的流动性差异以及现金和活期存款这类传统的流动性较高的金融资产的占比下降。一方面，央行数字货币的低成本、高流动性的特点，使得不同金融资产形态间的转换很容易实现，货币层次之间的流动性差异将逐渐缩小，货币流动性程度将沿着 M0、M1、M2 向更高的层级运动，使得结构性货币政策工具的运用需要关注流动性带来的变化。另一方面，由于金融资产的流动性与收益性呈负相关关系，在相同流动性损失程度的前提下，公众更愿意持有流动性较低的金融资产，此时货币层次将出现一定程度的分化，表现为现金及活期存款的数额下降，流动性程度较强的交易性货币 M1 在货币供给量中的比重降低。尽管这种交易性货币占比下降的趋势与近年来移动支付的快速发展密切相关，即第三方支付平台的非现金交易导致了以传统货币层次计量的交易性货币占比呈现出下降趋势，但由于央行数字货币的高信用等级、支持离线支付、具备平台间的兼容性等特点，这种趋势将会得到进一步加强。

二、央行数字货币对货币政策传导机制的影响

1. 央行数字货币优化货币政策工具

（1）强化基础货币投放精准度

央行数字货币是基于国家信用支撑统一发行的，是央行对公众的直接负债，属于中心化性质的数字货币。央行数字货币的发行过程中采用大数据分析、密码学技术、分布式账本技术、条件触发机制、人工智能等最新技术和创新机制，预示着中央银行可以精准地

投放央行数字货币数量。中央银行为了精准投放央行数字货币设立了登记中心、认证中心和大数据分析中心。

央行数字货币登记中心见证数字货币全生命周期流程。登记中心的主要功能是对数字货币属权登记和交易登记，前者是指每个人的数字货币账户里有多少钱，后者是对每一笔交易所带来的数字货币流转过程进行记录，直至数字货币销毁。这样数字货币用户可以查到自己账户里的数字货币数量、来源以及直至现阶段的所有交易记录。可见数字货币登记中心的大部分功能和信息是对数字货币用户开放的，以便其验证交易信息。

央行数字货币身份认证中心保证了交易过程安全和交易信息的安全。所有的央行数字货币第一笔交易均由央行发起，签名则由央行使用专属私钥完成，其签名形成了每个央行数字货币自有的编号，用户可以通过编号对每一枚央行数字货币验证真假，以保证数字货币的流动性。

央行大数据分析中心汇总央行数字货币登记中心与身份认证中心的数据，将规模巨大的金融资料在合理的时间内撷取、管理、处理、整理成为央行精准调节投放央行数字货币的资讯。社会上每天都会产生大量的金融数据碎片。这些庞大、动态、持续的金融数据是无法用人脑来推算和估测的，也无法用单台计算机进行处理。在大数据时代，数据的采集不再是技术问题，在这里可以依托云计算的分布式处理、分布式数据库、云存储和虚拟化技术。

中央银行通过三大中心管理模块获得前期所有的经济信息，结合人工智能确定精准的央行数字货币发行量，并对数字货币发行进行严格的前瞻性条件①设计。然后将央行数字货币从其发行库发至商业银行库，并设置成未生效状态。当商业银行准备向社会提供数

① 条件触发机制是我国中央银行为提高货币政策的前瞻性实施效果而预先设定的"经济理论条件""信贷利率条件""流向部门条件""时点条件"。

字货币服务，并且满足政策要求条件时，前瞻条件触发机制开始发生作用，央行数字货币生效，进入经济社会的生产活动中。

由此可见，央行数字货币的发行可以根据宏观经济发展的状况进行调整。当经济出现衰退时，可以加大投放，刺激公众消费，拉动国民经济增长；当经济过热时，可以减少投放，限制过度消费，降低经济过热的程度。如果用央行数字货币投放方法调整产业结构，可以加大或减少不同产业的投放量，配合其他财政政策和货币政策发挥作用。在数字经济的条件下，尤其是央行数字货币的推行，可以根据经济发展的要求实现精准投放。

（2）扩大负利率政策的空间

随着金融市场的开放和发展，金融资产对利率的敏感程度会不断提升，利率调控在货币政策执行中发挥的作用将获得提升。央行数字货币所有的优势将增大利率政策的实施空间。央行通过收取手续费、钱包保管费等手段实施负利率政策刺激经济发展成为可能，央行数字货币利率可能是一种新的货币政策工具。在传统的实物现金经济中使用货币政策往往会进入“流动性陷阱”里，随着全球经济增速的下滑，一些国家的央行不断下调基准利率、甚至使基准利率逼近于零，然而，当存款利率为零甚至为负时，资金会向现金加速转换，导致负利率政策失效。而在央行数字货币环境下，央行可以预先公布利率减少电子账户的余额，直接通过调节利率进行金融财政刺激，避免在实物现金经济中无法有效实施名义负利率的情况，鼓励公众和企业消费，有效缓解金融危机严重时期传统货币政策工具使用受限的问题。

近年来，各国为应对经济疲软采取了量化宽松政策，在一定程度上刺激经济复苏，然而长期使用该政策可能会导致财富分配不均、恶化等问题。对此，学界流行的一条建议是用“直升机撒钱”的办法使财富分配公平，而且这种政策将会比量化宽松和常规货币政策对经济的刺激更为直接有效，然而，现实中央行一直没有找到实施该政策的最优途径。

央行数字货币的推行，也可以实施“直升机撒钱”方式的货币政策来刺激经济。利用官方电子账户，政府可以方便地向公众转入或转出央行数字货币，直接调整经济体持有现金的数量。当经济疲软或危机临近时，银行放慢甚至中止外部货币创造的情境，央行可通过这一渠道迅速地向经济中注入大量外部资金，大幅降低通缩风险，有效增加社会需求。

2. 央行数字货币改善货币政策传导渠道

法定数字货币采用了分布式记账、大数据系统以及条件触发等创新机制，这些新元素的加入将会对货币政策传导渠道产生影响。

首先，从利率传导渠道看，数字货币的替代作用对利率水平本身并无直接影响，利率的收集和获得在大数据系统下将会变得更加便捷、及时，分布式记账技术的应用会使得法定数字货币交易中介环节扁平化，金融市场流动性得到提升，在法定数字货币背景下，利率传导机制将更加通畅。具体表现为以下三个层面：

从利率作为货币政策中介目标层面，央行数字货币有助于增强利率作为货币政策中间目标的有效性。一方面，央行数字货币发行后能够增强利率的灵活性，增加利率的可测性，同时提高市场利率的弹性。另一方面，央行数字货币会使现金与其他金融产品之间的流动壁垒进一步降低，公众能够更加便捷地买卖金融机构和非金融机构的各种理财产品，活跃金融交易，随着金融资产价格转换速度加快，使公众的消费和投资对利率的敏感性不断提升，央行可以实现以利率为目标影响资金流向。

从市场利率定价层面，大数据系统和条件触发机制的应用将会使中央银行运用货币政策工具引导市场利率的能力加强，金融机构的定价水平将得到显著提高，货币政策的透明度和货币的流动性将得到有效提高，使得微观主体对利率的敏感性不断增强，有利于培育市场可接受的政策利率。

从缓解利率传导时滞性层面，央行数字货币的投放有可能缩小利率渠道传导的时滞。货币政策一直以来存在着时滞问题，当央行数字货币发行流通以后，央行在获取经济信息时受到来源和统计时效限制的困扰将得到相当程度的缓解，使分析判断经济问题、制定货币政策，再将政策加以实施等环节需要耗费的时间缩短。

其次，从信贷传导渠道看，条件触发机制的设计可使得央行对货币的运行和投放进行全面控制。一方面，“时点条件触发”机制的设计使得央行对商业银行的信贷投放进行时点控制，对于商业银行信贷投放的每一个时点都能够实现实时监控，减少信贷传导路径的时滞性，与此同时也能够在一定程度上避免资金在银行体系内的空转。另一方面，“流向主体条件触发”机制的设计可以使央行对信贷投放对象进行控制，限定商业银行贷款的主体、实现贷款的精准投放，从而提高金融服务实体经济的能力。此外，通过引入信贷拍卖机制，将直接约束商业银行的放贷行为，减少信贷传导过程中商业银行道德风险行为引起的信息不对称对货币政策信贷传导通畅性产生的不确定性影响。

3. 央行数字货币提高货币政策传导有效性

传统货币政策在传导过程中，由于存在渗漏和阻塞等问题，使得货币政策的实施效果不尽人意。央行数字货币发行流通以后，这两个问题有望得到一定程度的缓解。

首先，对于渗漏问题，法定数字货币发行以后，货币当局不仅可以记录每一笔交易，还可以实时追踪资金流向，提高现有的监测控制体系，从而能够有效遏制监管盲点。同时，地下资金流动和资本抽逃行为也能够被有效地监控，在银行体系和非银行金融体系间的套利资金虽然不能被完全监控，但可以借助数字货币的信息优势被精确计算出来，从而调节货币供给速度和维持适度的货币增长率。再辅之以其他的政策工具吸收沉淀银行体系以及流通领域过剩的流动性资产，流动性过剩的问题也将得以缓解，货币政策效率的改善将使其有效性获得提升。

其次，对于货币政策传导的阻塞问题，法定数字货币的使用可以有效监测其实时的资金流向，约束不负责任的放贷行为，遏制不良贷款增长。基于信息优势，央行可以实时监测商业银行货币政策的实施情况，及时进行窗口指导。同时，随着法定数字货币的使用，央行不仅可以实时监督企业资金的使用效果，避免企业过度杠杆行为的发生。而且从另一个层面看，商业银行可以借助信息优势向关联企业提供宏观经济发展的信息，从而可使企业精准搜寻出有利于企业价值增长的项目，从而促进货币政策的及时落地。

第 14 章　央行数字货币对金融体系及金融稳定的影响

前述理论分析表明，央行数字货币的属性设计不同，对经济产生的潜在影响也不同。如果央行数字货币仅作为一种数字化的支付工具而不是计息资产，正如我国央行对 DC/EP 定位的那样，仅作为现金 M0 的替代，那么此时无论央行数字货币是否基于账户，它相当于传统支付工具的变体，不会对货币政策和宏观经济产生过多的影响（姚前，2018）。然而，如果将央行数字货币作为一种计息的流动性资产，那么它可能成为央行一种新型的价格货币政策工具，对传统的货币体系乃至货币政策实施效率产生影响。

类似的，在探讨央行数字货币的潜在影响时，另外两个关键问题也是不可回避的。第一，与传统机制相比，央行数字货币发行以后，金融体系将可能发生哪些变化？第二，央行数字货币的发行对金融体系的运行效率，即金融稳定性，或将产生哪些影响？本章从金融理论入手，并结合中国央行数字货币研发实践，侧重于分析零售型制度安排下的央行数字货币对金融体系、金融稳定性乃至金融监管或有影响的关键要点，尽可能从相对客观的视角，结合货币金融学理论来描绘央行数字货币模式下金融体系及金融稳定性或有运行机制的轮廓，作为理解央行数字货币运行及其重塑金融体系的研究起点。

对金融体系的影响

本节重点描述央行数字货币导致传统金融体系中的微观金融机构的或有转变，以及在此转变过程中金融功能是否获得有效的提升。央行数字货币的出现对现有金融体系的挑战，既包括对传统金融体系内部循环的影响，也包括在金融体系框架之外与以第三方支付平台为代表的互联网金融新业态发生作用而影响金融体系的运行效率。本部分将重点分析央行数字货币对传统金融体系内部和外部的影响，及其如何在金融功能提升过程中发挥作用。

一、央行数字货币重塑银行业金融机构业务

本节关注央行数字货币发行之后金融体系内部循环的变化，侧重于银行业金融机构的业务革新及经营效率的升级问题。数字化基础设施搭建将延伸商业银行业务范围，在央行数字货币环境下，商业银行能够有效率地对接金融科技前沿。央行数字货币推出后，在传统的银行体系下延伸出在互联网领域的央行和商业银行的数字化银行体系。在这种创新的银行体系中，基础货币和同此相伴而生的银行体系是整个互联网金融体系的基石，并在此基础上构建出诸多的金融业务类型，对接互联网金融业务和现实金融业务，提升金融服务效率。央行数字货币具备可追溯、不可更改的特质，不仅给央行准确追踪信贷资金投放赋能，而且在此过程中商业银行也可以密切参与其中，获得更多的业务机会，比如数字钱包的设计将进一步推动商业银行 IT 技术在区块链技术应用和保密性方面的投入，为客户提供既能充分实现匿名可控性，又能实现快速确权的金融服务。由此，商业银行可以利用央行数字货币重构的银行体系，在互

联网金融领域占据业务的制高点，延伸互联网金融业务的服务链条、丰富业务类型、提高业务的附加值。

1. 央行数字货币改变商业银行的表内业务

数字化 M0 提升商业银行现金管理业务空间。利用新技术数字化的 M0，能够基于价值属性衍生出不同于电子支付工具的新功能，对基于账户紧耦合的商业银行存款货币为基础的电子支付模式形成补充，提升应用场景覆盖、普惠金融、支付效率、用户隐私保护和匿名支付等方面的升级空间。从这种 M0 的发行模式看，按照现行的法律法规要求，只能由商业银行向公众提供数字人民币的兑换服务，尤其将在资本和技术等方面实力较为雄厚的商业银行作为指定运营机构商业银行，向公众提供数字货币兑换和流通服务。商业银行利用其资源和技术储备、完善的服务体系和充足的人才储备，拓展兑换服务，使其能够在一定程度上抢占中间业务市场份额，拓宽业务空间。同时，作为指定运营机构的商业银行与其他商业银行及相关机构一起，在人民银行监管下承担数字人民币的流通服务并负责零售环节管理，不仅有助于避免金融“脱媒”，而且有助于实现数字人民币安全高效运行，包括支付产品设计创新、场景拓展、市场推广、系统开发、业务处理和运维等服务。

在央行数字货币计息的场景下，央行数字货币可能影响银行负债端资金来源并影响负债成本，从而影响商业银行净息差水平。信贷业务反映出商业银行作为金融中介开展资金融通活动，计入并影响资产负债表状态。信贷业务经营状况直接受负债端成本和资产端收入影响，最终以净息差变动来呈现。一般情况下，银行通过设置买卖价差获得收益，与此同时由于存贷现金流存在信用风险、流动性风险、期限错配等问题，银行将进一步综合考虑信贷风险与收益的情况，配置风险与收益组合，确定信贷业务经营策略。如果央行数字货币为计息的流动性资产，由于居民始终愿意持有一定数量的低息活期存款，居民有可能将银行活期存款兑换成法定数字货币，将部分资金沉淀在数字钱包中，造成央行数字货币对活期存款这部分电子支付形成替代。由于央行数字货币是央行的负债而非银行的负债，银行存款与央行数字货币的转换导致一般存款的稳定性降低。银行可能为了稳定活期存款来源，负债端存款利率或有上行，具体可见两种情形。

如果央行数字货币计息为正，持有央行数字货币将会产生利息收益，则商业银行批发端由于数字货币利率有可能超过存款准备金利率成为新的利率走廊下限而提升商业银行资产投放的最低收益率。零售端由于数字货币计息，导致存款搬家，从而迫使商业银行提高存款利率推高资金来源成本。此时资产端最低收益率的提升将会小于负债端自己成本的提高，造成商业银行的净息差水平恶化。

如果央行数字货币计息为负，将打通负利率政策由货币市场到借贷市场的传递。此时央行数字货币基本完成对实物现金的替代，客户无法将负利率银行存款转换为零利率纸币，只能继续持有，并向商业银行支付费用。由此，商业银行资产端准备金的负利率损失得以从负债端客户存款处弥补，从而使商业银行净息差水平获得改善。

2. 央行数字货币更新商业银行的表外业务

除了上述传统商业银行资产业务和负债业务之外，央行数字货币或将影响支付清算结算和数字货币托管两类表外业务。表外业务不影响商业银行表内资产负债，但形成银行非利息收入。表外业务大致可以分为两类，一是不形成表外资产的金融服务收费类中间业务，二是形成表外或有资产的中间业务。在数字货币中心化管理模式下，与未来央行数字货币关联较为紧密的商业银行新增表外业务，主要涉及支付清算结算和托管两个方面。

在支付清算结算方面，银行提供多种借记、贷记支付清算结算工具，向收付双方收取一定手续费。相比第三方支付机构侧重小额零售支付服务，银行为其同业及企业间提供大额支付清算业务。当央行数字货币应用于大额支付清算场景，银行可在央行数字货币业务库之间转移资金，此时业务库起到了原先同业清算账户的功能，银行支付结算业务规模将受影响，导致银行损失该类表外业务收入。

在托管方面，银行可作为证券类产品的资金托管机构。央行数字货币二元运行模式中，银行账户与数字钱包相互绑定，数字钱包托管在商业银行的模式与传统的表外托管业务模式类似，托管数字钱包将作为一种新的表外业务，向使用钱包的客户收取一定托管费用，或是通过低费用政策推广钱包，吸引客户流量以开展其他增值业务。

首先，在对传统的银行存款账户进行管理的基础上同时管理数字钱包。尽管在二元运行模式下银行账户绑定了数字钱包，但传统的银行存款账户与数字钱包存在明显差异。具体表现为：第一，两者交易记录的基础逻辑不同。传统电子支付记录交易信息是基于银行账户，电子支付系统通过修改交易双方银行账户额度来记录交易信息。央行数字货币支付体系记录交易信息是基于货币流转，由央行处理交易双方提出的央行数字货币交易请求，通过应对请求更改货币所有者权属或面额。第二，两者的匿名程度不同。传统电子支付下银行账户必须实名登记，而央行数字货币支付体系中的数字钱包地址可实现匿名。正是由于这些差异，使得数字钱包的管理逻辑类似于中间业务管理思路，在银行账户上绑定的数字钱包可以理解为客户托管在银行的资产账户，显著区别于传统存款账户的负债管理逻辑。

其次，负责数字货币钱包和银行存款之间的兑换。二元运行模式有直接支付和间接支付两种模式。第一种是直接支付，商业银行不参与其中。持币者直接进入数字货币钱包端口将数字货币支付请求发送给央行，央行数字货币系统进行后续处理。第二种是间接支付，通过调用银行账户来实现。持币者先进入银行账户，因为银行账户已与数字钱包绑定，所以持币者可借用银行账户调用数字货币钱包。由于央行数字货币系统的具体实现过程独立于原有电子支付系统，间接支付模式只是在端口接入方面兼容了银行账户，衔接传统的电子支付习惯。在使用银行账户调用数字货币支付时，需要输入银行账户密码，随后银行可定位到银行账户绑定的数字钱包。在央行数字货币二元运行模式中，通过银行账户调用数字货币钱包，不仅能够在保护账户隐私的同时实名交易数字货币，而且商业银行所扮演的数字货币钱包托管角色，能较好地利用现有银行体系内的IT 和安全保护系统，维护系统内的资金安全。

二、央行数字货币重构第三方支付

本节以竞争和共存关系为切入点，分析央行数字货币对第三方支付的影响，以及第三方支付重构可能引致的金融体系变化。

1. 央行数字货币转变第三方支付业务

按照目前多数国家央行的数字货币定位及双层运营模式，央行数字货币可能最终走向零售端，在货币派生机制中的地位等同于传统法币。考虑到数字货币的现实载体是手机 App、PC 端网络支付等形式，其在 C 端的使用体验与既有的第三方支付体验较为类似，且数字货币拥有较高的支付便利性，这对第三方支付业务将会产生显著的影响。换言之，央行数字货币不仅可能重塑传统的银行业金融服务，还可能对第三方支付业务产生重构效应。

第三方支付机构及相关企业的业务优势主要表现在支付结算、基金与资管产品销售和大数据信息服务三类业务。从支付结算业务层面看，第三方支付机构的支付服务通过提高公众支付体验，从而促使其能够快速推广，积累出交易支付的流量优势。一方面，相比于现金支付、扫码支付等电子支付方式，减少找零、凑整和验真等烦琐步骤；另一方面，相比银行账户方式，第三方支付收款界面统一，即使商户与居民的开户行不同，无须考虑跨行转账等具体细节，后续支付过程中仍可使用统一的界面操作。从基金与资管产品销售层面看，便利的第三方支付吸引了大量支付行为并产生交易大数据信息，利用大数据流量优势搭建了一个便利化的货币基金销售渠道，利用支付平台销售货币基金及其他资管产品。从大数据信息服务层面看，支付流量可以发展出征信和风控方面的独特优势，第三方支付机构便以大数据信息撬动征信和风控相关业务，以个人信用状况分析为商业银行和用户提供风险识别服务。

央行数字货币的出现将对第三方支付的三类业务优势，尤其是对支付服务产生挑战。第三方支付机构的三类业务中最重要的是支付服务，其后两类业务均根植在支付流量平台优势之上。尽管央行数字货币和传统支付体系中的用户体验或将大体保持不变，但两个系统背后实现支付清算的路径及采用的技术已截然不同。具体的，央行数字货币将促使既有第三方支付业务模式或面临三个方面的变化。

首先，在央行数字货币替代 M0 的模式下，数字 M0 代表的只是基础货币形式的变化，即从有形法定现币变为无形数字货币，原有货币管理系统不会发生太大变动，同时货币的支付渠道和场景也不会出现变异，但央行数字货币具有更高的支付便利性和信用背书，可能会在一定程度上压缩第三方支付服务业务。央行数字货币有国家信用背书，获取了无限法偿性特征，也就是任何交易场景都必须无条件接收，克服了第三方支付存在的业务壁垒，实现不同平台间存在的认可、消除间隔障碍。同时，相较第三方支付采取的紧耦合模式，所有支付须绑定银行账户进行，而且必须采取在线交易。央行数字货币采取的是松耦合模式，即用户既可以将数字钱包与银行账户绑定，也可以依靠数字钱包独立运行支付，这样可允许在各个场景实现交易双方短暂离线，央行数字货币的支付便利性相对更高。在这种情况下，央行作为支付手段依旧是多元化且相互兼容，其流通载体也同样不会全面脱离第三方支付渠道，未来第三方机构可能会将注意力集中于数字钱包的支付体验，通过差异化竞争吸引客户，也不排除第三方支付与商业银行之间保持合作关系的可能性。

其次，如果商业银行在作为数字货币存储主体的同时还可以运营央行数字货币钱包业务，对第三方支付产生的挤出与替代效应不可避免。在央行数字货币模式下，由于央行数字货币运行模式的可控匿名等设计要求，即只有央行或是居民自己在特定情况下可获知交易信息，央行数字货币将会对第三方支付机构的支付业务形成部分替代。在第三方支付平台用户交易流量及获得的信息优势降低的情况下，基于交易数据构建的大数据服务也将受到同步影响，第三方支付机构大概率失去交易记账资格及交易数据信息，其撬动大数据服务而发展的征信、风控等业务将受到影响。第三方支付可凭借的数据积累精准捕获优势将转移至央行，缺乏竞争优势的第三方支付不仅面临用户大量流失的风险，而且盈利渠道与空间将遭遇残酷挤压，衍生性与拓展性业务半径发生收缩的同时还会产生中断风险。

最后，如果允许央行数字货币充当支付工具，商业银行将被明确为数字货币存储的唯一承载主体，实际赋予了商业银行揽存数字货币的特权，使其作为主体运营央行数字货币的获利渠道多元化，这将压缩第三方支付的获利空间。商业银行在通过用户数字钱包吸储并支付利息的同时，还可以对外贷款以及开展相关的理财等衍生业务，这将抢占第三方支付的市场份额。此外，对用户数字钱包的管理也是数字货币衍生出的一项特权，商业银行可以从中收取管理费。如果第三方支付要将用户在商业银行数字钱包中的数字货币转移至支付账户中，这笔费用将由第三方支付承担并向商业银行合规支付。

然而，值得注意的是，尽管法定数字货币能够脱离银行账户实现端对端的价值转移，在央行许可的范围内实现可控匿名支付，同时理论上可以脱离网络、脱离银行执行价值转移，但最终能否取代第三方支付继而成为主要货币形式和主要支付工具，将取决于其是否具备效率更高、成本更低、商业价值的经济规模、社会认可的可靠性和安全性等特征。

2. 第三方支付业务转变重建数字化金融生态

作为互联网金融代表的第三方支付在金融体系诸多环节中发挥着重要的作用。随着央行数字货币的推进，第三方支付的业务优势将完全消失或部分消失，这将间接导致互联网金融业态下的金融体系发生变化。

（1）第三方支付业务转变与货币市场

第三方支付电子货币属于账户依存型电子货币，享有网络银行运营的低成本特点，同时第三方支付的虚拟性、高流动性将加快货币的流通速度，从而影响整个社会对货币的需求量，干扰央行对货币供给量的调控。

从货币需求量看，不仅第三方电子货币对现金的高替代性会降低交易型现金的储备，而且高速流通性也会减少货币需求。然而，在央行数字货币模式下，第三方支付平台支付业务规模下降导致第三方电子货币与数字化 M0 替代性减弱，使得资金在商业银行体系内流转，商业银行吸收存款的能力得到强化。由于第三方支付的电子货币与现金可替代性程度高，对银行至关重要的存款业务而言，部分通过第三方支付机构的资金可能从商业银行中漏出，一定程度上弱化了商业银行吸收存款的能力。央行数字货币更高的支付便利性和信用背书将取代第三方电子货币，使得现金漏损率下降，资金在银行体系内运转，商业银行相对吸纳存款创造能力增强。

从货币供给量看，第三方支付电子货币对现金通货的高替代性，一方面会导致市场流通的现金通货转化为存款货币影响基础货币的调控；另一方面也会导致现金漏损率和超额准备金率双降，引起货币乘数的不稳定。然而，央行数字货币的推进将弱化或者部分弱化第三方支付业务的优势，这将进一步增加货币政策传导的流畅性，提高货币市场效率。央行数字货币可追溯的特点使得央行能够更好地监测整个市场的货币流向，在一定程度上改善以往对 M0 领域的观测盲区，从而疏通货币政策的传导路径。此外，传统模式中超额准备金主要用于金融机构之间的交易，而实体部门交易只能用现金。由于电子化的信息表达结构，央行数字货币与超额准备金非常接近，未来数字货币不仅可以作为货币，也可以成为超额准备金。这样超额准备金和现金的边界将模糊，央行利用数字货币的信息技术，可以填补现金与超额准备金信息的空白，从而获得较为全面的货币派生全生命信息。

此外，央行数字货币的出现对互联网理财产品市场的影响也不容忽视。在央行数字货币模式下，第三方支付平台销售资管产品业务将通过银行数字钱包客户端开发运营资格认定，其推出的快捷支付、购买理财产品等业务的决定权归属于中央银行。如果第三方支付机构未能获得央行数字钱包客户端开发运营资格，资管产品的销售接口将被关闭，平台关联的货币市场基金等资管产品销售将由商业银行取代，这使得商业银行中介业务竞争程度下降，银行中介业务收入则随之提高。

（2）第三方支付业务转变与信用市场

第三方支付的虚拟交易记录作为信用工具，以大数据信息撬动征信和风控相关业务，提供风险识别服务，推动了网络商业信用的发展。第三方支付机构在采集企业信用信息时具有优势，可以有效弥补原有银行信用的不足。这种网络信用不但能有效弥补原有市场经济中信用的采集问题，同时还具备行之有效的信用监控和披露机制，有助于降低企业的贷款门槛，使企业获得资金支持的同时也可以提升企业的违约成本，降低银行的贷款风险。

央行数字货币的推出将压缩第三方支付的业务范围，可能使得商业银行业务的竞争回归同业之间。在央行数字货币模式下，第三方支付平台信息优势的降低导致信用评级主动权重回商业银行，商业银行将抢占第三方支付平台的信贷份额，重新获得小额信贷的主导权。随着业务规模的不断扩大，许多第三方支付机构通过对产业链上下游交易和信用记录的充分掌握，开始尝试建立提供小额贷款的企业融资网络平台，这在一定程度上抢占了小额信贷领域中传统商业银行的份额（王硕和兰婷，2012）。央行数字货币推出导致第三方支付的交易数据构建的大数据服务同步受到影响，融资平台的优势降低。这将促使第三方支付机构逐渐退出信贷市场，信贷供给服务集中于商业银行体系。

央行数字货币运行模式的可控匿名等设计要求，认证中心、登记中心和大数据分析中心的设置将增强商业银行体系的征信能力、KYC/AML 能力，导致第三方支付平台的交易流量和获得信息的优势降低，大数据服务也将被替代，征信服务和风控主动权将返回银行体系。央行数字货币钱包嵌入商业银行账户中，数字货币交易确权依托于商业银行上报交易请求，由中央银行认证中心集中处理。认证中心的全部信息可以覆盖检测对象所有的交易信息，形成用户全部信用信息，提升征信能力。大数据分析中心与认证中心的结合可以极大增强中央对货币体系的管控能力。最终中央银行的征信优势、KYC/AML 能力，可以通过传统账户与数字货币钱包的结合，传达到商业银行端。

三、央行数字货币提质金融体系的基本功能

本节阐述了央行数字货币模式下的金融功能提升。一方面，从支付功能视角，静态分析央行数字货币模式下的交易支付系统及其运行机制，以及整体支付系统的框架重构；另一方面，从包容性金融功能视角，描绘央行数字货币如何强化支付系统的公共属性，从而提高普惠金融的深度和广度。

1. 央行数字货币改善支付效率

从金融功能观点看，任何金融体系的主要功能都是为了在一个不确定的环境中帮助不同地区或国家之间在不同的时间配置和使用经济资源。其中，金融体系三大核心功能表现为：便利清算和支付、聚集和分配资源、风险分散。央行数字货币模式下，金融体系的支付系统不仅能够通过兼容信息技术以更低的成本管理现金账户，而且中央银行将拥有自己的数字货币视为增强支付系统弹性和增强行业竞争的一种手段，降低支付系统的进入门槛，促进支付市场的竞争，从而有效提高数字经济交易效率，降低数字经济交易成本。

金融体系对商品、服务支付和资产的清算结算功能可以在央行数字货币模式中稳定运行。在资金支付上，央行数字货币可以进行点对点即时支付结算，方便快捷，省去中间方对账、清算、结算的流程，降低支付成本和错误率，提高支付效率。不仅如此，央行数字货币支付的数字签名技术可以做到交易的防抵赖，还可提供可控的匿名性，保护合法用户的隐私，为数字经济营造良好的交易环境。此外，央行数字货币技术有助于升级支付系统，优化金融基础设施，提高金融运行的效率和安全性，从而增强金融服务数字经济发展的能力。

央行数字货币将重塑支付系统整体构架。货币支付体系主要涉及三类主体：央行、支付机构（以商业银行和第三方支付机构为代表）、普通公众。在央行数字货币模式下，将会传承既有法币支付体系的核心线索，又会对当前法币支付体系带来颠覆，从而实现对整体金融体系支付功能的升级，如图 14.1 所示。具体来看：

（1）央行数字货币变革公众支付方式

普通非金融部门公众持有央行数字货币将提升支付过程中的安全性和便利性。首先，安全性表现为，数字钱包为自己开设在央行

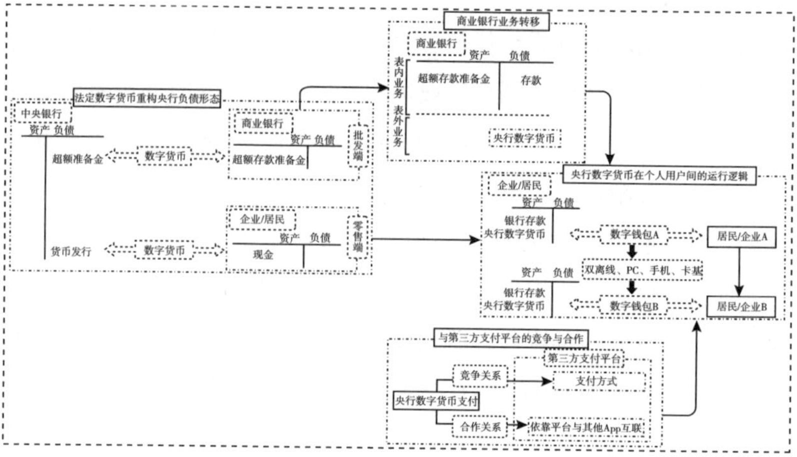

图 14.1　央行数字货币重塑支付体系

资料来源：根据中国人民银行、广发证券发展研究中心相关资料整理。

的存款账户，享受央行的信用背书。在央行数字货币模式下，当使用数字货币进行支付时，必须首先注册申领数字钱包。数字钱包是用来收纳数字货币的账户，功能可类比银行账户。数字货币钱包是支付双方同时在央行开立的账户，而非在商业银行开立账户，在央行信用背书下的账户进行转账支付的安全性更高。其次，便利性表现为央行数字货币支付手段强大且多元，集合了多重支付方式。在央行数字货币模式下，央行数字货币不仅支持卡基、移动、PC 端等所有的应用场景，还将支持双离线支付功能。对于普通公众而言，数字货币“集大成”所有支付手段，可进一步增加支付的便利性。

（2）央行数字货币重构央行债务形式

央行作为法币发行的唯一主体，发行数字货币旨在维持人民币的中心化合法地位基础上，重构法币的具体形式。央行数字货币本质上是央行负债，这一金融逻辑和现钞、超额准备金等作为支付工具的央行负债无本质差异。不同的是，央行数字货币可用于零售端，也可用于批发端。

在零售端，央行数字货币实际效果相当于重构现金形态且提高央行记录获取实体交易信息的能力，升级现金的交易支付职能。正如前文所述，使用数字货币须先开设数字钱包，而数字钱包本质上是公众在央行开设的“存款账户”，数字钱包里面的数字货币本质上是大众持有的央行负债。当公众持有现金改换为持有央行数字货币，逻辑上就是从实物形态的央行“债券”改为央行“存款”，由此改变了现金形态。在此基础上，央行可以详细追踪公众在自己存款账户（数字钱包）的资金流向，增加央行对货币流向的监控能力，有助于识别资金盲点，提升支付覆盖程度，从技术上升级传统现金的交易支付职能。

在批发端，央行数字货币赋予超额准备金更高的交易信息获取能力，提升超额准备金的交易支付职能。央行数字货币不仅可以应用于零售场景，还可应用于批发场景，即银行类金融机构亦可开设数字钱包并用数字货币进行同业资金拆借。银行类金融机构之间的资金往来主要用超额准备金进行交易支付。在央行数字货币模式下，即便金融机构以央行数字货币进行资金融通，在金融层面也并未改变超额准备金的会计记账逻辑。然而，不同的是，央行数字货币采用的信息技术在捕捉交易信息等方面比传统基于账户的支付清算记录模式更具技术优势，更能够明确资金流向，提升金融批发领域的支付效率。

（3）央行数字货币更新商业银行中间业务

央行数字货币依托央行数字钱包，而央行数字钱包实际上是公众对央行的存款账户。在传统模式下，存取现金是公众在银行存款和央行所发行的现金，也可视为央行发行的“债券”，而存取数字货币则是公众在银行存款和央行“存款”这两种支付工具之间进行选择。其中，最明显的差异在于，数字货币需要存放在数字钱包中，而数字钱包须交由商业银行保管，这就形成了公众与商业银行之间的委托代理关系，与托管过程非常类似，改变了传统的中间业务。

正如前文所述，商业银行将以托管的形式代理数字钱包管理。在央行数字货币模式下，数字钱包运行需要软硬件系统支持，脱离不了机构的运营支持。当公众把银行存款“取现”到数字钱包，需要依附数字钱包运行体系，交付委托数字货币运营商（主要是商业银行）代为管理。这在逻辑上将商业银行的表内存取业务转换为托管的中介业务，收入方式也从利息收入转变为管理费收入，改变了商业银行在整个支付体系内的支付角色。

（4）央行数字货币与第三方支付业务：合作与竞争

央行数字货币在金融逻辑上与现金、超额准备金等价，均为可用于支付领域的央行负债，然而央行数字货币在支付手段上更为多元化且相互兼容，央行数字货币本质上是央行信用，信用等级也更高。除了当前支付流量这一现实条件之外，央行数字货币全方面优于第三方支付，不可避免地会出现央行数字货币和第三方支付在支付领域的正面竞争。

正如前文所述，央行数字货币和第三方支付均旨在为公众提供支付工具，而央行数字货币是目前所有支付手段的集大成者，支付手段较第三方支付丰富且实现各种支付手段相互兼容，并支持双离线支付。此外，第三方支付账户余额是第三方支付机构负债，央行数字货币实质上是央行负债，信用等级较任何第三方支付和商业银行电子支付更高。可见，在交易支付领域，央行数字货币几乎各方面均优于第三方支付，央行数字货币和第三方支付互补共存的可能性较小，支付方面的两者竞争将难以避免。央行数字货币与第三方支付通过竞争促进优胜劣汰，有利于提升整体支付体系的运行效率，提高消费者福利。

（5）技术类公司支持央行数字货币

相比较于传统的支付体系，技术类公司在数字货币体系中具有重要作用。面向央行和商业银行需要提供稳定、安全、可靠的云系统，作为数字货币发行库和数字货币银行库。同时面向银行客户提供数字货币基础设施，包括数字货币的电子化系统及自助终端设备、银行移动端、PC 端等网上基础设施以及数字货币系统的安全管理。

央行数字货币会通过数字钱包的形式进入用户生活，为了提高数字货币的使用，央行将开放接口来扩大消费场景搭建，形成丰富多元的支付体验，技术类公司将在数字钱包开发、基于数字钱包的消费应用等方面开展服务。

2. 央行数字货币加码普惠金融

央行数字货币研发是改善银行体系普惠金融功能的重要内容。从理论分析看，普惠金融发展的挑战来源于信息不对称。由于传统金融体系中金融产品的服务属性，提供金融服务需要高昂的客户可达性与客户尽职调查成本，使得金融机构无法以可承受的成本持续提供既“普”且“惠”的金融服务。而数字技术的创新发展，尤其是金融科技的深入应用，让金融服务触达用户和理解用户的成本结构有了范式性变革。数字普惠金融尝试通过数字技术为原来的受限人群提供一系列合宜的、负责任的金融服务，包括支付、转账、储蓄、信贷、保险、证券、金融规划和账户报表等，提供服务的金融机构成本可控，在商业上可持续。然而，在传统的移动支付体系下，尽管数字普惠金融获得显著的进展，但同时也面临着一系列挑战：（1）移动支付技术之间缺乏通用性，（2）公众的信任程度，（3）移动基础设施的依赖性，（4）央行的有效调控与监管。基于央行数字货币的特点，可为应对这些挑战扩大了操作空间。通过央行数字货币的创新技术，利用数字工具给没有银行账户的群体提供基础金融服务，促进数字金融服务生态系统发展与创新，推动支付系统的兼容性，加强消费者资产保护和账户安全，实现更精准地向特定领域、特定地区乃至特定群体投放货币，从而推进普惠金融，提高金融服务的深度和广度。具体体现为：

首先，央行数字货币在流通中提供更强的兼容性和更便捷的服务，有利于推进金融普惠。现有的数字支付存在私人垄断和“数字鸿沟”的问题，平台之间不兼容，对一些无法掌握数字支付手段的群体服务改善的意愿不强烈。由于有国家信用背书，央行数字货币获取了无限法偿性特征，也就是任何交易场景都必须无条件接收，克服了第三方支付存在的业务壁垒，实现不同平台间的认可度和相互转账。与此同时，央行数字货币的发行具备强大的信息技术支持，可以提供一个全方位的兼容性平台。数字货币的具体形态可以是一个来源于实体账户的数字，也可以是记于名下的一串由特定密码学与共识算法验证的字符串。这些数字货币可以体现或携带于数字钱包中，而数字钱包又可以应用于移动端、PC 端或卡基上。通过提供更丰富的终端选择和更多的便民服务搭载，改善数字弱势群体的使用感受，在此过程中实现提高社会交易的安全性和便捷性、减少清算环节、降低经济运行的总体交易成本，从而提升金融服务的广度和质量，促进实现普惠金融所追求的包容性增长目标。

其次，央行数字货币的发行具备最高的信用等级，交易过程经过加密技术且交易信息仅对央行披露，有利于提高公众接受度和市场公信力，完善数字货币生态体系，提升普惠金融覆盖面。央行数字货币属于央行的负债，由央行进行信用担保，央行作为最后贷款人的保护安全性很高。与此同时，央行数字货币在设计过程中注重技术手段、机制设计和法律法规三个层次的协调统一。在技术路线上，通过改造现有广泛使用的信息技术，确保数字货币的安全性与效率性相统一；在运行机制设计上，以现行流通机制为基础，央行数字货币的运行框架依旧遵循传统的“中央银行—商业银行”二元运行模式，核心要素包括了“一币、两库、三中心”，保持机制上的灵活性和可拓展性；在法律法规上，实行均一化管理原则，遵循与传统现钞一体化管理的思路。这不仅在匿名交易、隐私保护、安全性方面有助于增加公众对央行数字货币的信任度，而且由于央行数字货币的发行、运行机制和管理方式与传统纸币存在统一性，只要在技术上能够满足客户体验，那么公众对央行数字货币的接受成本也不会增加。

再次，央行数字货币采取的松耦合模式，降低了对银行账户的依赖性，可以依靠数字钱包独立运行，在依托线上支付的同时也可支持双离线交易，补充网络覆盖不到的地方交易，进一步提升普惠金融服务的覆盖面。央行数字货币的流通应用场景的设定超覆盖于纸币的应用场景，通过加密字符串存储于数字钱包并运行在特定数字货币网络中，提高数字货币使用的便捷性，同时无缝衔接线上和线下的支付行为，满足多种支付交易场景的需要。在当前移动支付的模式下，第三方支付采取的是紧耦合模式，所有支付须绑定银行账户进行，而且必须采取在线交易。相比之下，央行数字货币作为支付手段比第三方支付更为简便与快捷、支付效率更高，可以将其视为覆盖全场景的“超级钱包”。

最后，如果央行数字货币作为与移动支付的电子货币同等重要的支付手段，那么央行可以及时掌握情况，使用全面、有效的数据衡量和评估数字普惠金融的进展，从而对普惠金融的进展进行有效的调控与监管。在央行数字货币模式下，央行不参与数字货币数字钱包的运营，而是负责数字货币的发行、监管制度的创建以及实体性科技金融监管。基于系统性的大数据体系建设，从时域上，央行能够提取数字货币发行、流通、交换、储藏、回收的全生命周期关键基础数据；从空间域上，能够构建数字货币运行分布云图，勾画数字货币运行的规模、地点、时间，并进行空间标注，清晰地了解数字货币的运行区域和投放重点区域。在此基础上，一方面，数字货币将帮助央行实现更精准地向特定领域、特定地区乃至特定群体投放货币，掌握普惠金融的进展。另一方面，如果商业银行作为央行数字货币存储主体的同时，成为与第三方支付平台相同的支付手段，那么央行将挤出第三方支付的数据优势，央行可凭借数据积累精准捕获与发现公众消费偏好与需求倾向，并凭借其技术优势对潜在客户的风险进行判断。如果这些大数据通过无偿或者有偿的方式提供给商业银行，则可实现通过支付引流并借此拓展征信和风控等相关衍生业务，促进银行普惠金融业务的发展。

对金融稳定的影响

本节重点探索央行数字货币模式下的金融稳定性问题。我们重点关心央行数字货币对银行体系稳定、系统性金融风险传递的影响，以及央行以数字货币发行为支点如何进行政策调控和金融监管的优化。央行数字货币的发行不仅从货币政策的实施及传导机制、支付体系方面升级传统金融体系，而且央行数字货币也具有“硬币的另一面”，就是与 CBDC 相关的潜在风险和不确定性。这对金融中介机构的稳健性、金融稳定和跨境交易也将产生深远的影响。

一、央行数字货币对银行业稳定性的冲击

撇去宏观层面的制度安排和技术细节，如果央行数字货币在微观层面将对银行表内外业务产生影响，那么商业银行本身稳定性以及银行业整体稳定性将可能受到什么样的影响?

1. 央行数字货币、金融中介模式转型与银行业稳定性

零售型 CBDC 衍生出的潜在风险和不确定性，将会对金融中介模式产生冲击，尤其是对商业银行资金配置产生影响。零售型 CBDC 被解释为基于账户的模型，虽然技术层面可行，但直到目前尚未进行实践。症结在于如果零售型 CBDC 作为一种可靠的资产，不仅可以全面替代银行存款，也比现金更安全、更方便。零售存款向

央行数字货币的转移可能导致商业银行低成本和稳定资金的流失，可能削弱商业银行初始的信贷能力和盈利能力。此时，商业银行可能采取两种方式恢复盈利能力：一是通过提高存款利率或寻求资金来取代此类资金以防止存款损失，二是提高风险容忍度、增加“高风险”信贷供给。商业银行风险承担增加，在一定程度上加大了银行体系脆弱性。我们分别基于银行挤兑理论（Diamond and Dybvig, 1983）、金融约束与金融脆弱性理论（Stiglitz and Weiss 1981；Hellman, Murdoch and Stiglitz, 1994），来分析央行数字货币发行对商业银行脆弱性的潜在影响。

首先，央行数字货币，尤其是CBDC计息时，可能会造成商业银行存款转移，流动性缺乏将增加商业银行的流动性风险，在极端情况下，CBDC可能造成的“数字化”提现将放大商业银行发生挤兑的速度和规模。基于银行挤兑模型（Diamond and Dybvig, 1983）提出的D－D模型，银行作为一种金融中介机构，其借短贷长，完成流动性转换的功能使得其自身容易遭受挤兑，银行内在脆弱性发生的根源是存款人不确定的流动性要求和银行资产相对于负债缺乏流动性。D－D模型认为，银行的高度信心和充裕的流动性是银行部门稳定性的源泉。由于央行具备更高的信用等级，在极端情况下，信息不对称的存在将加剧公众提现央行数字货币的动机，再加上央行数字货币出现以后商业银行重要性可能被弱化。数字货币相当于引入新的无风险资产（特别是带息数字货币）会影响银行业的盈利能力，并可能鼓励存款人从中央银行的常用账户中提取资金。央行数字货币与商业银行存款之间的竞争，商业银行的流动性和信心的脆弱性，将对银行体系的稳定产生负面影响。

其次，随着央行数字货币的发行和推进，央行资产负债表扩张在很大程度上意味着商业银行资金流出，商业银行的存款重要性减弱，相当于降低银行对存款利率的决定能力，银行特许权价值的降低导致银行部门的风险管理行为扭曲，加大信用和信贷配置风险，增加银行体系的脆弱性。如果持有央行数字货币会产生利息收益，则商业银行批发端由于数字货币利率有可能超过存款准备金率成为新的利率走廊下限，从而提升商业银行资产投放的最低收益率；在零售端，数字货币计息将导致存款搬家，从而迫使商业银行提高存款利率推高资金来源成本。由于存款准备金率非零，资产端最低收益率的提升将会小于负债端自己成本的提高，这会恶化商业银行净息差水平。随着利差水平收缩，偏好风险的借款人将更多地成为银行的客户，产生逆向选择效应。而原本厌恶风险的抵补性借款人也倾向于投资更高风险和高收益的项目，产生风险激励效应，从而带来银行体系的内在不稳定性（Stiglitz and Weiss，1981）。另一方面，失去银行特许权价值扭曲了对银行风险管理的激励，如果不加以足够的措施来强化对审慎监管的激励，特许权价值的降低将加大商业银行体系的脆弱性（Hellman，Murdoch and Stiglitz，1994）。

与此同时，央行数字货币与商业银行存款之间的替代效应同样会波及中央银行，极端情况下，CBDC 可能会刺激“数字化”全行业挤兑以前所未有的速度和规模发生。当 CBDC 挤出现金和商业银行存款时，中央银行需要更大规模的资产负债表，以便通过流动性公开市场操作来维持银行储备水平。特别是当中央银行扩大抵押品范围时，可能会反过来增加中央银行信贷风险，同时资产的大规模积累也可能导致金融市场出现扭曲。根据克鲁格曼（Krugman，1984）对银行脆弱性的解释，政府对金融中介机构的隐形担保和裙带关系也是导致脆弱性的主要原因。数字货币的引入可能影响中央银行的资产负债表和信贷分配。如果市场风险对央行数字货币的需求很高，那么中央银行的资产负债表可能会大幅增长。这样一来，中央银行将会承担更多信用风险，而且他们还需要决定如何在各银行之间分配资金，继而可能为政治干预打开大门。可见，数字货币的推出可能产生的信贷配给，将降低银行体系的效率，进而增加银行体系的脆弱性。

当然，央行数字货币以央行的信用背书，结合高端的信息技术，再加上合理的制度安排也可能降低上述对银行稳定性的不利影响。首先，数字货币有助于防范支付风险。央行数字货币形成对现有支付系统的有效备份，有利于稳定公众的信心，维护金融稳定。其次，在双层运行体系即“中央银行—商业银行”二元模式下，商业银行或其他金融机构向社会公众发放央行数字货币时，需要以100%准备金与中央银行兑换。该运行体系的设计是对现金发行回笼环节的模拟，保留现有货币体系的制度和利益格局。在降低中央银行承担风险、专业化中央银行监管职能的同时，避免商业银行被通道化、边缘化，减缓“狭义银行”对现有货币体系的冲击。最后，央行数字货币技术中性。商业银行对民众兑换数字货币时，可以自主选择用区块链、传统账户体系、电子支付工具、移动支付工具，只要求达到央行对并发量、客户体验和技术规范的要求，央行通过调动市场力量，竞争选优来共同开发，不会提升商业银行在技术层面的成本支出。

2. 央行数字货币与银行中间业务风险积聚

央行数字货币二元运行模式中银行账户与数字钱包相互绑定，数字钱包托管在商业银行的模式与传统的表外托管业务模式类似，托管数字钱包将作为一种新的表外业务，增加商业银行的中介业务收入。托管业务不消耗银行资本，既可以带来低成本存款沉淀，还可以提高净资产收益。然而，由于银行资产托管业务操作的复杂性，其可能存在一些潜在问题和薄弱环节，或将与央行数字货币在商业银行的托管要求不匹配，形成中间业务风险。具体表现为：

首先，托管业务的操作风险。操作风险是指在托管业务各环节操作过程中，因内部控制存在缺陷或者人为因素造成操作失误或违反操作规程等引致的风险。央行数字货币作为新货币形态的法定货币，技术和操作要求较高，如果不清楚新型支付交易体系，很可能出现操作失误，导致交收失败等违约情况发生。例如，由于不熟悉业务系统功能和流程要求，在数据齐备前进行了操作导致数据错误，调用了错误的功能导致计算结果错误，依据错误的录入数据进行操作导致出错。

其次，托管业务系统的风险。由于托管系统是托管业务的核心，如果托管系统处理能力或者运行效率低下，将会影响和制约资产托管业务的营销和发展。当托管业务系统无法进行集中的系统管理和数据共享自动化程度及批量处理能力较低时，央行数字货币形成的对商业银行托管业务增长可能使托管系统在技术上难以支撑，饱受逐渐积累的各种补丁的困扰，成为业务发展的瓶颈。同时，央行数字货币的推出也将随之衍生出各类新兴创新型产品，托管系统技术的落后也将影响这类业务的效率和质量，部分个性化需求也因系统架构局限无法实现，还可能存在数据泄露等信息安全性风险，增加操作风险隐患。

最后，管理制度风险。央行数字货币作为新兴业态，托管制度容易出现真空地带，管理制度、操作规程形成对央行数字货币托管产品、流程的全覆盖困难较大。现有制度基本未涉央行数字货币这一领域，在央行数字货币推出后，各类监管政策也将陆续出台，在对资产管理人提出新要求的同时，也对资产托管人提出新标准。如果相应制度变更较慢，一些规定难以有效落实，托管业务可能造成损失。

二、央行货币体系与系统性金融风险传递

本部分从顺周期特征、信用派生泛滥以及支付道德风险三个视角讨论对央行数字货币体系与传统货币体系下系统性金融风险传递差异，及其影响路径和实现机制是如何展开的。

新型的经济形态和金融业态可能会存在新型的经济金融风险，尤其是数字经济活动的虚拟化、网络化和智能化，在危机时刻容易进一步放大经济金融风险。在央行数字货币模式下的银行存款体系，从理论上存在因某一家银行的支付危机引起连锁反应，从而促

发系统性金融风险的可能。然而，法定数字货币能够为数字经济时代的监管创造新的工具和手段。一方面，通过法定数字货币流对经济信息流的捕捉以及基于大数据的分析，可以有效改进宏观经济统计信息质量，辅助逆周期宏观经济调控。另一方面，及时监测经济的微观动态行为，扩展监管覆盖范围，广泛聚合风险数据，并通过机器学习技术，进行建模分析、压力测试、风险评估、监管干预等活动，构建高效、实时、智能的系统性风险监测、预警和管理体系，提高宏观审慎监管效率，从而有效防范系统性金融风险。

1. 央行数字货币、顺周期特性与系统性金融风险

从顺周期角度看，在经济的循环波动中，金融机构和非金融机构在面对相似风险时通常做出类似行为，进一步加大金融体系的周期性波动，产生系统性金融风险。央行数字货币参与货币派生机制可在一定程度上提高逆周期操作效率，降低顺周期特征。央行数字货币或有助于降低传统机制无法克服的内生顺周期特征，尤其可有效应对极端的流动性风险。具体可以从如下两个方面产生作用：

首先，提高央行逆周期调控效率，平抑金融机构顺周期行为。货币政策的顺周期性是指在经济繁荣时期，资产价格上行、实体需求和银行信贷扩张相互螺旋强化；反之，经济衰退时期，资产价格下行、实体需求和银行信贷萎缩也同样相互螺旋强化。这也是为何传统信用货币体系下央行必须开展逆周期调控干预经济的原因。但事实上每一次周期过程中均伴随结构特性，央行无法通过总量货币宽松而将流动性倾向性地投向特定实体部门，逆周期调控效果因此折损。在央行数字货币模式下，央行一则可以更加便利观察货币流向，二则可以定向引导银行扩表结构，逆周期政策调控效率因此提高。结果是货币派生机制的顺周期伴随的风险降低。

其次，极端情况表现的顺周期行为或将得到一定程度抑制。当出现经济危机时，居民风险偏好迅速回落，提取银行存款转而持有现金，银行存款流失，极端情况下将出现挤兑。如图 14.2 所示，若央行数字货币被居民广泛持有，逻辑上银行存款与央行数字货币的转换速度要比银行存款与现金的转换速度更快，看似顺周期问题可能比现有的纸币铸币条件下严重得多。然而，事实上与现金相比，央行数字货币的供应投放效率可以更高，例如危机期间临时开设贴现窗口，提供央行数字货币“再贴现”等，为银行迅速注入居民要求“取现”的央行数字货币。此外，如果 CBDC 发行采用 100% 备付，将有效避免银行挤兑，或对央行数字货币设置极低的负利率，防止居民进一步对央行数字货币兑换需求，降低了发生系统性金融风险的概率。

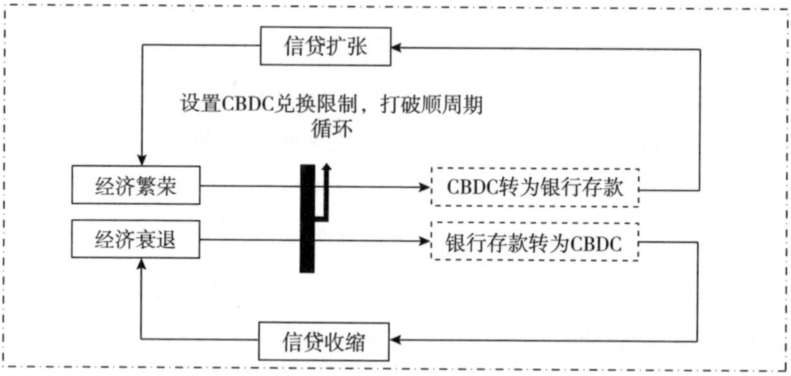

图 14.2　央行数字货币减缓顺周期特征

资料来源：根据 Ulrich Bindseil, *CBDC – Financial System Implication and Control* (2019)，广发证券发展研究中心整理。

2. 央行数字货币、信用派生泛滥与系统性金融风险

系统性金融风险的另一个重要节点在于信用派生泛滥导致信用风险上升。如果央行数字货币在相当程度上替代传统法币流通，复杂金融产品的风险收益特征将易于识别和监测，金融监管当局面对局部的信用风险暴露，能够更加及时准确地采取隔离和定向注入流动性等手段，局部信用风险不至于蔓延和升级为系统性金融风险。

首先，从铸币税角度看，在央行数字货币框架下，尽管中央银行对货币市场的调控更加直接，但铸币税收益下降将降低央行扩张

货币的动机，有助于从源头上抑制信用派生泛滥。铸币税可视为货币当局发行货币获得的总收益。在法定数字货币计息的情境下，由于数字货币的周转速度提升，流通中现金的需求量显著下降，CBDC对传统法币银行存款产生挤出和替代效应，商业银行在中央银行的存款准备金数量减少，导致央行资产负债表右侧无息负债的数量减少，负债的利息和资产的利息之间的差额缩小，铸币税数量减少。此外，在通胀预期下，计息的 CBDC 具有一定的抗通胀性，良币驱逐劣币，传统法币的吸引力下降，进一步减少了铸币税。由此可见，从央行的铸币税收益看，计息情形下的 CBDC 将抑制央行货币投放动机，从源头控制了金融体系加速信用扩张的机会。

其次，在央行数字货币模式下，银行每一次货币创造需要消耗成本，包括流动性成本和监管成本，使得货币不能进行无限的信用创造。在央行数字货币框架下，银行每完成一次存款货币创造过程，就会伴随两个资产端的业务调整操作。一是由于多增的存款而缴纳法定存款准备金，商业银行持有的超额准备金减少；二是在现金持有比例不变的情况下，存款规模扩张之后公众取现的规模也会提高，银行库存现金（即为银行持有的现金）减少。此时，银行可以要求央行将超额准备金兑现为库存现金，若将超额准备金视为商业银行的流动性，那么存款货币创造之后，商业银行相当于变相付出一定量的流动性成本。此外，在央行数字货币模式下，银行货币创造过程将面临监管约束，每次存款货币创造商业银行也需要承担一定量的监管成本。这就意味着，在给定流动性、监管条件等约束下，银行最终无法做到无限扩表，货币创造过程终将收敛。

3. 央行数字货币、支付道德风险与系统性金融风险

央行数字货币参与货币派生机制有助于降低第三方支付机构的道德风险，在一定程度上防范支付风险，稳定公众的信心，维护金融稳定。传统支付体系模式下，第三方支付存在两点或有道德风险，对应着央行的监管盲点。第一，第三方机构替代银行的清算业务不完全透明，或存在“影子支付清算”风险，即虚拟账户的内部清算掩盖了居民实际交易信息，央行难以对洗钱等违规交易进行监管。第二，支付机构通常将备付金存于托管银行，收取协议存款的高利息，但也可能将之挪用，甚至投资高风险资产，类似“影子银行”模式。图 14.3 描述了第三方支付机构使用的支付清算路径。在此路径中，如果付款人 A 向收款人 B 进行转账，支付机构分别使用与付款人 A 和收款人 B 相同的账户行存款账户进行记账，付款方可以将不同开户行账户与支付机构的一个虚拟账户绑定，接口统一后转账更加方便，随后再将自己的不同存管行存管账户头寸调拨平衡。另外，第三方支付机构在此路径下调整存管账户头寸时，无须上报居民账户之间的交易信息，导致央行无法对交易进行监控。

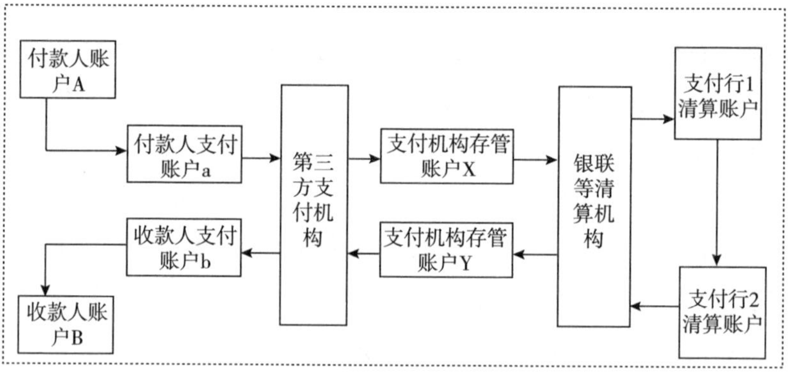

图 14.3　第三方支付机构直连银行时的“影子清算”模式

资料来源：根据张阳（2019）整理。①

央行数字货币在支付系统的优势，将很大程度上避免支付体系的道德风险。近年来，央行对第三方支付监管政策已有所收紧，例如，要求第三方支付机构将交易信息上报网联进行清分结算，同时要求第三方支付机构在央行分支机构开设备付金账户，100% 缴纳准备

① 张阳，数字支付中心化规制的争议与可能，《中国流通经济》，2019.07：105 - 115。

金，但这些措施未能从根本上解决第三方支付信息不透明伴随的风险。然而，在央行数字货币模式下，一方面，央行数字货币的推广将替代或者部分替代第三方支付业务范围，减少第三方支付在支付体系中的份额，这对降低支付系统的道德风险问题起到了积极作用。另一方面，央行数字货币通过采用分布式记账、区块链等信息技术，货币交易数据可以完全掌握在央行手中，商业银行的资金流和信息流均在央行的监控范围内，央行与大数据、人工智能算法相结合对这些数据进行分析之后，广泛聚合风险数据进行风险评估，对影子银行行为和风险的识别程度更高，促使商业银行表内外业务的透明度和一致性更高，从而有效防范支付系统的道德风险。此外，"账户松耦合 + 数字钱包"的方式，使账户信息实现匿名可控。央行数字货币采用账户松耦合加数字钱包的形式，在交易环节可摆脱对银行账户的依赖，同时交易的双方都是匿名的，相关交易信息只对央行这一第三方披露。松耦合账户的设计打破了基于账户紧耦合支付模式下账户现金流脱离监管的问题，代理投放机构每日将交易数据异步传输至央行，央行掌握必要的数据确保了对影子银行行为的审慎管理。

对金融监管效率的影响

本节尝试探讨央行数字货币模式下的金融监管效率问题，沿着宏观审慎监管和地下金融监管两个方面，分析央行数字货币升级金融监管模式的实现机制。

一、央行数字货币优化宏观审慎监管

在法定数字货币模式下，央行凭借大数据分析等新型监测手段，能够强化监管的灵活性和开放性，准确识别金融体系风险点，

减少监管盲点，并借此创新监管工具和手段，扩展监管覆盖范围，增效监管干预，提高宏观审慎监管效率。从央行影响货币派生的调控机制看，央行数字货币提高央行对商业银行的货币创造效率，完成宏观审慎金融监管。

在传统模式下，央行通过监测银行的货币创造过程来进行总量和结构性调控，实现风险防范的宏观审慎政策。其中，央行主要通过流动性供给来调节商业银行整体货币创造幅度节奏，通过监管条件设置来影响银行结构性货币创造行为。由于商业银行每一次货币创造均消耗流动性和监管成本，货币创造受制于流动性多寡和监管条件的约束。央行正是通过调整这种银行货币创造成本来实现监管。在流动性约束层面，央行通过购买资产或者增加对金融机构债权来投放超额准备金，以及通过“降准”改变准备金结构，将原本“冻结”的法定准备金解冻为超额准备金。在监管约束层面，央行通过设定具体监管条件引导的银行货币创造调控。例如，设定结构性或定向的信贷规模考核要求，从而引导银行扩表结构，实现宏观审慎监管。

在央行数字货币模式下，基于“通证”记账，央行更加清晰高效地捕捉每一笔货币交易流转信息及货币去向，从而可以降低央行监管成本。在传统支付和监管框架中，央行及其他金融监管部门需要使用统计指标、财务报表数据，采用现场、非现场检查等方式来实现监管，成本较高，时效性较弱。尤其是追踪一笔特定货币的具体流向时，必须“拆解”货币流转途径的所有账本，监管效率较低。央行数字货币基于“通证”的信息记录模式，意味着央行登记中心记录了数字货币权属、交易流水等详细信息，无须进行“证账”相符检查，监管成本下降。可见，央行数字货币推广后，央行可更为方便地纵向追踪货币流向，提高监管便利性。

此外，央行数字货币可加载特定功能，便于央行实施定向的货币投放，有助于宏观审慎政策的实施。央行数字货币可便利追踪并控制资金流向，有助于央行开展更有效的结构调控。传统货币政策侧重于总量调控，结构性调控功能较为薄弱。央行宽货币向宽信用传递，需要银行等金融机构作为传导中介，央行对信贷投放的结构调控效率较低。央行数字货币模式下，结构性调控效率将获得显著提升。首先，央行数字货币体系能更有效捕捉资金流向。央行与商业银行之间可达成更具灵活性的资金定价，针对不同的银行信贷投向拍卖不同的流动性价格，必将因无法追踪资金投向而衍生出激励不兼容问题，从而激励银行在信贷结构上回归最优状态。其次，央行数字货币能够在可扩展和可编程字段上加载特定功能，控制商业银行信贷投放的主体、利率、时间。此外，根据信贷投放中的经济环境，调整信贷的事后清偿利率，结构调控的精度可实现进一步提高。

二、央行数字货币改善地下金融监管效率

依据央行数字货币的触发管理和回笼管理，流通领域的货币是可控的。数字货币的底层技术具有可追溯、可跟踪的功能，央行能实时掌握数字货币的发行、流通和回笼，这些行为都会在交易来往的账目中体现出来，都会在大数据中得到反映。这样可以提升对反洗钱、反偷税漏税、反恐怖融资的监管能力，打击金融犯罪和恐怖主义，减少公职人员腐败等行为，降低 KYC 与 AML 成本，提高监管效率。具体表现为：

第一，大数据分析中心与认证中心的结合可以增强国家对货币体系的管控，提升反洗钱、反恐融资的信息识别能力。央行数字货币替代纸币和硬币，从而解决公众隐私消费、匿名支付的需求，其前提为交易行为不是犯罪行为。在识别非法资金交易层面，央行数字货币可通过大数据监控反洗钱、反偷税漏税和反恐怖融资。虽然普通交易匿名，但用大数据可以识别出一些行为特征、锁定真实身份。例如，利用大数据识别赌博交易时，可以根据交易时间（通常

是在午夜12点以后）、交易额度及其变化（无零头交易且交易数额波动剧烈）进行识别。再如，利用大数据识别电信诈骗时，其特征是大量分散的钱集中到一个账户里面，突然又迅速地分散开，消失在很多个账户中。此外，出于反洗钱考虑，央行数字货币对数字钱包有分级和限额安排，例如，用手机号码注册钱包级别最低，只能满足日常小额支付需求，如果能上传身份证、银行卡则可提升等级，如果能到柜台面签，可能就没有限额。

第二，更容易追查违法犯罪行为。分布式账本上每个用户是匿名的，而且交易数据都是严格机密的。在这种情况下，数据都存在，但无法确定交易、解密追查。根据英国政府发布的《英国国家洗钱和恐怖融资风险评估报告》统计，数字货币在洗钱方面风险最低，排在银行、现金等之后。央行数字货币将建立私有链，选取可信节点进行记账，实现后台交易可追溯，这样可以清楚了解数字货币完整的交易记录，掌握个人、公司的资产和现金流的情况，抑制偷税漏税的行为。

第 15 章　央行数字货币对国际货币格局的影响

前文的论述基于各国央行数字货币的研发进展并主要针对零售型央行数字货币的潜在影响，研究发现，央行数字货币不仅是技术革命，而且面向零售市场的 CBDC 一旦发行有可能对货币政策、金融体系乃至金融稳定产生显著影响。考虑到央行数字货币的研究视角不能仅集中于国内宏观、金融的潜在影响，还有必要结合 CBDC 发行方案与设计细节在对跨境支付、人民币国际化乃至全球主权货币竞争等方面予以关注。尽管涉及国际层面的问题比较复杂，包括货币主权、跨境资本流动审慎管理、资本账户开放等诸多方面，但上述问题既具有理论的重要性，也具有现实的紧迫性。央行数字货币可视为一场围绕主权数字货币的博弈，未来从更深层次上推动货币体系变革，重构货币竞争格局、重塑金融生态，需要进一步展开讨论。

对跨境支付体系的影响

从国际支付体系发展趋势看，尽管美元仍然占据主导地位，但

* 本章的部分观点来自课题组研究成果：白津夫、白兮，货币竞争新格局与央行数字货币，《金融理论探索》，2020. 03：3 – 9.

其控制优势将逐步减弱。自2008年全球金融危机以来，国际社会对以美元为主导的国际货币体系以及美元的信心产生怀疑，着手建立多国主权货币的国际结算体系。美元作为全球最主要的储备货币，美国在发行和进行国际贸易清算方面占据了绝对优势，拥有覆盖全球的美元结算支付网络——CHIPS和SWIFT，是维持美元国际地位的重要支柱。在全球金融危机期间，美元结算支付网络给予了美国将经济损失转嫁他国的能力。因此，一些国家包括中国在内，希望在支付体系方面摆脱对美元的单方面依赖，坚持美元储备的同时，力求扩大本币支付范围，尝试构建本币国际结算体系。2019年，欧盟宣布创建"贸易往来支持工具"（NSTEX），作为与伊朗的商贸结算机制；截至2021年5月，人民币跨境支付系统（CIPS）共有1171家参与者，覆盖全球100个国家和地区，业务实际覆盖近200个国家和地区的3400多家银行法人机构。

一、央行数字货币重塑跨境支付体系

央行数字货币的研发使得国际货币竞争增加了数字货币竞争的维度，而数字货币的竞争是以数字支付为重点展开的。如何扩大数字支付范围，强化数字本币的国际化应用和竞争实力，将是数字货币竞争的核心要义。对此，主要国家都在积极谋划和行动，各国央行数字货币研发和试验的竞争可能主要集中在数字支付端的测试效果，以期抢占先机。具体表现如下：

美国方面，由于美国比较早地开始规划和推进数字美元的战略布局，尽管央行数字货币可能引致全球跨境支付体系重构，但美元支付体系仍然在竞争中占据优势。美国尝试通过数字美元巩固其在数字货币时代以美元支付为主导的优先地位。一方面，通过数字货币的支付边界，拓宽数字美元支付体系的覆盖范围。以数字普惠金融的方式在非美元区国家规模推行数字支付应用，在开拓银行客户的同时减少了使用者的认知障碍，提高了对数字美元的接受度，逐渐形成当地消费者的支付习惯，这样就能为数字美元扩展支付范围，维持美元在国际支付体系中的优势。另一方面，依靠“技术+市场”的叠加，拓展美元在国际清算体系的使用边界。欧美是最大的美元离岸市场，依托数字企业巨头和数字金融巨头，以及在线支付服务平台，建立支付网络，并依托国际金融市场庞大的支付群体，利用货币数字化进一步稳固美元在国际清算体系中的传统优势。目前 Libra2.0 基本上已经具备了国际清算功能，如果在此基础上发行美元数字货币，那么以美元支付为主导的国际货币支付体系将进一步得到巩固。

欧盟与日本的情况较为相似，重视 CBDC 的研发，尽管战略布局的进度仍落后于美国，但尝试采用技术合作方式降低央行数字货币的跨境交易门槛，并通过借助央行数字货币来构建以本国货币为基础的国际结算体系。受到脸书发行 Libra2.0 计划以及中国研发央行数字人民币的刺激，同时也为了摆脱美国在国际结算方面的霸权地位给欧盟国家政治经济造成的束缚，从 2016 年到 2019 年，欧洲中央银行分三个阶段与日本央行共同进行了分布式账本技术测试，对银行间结算、证券结算、跨境结算等进行测试。如果数字欧元落地，或将帮助欧洲建立可以绕过 SWIFT 的国际结算系统，改变美国利用 SWIFT 独占国际金融数据信息的状况，增加欧盟地区政治经济自主权。

中国加入了央行数字货币的研发竞争，依托移动支付体系，希望借助央行数字货币进一步完善 CIPS，利用欧美市场暂时疲软，中国市场持续稳定的宝贵窗口期，抢先布局亚太市场。目前人民币跨境清算结算主要通过人民币跨境支付系统来进行，包括人民币跨境贸易结算、跨境投融资结算及金融市场结算等业务。虽然 CIPS 可以对接外汇、大额支付等多种交易系统，具有较高的跨境支付效率，但 CIPS 需要跨境企业和个人开设人民币存款账户才能实现交易。在央行数字货币模式下，使用者无须开设人民币存款账户，只需拥有央行数字钱包的使用权限就可以进行跨境交易，这在一定程度上扩大了人民币在境外的使用范围。与此同时，互联网支付为央行数字货币大规模跨境支付铺开了基础性框架。在过去十年间互联网支付体系的建设中，中国已经成功依托第三方支付平台在“一带一路”倡议铺设的沿线国家开展了国际市场互联网支付的尝试。在央行数字货币落地发行场景下，通过借助这些移动支付网络扩宽现阶段人民币跨境结算体系，并形成数字人民币为第一单位的亚太地区新数字支付线上系统，推动数字人民币在亚太市场中发挥支付与结算职能。这样有望打破原有支付格局，客观上对美国占优势的支付市场带来冲击性影响。

二、央行数字货币改善跨境支付网络

1. 传统跨境支付网络存在问题

传统的跨境支付体系采用代理行模式，即对跨国家（地区）、跨币种的支付活动，付款行和收款行通常不能通过开立账户的银行进行直接资金结算，付款行需要在其他能与收款行开展特定币种结算的银行（代理行）开立账户以后，由后者与收款行进行结算。尽管这种基于代理行模式的跨境支付体系在电子支付阶段提高了跨境支付效率，但在数字经济时代，该模式在提高经济效率和优化市场环境层面则面临着瓶颈，主要表现为如下两个方面：

首先，跨境支付成本高、耗时长。基于代理行模式的跨境支付体系业务链条长、结算过程复杂，涉及多个实体参与跨境交易的执行，同时需要满足反洗钱、反恐怖主义融资等监管规定，各国的基础设施条件和可得性也不同，技术和运营标准也存在较大差异，这些都会增加跨境支付成本。

其次，基于代理行模式的跨境支付体系，形成了一定的垄断格局。代理行业务越来越向少数大型商业银行集中，由于跨境支付具有信贷风险以及后台操作将造成高额的固定成本，只有资产具备一定规模的银行才能具备承担能力，而且能够提供多种货币兑换服务的大型银行由于其业务网络广泛，更容易与客户展开合作，由此导致规模较小的商业银行在跨境支付体系中受到不同程度的“金融排异”。此外，基于代理行模式的跨境支付体系在一定程度上造就了在国际支付信息传输市场上具有垄断地位的报文提供机构（SWIFT），以及在跨境支付体系中具有垄断优势的美元清算机构（CHIPS），支持了美元在国际货币体系中的主导地位。

2. 基于法定数字货币的分布式跨境支付网络优势

以数字货币为载体的分布式支付网络在跨境支付场景下具有广阔的应用前景，在提升经济效率和改善市场结构方面展现出一定优势，有可能改变传统基于代理行模式的全球跨境支付体系（刘东民和宋爽，2020）。具体表现为：

首先，分布式跨境支付网络提升经济效率。以数字货币为载体的分布式跨境支付网络将呈现更加扁平化的结构，并实现点到点的支付结算过程。在这种模式下，分布式的跨境支付网络可以自动跟踪支付、优化流动性和风险管理，大幅降低传统系统涉及的各项运营和操作成本。分布式账本技术与其他技术相结合，能够促进信息共享，有效降低跨境支付的合规成本（He et al., 2017）。由此使得跨境支付变得更便宜、更便捷，提升跨境支付的经济效率。

其次，分布式跨境支付网络改进市场结构。分布式跨境支付网络上服务提供商的数量将增加，规模门槛将有所下降，形成多元化的市场结构。在分布式跨境支付网络中，信息共享程度较高，数字身份使终端用户更容易在服务提供商之间转换，从而减少中介机构凭借掌握客户专有信息所获得的范围经济（He et al., 2017）。更重要的是，分布式跨境支付网络能够同时附带价值信息和其他信息，实现资金和信息的同时转移，使得 SWIFT 服务的排他性下降，与此同时，一些国家（地区）的央行已经在尝试分布式的银行间跨境支付系统，以 CHIPS 为代表的中心化的清算模式也将受到挑战。

对人民币国际化的影响

在数字经济时代，央行数字货币是货币国际化的主战场，各国争相主权货币数字化的目的就是要在新一轮货币国际化竞争中取得优势，赢得先机。央行数字货币战略将强化人民币国际化的进程和效率。

一、央行数字货币战略助推人民币国际化

随着中国金融领域改革开放的进一步前进和大国金融体系的日渐完善，人民币成为国际市场主流货币之一的趋势日渐明显，在很多板块（如国际原油期货市场）已经成为除美元外的市场优先选择之一。在一些以中国为主要发力点的国际合作政策中，人民币显然要比其他竞争货币更具备能动性。自 2016 年人民币首次被 IMF 纳入 SDR 篮子后，人民币的国际地位开始回暖。2020 年 5 月，SWIFT 最新数据显示，人民币在全球市场支付最活跃货币排行榜中排名第六，占全球支付总份额仅为 1.66%，与 2018 年 4 月同期持平。相比之下，已经多年占据全球货币体系主导地位的美元仍不断在巩固其市场份额和领先地位，美元在国际贸易和国际资产管理方面依然坐拥主导权，美元所占比重则由 39.21% 上升至 43.37%（见图 15.1）。这在一定程度上反映出，人民币国际化进程与中国在全球经济体量中的占比存在明显落差。

数字货币在此时的出现给予了人民币国际化之路一个全新契

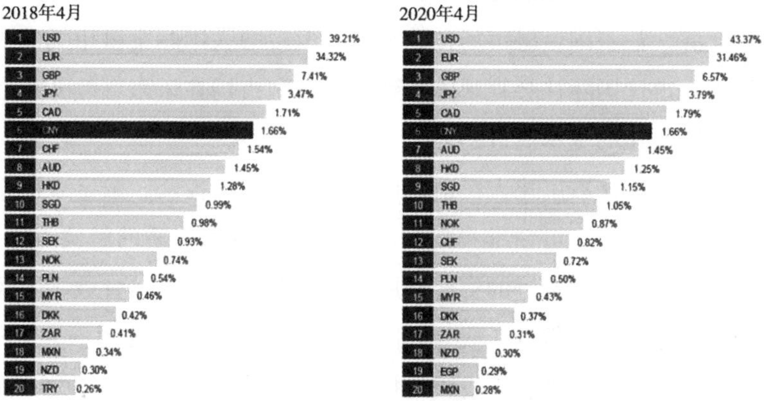

图 15.1　人民币在全球支付总体量中所占比重一览

资料来源：RMB Tracke Document Centre，www. swift. com.

机。用人民币串联国际市场尤其是亚太市场，促进区域新型多边国际关系新格局已初见成效。数字人民币在落地试验窗口期结束后，通过打造数字人民币的衍生内容，加速和现有人民币国际支付网络的接轨，将成为未来中国在国际市场上展示综合竞争力的重要金融发力点。具体表现为如下几个层面：

首先，积极进行央行人民币研发和试点，强化市场信心。数字货币代表了全球金融货币市场的未来走向，中国央行数字货币的研发落地方面走在全球前列，充分表达了中国积极对接国际市场，进一步深化金融领域改革开放的正面积极态度。数字人民币的公开发声，增强了国际社会对未来中国金融市场的信心，优化了人民币国际化大环境。同时，数字货币相较传统货币更具穿透力，能够绕过地理边界对国际市场进行更为顺畅的渗透，吸引更多国际投资者和使用者的关注。一些过去几年在人民币国际化过程中所积累的问题，如以人民币为名义单位的国际贸易在开票（invoicing）和结算（settlement）的币种之差、离岸人民币和在岸人民币价值波动引起的投机行为等，均能够使数字人民币在国际市场中获得更高认可度时得到有效的改善。此外，以央行数字货币链接盘活的金融生态环境可视为应对“疫情新常态”的金融制度创新，是中国进一步升级数字经济，让中国金融市场在数字维度衔接融入国际金融市场的重大举措，也让国际社会直观感受到中国金融市场在未来继续开放数字化、国际化的基本演进趋势。

其次，加快数字化人民币落地，数据化跨境投资。数字人民币可追踪、可标记、可精准投放的特性对此提供了优质的解决方案，不仅能够数据化投资方的资金利用效率，而且有助于培育数字人民币的国际应用市场份额，成为人民币国际化的优势手段之一。人民币数字化是解决对外直接投资的投后追踪问题的最佳方案，尤其能在以人民币为主要投资结算货币的国际投资项目中发挥作用。国际直接投资已经成为中国市场接轨世界，拓展人民币国际使用货币的重要手段之一。但如何对国际投资的去向、效率、产出等实际指标进行追踪，从而准确衡量投资的真实回报价值，是困扰国际直接投资后续处理的长久难题。在输出和使用均采用人民币作为唯一币种的对外投资中（如面向东南亚、中亚等欠发达地区的部分跨国投资项目），使用数字人民币能对资金从出发、中转、落地、投入、回收的全链式过程实时收集数据，追踪投资效率，使项目资金做到精准落位。

再次，央行数字货币研发接驳国际市场，提高数字人民币的使用频率。数字货币绝不仅是简单的支付工具，而且是围绕数字货币产生的一系列商业管理所形成的数字货币大环境的重要组成部分。以数字货币为中心的应用网络会面对多方向、横跨多产业衍生出丰富的金融内容，对接现有各大互联网的商业平台，实现支付方式和内容的彻底数字化。同时，随着各国央行均积极地推进数字货币计划，数字货币的国际化信号已非常明显，“数字货币 + 数字经济”将成为未来市场模式的基本框架。在此大背景下，结合数字人民币不需要绑定银行账户、更易被国际用户获取的特性，数字人民币相比传统人民币能更为柔顺地衔接国际数字支付环境，为人民币的国际消费创造更便利的条件和更多的使用场景。数字人民币将帮助国内市场普通消费者打开面向国际市场商业内容的消费之窗，也为更多的中国中小型企业消除跨国金融阻力，创造直接与国际客户互动的机会，均有助于提升人民币的国际使用频率。

最后，降低交易成本，提高数字人民币国际竞争力。目前人民币在跨境支付的应用过程中，依然绕不开第三方金融机构的介入（如代理行），存在支付费用较高、速率较慢等缺点。此外，国际贸易信用证的开票，货物到港后的交割结算、国际间转账、汇兑等业务也需要商业银行、保险公司等金融机构的介入。这些情况无疑都增加了人民币在国际市场使用时的成本负担，拉低了人民币的国际竞争力。数字人民币的数字加密机制和点对点直传特性能够有效缓解这一问题，不仅完美解决了国际间支付的安全性问题，而且可明显消除人民币国际应用中的中介门槛，从而进一步刺激国际市场对人民币的使用率，增强人民币在国际市场中的使用黏度。

二、央行数字货币战略赋予人民币国际化机遇

1. 数字货币竞争中的人民币国际化空间

数字货币的出现给了非美元货币重新洗牌国际金融市场的机会，对美元的领先地位形成威胁。伴随中国经济基础进一步牢固，人民币国际接受度的提高将对现有以美元为主的国际货币体系产生明显的冲击。自布雷顿森林体系垮台后，美国已经习惯于自动接受由美元主导带来的经济红利和金融霸权，通过 SWIFT 系统和美国操纵的国际经济联盟等手段不断收割国际金融市场福利并转嫁经济风险。然而，随着数字人民币的崛起和由数字人民币串联的新型区域经济力量不断增加，给不少发展中国家，尤其是拥有高度地缘敏感性和国际政治倾向摇摆不定的区域，如东欧、中东、南亚诸国，带来一个更经济、更便捷、更少不平等政策干预的新金融体系依附选择，美国及其盟友将可能失去对部分国际市场的把舵和监控能

力。然而，不容忽视的是，人民币国际化进程可能遭遇到潜在竞争对手的多方位打压。在数字经济时代，数字人民币挑战数字美元，数字美元驱逐数字人民币的基本竞争态势不会改变，数字人民币将在国际货币竞争中生存。

2. 数字货币支付拓宽人民币国际化机会

通过人民币数字化加快了推进人民币国际化进程的机会。尽管货币国际化的基础差异很大，但数字化营造了同步竞争的空间，给予落后国家追赶的机会。货币数字化造就了央行数字货币，而央行数字货币更加体现数字化本身所具有的跨时空、无边界的特点，更容易穿透边界，包括地理和货币边界，形成超常规的国际化途径，对固有格局带来冲击。在传统模式下，货币通过国际支付或成为全球价值储备工具实现国际化。在数字货币模式下，数字货币拓宽了货币国际化的方式，具有针对性地开辟新的贸易机会和国界以外的交换媒介。因此，正是在这个意义上，央行数字货币可以被看作是提升人民币国际化实力的新机会。其中，利用数字货币优势提升数字人民币国际化进程，可以表现为如下几个领域：

首先，通过大宗物品数字结算，发挥买方优势和规模效应，形成大宗商品现货贸易数字货币的应用生态圈，提高了人民币的国际话语权、定价权，逐步扩大数字人民币结算规模。利用物联网、区块链、大数据等技术，可实现我国在大宗商品领域采用数字人民币的交易结算机制，打破美元在大宗商品交易市场的垄断。

其次，央行数字货币发行战略与“一带一路”倡议相结合，在经贸合作中通过主权数字货币的应用，提高了数字人民币信任度。目前，在“一带一路”沿线上，数字支付基础设施方面已经初具规模。人民币跨境支付系统服务延伸至 80 多个国家和地区，形成金融与“一带一路”倡议建设的良性互动，这在一定程度上为推广数字人民币应用减少了障碍。

再次，数字货币和数字贸易结合，数字货币支持数字贸易发展，拓展人民币跨境支付的使用空间。近些年，全球电子商务贸易额增长保持在高位，其中，商品和服务类电子商务交易额、电子商务服务业营业收入均达到了两位数的增长速度，为央行数字货币提供了相当大的发挥空间。

最后，央行数字货币与微信支付、支付宝结合，共同拓展了零售支付领域数字人民币的应用。通过加快发展境外市场支持了支付服务、技术、标准的对外输出，拓展境外支付业务领域，为数字人民币国际化创造了更好的支付环境。

3. 数字货币区加快人民币国际化进程

数字货币区是当今金融开放的重要形态，也是数字货币竞争的关键所在。构建数字货币区，推进数字人民币率先落地运行，可以放大优势、引领发展，进一步增强央行数字货币的国际影响力。数字货币区是在数字技术支撑下，随着数字支付的规模化发展而产生的概念。数字货币区由美国普林斯顿大学提出并正在转化为现实行动。它的核心要点为：(1）数字货币区存在于网络空间，区别于传统货币区的物理空间；(2）以平台为载体、以规模经济和范围经济为支撑；(3）数字支付成为数字货币区形成的主要动力；(4）互联互通增强凝聚力和紧密性；(5）数字货币区可能会重构国际货币体系。

面对复杂的国际经济形势和数字货币竞争态势，构建数字货币区，将开启数字人民币国际化的征途，加快人民币国际化进程。数字货币区理念可以通过线上线下融合，把传统最优货币区和数字货币区的优势叠加，在特定物理空间区域打造最优数字货币区。这样既发挥了网络资源优势，又突出了最优货币区“地理位置接近”的特点，创造最佳金融环境，为央行数字货币国际化试点测试提供理论依据，为央行数字货币率先落地运行提供实验空间。

货币的竞争归根结底是国家层面经济基础的映射，一个成功的国际化货币离不开几大要素的支撑：稳定的大经济格局和贸易量，开放、包容、流动的资本市场环境，货币的自由稳定兑换程度。近年来，中国在经济建设方面取得的成就已经为人民币国际化和未来数字人民币的全球化推广夯实了基础，在继续有秩序开放金融市场的新形势下，数字人民币在国际市场的进一步铺开前景可期。人民币要继续坚持国际化道路，数字人民币提供了优质的上升动力。一个只在本国市场流通的数字货币具有高度金融风险，容易成为国际金融市场的孤岛，错失国际金融资本对经济建设的助力作用。在数字货币时代，数字人民币需积极同国际数字货币市场接轨，保持宏观监督效用的同时开拓数字交流渠道，打造丰富的数字人民币国际市场使用场景，真正赋予人民币成功国际化的定义。

对全球货币竞争的影响

随着技术进步，货币竞争的重心不断推移，从传统货币竞争向数字维度转变。尽管随着美国经济在全球主导地位的相对下降以及中国等新兴国家的崛起，美元在国际货币体系中的优势地位逐渐被削弱，但全球范围内仍然没有出现完全意义上可以挑战美元国际清偿力地位的货币。央行数字货币的推进和发行可能促使全球货币竞争格局步入新的阶段。

一、全球数字经济发展加速数字货币竞争

数字经济的进步需要数字货币的支撑。随着数字技术进步和应用场景创新，各种数字货币应运而生，数字货币背后的分布式账本、数字合约等技术应用于金融场景，可以提高现有支付结算体系的结算效率、增加交易透明度，让交易全程可追溯、不可篡改，这

被视为未来货币的发展方向。基于区块链技术的数字货币不仅将重构经济金融的模式，而且会成为金融基础设施的支撑技术，改变货币清算方式乃至主权货币发行机制。数字经济发展过程中，信息互联网变成价值互联网以后，需要数字金融成为推进数字经济的强劲动力，数字货币将处于未来全球数字经济竞争中的核心地位。

在数字化时代，数字主权将与金融主权处于同等重要的地位，构成各国综合国力的重要部分，此时各国间的金融竞争将逐步延伸到数字金融领域，其中数字货币或将成为“新竞争”的关键。掌握数字货币技术和发行的主动权将在很大程度上拥有全球支付与货币体系的影响力。数字货币竞争与传统货币竞争存在很大不同，其关注的核心不再是币值稳定问题，“格雷欣法则”下的劣币驱逐良币可能不再成为引起货币竞争的核心逻辑。尽管宏观层面的供给缺乏弹性使得私人数字货币难以成为法币，但在微观层面，区块链技术可以提高支付工具的效率。数字货币以互联网为基础建立的商业和社交网络，能够让信息无障碍流通，货币如影随形跟进，使得数字货币竞争领域更宽阔，场景更丰富，在很多领域甚至颠覆了货币原有形态，具备超前布局数字货币战略的基础功能。

二、全球数字货币竞争聚焦央行数字货币

当前全球数字货币竞争聚焦于主权数字货币，也就是央行数字货币的竞争。随着世界各国央行日渐关注数字货币及其背后的相关技术，同时加快推进数字货币研发进程，央行数字货币竞争逐渐显性化。在数字化时代，共享特征使得经济组织硬边界被打通，世界成为互联互通的共同体，为数字化创造了新的机会空间。央行数字货币拓展了竞争维度，使各国主权货币竞争回归起跑线，各国均希望通过主权数字货币竞争再重新分配其主权货币在国际货币体系中的份额。

目前世界主要货币发行国对央行数字货币的研发目标无疑是加

强主权货币的国际竞争力。其中，美国的私营数字美元 Libra 颇具代表性。尽管美联储并没有真正意义上的进行法定数字货币试点，美国已经事实上正式进入全球多国央行竞相推出首款数字货币的战局。除此之外，美国同步开始酝酿启动央行数字货币布局，就发行央行数字货币做了大量的前瞻性研究和战略安排。一方面，发行数字美元或美元数字钱包的计划多次出现在美国国会经济刺激提案中；另一方面，数字美元项目发布的白皮书中构建了美国中央银行数字货币的具体框架，并明确了数字美元的推进计划。这些行动表明，美国希望通过保持数字货币领域的技术研发和政策制定的领先地位，进一步维持美元在全球经济中的霸权地位。

三、央行数字货币竞争下的国际货币格局

从更广视角看，更多国家发行 CBDC 将给国际货币体系增加新的竞争维度，形成“新战场”，但央行数字人民币是对国际货币体系的补充，短期内 CBDC 不会成为国际货币竞争的决定因素，也很难改变国际货币支付体系的格局现状。先发行 CBDC 的国家，也不可能凭借发行 CBDC 就在国际货币竞争中胜出。美元迄今作为全球主要储备和清算货币的地位，是由二战后的国际格局、美联储的政策以及美国经济的规模和活力共同决定的。再加上，美国信息技术和金融市场发达程度较高，数字美元在战略布局上也处于优势地位，在央行数字货币发行的情景下，国际货币支付体系布局将不会发生根本上的颠覆。美元仍然是国际货币支付体系的主导，而人民币可能成为最有潜力与美元抗衡的主权货币。

在数字化的国际金融市场中，数字美元仍可能是影响国际货币支付格局的最重要一极。首先，从国家综合实力方面看，美国拥有现今国际上体量最大、制度最成熟的金融资本市场，是全球金融资本产生和流动的最主要地点，它的行情和动向均对全球经济有着根本性的牵动作用。同时，美国还是国际体系的积极倡导者和多个国

际组织的实际主导者，在多个跨洲跨洋国际组织中处于主要或共同领导地位，通过对国际组织的幕后操控来完成维护美元在国际清算体系中地位的策略，也将在未来无限期延续。其次，从金融体系看，美国坐拥位于国际支付和金融体系核心的绝对优势。美国不仅掌控国际市场交流的金融渠道，而且拥有 SWIFT 系统、VISA 和 MasterCard 支付体系，使得央行数字货币时代的国际清算支付体系仍然将以美国利益为主导。在未来数字美元带来的额外便捷红利下，借助美系互联网商业平台的全球覆盖，进一步巩固美元在世界贸易体系中的领先地位。最后，央行数字美元所具备的国际市场硬通货特性将增强美元的优良国际流动资产特性，更多的商业机构和贸易体将选择在数字交易中使用数字美元，或使用数字美元作为后备资金储备，这将进一步拉升国际市场对美元的需求。

随着中国经济的快速崛起，借力于中国市场的巨大潜力和产业链的进一步开放，经济综合实力和金融稳定性增加，使得数字人民币拥有挑战美元在国际支付体系中单极独大的趋势，但由于现阶段人民币的国际地位与中国的经济实力不相匹配，人民币国际支付方面的地位有待在数字货币模式下获得提升。近些年，中国移动支付取得了爆炸式增长，两大巨头阿里和腾讯已经建立了传统银行支付渠道之外的“平行银行系统”，它们各自的数字钱包都拥有超过 10 亿用户，为全球金融体系建立全新数字架构带来积极影响。推进人民币数字化是提升人民币成为全球主要支付货币、储备货币的重要手段。

第五部分

启示与建议

第 16 章　全球央行数字货币发展的启示及对我国的政策建议

当前，以美元为代表的“霸权货币”与以人民币为代表的“新兴货币”都在开启数字化进程，国际货币格局将进入“数字货币竞争”时代，人类货币史也将进入新旧格局的演化进程。

全球央行数字货币发展的启示

央行数字货币将对全球货币金融格局带来深远影响。人类社会已进入数字时代，“数化万物”成为大势所趋，金融数字化成为人类社会发展到数字经济时代金融体系的必然选择，未来央行数字货币的发行与应用必定向纵深发展。从一国国内视角看，央行数字货币是维系公众对中央银行、对国家、对政权认知的重要方式，是巩固国家货币主权和法币地位、强化货币政策传导的有效手段。从国际货币金融格局看，央行数字货币的竞争将成为国际货币竞争的主要领域，各国技术的发展、市场主体拥抱数字时代的能力，将极大影响国际货币竞争的结果。当前美国加速推出公私合作的数字美元计划，力图强化美元霸权地位，维护现有国际货币格局。数字美元和 Libra 一旦结合，凭借美元当前的国际货币地位，加上脸书的庞大用户体量和技术实力，美国仍可维护数字时代美元的强势地位。

对于其他国家而言，加快主权数字货币的研发和推进力度，也为改变美元霸权主导的现行货币体系提供了机会。英国央行行长卡尼（Mark Carney）提出，基于美元的国际货币和金融体系不可持续，各国央行应推出法定数字货币，并借助央行数字货币间的网络，形成数字版特别提款权或者说“合成霸权货币”，以对抗美元的霸权地位。著名宏观金融学家布鲁纳米尔（Markus Brunnermeier）等人提出数字货币区，即数字货币的发行主体既可以是官方也可以是私人部门，不同的数字货币相互竞争。由于数字信息服务网络也在各国存在天然的分割，尤其是在隐私保护、信息提供等方面的监管框架不同（如欧盟的GDPR），基于既有服务网络的数字货币区并不能自然地形成全球货币。相反，其更可能结合既存的一些地理分割，形成区域性的数字货币区，即数字区域性货币区（DRCAs），最终可能导致国际货币体系的分裂加剧。

全球央行数字货币发展还需跨越诸多障碍。央行数字货币提升了一国金融监管的有效性，但也带来了新的监管难题，尤其是在跨境监管领域，由于各国的经济发展水平、金融监管体系、法律体系及央行数字货币的设计运行机理不尽相同，建立统一的国际立法及监管标准难度较大。如央行数字货币在境外流通使用时，需要两国中央银行间建立数字货币框架下的合作机制，境外居民和机构开立CBDC钱包时也要遵循不同于境内居民和机构的KYC程序和要求。央行数字货币跨境监管协调机制的缺乏，会带来微观主体层面的信息不对称和法律风险，也会给国家宏观层面带来偿付能力风险和汇率波动风险。同时，央行数字货币若想取代现有的跨境结算体系，还需大力强化跨境支付基础设施以及相关的证券基础设施建设，在国际投融资领域，区块链技术应用于金融交易后处理可以有不同组合模式，而当前包括我国在内的各国央行数字货币还未深入涉及这些领域。

“数字货币＋经济基础＋制度信用”是决定未来国际货币体系

胜负的关键。央行数字货币的国际竞争同样适用于赛马机制，一国货币的国际影响力，最终还是由国家的综合实力、国家信用、货币的稳定性等决定。央行数字货币的竞争可能会引入新的因素，包括科技实力和数字经济的发达程度，但货币地位的决定因素不会发生根本性改变，新兴国家在提升本国货币国际竞争力的道路上还需多方面付出努力。对于中国而言，正如人民币国际化的道路充满荆棘一样，未来，数字人民币可能会继续面对多国数字货币的联合排挤、用户抢夺、不实宣传、恶意做空等刻意打压行为，数字人民币崛起之路任重道远。

我国央行数字货币发展相关思考

一、 央行数字货币为人民币国际化带来重大发展机遇

一是央行数字货币的数字化特性拓宽了人民币国际化的新路径。之前，货币通过国际支付或成为全球价值储备工具实现国际化。在数字货币模式下，互联网提供了基础设施，现代技术的发展使得基于数字货币的无摩擦、无中介的点对点交易成为可能，这使得货币转换成本及使用惯性大幅降低，国际货币领域“赢家通吃”的情况可能会减弱，从而为人民币国际化提供一定契机。

二是数字化时代对国际结算货币的需求更加多元。在高度全球化和数字化的今天，对国际结算的需求不再集中于公司、政府等全球贸易和金融的大型参与者，个人消费者参与国际结算的行为大大增加。数字化时代影响某一潜在国际货币成败的因素，制度惯性的作用已经大大减弱。因此坐拥 26.6 亿用户的全球社交巨头脸书发行的数字货币 Libra 才会异军突起，成为可以抗衡央行主权货币的新生力量。同样，通过建立数字货币区，一个拥有大型数字网络和

数字消费规模的国家能为其货币赢得国际认可找到新的途径。

三是央行数字货币的技术机理改变了跨境结算模式。央行数字货币采用开放的 Token 体系，具有交易即结算的特性，境外居民和机构参与央行数字货币跨境支付，只需开立 CBDC 钱包，无须经过境内外银行中介。开立 CBDC 钱包的要求比开立存款账户（特别是离岸账户）要低得多，有助于促进境外居民和机构拥有和使用。由于任何两个央行数字货币钱包之间都可以发起点对点交易，因此结算交易没有了传统的境内、跨境和离岸的区别。

四是有望摆脱目前美国主导的跨境支付结算体系。目前全球跨境清算体系依然高度依赖于美国的 SWIFT 和 CHIPS，存在效率较低、速度较慢、摩擦成本较高等弊端。最为紧迫的是，美国可以通过 SWIFT 网络对他国随时实施金融制裁，严重威胁到我国金融安全。央行发行数字货币有望摆脱对现有 SWIFT 和 CHIPS 支付体系的依赖，在跨境支付和结算方面成为一个替代方案，重塑全球金融治理格局。同时，也可打破美国通过对 SWIFT 系统的主导权获取的全球金融话语权、攫取的金融霸权，维护我国金融主权与安全。

二、对于我国央行数字货币未来发展的思考

一是我国央行数字货币首要应服务于数字经济发展与国内国际双循环新发展格局。当今世界正处于百年未有之大变局，数字技术方兴未艾推动数字经济纵深发展。一方面，央行数字货币为数字贸易发展提供了更多机会空间和便利条件，同时数字经济与数字贸易的蓬勃发展也为央行数字货币提供了更多应用落地场景，要加快试点探索步伐，形成央行数字货币的倍增、放大效应，更好地服务于经济发展大局，构建数字经济发展良好生态。另一方面，央行数字货币对于推进经济全球化，拓宽国际经贸新领域具有不可替代的优势，货币数字化将进一步推进我国在更宽领域、更深层次融入世界经济体系。

二是我国央行数字货币应充分利用数字化机遇，在新的起点上推进人民币国际化。数字化造就了央行数字货币，而央行数字货币继承了数字化基因，更加体现数字化本身具有跨时空、无边界的特点，更容易穿透边界，包括地理、司法和货币边界，形成超常规的国际化途径，对固有格局带来冲击性影响并推动重塑国际货币体系。当前中央银行数字货币的理论探索不断深化，国际实践快速推进，尽管各国央行数字货币的推进路径、模式选择不同，但集聚优势、加快发展是共同取向，国际货币格局面临历史上又一次重大重构机遇。一方面，应在深化研究和实践的基础上，加快构建数字货币战略，全面提升数字人民币的竞争力。充分利用数字化机遇，在新的起点上推进人民币国际化，通过数字化来破解瓶颈制约，化解可能带来的风险，把人民币国际化成本和风险降到最低。另一方面，应当借鉴国外“公私兼顾”的做法，促进央行与其他支付工具协同发力，合力推进我国央行数字货币健康发展，推动国际货币与金融体系变革。

三是我国央行数字货币的推进策略应是主动应变、防范遏制。央行数字货币将引发一场全新的货币革命，各国围绕货币数字化、本币国际化将展开激烈的竞争，以央行数字货币为核心的主权货币竞争将成为大国博弈的新领域。央行数字货币竞争的实质是货币主权之争，是国际化地位之争。央行数字货币国际化是不可逆的大趋势，各国争相主权货币数字化的目的就是要在新一轮货币国际化竞争中取得优势、赢得先机。对此，我们应当有足够的认知和准备，要从长计议、未雨绸缪、谋定后动、积极有为，绝不能错失央行数字货币国际化的先机。必须从战略全局的高度引起重视、谋篇布局，而不能仅仅局限于工作层面去考量。要顺应全球数字货币发展趋势，密切跟踪“数字美元”项目的发展节奏与进程，动态应对，争取主动。要结合“一带一路”倡议探索央行数字货币应用新场景，防范成为以美元为首构成的“货币岛链”中的

"货币孤岛"。

我国央行数字货币发展的政策建议

从总体上观察全球央行数字货币，多数国家仍处在蓄势待发状态，世界各国都在观望中美两国的动向和进程，其跟进效应远大于抢先成本。中美的一举一动将成为央行数字货币的风向标，大有"一子落全局动"的态势。应当看到，央行数字货币具有数字经济通常具有的零边际成本、网络倍增效应等特征，"赢者通吃"的局面极有可能在央行数字货币竞争领域出现，我国必须抢抓机遇，加快推进。

1. 着眼于国际竞争，积极有序开展央行数字货币的试点测试安排，依托海南自由贸易港，构建数字货币区

我国数字化、网络化优势明显，信息基础设施完善，网民数量众多，电子支付习惯尤其是移动支付习惯已普遍养成，且应用场景不断创新，具备央行数字货币落地实践的良好基础。应在试点探索的基础上，进一步加快央行数字货币的整体落地应用，建议利用海南自由贸易港开放创新、先行先试优势，以及金融要素自由流动、市场互联互通条件，打造线上线下融合、以数字人民币为主体的数字货币区。

一是把构建数字货币区纳入海南开放大格局，作为自由贸易港落实"两个率先"原则的重大举措，整体规划、一体运作。同时，积极争取成为央行数字货币的试点测试区域，作为应对货币竞争、拥抱数字化的积极行动。

二是认真谋划，分步推进。第一步，增加海南自由贸易港作为央行数字货币试点测试目标地，进行面向国际化的试点测试，有针对性地进行落地准备。并且从潜在可能性、价值、未来发展以及长期重要性等方面充分评估。第二步，为央行数字货币落地运行创造条件，明确落地应用的基本原则和方向，框定应用领域和范围，确定运行机制、监管架构等。第三步，在自由贸易港全面推进数字人民币作为结算货币，建设锚定人民币的数字货币生态圈。

三是探索数字人民币率先落地运行。建立全息运行环境，直接应用国际贸易场景。在数字货币区内，以数字人民币作为结算货币和数字支付工具，实行自由兑换、便捷支付。国内其他城市试点测试的重点更多在技术层面和稳定性方面，海南自由贸易港则可以更多地在应用场景方面进行测试。

2. 协同推进人民币数字化与国际化，强化央行数字货币与数字贸易、数字经济的联动发展

央行数字货币作为主权货币的数字化，需要强大的经济体系来支撑。同样，依托强大经济体系的央行数字货币一旦推出落地，也会对整个经济体系带来牵动性影响，甚至会重构全球金融体系和经济格局。因此，尽管其他国家央行数字货币都在积极筹划，蓄势待发，但真正对全球金融格局发挥重要影响作用的还是中美两国。中美央行数字货币竞争的实质是货币主权之争，是国际化地位之争。在数字经济时代与中美摩擦大背景下，我们应以央行数字货币的发行与应用为契机，增加主权货币的用户黏性、国际认可度和国际流通效率，提高主权货币在国际贸易结算中的比重和影响力，从而快速推进人民币的国际化进程。

一是与“一带一路”倡议建设相结合，在经贸合作中通过主权数字货币的应用，进一步提高合作水平与质量。率先在粤港澳大湾区、“一带一路”沿线国家与地区开展央行数字货币的跨境使用与管理。开展数字人民币跨境结算、贷款、境外融资债券等国际业务，以此扩大更多国际金融业务新业态。

二是以大宗商品结算为切入点，发挥买方优势和规模效应，打造大宗商品现货贸易数字货币应用生态圈。实现我国在大宗商品领域采用数字人民币的交易结算机制，逐步扩大数字人民币国际结算规模，提高人民币国际话语权、定价权。

三是推动与数字贸易互促发展，发挥跨境电商平台海外用户规模和渠道优势，拓展央行数字货币的应用，同时通过建立安全便利的央行数字贸易跨境结算系统，带动数字贸易继续保持快速发展。

3. 积极借鉴国际经验，探索央行数字货币与其他支付方式联动互促、协同发展的模式与路径

由于央行数字货币需要以数字技术为支撑，除了各国加强央行数字货币研发工作、直接参与竞争之外，大型科技公司可能在竞争中发挥巨大的助推作用。私人数字货币与央行数字货币的研发分别代表了私营部门的创新和公共部门的创新两种模式。其中，公共部门有资源和信用上的优势，但创新动力和能力不足；而私营部门的创新动力能力较强，公共精神却略显不足。从美国的实践看，一国法币和本国机构发行的稳定币可相互促进，有利于在国际货币竞争中占据主动。本国法币强，则以本币为基础发行的稳定币更易取得国际竞争优势。而科技巨头凭借庞大的基础设施、技术积累、客户规模、场景应用等优势锚定本币发行稳定币，有助于进一步强化本币在国际货币体系中的地位。我国应立足国情，在国家主导央行数字货币研发与应用的过程中，探索政府与私营部门更广泛更深度的合作。

一是联合商业银行、第三方支付机构共同参与数字货币技术研发和发行。中国央行应允许商业机构，包括商业银行、互联网公司和电信运营商共同加入并分布式研发，开展技术难点联合公关、支付渠道整合和应用场景测试方面的合作，在匿名交易、覆盖发行、监督和处理非法账户方面展开合作。以此保证在同一时点上，不同体系的技术可以并向发展，相互竞争、优胜劣汰；在不同时点上，整体设计具有形势转化的前瞻性，必要时能够及时以新技术代替旧技术。

二是协作拓展数字人民币的推广与应用。从设计原则上看，为达到央行目标，央行数字货币支付体系应该具有弹性（很强的修复能力）、安全性、可得性、可扩展性、合规性和私密性。但是要吸引用户使用央行数字货币，这一支付体系必须是快捷、高效、透明，易于使用且内涵丰富。这就要求支付体系应引入竞争机制并鼓励创新，且具有很强的互通性和延展性，这些都是私营系统而非中央银行的比较优势。因此，应充分利用微信支付、支付宝等第三方支付机构在场景、客户和数据方面的优势，允许第三方支付机构在现有终端中接入数字货币接口，使用户在日常支付时可以随意选择用银行活期存款支付或者央行数字货币支付，优化用户的支付体验。在国际结算方面也可以“借船出海”，加速数字人民币的用户覆盖范围。

三是合作开发境外支付业务新领域。加快境外市场拓展，支持支付服务、技术、标准的对外输出，抢占支付行业全球发展的更多“制高点”，为数字人民币国际化创造更好的环境。

4. 强化央行数字货币的基础设施、监管体系、法律体系与风险防范体系建设

一是加强数字货币金融基础设施建设。配套建设央行数字货币实际应用场景和终端市场。在发行流通方面，要做好央行数字货币在发行、转账、回笼等各方面的稳定性和安全性工作。在支付结算方面，考虑央行数字货币要满足零售环节“高并发”对网络带宽的要求，要引导电信服务商提高服务质量，增加光纤设施和提高网络带宽和覆盖范围。从全方位、跨平台、多领域构建数字货币金融基础设施，保障央行数字货币的顺利发行和流通。

二是建立专业化的数字货币监管制度。为防止央行数字货币发行对现有金融市场造成波动，央行可以联合其他监管部门成立数字货币监测分析中心，监测数字货币的供需状况、交易数量、投放领域，评估央行数字货币发行对货币政策的传导效应、金融系统的运行效率、商业银行信用货币创造及传统法定货币的挤兑所产生的影响，充分利用大数据、云计算精准打击利用数字货币诈骗、洗钱、恐怖融资等违法犯罪活动。同时，央行也需要保证监管的灵活性和开放性，对于因央行数字货币衍生出的新型业务也要纳入监管体系当中，保障数字货币财产安全和持有人的合法权益，防范化解系统性金融风险，维护金融市场稳定和健康可持续发展。

三是健全与数字货币相关的法律体系。首先，需要通过立法将央行数字货币纳入法定货币的范畴，明确央行数字货币的法律地位。可在现行基于实物货币的法律法规基础上修订、增设有关数字货币的内容。其次，要完善关于代理央行发行数字货币的机构的准入门槛、数字货币的经营管理、数字货币所有权归属等方面的部门规章和规范性文件；建立健全反洗钱、反偷漏税、反诈骗、反恐怖融资的法律监管体系。

四是建立健全风险管控体系。妥善解决央行数字货币在技术创新和风险两者之间的冲突，强化对央行数字货币应用中的技术风险、运行风险、信用风险和操作风险等的管控，提高风险预警、反洗钱合规制度、流程监控、系统建设等能力，实现对各类异常货币金融活动的预警和防控。确保中央银行在人民币法定数字货币发行过程中对货币主权的绝对控制，实现政府货币政策效果的有力传导，保障金融生态安全稳定运行。

5. 推动央行数字货币的国际监管协调、跨境数据流动协调等，共同推动全球数字治理与货币治理体系改革

一是加强国际监管协作。加强与各国央行在数字货币方面的合作，通过与一些已经发行数字货币的国家或即将发行数字货币的国家成立“数字货币发展与监管协会”，通过举办“国际数字货币高峰合作论坛”的形式与各国共享数字货币的前沿信息和技术，共同建立数字货币国际统一监管标准，规范数字货币的跨国流通平台。建立完善央行数字货币的跨境结算交易体系，可在现有 CIPS 的基础上优化数字货币端口，拓展跨境结算支付架构。

二是完善跨境数据流动协调。央行数字货币的跨境流动与数据跨境流动息息相关，应致力于更广域的数据采集、全域的数据整合，建立共建共享的数据使用管理机制，大力推动跨境数据合法安全有序流动和多元的数据合作管理模式，加强跨境数据及个人隐私的有效保护。

参考文献

[1] Adrian, T., Mancini – Griffoli, T., 2019: The Rise of Digital Money, *Financial Market Research.*

[2] Alstyne, V., Marshall, 2014: Why Bitcoin Has Value, *Communications of the Acm*, Vol. 57, No. 5.

[3] Andolfatto, D., 2020: *Assessing the Impact of Central Bank Digital Currency on Private Banks*, *Working Paper.*

[4] Bank of Canada, Bank of England and Monetary Authority of Singapore, 2018: *Cross – Border Interbank Payments and Settlements*: *Emerging Opportunities for Digital Transformation* (*Written by KPMG*) .

[5] Bank of Canada, Monetary Authorities of Singapore, 2019: *Jasper – Ubin Design Paper*: *Enabling Cross – Border High Value Transfer Using Distributed Ledger Technologies.*

[6] Bank of England, 2020: *Central Bank Digital Currency*: *Opportunities, Challenges and Design.*

[7] Bank of Korea, 2019. 05: *Payment and Settlement Systems Report 2018.*

[8] Bank of Korea, 2020. 03: *Payment and Settlement Systems Report 2019.*

[9] Banque de France, 2020: *Central Bank Digital Currency Experiments with the Banque de France*: *Call for Applications Package.*

[10] Baur, D. G., Dimpfl, T., 2017: Realized Bitcoin Volatility, *SSRN Electronic Journal.*

[11] Bech, M. and R. Garratt, 2017: Central Bank Cryptocurrencies, *BIS Quarterly Review.*

[12] Bech, M. L., Garratt, R., 2017: Central Bank Cryptocurrencies, *BIS Quarterly Review.*

[13] BIS Quarterly Review, 2020: *International Banking and Financial Market Developments.*

[14] BIS, 2020: *Central Bank Digital Currencies: Foundational Principles and Core Features (Report No. 1 in a Series of Collaborations from a Group of Central Banks)* .

[15] BIS, 2020: *Chapter 3: Central Banks and Payments in the Digital Era*, *Annual Economic Report.*

[16] BIS, 2020: *The Technology of Retail Central Bank Digital Currency*, *BIS Quarterly Review.*

[17] Bordo, M. D., Levin, A. T., 2017: Central Bank Digital Currency and the Future of Monetary Policy, *Economics Working Papers.*

[18] Brandes, S. D., Rockoff, H., 1985: Drastic Measures: A History of Wage and Price Controls in the United States, *Journal of American History*, Vol. 72, No. 1.

[19] Chaum, D., Rivest, R. L., Sherman, A. T., 1983: *Blind Signatures for Untraceable Payments.*

[20] Codruta Boar, Henry Holden and Amber Wadsworth (Monetary and Economic Department), 2020. 01: Impending Arrival— a Sequel to the Survey on Central Bank Digital Currency, *BIS Papers* , No. 107.

[21] Danezis, G., Meiklejohn, S., 2015: Centrally Banked Cryptocurrencies. *arXiv preprint arXiv*: 1505. 06895.

[22] Davoodal, Hosseini, M., 2017: Central Bank Digital Currency and Monetary Policy, *Social ence Electronic Publishing.*

[23] Diamond, D. W., Dybvig, P. H., 1983: Bank Runs, Deposit Insurance, and Liquidity, *Journal of Political Economy*, Vol. 91, No. 3.

[24] Digital Dollar Foundation, Accenture, 2019: *The Digital Dollar Project: Exploring a US CBDC.*

[25] EY., 2019: *Global Fintech Adoption Index* 2019.

［26］ Engert, W., Fung, B. S. C., 2017: *Central Bank Digital Currency: Motivations and Implications*, *Bank of Canada Staff Discussion Paper.*

［27］ European Central Bank and Bank of Japan, 2017.09: *Payment Systems: Liquidity Saving Mechanisms in a Distributed Ledger Environment.*

［28］ European Central Bank and Bank of Japan, 2018.03: *Securities Settlement Systems: Delivery – versus – payment in a Distributed Ledger Environment.*

［29］ European Central Bank and Bank of Japan, 2019.06: *Synchronised Cross – border Payments.*

［30］ European Central Bank and Bank of Japan, 2020.02: *Balancing Confidentiality and Auditablity in a Distributed Ledger Environment.*

［31］ European Central Bank, 2019: *Exploring Anonymity in Central Bank Digital Currencies.*

［32］ European Parliament, 2020.04: *Crypto – assets: Key Developments, Regulatory Concerns and Responses.*

［33］ Fernάndez – Villaverde, J., Sanches, D., Schilling, L. and Uhlig, H., 2020: Central Bank Digital Currency: Central Banking For All? *National Bureau of Economic Research*, No. w26753.

［34］ François Villeroy de Galhau, 2019: *Central Bank Digital Currency and Innovative Payments.*

［35］ Fung, B. S. C., Halaburda, H., 2016: Central Bank Digital Currencies: A Framework for Assessing Why and How, *SSRN Electronic Journal.*

［36］ Gabriel Söderberg, 2019: The E – krona Now and for the Future, *Economic Commentaries*, Vol. 10, No. 3.

［37］ Gomber, P., Koch, J. A., Siering, M., 2017: Digital Finance and FinTech: Current Research and Future Research Directions, *Journal of Business Economics*, Vol. 67, No. 5.

［38］ Government Office for Science (UK), 2016: *Distributed Ledger Technology: Beyond Block Chain (Report)*.

［39］ Hanley, B. P., 2018: *The False Premises and Promises of Bitcoin*, *Papers.*

[40] Hong Kong Monetary Authority and Bank of Thailand, 2020. 01: *Inthanon – LionRock: Leveraging Distributed Ledger Technology to Increase Efficiency in Cross – Border Payments.*

[41] Innes, A. M., 1913: What is money? *Banking Law Journal.*

[42] John, B., Michael, K., 2016: The Macroeconomics of Central Bank Issued Digital Currencies, *SSRN Electronic Journal.*

[43] Juks, R., 2018: When a Central Bank Digital Currency Meets Private Money: The Effects of an e – Krona on Banks, *Sveriges Riksbank Economic Review*, No. 3.

[44] Koning, J. P., 2017: *Evolution in Cash and Payments: Comparing Old and New Ways of Designing Central Bank Payments Systems, Cross – Border Payments Networks, and Remittances, R3 Reports.*

[45] Krugman, P. R., 1999: Balance Sheets, the Transfer Problem, and Financial Crises, *International Tax & Public Finance*, Vol. 4, No. 6.

[46] Lael Brainard, 2020: The Digitalization of Payments and Currency: Some Issues for Consideration, *Symposium on the Future of Payments.*

[47] Lael Brainard, G., 2018: Cryptocurrencies, Digital Currencies, and Distributed Ledger Technologies: What are We Learning? *The Speech of Board of Governors of the Federal Reserve System.*

[48] Lewis, J., 2018: Economic Impact of Cybercrime – No Slowing Down, *Center for Strate – gic and International Studies.*

[49] MAS, 2017. 03: *Project Ubin: SGD on Distributed Ledger.*

[50] MAS, 2017. 11: *Project Ubin Phase 2 Report: Re – imagining RTGS.*

[51] MAS, 2018. 11: *Delivery versus Payment on DLT.*

[52] MAS, 2019. 05: *Jasper – Ubin Design Paper: Enabling Cross – Border High Value Transfer Using DLT.*

[53] MAS, 2020. 07: *Project Ubin Phase 5: Enabling Broad Ecosystem Opportunities.*

[54] Mc Sweeney, M., 2020: *Fed Chair Powell Says Facebook's Libra 'Really Lit a Fire' on the Question of a Digital Dollar.*

[55] Meaning, J., Dyson, B., Barker, J., et al, 2018: Broadening Narrow Money: Monetary Policy with a Central Bank Digital Currency, *Social ence Electronic Publishing.*

[56] News of Bank of England, 2020: *Central Bank Group to Assess Potential Cases for Central Bank Digital Currencies.*

[57] Owens, J., 2013: Offering Digital Financial Services to Promote Financial Inclusion: Lesson We've Learned, *Innovation*, Vol. 8, No. 1 – 2.

[58] Partz, H., Telegraph, C., 2018: US Congress Hearing: Central Bank Digital Currency 'One of the Worst Financial Ideas', *Roger Williams Media Center.*

[59] Payments Canada, Bank of Canada and R3, 2017: *Project Jasper: A Canadian Experiment with Distributed Ledger Technology for Domestic Interbank Payments Settlement.*

[60] Payments Canada, Bank of Canada, R3 and TMX, 2018: *Asper Phase* Ⅲ: *Securities Settlement Using Distributed Ledger Technology.*

[61] Raskin, M., Saleh, F., Yermack, D., 2019: How Do Private Digital Currencies Affect Government Policy? *SSRN Electronic Journal.*

[62] Rockoff, H., 1974: The Free Banking Era, *Journal of Money Credit & Banking.*

[63] Shirai, S., Asian Development Bank Institute, 2019: *Money and Central Bank Digital Currency.*

[64] Stiglitz, J. E. and Weiss, A., 1981: Credit Rationing in Markets with Imperfect Information, *The American Economic Review*, Vol. 71, No. 3.

[65] Sveriges Riksbank, 2017. 09: *The Riksbank's E – krona Project Report* 1.

[66] Sveriges Riksbank, 2018. 10: *The Riksbank's E – krona Project Report 2.*

[67] Sveriges Riksbank, 2020. 02: *The Riksbank's E – krona Pilot.*

[68] Sveriges Riksbank, 2020: *The Riksbank's E – krona Pilot.*

[69] T. Hellman, K. Murdoch, J. E. Stiglitz, 1994: *Addressing Moral Hazard in Banking: Deposit Rate Controls vs, Capital Requirements.*

[70] *The Bahamas Launches Digital Currency Pilot*, 2019, https: // www. coindesk. com/the – bahamas – will – launch – a – digital – currency – pilot – to-

morrow.

[71] The Bank of England, MAS, the Bank of Canada, Cross – Border Interbank Payments and Settlements, 2018. 11: Emerging Opportunities for Digital Transformation.

[72] The Central Bank of The Bahamas, 2019: *Project Sand Dollar: A Bahamian Payments Systems Modernization Initiative.*

[73] UK Government Office for Science, 2016. 01: *Distributed Ledger Technology: Beyond Block Chain.*

[74] Wagner, A., 2015: Digital vs. Virtual Currencies, *Bitcoin Magazine.*

[75] Weiss, Stiglitz, Andrew, 1981: Credit Rationing in Markets with Imperfect Information, *American Economic Review*, Vol. 71, No. 3.

[76] White, L., 1984: Free Banking in Britain: Theory, Experience and Debate, 1800—1845, *Cambridge: Cambridge University Press.*

[77] Woo, D., et al, 2013: *Bitcoin: A first assessment, FX and Rates Research Report from Merrill Lynch*, http: //www. w – t – w. org.

[78] 日本銀行:*《中央銀行デジタル通貨に関する日本銀行の取り組み方針》*, 2020 年 10 月。

[79] "海胆"项目——巴哈马央行的数字货币, https: //www. wanbizu. com/news/20200106153234. html。

[80] 巴曙松、杨彪:《第三方支付国际监管研究及借鉴》, 载《财政研究》2012 年第 4 期。

[81] 白津夫、白兮:《货币竞争新格局与央行数字货币》, 载《金融理论探索》2020 年第 3 期。

[82] 本·布劳德本特、蔡萌浙:《中央银行与数字货币》, 载《中国金融》2016 年第 8 期。

[83] 毕卓:《委内瑞拉经济萎缩下法定数字货币的发行带来的影响》, 载《现代营销(下旬刊)》2019 年第 5 期。

[84] 曹胜熙:《数字货币为国际货币体系发展提供新方向》, 载《国际金融报》2020 年 5 月 11 日刊。

[85] 褚王涛:《发行石油币不能代替行业本身发展》, 载《中国石化报》

2018 年 3 月 16 日刊。

［86］戴金平：《数字货币为什么没有成为货币——概念，缘由与过渡状态》，载《探索与争鸣》2019 年第 11 期。

［87］段颖龙：《东周钱币起源“契券”考》，载《中国社会经济史研究》2015 年第 5 期。

［88］范一飞：《关于央行数字货币的几点考虑》，载《第一财经日报》2018 年第 A05 期。

［89］范一飞：《中国法定数字货币的理论依据和架构选择》，载《中国金融》2016 年第 17 期。

［90］方显仓、黄思宇：《数字货币推动中国货币政策转型》，载《社会科学文摘》2020 年第 6 期。

［91］管汉晖、陈博凯：《货币的非国家化：汉代中国的经历（前 175 - 前 144 年)》，载《经济学（季刊)》2015 年第 3 期。

［92］黄乐平、王瑶平：《区块链与数字货币：科技如何重塑金融基础设施》，载《中金研究》2019 年。

［93］黄益平、黄卓：《中国的数字金融发展：现在与未来》，载《经济学》（季刊）2018 年 17 卷第 4 期。

［94］柯达：《数字货币监管路径的反思与重构——从“货币的法律”到“作为法律的货币”》，载《商业研究》2019 年第 7 期。

［95］刘向民：《央行发行数字货币的法律问题》，载《中国金融》2016 年第 17 期。

［96］梅新育：《石油币挽救不了委内瑞拉经济》，载《第一财经》2018 年 3 月 5 日刊。

［97］穆长春：《科技金融前沿：Libra 与数字货币展望》，得到 APP，2019 年。

［98］聂舒、张一锋：《从 SDDS 看区块链技术的应用》，载《中国金融》2016 年第 17 期。

［99］欧盟：《区块链的当下与未来》，https：//www. chainnews. com/articles/144223846745. htm。

［100］清华大学金融科技研究院区块链研究中心：《Project Ubin：新加坡

央行在清结算中应用 DLT 的尝试（上、下篇）》，2019 年 4 月。

［101］佘云峰：《全球央行数字货币加速，DCEP 与数字美元的博弈》，数字法币研究社 2020 年版。

［102］盛松成、蒋一乐：《央行数字货币才是真正货币》，载《清华金融评论》2016 年第 14 期。

［103］宋爽、刘东民：《法定数字货币应用场景下的央行和商业银行职能转变》，载《银行家》2019 年第 2 期。

［104］孙月、孙竹、王立峰：《委内瑞拉“石油数字货币”的本质及其对国际金融秩序的影响》，载《国际经济合作》2018 年第 11 期。

［105］涂萌、张绵伟：《第三方支付用户个人信息安全风险及对策研究》，载《情报理论与实践》2018 年 41 卷第 12 期。

［106］王鹏、边文龙、纪洋：《“央行数字货币”的概念框架与国际进展》，载《产业经济评论》2020 年第 9 期。

［107］王烁、张继伟、霍侃：《专访周小川——央行行长周小川谈人民币汇率改革、宏观审慎政策框架和数字货币》，载《财新周刊》2016 年第 6 期。

［108］王信、任哲：《虚拟货币及其监管应对》，载《中国金融》2016 年第 17 期。

［109］王永红：《数字货币技术实现框架》，载《中国金融》2016 年第 17 期。

［110］温信祥、张蓓：《数字货币对货币政策的影响》，载《中国金融》2016 年第 17 期。

［111］香港金融管理局：《央行数字货币（CBDC）研究报告——Inthanon - LionRock 项目》（助理总裁鲍克运传媒简介会上发言资料），2020 年 1 月。

［112］萧清：《中国古代货币史》，人民出版社 1984 年版。

［113］谢众：《央行数字货币使用环境建设》，载《中国金融》2016 年第 17 期。

［114］熊俊：《非法定数字货币的界定与监管》，载《中国金融》2016 年第 17 期。

［115］徐忠、汤莹玮、林雪：《央行数字货币理论探讨》，载《中国金融》2016 年第 17 期。

［116］徐忠、姚前：《数字票据交易平台初步方案》，载《中国金融》2016 年第 17 期。

［117］许多奇、肖凯：《加密数字货币的定性困境与间接监管出路》，载《中国应用法学》2020 年第 3 期。

［118］杨光：《“石油币”或掀起法定数字货币发行热潮》，载《杭州金融研修学院学报》2018 第 6 期。

［119］姚前、李连三：《大数据分析在数字货币中的应用》，载《中国金融》2016 年第 17 期。

［120］姚前、汤莹玮：《关于央行法定数字货币的若干思考》，载《金融研究》2017 年第 7 期。

［121］姚前：《法定数字货币对现行货币体制的优化及其发行设计》，载《国际金融研究》2018 年第 4 期。

［122］姚前：《分布式账本技术研究进展综述》，载《武汉金融》2018 年第 3 期。

［123］姚前：《共识规则下的货币演化逻辑与法定数字货币的人工智能发行》，载《金融研究》2018 年第 9 期。

［124］姚前：《理解央行数字货币：一个系统性框架》，载《中国科学：信息科学》2017 年第 11 期。

［125］姚前：《区块链和央行数字货币，重点讨论三大应用场景》，载《第一财经》2020 年 4 月 3 日刊。

［126］姚前：《区块链与央行数字货币》，载《清华金融评论》2020 年第 3 期。

［127］姚前：《区块链在央行数字货币中应用的解决方案》https：//www. sohu. com/a/387101790_120057347，2020 年 4 月 10 日。

［128］姚前：《数字货币研究前沿》，中国金融出版社 2018 年版。

［129］姚前：《数字货币与银行账户》，载《清华金融评论》2017 年第 7 期。

［130］姚前：《新冠肺炎疫情与数字美元》，载《中国金融》2020 年第 8 期。

［131］姚前：《中国版数字货币设计考量》，载《中国金融》2016 年第 12 期。

［132］姚前：《中国法定数字货币原型构想》，载《中国金融》2016 年第 17 期。

［133］姚前：《中央银行加密货币—— RSCoin 系统之分析》，载《财经》2017 年第 13 期。

［134］姚前：《中央银行数字货币原型系统实验研究》，载《软件学报》2018 年 29 卷第 9 期。

［135］尤苗：《数字货币：全球货币竞争的新赛道》，载《学习时报》2020 年 7 月 24 日刊。

［136］张正鑫、赵岳：《央行探索法定数字货币的国际经验》，载《中国金融》2016 年第 17 期。

［137］赵晓飞：《委内瑞拉发行“石油币”，妙手回春还是画饼充饥?》，载《中国石油和化工》2018 年第 3 期。

［138］赵鹞、马伟：《论脸书 Libra 的货币经济学难题》，载《南方金融》2019 年第 9 期。

［139］浙江大学互联网金融研究院司南研究室、剑桥大学新兴金融研究中心、浙江互联网金融联合会、杭州铜板街互联网金融信息服务有限公司联合发布、杭州摩西信息科技有限公司数据支持：《2018 全球金融科技中心城市报告》，2018 年 11 月。

［140］中国人民银行数字货币研究所区块链课题组：《区块链技术的发展与管理》，载《中国金融》2020 年第 4 期。

［141］中国人民银行数字货币研究项目组：《从 SWIFT 黑客事件看金融网络安全》，载《中国金融》2016 年第 17 期。

［142］中国人民银行数字货币研究项目组：《法定数字货币的中国之路》，载《中国金融》2016 年第 17 期。

［143］中国人民银行数字货币研究项目组：《区块链的优劣势和发展趋势》，载《中国金融》2016 年第 17 期。

［144］中国人民银行数字货币研究项目组：《移动支付安全技术对数字货币的借鉴》，载《中国金融》2016 年第 17 期。

［145］邹传伟：《央行数字货币的路径选择：批发型还是零售型?》，载《第一财经》2020 年 8 月 6 日刊。

附一 问卷1：关于央行数字货币调查问卷（大众版）的结果分析

截至2020年8月31日，本版问卷填写人次共322人。以下是每道题的具体结果分析：

1. 您的性别是？[单选题]

选项	小计	比例
A.男	166人	51.55%
B.女	156人	48.45%
本题有效填写人次	322人	

2. 您的年龄？[填空题]

年龄区间	小计	比例
20岁以下	6人	2%
20～30岁	180人	59.6%
30～40岁	42人	13.9%
40～50岁	20人	6.6%
50～60岁	51人	16.9%
60岁以上	3人	1%
本题有效填写人次	302人	

3. 您是否听说过数字货币？[单选题]

选项	小计	比例
A.听说过	311人	96.58%
B.没听说过	11人	3.42%
本题有效填写人次	322人	

4. 您听说过哪些数字货币？[多选题]

选项	小计	比例
A.比特币	300人	93.17%
B.以太坊	84人	26.09%
C.Q币	192人	59.63%
D.我国央行的DC/EP	115人	35.71%
E.电子货币	154人	47. 83%
F.脸书的Libra	57人	17.7%
G.其他	27人	8.39%
本题有效填写人次	322人	

5. 您是否听说过央行数字货币？[单选题]

选项	小计	比例
A.听说过	234人	72.67%
B.没听说过	88人	27.33%
本题有效填写人次	322人	

6. 您是否支持国家发行央行数字货币？[单选题]

选项	小计	比例
A.支持	215人	66.77%
B.反对	17人	5.28%
C.保持中立	90人	27.95%
本题有效填写人次	322人	

7. 您听说过央行数字钱包吗？[单选题]

选项	小计	比例
A.听说过	190人	59.01%
B.没听说过	132人	40.99%
本题有效填写人次	322人	

8. 如果央行正式推出数字货币，您会使用吗？[单选题]

选项	小计	比例
A.会	200人	62.11%
B.不会	21人	6.52%
C.不确定	101人	31.37%
本题有效填写人次	322人	

9. 如果央行推出数字钱包，您感觉使用央行数字货币（即数字钱包）会有哪些困难？[多选题]

选项	小计	比例
A.不会安装/操作	73人	22.67%
B.没有智能手机（或手机配置不够）	22人	6.83%
C.嫌太麻烦，不如现金方便	71人	22.05%
D.担心隐私泄露	209人	64.91%
E.其他困难	88人	27.33%
本题有效填写人次	322人	

10. 如果央行推出数字货币，您会把银行的钱转移到数字钱包里吗？[单选题]

选项	小计	比例
A.会	130人	40.37%
B.不会	50人	15.53%
C.不确定	142人	44.1%
本题有效填写人次	322人	

11. 您希望央行数字货币具备哪些功能？[多选题]

选项	小计	比例
A.线下支付	259人	80.43%
B.线上支付	240人	74.53%
C.付息	187人	58.07%
本题有效填写人次	322人	

12. 您听说过央行数字钱包的双离线功能吗？[单选题]

选项	小计	比例
A.听说过	81人	25.16%
B.没听说过	241人	74.84%
本题有效填写人次	322人	

13. 2020 年 4 月，媒体报道，我国将在一些地方试点发行数字货币，您是否了解？[单选题]

选项	小计	比例
A.关注到	93人	28.88%
B.略微知晓	134人	41.61%
C.完全不知道	95人	29.5%
本题有效填写人次	322人	

14. 您是否支持用数字货币来替代现金 M0？（M0 即纸币和硬币）[单选题]

选项	小计	比例
A.支持	171人	53.11%
B.不支持	78人	24.22%
C.无所谓	73人	22.67%
本题有效填写人次	322人	

15. 如果央行数字货币正式推出，您觉得流通中的现金是否会被完全取代？[单选题]

选项	小计	比例
A.是	85人	26.4%
B.否	151人	46.89%
C.不确定	86人	26.71%
本题有效填写人次	322人	

16. 如果央行数字货币正式推出，和第三方支付（比如微信支付、支付宝）相比，您会更倾向使用哪种支付方式？［多选题］

选项	小计	比例
A.央行数字货币支付	224人	69.57%
B.微信支付	211人	65.53%
C.支付宝	190人	59.01%
D.其他第三方支付	29人	9.01%
本题有效填写人次	322人	

17. 您认为央行数字货币与第三方支付（比如微信支付、支付宝）有本质的区别吗？［单选题］

选项	小计	比例
A.有	121人	37.58%
B.没有	107人	33.23%
C.不知道	94人	29.19%
本题有效填写人次	322人	

18. 您认为数字货币适宜在哪些地方使用？［多选题］

选项	小计	比例
A.城市	288人	89.44%
B.农村	61人	18.94%
C.发达地区	243人	75.47%
D.偏远地区	36人	11.18%
本题有效填写人次	322人	

19. 您希望数字货币在哪些场景使用？［多选题］

选项	小计	比例
A.网上购物	272人	84.47%
B.商场、超市等线下场所	223人	69.25%
C.小额支付	194人	60.25%
D.大额支付	177人	54.97%
E.其他场景	87人	27.02%
本题有效填写人次	322人	

20. 您认为央行数字推出对商业银行的影响是（　　）［单选题］

选项	小计	比例
A.正向	143人	44.41%
B.中性	74人	22.98%
C.负向	35人	10.87%
D.不确定	70人	21.74%
本题有效填写人次	322人	

21. 您认为央行数字货币推出对第三方支付的影响是（　　）［单选题］

选项	小计	比例
A.正向	112人	34.78%
B.中性	65人	20.19%
C.负向	85人	26.4%
D.不确定	60人	18.63%
本题有效填写人次	322人	

22. 你认为央行数字货币正式落地面临的主要问题是（　　）（可多选）［多选题］

选项	小计	比例
A.法律不健全	211人	65.53%
B.技术不成熟	196人	60.87%
C.对经济、金融体系的影响不确定	202人	62.73%
D.人们使用意愿较低	139人	43.17%
E.其他	25人	7.76%
本题有效填写人次	322人	

关于第22题E选项的有效答案：
（1）目前手机系统中苹果，安卓都是美国的，在还没有自己的系统的情况下，推出数字货币，不知道是否有潜在风险
（2）中老年人难以使用

续表

（3）支付宝，微信使用已经很方便了，数字货币的具体优势在哪
（4）第三方抵触情绪
（5）新东西出来，政策技术还没跟上，诈骗忽悠就卷了不少钱了
（6）安全性不确定
（7）用户习惯的改变
（8）如何确保数字货币不会被篡改，是否有数字技术上的自信，做到等同于保护实体货币的安保能力

调查问卷地理位置来源分析：

序号	省份	城市
1	北京	北京
2	天津	天津
3	河北	石家庄、秦皇岛、保定、衡水、沧州
4	山西	太原、晋中、临汾
5	内蒙古	呼和浩特、赤峰、巴彦淖尔、鄂尔多斯
6	辽宁	沈阳、大连、鞍山、葫芦岛
7	吉林	长春、松原
8	黑龙江	哈尔滨
9	上海	上海
10	江苏	南京、常州、盐城、镇江、宿迁
11	浙江	杭州、嘉兴、绍兴、金华
12	安徽	合肥、安庆、淮北、宿州
13	福建	厦门
14	江西	吉安、赣州
15	山东	济南、青岛、淄博、潍坊、菏泽
16	河南	郑州、洛阳、商丘、周口、平顶山
17	湖北	武汉、宜昌、黄石、黄冈、荆门
18	湖南	长沙、衡阳、益阳、常德
19	广东	广州、深圳、东莞、揭阳
20	广西	南宁、桂林、河池
21	重庆	重庆

续表

序号	省份	城市
22	四川	成都、乐山、绵阳
23	贵州	贵阳
24	云南	红河
25	陕西	西安、安康、咸阳、宝鸡、延安
26	甘肃	兰州、酒泉
27	宁夏	银川、石嘴山
28	新疆	克孜勒苏
29	海南	海口

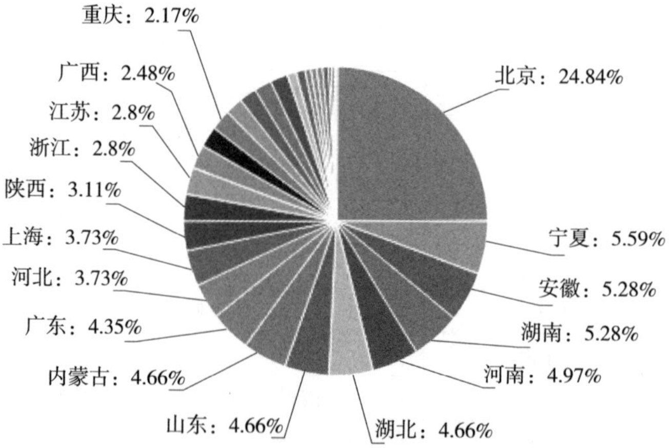

附图1　大众版调查问卷地理位置来源占比图

附二　问卷 2：关于央行数字货币调查问卷（专业版）的结果分析

截至 2020 年 8 月 31 日，本版问卷填写人次共 63 人。以下是每道题的具体结果分析：

1. 您的性别是？［单选题］

选项	小计	比例
A.男	41人	65.08%
B.女	22人	34.92%
本题有效填写人次	63人	

2. 您的年龄是？［单选题］

选项	小计	比例
A.20~30岁	23人	36.51%
B.30~40岁	32人	50.79%
C.40~50岁	5人	7.94%
D.50~60岁	3人	4.76%
E.60岁以上	0人	0%
本题有效填写人次	63人	

3. 您的身份是？　［单选题］

选项	小计	比例
A.高校在校生	14人	22.22%
B.大学教师/研究机构研究员	8人	12.7%
C.商业金融机构工作人员	18人	28.57%
D.政府部门工作人员	5人	7.94%

E.金融管理机构工作人员	8人	12.7%
F.企业职员	8人	12.7%
G.其他	2人	3.17%
本题有效填写人次	63人	

4. 您的学历是？[单选题]

选项	小计	比例
A.本科	14人	22.22%
B.硕士	32人	50.79%
C.博士	17人	26.98%
本题有效填写人次	63人	

5. 您对央行数字货币理论与实践的关注度是？[单选题]

选项	小计	比例
A.尚未关注	9人	14.29%
B.偶尔关注	40人	63.49%
C.经常关注	10人	15.87%
D.有深入研究	4人	6.35%
本题有效填写人次	63人	

7. 您是否听说过央行数字钱包的双离线功能？[单选题]

选项	小计	比例
A.听说过	29人	46.03%
B.没听说过	34人	53.97%
本题有效填写人次	63人	

8. 您认为央行数字钱包的双离线功能有必要吗？[单选题]

选项	小计	比例
A.有	35人	55.56%
B.没有	5人	7.94%
C.不确定	23人	36.51%
本题有效填写人次	63人	

9. 您是否知道央行数字货币主要是对现金 M0 的替代？［单选题］

选项	小计	比例
A.是	46人	73.02%
B.否	17人	26.98%
本题有效填写人次	63人	

10. 您是否知道央行数字货币采用“中央银行－代理投放的商业机构”双层投放体系？［单选题］

选项	小计	比例
A.是	26人	41.27%
B.否	37人	58.73%
本题有效填写人次	63人	

11. 您认为在双层投放体系中，是否应该加入第三方支付平台公司如支付宝、微信支付等？［单选题］

选项	小计	比例
A.是	34人	53.97%
B.否	12人	19.05%
C.不确定	17人	26.98%
本题有效填写人次	63人	

12. 您认为将来央行数字货币是否可能替代所有的基础货币？［单选题］

选项	小计	比例
A.是（如果选是，请说明理由）	12人	19.05%
B.否（如果选否，请说明理由）	19人	30.16%
C.不确定	32人	50.79%
本题有效填写人次	63人	

选择第 12 题 A、B 选项的理由：

选择 A 选项（是）的理由	（1）技术上完全可行
	（2）从目前支付趋势看，会实现替代
	（3）我国对经济主体拥有绝对权力
	（4）方便安全
	（5）将来货币的表现形式和支付方式就是数字
	（6）全民数字货币
	（7）未来发展趋势
	（8）数字信息化时代，城市中人们现金使用并不频繁
	（9）基础货币是法定发行的货币，必须由政府背书
	（10）就比如坐公交以前也是现金买票，但现在已经实现了无现金坐公交，所以货币也是一样
选择 B 选项（否）的理由	（1）所有一词太过绝对
	（2）收入差距大普惠金融尚未做到
	（3）支付场景多样对应的货币形式应该多样
	（4）有些场景还是需要普通货币的
	（5）日常工作中发现仍有大批中老年人拒绝接受新鲜事物
	（6）数字货币的普及度，接受度还需实践检验
	（7）会成为法定货币这是肯定的，但是要完全代替纸币不会
	（8）现金对于弱势群体至关重要
	（9）可能会受限于区域性偏好，国民驾驭数字货币能力，以及特殊应用场景
	（10）基础货币指 M0 的话，不太可能全部替换掉，必须照顾到不能使用数字设备的人群，以及在极端情况下，不能使用数字货币的场景
	（11）虚拟货币的全面普及是一个全球性过程，比较困难
	（12）数字货币依赖如网络，而如黄金就不必
	（13）总是有需要实体钞票的时候
	（14）不符合区块链的匿名性，每一分钱的流向都会被监控
	（15）完全替代很难
	（16）可靠性
	（17）应用场景的限制

13. 您认为将来央行数字货币是否会从“双层投放”变为“单层投放”？［单选题］

选项	小计	比例
A.是（如果选是，请说明理由）	6人	9.52%
B.否（如果选否，请说明理由）	6人	9.52%
C.不确定	51人	80.95%
本题有效填写人次	63人	

选择第13题A、B选项的理由：

选择A选项（是）的理由	（1）集约化趋势
	（2）单层投放会在某些场景出现
	（3）治理能力
	（4）省去中间商
	（5）双层投放是由于现金的统计管理等问题比较复杂，但若实现数字货币，则在货币管理上会大大简化，不必要双层管理
	（6）符合国家大数据监控的需求
选择B选项（否）的理由	（1）会对金融体系造成影响
	（2）监管控制
	（3）央行不可能代替商业银行做所有金融中介的工作
	（4）保护商业银行
	（5）单层投放难度较大
	（6）投放效率问题

14. 您认为央行数字货币会使用区块链技术吗？［单选题］

选项	小计	比例
A.是（如果选是，请说明理由）	22人	34.92%
B.否（如果选否，请说明理由）	3人	4.76%
C.不确定	38人	60.32%
本题有效填写人次	63人	

选择第 14 题 A、B 选项的理由：

选择 A 选项（是）的理由	（1）安全方便高效
	（2）区块链技术的优势
	（3）会借鉴，但不会全部使用
	（4）听说会去中心化
	（5）应用大数据
	（6）用于交易支付等环节
	（7）确权环节使用区块链
	（8）领导人说加上
	（9）数字货币就是区块链技术的延伸使用
	（10）多少会使用一些，因为区块链技术能够为央行货币管理的功能带来新的可能性
	（11）货币是支付媒介，支付的发生源于交换，而区块链技术反映了交换全过程
	（12）主流技术，目前而言
	（13）好像就是因为区块链才有的数字货币
	（14）区块链技术不可篡改的特性为数字货币的使用奠定了基础
	（15）天下何处不区块链
	（16）去中心化技术
	（17）区块链技术可以使数字货币的发行和交易更加安全稳定
	（18）安全性问题
选择 B 选项（否）的理由	（1）信息安全问题
	（2）可能会有自己特殊的区块链技术，目前的区块链技术还不够完善
	（3）不完全会，区块链去中心化不利于监管

15. 您认为央行数字货币可能在哪些环节采用区块链技术？[多选题]

选项	小计	比例
A.央行记账	36人	57.14%
B.货币批发	32人	50.79%
C.零售场景	34人	53.97%
D.不确定	18人	28.57%
本题有效填写人次	63人	

16. 您认为央行数字货币的推广对用户隐私保护有何影响？[单选题]

选项	小计	比例
A.有正面影响	20人	31.75%
B.无影响	17人	26.98%
C.有负面影响	26人	41.27%
本题有效填写人次	63人	

17. 您认为央行数字货币推出对商业银行的影响是（　　）[单选题]

选项	小计	比例
A.正向（您选择正向的原因是）	9人	14.29%
B.中性（您选择中性的原因是）	14人	22.22%
C.负向（您选择负向的原因是）	7人	11.11%
D.不确定	33人	52.38%
本题有效填写人次	63人	

选择第 17 题 A、B、C 选项的原因：

选择 A 选项（正向）的原因	（1）服务升级
	（2）有利于支付业务
	（3）有利于银行加强现金管理，打击腐败、洗钱等行为
	（4）长期正向
	（5）反洗钱、大额转账交易、资金追踪等方面提供便利
	（6）快速精准投放流动性
	（7）在保证商业银行的合理运行同时又积极投放数字货币
	（8）提升货币流通效率与金融合规监测
	（9）货币流动阻力更小
选择 B 选项（中性）的原因	（1）原有信用传导仍在发挥作用
	（2）有好有坏
	（3）目前现金支付、存取多存在于中老年人群、乡镇区域，本身现金使用场景已经在减少
	（4）增加了资金管理的难度
	（5）最后都是法定货币，影响不大
	（6）对商业银行来说，数字货币仅仅是形式的改变
	（7）银行我觉得也可以使用数字货币
	（8）代替 M0，等于还是那些钱
	（9）零售柜台的消亡
	（10）货币层次的格局没有变化
	（11）会减少商行的货币职责，从而使其生存更加艰难
	（12）仅替代 M0，无实质性影响
选择 C 选项（负向）的原因	（1）对银行经营提出新要求
	（2）降低客户对商业银行依赖度
	（3）零售央行数字货币在没有特殊设计（例如分层付息）时会破坏商业银行的商业模式
	（4）银行作用会被削弱
	（5）业务分流
	（6）商业银行的信用所起的作用会被削弱
	（7）减少纸币的使用

18. 您认为央行数字货币推出对第三方支付的影响是（　　）［单选题］

选项	小计	比例
A.正向（您选择正向的原因是）	5人	7.94%
B.中性（您选择中性的原因是）	7人	11.11%
C.负向（您选择负向的原因是）	12人	19.05%
D.不确定	39人	61.9%
本题有效填写人次	63人	

选择第18题A、B、C选项的原因：

选择A选项（正向）的原因	（1）服务升级
	（2）第三方支付生态更加繁荣
	（3）更安全
	（4）有助于增加流动性
	（5）大战金融科技
选择B选项（中性）的原因	（1）第三方支付是人民币
	（2）共同发展
	（3）第三方支付机构中存放的人民币本来就是电子形式的吧
	（4）数字货币只是一种形式
	（5）应该是积极偏中性
	（6）对于央行其发行货币的职能仍保留
选择C选项（负向）的原因	（1）挤出、代替
	（2）不利于支付业务
	（3）竞争增加
	（4）货币简化支付流程，客户对第三方支付需求降低
	（5）业务分流
	（6）挤占市场份额
	（7）第三方支付机构的金融情况将被纳入监管
	（8）支付分流

19. 您认为央行数字货币的发行有何意义？[排序题]

选项	平均综合得分
B. 有利于健全央行的反洗钱、反恐怖融资、反逃税机制	6
C. 有助于实施更精准的货币政策	4.43
A. 替代现金，实现无现金社会	4.03
F. 降低交易成本，助力数字经济发展	3.59
D. 有助于推动人民币国际化	3.51
G. 集中用户交易数据，重构社会信息结构、信用结构和监管结构	2.48
E. 与私人部门货币争夺铸币权	1.27
H. 其他	0

20. 您认为目前我国推出央行数字货币的主要障碍是？[排序题]

选项	平均综合得分
B. 技术基础尚不成熟	4.05
A. 尚无法律依据	3.95
D. 配套金融基础设施尚不完善	3.9
C. 应用场景尚不明确	3.48
E. 对商业银行和第三方支付业务造成冲击，面临来自商业银行和第三方支付机构的阻力	2.65
F. 面临国际数字货币的激烈竞争，尤其是美国政府的狙击	1.57
G. 其他	0.16

21. 您认为我国央行数字货币的技术难题主要体现在哪些方面？[排序题]

选项	平均综合得分
B. 数字货币交易信息的存储和传输依赖于数字技术，很可能遭受大规模、有组织的黑客网络攻击，对加密技术、安全技术的要求更高	3.13

续表

A. 区块链技术处理速度较慢，无法满足央行数字货币海量并发交易的需求	2.83
C. “双离线支付”场景下，伪造、重复花费问题更加突出	1.98
D. 其他	0.17

22. 您认为我国央行数字货币的配套金融基础设施建设的难点有哪些？（可多选）[排序题]

选项	平均综合得分
A. 央行的技术系统、私有云、数据库建设	4.17
B. 商业银行的数据库、业务平台建设	4.03
C. 对海量货币实时数据采集、监控和分析的大数据平台建设	3.9
E. 央行、商业银行、其他金融机构的数字货币人才短缺	2.38
D. 用户终端的设计及推广	1.7
F. 其他	0.06

23. 您认为央行数字货币对商业银行的经营有何影响？[排序题]

选项	平均综合得分
B. 导致居民将银行存款转移至数字货币钱包，对银行存贷款业务造成冲击	5.14
C. 商业银行可能被迫提高存款利率来提高存款吸引力，导致银行资金成本上升、净息差收缩、盈利能力下降	4.71
D. 商业银行的支付、汇款、清算业务也会被削弱	4.24
E. 加速商业银行的数字化转型，提高商业银行的数字化金融服务水平	4.17
G. 对依赖大数据分析的第三方支付增值业务造成冲击	2.05
F. 导致第三方支付用户大量流失	1.76
A. 无影响	0.84
H. 其他	0.63

调查问卷地理位置来源分析：

序号	省份	城市
1	北京	北京
2	安徽	合肥、阜阳、蚌埠、安庆
3	上海	上海
4	广东	广州、深圳
5	山东	泰安、烟台
6	山西	太原
7	陕西	西安
8	江苏	南京
9	福建	福州
10	甘肃	兰州
11	云南	文山
12	浙江	杭州
13	重庆	重庆
14	湖北	武汉
15	国外	美国

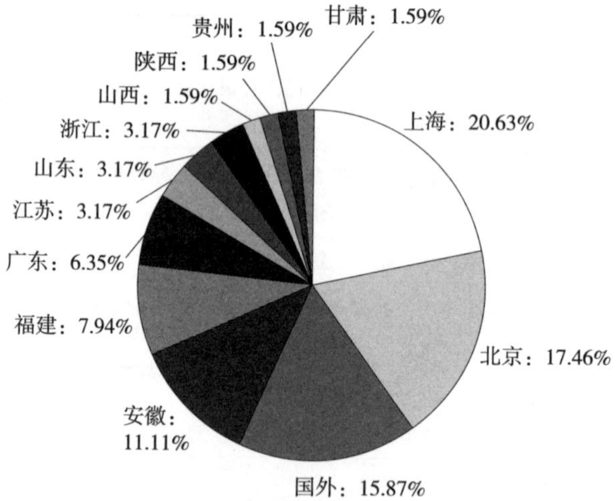

附图2　专业版调查问卷地理位置来源占比图

后 记

本书是北京工商大学数字经济研究院承担的上海汇智经济学与管理学发展基金会重大课题“中央银行数字货币的国际实践及影响研究”的最终成果，也是北京工商大学开放型数字经济研究平台建设项目的成果之一。

逻辑上，数字经济需要数字货币，然而，数字经济到底需要怎样的数字货币？这需要理论和实践给出答案。在区块链、大数据等数字技术的推动下，全球私人数字货币率先兴起，风起云涌，先声夺人，而各界对央行数字货币却知之甚少。直到 2020 年 4 月 17 日中国人民银行数字货币研究所宣布，我国数字人民币即将在深圳、苏州、成都、雄安以及冬奥会场景进行封闭试点，由此引发了国内和国际社会特别是西方主要经济体对央行数字货币的高度重视，加之新冠疫情的影响，以美国为代表的多国央行扭转态度，积极行动，掀起全球央行数字货币研发和试验热潮，央行数字货币问题炙手可热，对央行数字货币进行全面、系统、深入的研究也就尤为紧迫。

上海汇智经济学和管理学基金会站在实践前沿和学术前沿，早在 2020 年 2 月就启动了课题立项工作，确立了“中央银行数字货币理论与实践研究”这一重大命题，并提出了本课题研究的目标、定位、提纲和主体内容等事项。北京工商大学数字经济研究院非常有幸承担了这项课题的研究工作。针对这一重大课题，数字经济研究院迅速成立课题组，组建专家顾问团，搭建研究平台，建立“课

题组 + 顾问团”并行的研究机制，全力投入课题研究工作。2020年4月29日课题组举行了高规格的开题研讨会，进一步明确了课题研究的思路和大纲。此后，历时8个月，经过中期评审、匿名评审、结题答辩等环节，在吸收多位专家、顾问建议的基础上，形成30万字的课题研究报告，并获得业界专家的高度评价，顺利结题。此书稿正是在这一课题报告的基础上完善修订而成。

本项课题研究由中央政策研究室原副主任郑新立先生担任总顾问，由中央政策研究室经济研究局原巡视员兼副局长、现任北京工商大学数字经济研究院院长白津夫教授担任主持人。白津夫院长亲自提出、确定本课题研究的站位、思路和原则以及具体内容和核心观点，全程指导、参与课题研究工作，亲自撰写书稿，并发表多篇文章，支撑课题研究。北京工商大学数字经济研究院执行院长、国际经管学院博士生导师葛红玲教授担任了本课题的联合主持人，负责课题研究的总体部署、组织开展和相关协调工作，并负责课题统稿、总纂等工作。来自北京工商大学、美国金门大学（Golden Gate University）、商务部研究院、工信部等单位的15名科研人员共同执笔完成课题研究报告和书稿的修订工作（后附详录）。北京工商大学经济学院研究生黄明珠、李浩然、许竞辉、麻晓蓉、袁姝婷、张恭谌、程雪等同学参与了课题记录、纪要整理、资料收集等工作。

在课题研究过程中，课题组非常荣幸地邀请到中国人民银行参事室主任纪敏博士，华融资产管理公司信息科技部总经理、原中国人民银行支付结算司副司长周金黄博士，民族团结杂志社党委书记、社长张庆安博士，中央财经大学博士生导师邓建鹏教授，中国农业银行战略规划部李莉博士组成专家团，全程参与指导课题研究，从开题、中期到结题，五位专家极其认真、严谨、专业、负责地为本课题研究无私贡献了诸多宝贵的学术观点和中肯的研究建议。可以说，本书是课题组和专家组共同的研究成果。在书稿终将付印之际，向五位专家致以诚挚的谢意！

在此，课题组也特别感谢国家金融与发展实验室副主任、北京立信金融与发展研究院院长杨涛教授，上海交通大学安泰经济与管理学院副教授胥莉博士，浙江大学法学院黄韬教授，中央财经大学宋一淼副教授，国际新经济研究院数字经济研究中心主任、宝新金融首席经济学家郑磊博士，中国政法大学胡继晔教授，北京跨联元焕网络科技公司郭大志博士，北京兴业证券股份有限公司黄剑先生，中央民族大学教育基金会何理博士，感谢各位专家在中期研讨、结题论证过程中发表的精彩演讲和给予课题组的宝贵建议，感谢各位专家对课题研究成果的不断完善和顺利完成给予的热情鼓励和专业支持！

此外，还要特别感谢课题匿名评审专家证监会科技局局长姚前先生，万象区块链首席经济学家邹传伟先生，上海交通大学安泰经济与管理学院胥莉老师给出的周详、细致、专业的评审意见，对课题修改和完善起到了至关重要的作用。也特别感谢中国人民银行副行长范一飞对本课题报告的阅示，成就了本课题研究其应有的意义。

本课题研究立项和书稿的成型，更要感谢我国著名经济学家、上海交通大学安泰经济与管理学院教授、上海汇智经济学与管理学发展基金会理事长陈宪先生，上海交通大学安泰经济与管理学院教授、上海汇智经济学与管理学发展基金会秘书长黄少卿先生。两位教授致力于推动我国经济学和管理学的发展和研究，创立并运营学术公益基金，坚持学人的初心和使命，为学界树立了一座丰碑，更为我们树立了的楷模。本项课题是汇智基金会和两位教授站在时代前沿、学术前沿，敏锐洞察到央行数字货币对当今经济社会发展的重要意义，主导设立的一项大型研究课题。在此，不仅要感谢汇智基金会和两位教授对我们研究院和课题团队的信任和支持，也要感谢两位教授在课题研究中提出的观点建议和专业指导，更要感谢两位教授为本课题的设立和基金会的运行管理、沟通协调等付出的各种艰辛和努力！在本书即将付诸出版之际，课题组谨向汇智基金会和陈宪、黄少卿两位教授表示崇高敬意和衷心感谢！

本书的出版离不开上海汇智经济学与管理学发展基金会理事、《比较》杂志副主编吴素萍女士的支持和参与，从课题的启动，到结题评审和书稿的统纂，吴素萍老师给予了很多指导和无私奉献，在此向吴素萍老师致以特别的感谢！

在本课题研究过程中，北京工商大学党委书记黄先开教授、经济学院党委书记吕素香教授、院长倪国华教授、国际经管学院执行院长徐丹丹教授、党总支书记郭毅教授等多位领导以及金融科技系的同事们，都给与了极大的支持和帮助，同时课题研究也得到多位专家、朋友的默默支持和无私奉献，恕不能在此一一列出，谨以此书献给支持课题研究、关心央行数字货币和国家货币战略的领导、同仁和朋友们！并一并致以衷心的感谢！

在书稿的编辑过程中，中信出版社编辑部孟凡玲女士、王艺璇女士为此书稿的编辑倾注了大量的心血，课题组对她们细致、锱铢必较的敬业精神致以敬意和由衷的感谢！

距离书稿付编已有近半年之久，在书稿编辑的这段时间里，国内外央行数字货币的研发和实践进展可以说飞速发展，日新月异，有关央行数字货币的理论研究和学术文章也汗牛充栋，各界对央行数字货币的理解和认识愈加深刻。但是，无论是理论上，还是政策观点、发展取向上，或是落地实践上，有关央行数字货币的诸多问题依然处于争议和探讨之中。央行数字货币是数字时代经济社会发展的核心问题，既关系到每个人的生产生活，也关系到央行的宏观管理和调控，更关系到国家的长远战略，其理论之宏大，实践之复杂，影响之深远，需要各界共同探索，孜孜以求。本课题组倾吾之能，尽吾之力，呈献此书，谨以此抛砖引玉。囿于能力，谬误难免，还望读者不吝赐教，共同为央行数字货币的研究和发展做出我们应有的贡献。

写作团队及分工

姓名	毕业学校/学位	就职单位/职称	承担工作
白津夫	中央党校经济学博士	北京工商大学数字经济研究院院长/博导	总主持人，确定大纲、思路、主要观点，执笔第16章
葛红玲	中国人民大学经济学博士	北京工商大学国际经管学院教授、博导/北京工商大学数字经济研究院执行院长	联合主持人，统稿、总纂，第一部统稿，执笔绪论、1-3章
马若微	西安交大博士北京大学博士后	北京工商大学经济学院教授、博导	第二部分统稿，执笔第5章
谢雪燕	清华大学金融学博士	北京工商大学经济学院副教授	第三部分统稿，执笔第10章
李波	中央财经大学经济学博士	北京工商大学经济学院讲师	第四部分统稿，执笔第14-15章
方盈赢	日本京都大学经济学博士	北京工商大学经济学院副教授	执笔第4章和第8章
吴优	北京航空航天大学管理学博士	北京工商大学经济学院讲师	执笔第6章和第9章
程悦	英国拉夫堡大学金融学博士	北京工商大学经济学院讲师	执笔第7章
张琳	中央财经大学金融学博士	北京工商大学经济学院讲师	执笔第11章
李惠璇	北京大学国发院金融学博士	北京工商大学经济学院讲师	执笔第12章
白兮	Golden Gate University，金融学博士	Golden Gate University/客座教授	执笔第13章
王林曦	Golden Gate University金融学博士	Golden Gate University/客座教授	执笔第15章初稿
崔艳新	对外经济贸易大学	商务部国际贸易经济合作研究院研究员	执笔第16章
焦芳	北京大学世界经济专业博士	工信部高级经济师	执笔第5章初稿
李家骐	中央财经大学金融学博士	北京工商大学数字经济研究院助理研究员	执笔第3-4章初稿